人类命运共同体的愿景与实践

第十届『池田大作思想国际学术研讨会』文集

主　编／王荣华　马场善久
副主编／胡令远　汪鸿祥

世界知识出版社

图书在版编目（CIP）数据

人类命运共同体的愿景与实践：第十届“池田大作国际学术研讨会”文集 / 王荣华, 马场善久主编. --北京：世界知识出版社, 2021.8

ISBN 978-7-5012-6360-8

Ⅰ. ①人… Ⅱ. ①王… ②马… Ⅲ. ①国际关系—学术会议—文集 Ⅳ. ①D81-53

中国版本图书馆CIP数据核字（2021）第013428号

责任编辑	张迎辉
特约编辑	林　昶
责任校对	张　琨
责任出版	赵　玥
书　　名	人类命运共同体的愿景与实践：第十届“池田大作国际学术研讨会”文集 Renlei Mingyun Gongtongti de Yuanjing yu Shijian: Dishijie “Chitiandazuo Guoji Xueshu Yantaohui” Wenji
主　　编	王荣华　马场善久
出版发行	世界知识出版社
地址邮编	北京市东城区干面胡同51号（100010）
网　　址	www.ishizhi.cn
电　　话	010-65265923（发行）　010-85119023（邮购）
经　　销	新华书店
印　　刷	北京虎彩文化传播有限公司
开本印张	720毫米×1020毫米　1/16　23印张
字　　数	450千字
版次印次	2021年8月第一版　2021年8月第一次印刷
标准书号	ISBN 978-7-5012-6360-8
定　　价	86.00元

目　　录

贺　词

致　辞

特别演讲

和平主义

文化主义

教育主义

人本主义

贺　词

致“人类命运共同体的愿景与实践”国际学术研讨会贺词

池田大作*

值此《日中和平友好条约》缔结40周年的金秋时节，在引领世界的国际大都市上海举行意义深远的学术研讨会，请允许我以最大的敬意送上贺词！

本系列国际学术研讨会从2005年第一次起，至今已是第十届。在瞬息万变的国际形势下，在座的各位以不变的信念和透彻的知性，贯彻信义的连带精神，憧憬未来，掀起了希望的潮流。谨向各位献上我满腔的感谢之意。

本次学术研讨会的主题是“人类命运共同体的愿景与实践”。当代世界，气候变化、难民问题、核武器威胁等全球性规模的问题日益深刻化，不信任和断裂正在加深，这无疑是一个最为核心并亟须解决的课题。

我怀着和各位同人一起探讨的心情，谨就此提出三点感想。

一、人类命运共同体的着眼点在于人间教育的拓展

令人怀念的复旦大学是我曾经三次拜访过的具有光荣传统的著名学府。为创立复旦大学而奔走呼号的清末大文豪于右任先生指出，中国文化的基点在于以人为本。而且，为了治理社会和世界首先要律己正身。他特别强调只有人的向上和利他，才是中国值得骄傲的王道精神。

人类命运共同体的原点是人，是树人，只有人间教育的扩充，才是最地道的通向人类和平的最确切可行的轨道。

我不由得想起于右任先生和其恩师马相伯先生的崇高师徒情谊。马相伯先生以外国势力不适当的干涉为由，辞去了自己创立的震旦学院的校长一职。深受马先生师恩的青年于右任和学友们挺身而出，不久建立了新的学校，而且赋予复兴祖国的愿望，把震旦学院改名为复旦公学，迎请马相伯先生担任校长一职。

关于这对师徒的历史，在我与于右任先生的亲属、著名经济学者刘遵义博士

* 池田大作，日本创价学会名誉会长、国际创价学会会长。

的对谈集中成为一个话题。对刘博士所说的于右任先生与其恩师之间的情谊，我不禁深感共鸣。

我们创价大学也是继承了在战争期间因与日本军政府对峙而死于狱中的牧口常三郎先生的和平与人道的信念，以及定要实现创办大学愿望的户田城圣先生和作为弟子的我本人的夙愿。

人间教育的中心，存在着信赖的联系。师傅对弟子的熏陶，后人对先人的继承，朋友对朋友的触发，这是创造新的价值的无价之宝。

这种瑰宝超越国家，超越民族，甚至超越文明。将这些强有力地联系起来的正是大学的力量。

从敬爱的复旦大学原校长苏步青先生那里聆听他关于留学日本的回忆，也是我难以忘怀的记忆。

苏先生犹如慈父般地为历史尚浅的创价大学开拓了学术与教育交流的道路。

我要铭记苏先生的情谊，与以复旦大学为首的中国以及世界各国的大学不断加强人间教育的联系纽带，并且拓宽交流。

二、人类命运共同体的大航船在世界公民交流的大潮中向前进

安东尼奥·古特雷斯在联合国大会上的演讲中阐述了前秘书长安南的话，“我们是命运共同体，如果我们不共同面向命运，就不能克服共同的困境”，向国际社会呼吁要加强团结。

世界正在快速地加深联系，同时，国际社会中到处都在出现分断的裂痕。要超越这种遗憾的悖论，构筑有持续发展可能的社会，就必须站在人类利益的视角，挑战共同面临的地球问题，形成世界公民的意识，这是不可欠缺的。

在中国形成体系的佛教哲学认为，世上所有的存在与事件都有无法割裂的关联性。通过这种相互关联，世界形成各种状态。也就是说，我们的生活和人生毫无例外，是立足于与他者的关系基础上成立的，其中也构筑了每个人的幸福。

从这里不会产生“自己是自己、他人是他人”这种利己性的看法。只有自己的幸福，只有本国的幸福，这种看法本来就不该存在。

中国当代著名作家、曾任文化部部长的王蒙先生和我在2017年出版了对谈集《赠给未来的人生哲学》。在这本对谈集中我们讨论了世界公民的共生精神。

王蒙先生介绍了曾任清华大学教授、中国社会科学院社会学研究所首任所长费孝通先生的高见：

“各美其美，美人之美，美美与共，天下大同。”

我们通过民主音乐协会和东京富士美术馆与以文化大恩之国中国为首的世界各国长期进行文化交流，正是出于相互学习、把人类的心灵连成一体的愿望。

大乘佛教里有个“因陀罗网”的比喻，说的是装点帝释天宫殿的因陀罗网是由无数颗宝石编织而成，那些宝石各放光芒又交相辉映，进而呈现出更加美妙的色彩。因陀罗网上一颗一颗的宝石并不仅仅是整体的一部分，每一颗宝石同时也形成了整体的和谐和光彩，因此才既成为不可替代的存在，又具有于整体不可改变的重要性。

如果说，镶嵌在因陀罗网上的每一颗宝石是各个国家和民族所具有的精神文化，那么地球上许多具有独特性的文化和文明就能相映生辉。为了克服近代文明所包含的世界同质化和一律化的倾向，今天我们所需要的不正是相互尊重各自的光辉，相互借鉴，以提高丰富的创造性吗？

三、人类命运共同体的支柱是青年的人间革命的团结

2018年6月我与阿根廷的人权活动家艾丝蒂贝尔博士一起发表了题为《致世界青年，克服困难的力量与希望的存在》的共同声明，呼吁通过世界公民教育推进青年的成长。

回顾过去，我见过的周恩来总理和邓颖超先生等中国伟大的领导人都是不惜牺牲自身生命，为激励、培育青年奉献了崇高的热情。

1980年春天，在日本的静冈，我和中学生们一起热烈欢迎大文豪巴金先生、冰心先生一行的情景至今仍历历在目。巴金先生说，青年是人类的希望，他们为中日友好工作也是为了大家。

不管人类面临如何重大的考验，只要存在为人间革命联合起来敢于面对考验的青年，就不会失去希望。50年前我发表了《日中邦交正常化倡言》。这是考虑了中国与日本的历史传统、民族的亲近性和地理的位置，这正是出于人类命运共同体的信念。这个倡言我是在17000名学生面前发表的，这些学生都响应倡言的精神，在各自的人生进程中热诚地推进日中和平友好，这是我最大的骄傲。

我相信青年。我也坚信并祈愿，各位先生为各教育学术机构的研究和所付出的心血必将为年轻一代所继承。

我由衷地祝愿诸位同人身体健康，工作顺利，并且借用于右任先生所认可的清朝思想家顾炎武的话与大家分享并结束我的贺词：

“拯斯人于涂炭，为万世开太平，此吾辈之任也。”

贺“池田大作思想国际学术研讨会”召开

李小林 *

在池田大作先生发表中日邦交正常化倡议50周年之际，欣闻第十届“池田大作思想国际学术研讨会”在著名的复旦大学举办，我谨代表中国人民对外友好协会和中日友好协会表示热烈祝贺，向与会中日双方的专家学者致以亲切问候。

池田大作先生是中国人民十分尊敬的老朋友、好朋友。早在1968年，池田大作先生以超凡的勇气和远见卓识提出了中日邦交正常化倡议。长年来，池田大作先生领导公明党以及创价学会、创价大学积极开展两国政治、文化、教育、青少年等多领域友好交流合作，为维护和发展中日友好，在两国人民之间架起友谊“金桥”作出了宝贵贡献。为表彰池田大作先生为中日友好事业作出的突出贡献，中国人民对外友好协会和中日友好协会授予池田大作先生“中日友好贡献奖”。

2018年是《中日和平友好条约》缔结40周年。令人欣慰的是，在两国各界的共同努力下，近期中日关系保持积极改善势头，特别是两国总理成功互访，推动中日关系重回正常发展轨道，面临新的发展机遇。

当前，国际形势复杂多变，不稳定性不确定性突出，单边主义和贸易保护主义抬头。面对动荡不定的大世界，面对百年不遇的大变局，没有哪个国家能够独自应对人类面临的各种挑战，也没有哪个国家能退回到自我封闭的孤岛。习近平主席提出构建人类命运共同体思想，指出要“建设持久和平、普遍安全、共同繁荣、开放包容、清洁美丽的世界”，这反映了人类社会共同的价值追求，代表了世界各国人民对和平、发展、繁荣的向往。

此次研讨会以“人类命运共同体的愿景与实践”为主题，恰逢其时，具有重要的现实意义。衷心期待与会嘉宾集思广益，积极建言献策，为中日关系长期健康稳定发展，推动构建人类命运共同体贡献智慧和力量。

祝第十届“池田大作思想国际学术研讨会”取得圆满成功！

---

* 李小林，中国人民对外友好协会会长。

致　辞

和平共生　对话交流
——对中日和平友好的思考与体会

王荣华 *

在这美好的金秋十月，来自中日两国的各位专家学者齐聚一堂，共同举办第十届"池田大作思想国际学术研讨会"。本次国际学术研讨会的主题是"人类命运共同体的愿景与实践"。研讨会得到了中日两国学者的积极响应，共收到60余篇论文，学者们分别从和平主义、共生主义、人本主义、文化主义等领域，结合中日两国学术界、思想界的动向展开讨论，如此高水平、高质量的学术盛宴值得期待。

一个多月前，我有幸受邀参加了日本创价大学举办的"日中邦交正常化倡言50周年——日中新时代论坛"并做了主旨演讲。在那次的演讲中，我主要从理念的角度对习近平主席的人类命运共同体和池田大作先生的世界和平思想等，进行了比较和分析。在我看来，人类命运共同体说到底是造福于全人类的福祉，也理所应当汲取人类社会所有优秀的理念和成果，我认为它与池田先生的理念也有相当程度的契合。

同时，我在上次发言的最后也向与会者发出了邀请，欢迎大家来参加在复旦大学日本研究中心举行的国际学术研讨会。作为复旦大学池田大作思想研究中心理事长，我这次是以东道主的身份，对各位的莅临表示由衷的欢迎和诚挚的感谢！

一、中国传统文化中的共生理念与实践

如果说上次的报告是着眼于"理念"层面的话，那么这次的报告我想更深入一步，主要从"文化"层面来谈谈对中日两国和平友好的一点粗浅的看法。中日两国的和平友好，说到底是两国能够实现和平共处。池田大作先生的学术思想中最重要的一部分就是对"和平共生"理念的阐述，关于这一点，有许多做池田思

* 王荣华，复旦大学池田大作思想研究中心理事长、上海市政协原副主席、上海市社会科学院院长。

想研究的专家，不需要我赘言。

关于“和平共生”，中国的传统文化以及经典著作中也有相当多的阐述。据考证，“和合”思想在中国古已有之，在中国文献中，“和”指和谐、和睦、和平，“合”指融合、结合、联合、合作。中国的先哲们提出“和实生物，同则不继”。他们认为，不同事物在差异中相互协调并进，才能万物繁茂生长。相反，如果只有同类事物聚合，排斥他类，就会窒息生机，难以创新。他们进一步提出：“万物并育而不相害，道并行而不相悖”，也就是要在“不同”之中求“和”；先有“和”，而后才能“合”。由此得出，“共生”以“和合”为前提，即在尊重多样性和差异性的基础上，通过互利竞争，达到共同发展。共生是人的基本存在方式，人与人之间的关系存在互补性和利益冲突，而作为个体的人为了生存和发展，又必须与他人合作，这导致了共生的可能。

中国著名社会学家费孝通先生提出：“各美其美，美人之美，美美与共，天下大同。”他认为，各种文化都有各自的美，珍惜和守护这种美是文化的生命力所在。不同文化之间应当相互尊重和吸收对方的长处，在互相学习、互相借鉴的过程中实现不同文化之间的融合与共生，最终达到天下大同的理想境界。可以说，“美美与共”是“和平共生”的又一种表述。

纵观当今国际社会，体系的多样性和复杂性对全球治理提出了新的要求。面对纷繁复杂的世界，中国的国际问题研究学界也对此进行了探讨。其中，上海作为中国国际问题研究的重镇，近些年创造性地发展了“国际和平共生理论”。以“国际共生论”为核心的“上海学派”快速发展，目前在理论和实践上取得了一系列可喜的成就。

“国际共生”已经超出了传统文化的范围，而被应用在中国的外交实践中。“国际共生论”不仅符合从和平共处到和平共生再到和谐共生的主流国际关系理论的一般逻辑，还符合中国外交政策的总体发展规律，更能将中国目前所倡导的利益共同体、责任共同体和命运共同体有机结合起来，建构既具中国特色也具世界普遍意义的利益—责任—命运“三位一体”的共同体，从而实现整个国际体系从共存到共生的发展，推动人类命运共同体的最终建构。

二、对话与交流对于改善中日关系的重要意义

池田大作先生一生致力于提倡文明的对话、和平的对话，他强调国与国之间的政府高层对话，民间组织及民众之间的对话，世界青年之间的对话。所有对话的首要目的，就是互相了解、增进理解、建立互信、同谋共存。很多人往往以先入为主的观念和偏见，评判其他国家，形成长期对峙和交流障碍。为了打破此误

解和偏见，必须多进行对话，多相互学习。

说到交流和对话，也让我想起习近平主席关于人类命运共同体的呼吁。构建人类命运共同体，是习近平新时代中国特色社会主义思想的核心。人类命运共同体思想对当前以及今后中国外交的影响是全方位的，这种影响更多地体现在实践层面。推动人类命运共同体的构建，要遵循“共商、共建、共享”的原则。“共商”是上述三个原则中最基本的前提。

2016年，习近平主席在杭州G20工商峰会上指出，“共商就是以开放为导向，坚持理念、政策、机制开放，充分听取社会各界建议和诉求，鼓励各方积极参与和融入，不搞排他性安排，防止治理机制封闭化和规则碎片化”。遇到问题商量着来，通过对话来解决，只有在此基础上才能考虑建设什么以及获得什么的问题。

近些年来，中日关系遇到了前所未有的挫折和困境，其实说到底还在于双方缺少有效的沟通和对话，没有友好协商的氛围和渠道。对此，两国政府一直在寻求交流和对话的空间，因为中日关系中的一些棘手问题只有通过政府高层的谈判、领导人的会谈才能够增信释疑。当然，除了政府高层之外，民间组织以及民众之间的对话也尤其重要。创价学会作为积极发展同中国友好关系的民间团体，近些年为中日两国的友好作出了积极努力，我们也希望接下来包括创价学会在内的两国民间组织能够为两国民众的友好交流贡献智慧。

说到这里，我特别想要指出的一点是，不久前中国国际出版公司与日本言论NPO共同组织的中日舆论调查结果发布，中国民众对日本的好感度上升至四成，而日本民众对中国的好感度仍然徘徊在低水位。我认为，中国民众对日本好感度的上升不仅仅来自两国官方关系的改善，更重要的是对日友好的民间基础在扩大。随着大量的中国游客赴日旅游、购物，体验日本优质的服务，中国民众改善对日印象也在情理之中。

然而，近些年来日本民众来中国旅游参观的热情一直不高，根据日本政府观光局的数据，2017年访问中国的日本民众有260余万人，比五年前减少约100万人，与同期访问美国的人数相比也少了100余万人。可以说，大多数日本人对中国的想象还停留在媒体舆论所报道的一些消极印象中。

我想日方学者专家能够感受到中方的善意，以及中国社会近些年发生的积极的变化。但更重要的问题是，把这些正向的积极的侧面传播到日本国内，让更多的日本民众了解中国的发展、中国致力于东亚地区和平与稳定的决心、中国致力于同日本共建命运共同体的尝试。

在中国政府所倡议的“一带一路”构想中，“民心相通”是一带一路建设的社会根基。对于中日两国民众而言，“民心相通”也是两国民间友好的基础。我希望有更多的日本朋友能够来中国，或参观，或旅游，或留学，只有来中国看一看，同中国老百姓面对面地交流，同中国的专家学者进行坦诚的对话，日本民众对中国的消极认知才有改善的可能。

中日关系自2012年经历了前所未有的低谷期，这是致力于中日两国和平友好的朋友们不愿意看到的结果。但是，中日两国政府有政治智慧，中日两国民间有民意基础，近些年在中日两国四个政治文件以及四点原则共识的指导下，两国关系逐渐恢复正常。我想强调的是，中日关系的转圜还是脆弱的，它来之不易，需要各界人士将这种关系再向前推进一步。

创价学会是日本举足轻重的宗教团体，且长期奉行对华友好的原则。我相信，在中日两国从政府到民间的积极努力下，中日关系不仅能够克服当前各种认知和理解的障碍，而且更能够实现真正意义上的“和平共生”，为两国人民的世世代代友好作出贡献。

“宇宙飞船地球号”与人类命运共同体

马场善久*

在复旦大学举行第十届“池田大作思想国际学术研讨会”，谨此向尽心尽力操办的各位同人表示衷心感谢！还要向本届研讨会的协办方中华日本学会表示真诚感谢！

2018年是《日中和平友好条约》缔结40周年，也是创价大学创始人池田大作先生发表《日中邦交正常化倡言》50周年值得纪念的一年。本届研讨会作为纪念活动之一，以“人类命运共同体的愿景与实践”为主题隆重举行。

本届研讨会是池田大作思想研究的第十届国际学术研讨会，来自中国以及韩国、日本、中国台湾等国家和地区53所大学和研究机构的120多名学者与会，提交了75篇论文。开幕式上包括学者在内300多人与会，中国国务院新闻办公室原主任赵启正先生莅临并发表纪念演讲，中日友好协会许金平副会长宣读了中国人民对外友好协会李小林会长的贺信，研讨会盛况空前！

回首往昔，2005年在北京大学召开了第一届“池田大作思想国际学术研讨会”，以“展望21世纪与现代社会”为主题，由北京大学池田大作研究会与创价大学共同主办，是一个参加人数只有30人的小规模的研讨会。看到本届研讨会的盛况，我作为当年的亲身经历者感慨万千！谨此再次向共同主办本届研讨会的复旦大学各位同人，以及迄今对“池田大作思想国际学术研讨会”给予支持和帮助的各方人士，表示衷心感谢！

一、“宇宙飞船地球号”

“人类命运共同体的愿景与实践”的题目，使我想起“宇宙飞船地球号”这个概念。

“宇宙飞船地球号”是曾任美国经济学会会长、经济学家肯尼思·艾瓦特·博尔丁先生在50年前提出的概念。他着眼于当时的环境问题以及地球资源有限性等问题，在《作为科学的经济学》著作中作了如下阐述：“从宇宙看地球，

* 马场善久，日本创价大学校长。

强烈感受到的是无法判断去向，资源有限，住在小小的封闭性的宇宙飞船上的人类的形象。”他进而预言，当忽视可持续性的经济发展的过程终结时，“一切矿石及能源资源都会枯竭，地球无疑将成为充满污水的死亡星球”。他着眼于资源的有限性，强烈主张将太阳能作为外部资源，向循环经济转变，并进而得出结论，为了维护“宇宙飞船地球号”，人口的稳定和纷争的解决是必不可少的。

之后，可持续性发展成为世界上的一大课题，1972年联合国在斯德哥尔摩召开了以环境和发展为主题的会议。此后，大致每十年召开一次。为了解决气候变化问题，1995年开始召开世界气候大会（COP），在2015年举行的第21次缔约方峰会（COP21）上签署了《巴黎协定》，针对地球温暖化及温室气体排放问题，国际社会达成了共识。但是，后来美国宣布退出巴黎协定，加之叙利亚战争带来的难民问题日趋严峻等，乌云笼罩着未来的国际合作。

“宇宙飞船地球号”未来的走向，当然要由作为“乘务人员”的我们人类来肩负。由于“乘务人员”的意识和行动，“宇宙飞船地球号”的走向与姿态都会发生变化。为了使“宇宙飞船地球号”能够平稳地航行，关键在于“乘务人员”能否超越种族、文化、宗教的界限，以胸怀世界的觉悟而行动。就此意义而言，致力于世界市民教育的重要性日益增长。这也正是创价大学创始人池田先生于1996年在哥伦比亚大学教师学院做演讲以来多年提倡的观点。2015年联合国通过的可持续发展目标（SDGs）的落实，也寄希望于年轻人。因此，包括大学在内的教育机构以及相关的教育工作者，都肩负着这一重大使命。

二、《展望21世纪》的启示

2018年是池田先生与汤因比博士对谈结束45周年。两位哲人从1972年开始对谈，第二年进行了第二次对谈。对谈的内容众所周知，已汇集成《展望21世纪》一书正式出版，此后被翻译成28种语言，受到世界有识人士的好评。

在这本对谈集中，两位哲人围绕“世界与中国”的题目展开了对谈。其内容从中国历史开始，结合与西洋文明的比较，涉猎甚广。尤其是汤因比博士关于中国作了以下阐述：“对中国的评价如今之所以高涨，或许并非由于中国在现代史上比较短期的成就，而是出于对以往两千年的功绩和中华民族长期保持的美德的认识。”

汤因比博士接着提到“维持了21个世纪的中华民族的经验”和“中华民族所具有的世界精神”，对中国今后在世界上的作用给予莫大的期望。历史学家的卓越眼光精彩地反射出了中华民族的本质。

池田先生将上述汤因比博士的看法进而联系到日中关系，作了如下阐述：“就日中关系而言，两国之间有着长达一千多年的文化交流。……从历史上看，没有像日本那样作为独立国家与中国进行如此深入交流的国家”，“以日中为中心的亚洲团结，其结果必将对世界和平作出重大贡献”。这两位哲人所注视的世界，与本届研讨会的主题“人类命运共同体的愿景与实践”在根本上是相通的。

在核武器时代，今后可能发生的世界大战将会直接导致人类的毁灭。近年由于地球变暖所造成的气候变化在世界各地产生了各种弊害。人类社会必须超越国家范围，共同拥有“人类命运共同体”的意识，共同解决地球的课题，除此之外将难以享受永久的和平。

汤因比博士和池田先生在考虑人类的未来与永久和平时，对关于世界统合的不可避免，以及在世界统合过程中东亚国家可能发挥的重大作用，达成了共识。而且，为了世界统合化，需要形成“人类精神一体化”，在此意义上，关于对新的“世界宗教”的期待，两人也达成了一致。他们认为，共同拥有超越国家和民族的人类共同价值观，正是世界统合化的基础。

与汤因比博士对谈后，池田先生在教育、文化、和平等领域展开了丰富多彩的活动，并且与世界上许多有识人士进行了对话的实践。可以理解，这一系列活动的展开，就是为了将生命尊严与和平等“人类共同价值观”升华为时代精神。每个人都要为形成“人类共同价值观”作出应有的贡献，我认为这就是池田思想研究者的使命。

在第十届“池田大作思想国际学术研讨会”上的讲话

陈志敏 *

在金秋十月、桂花飘香的时节，我们相聚一堂，在复旦大学隆重举行第十届“池田大作思想国际学术研讨会”。本次研讨会的主题是“人类命运共同体的愿景与实践——纪念《中日和平友好条约》缔结40周年暨‘池田倡言’50周年”。如研讨会主题所示，2018年是《中日和平友好条约》缔结40周年，池田大作先生关于中日邦交正常化倡言50周年，同时也是池田大作先生90周岁华诞。能够在这样重要的时间节点，举行如此具有意义的学术研讨会，对于复旦大学而言，深感无上光荣。

池田大作先生一直致力于中日两国的友好交流事业。先生本人多次踏上中国的国土，与政府高层、知识分子、普通民众对话交流，是中国人民的老朋友。关于池田先生本人的事迹，我就不过多阐述了，在这里想要跟各位分享一下池田先生的复旦情结。

池田先生10次造访中国，其中三次访问了复旦大学，与复旦大学有着无比深厚的友谊。1973年，池田先生受到了苏步青校长的亲切接见。1984年，池田先生再一次访问复旦大学，以《人才是创造历史的主角》为题做演讲，被授予复旦大学名誉教授称号。2018年6月24日，在由复旦大学和中华日本学会主办的纪念《中日和平友好条约》缔结40周年国际学术研讨会上，池田先生特地发来贺词，在贺词中他用大量篇幅回忆与苏步青老校长以及与复旦大学的美好往事。本次学术研讨会我也留意到池田先生特地撰写了贺词。我谨代表复旦大学以及我本人对池田先生对复旦大学的关心和支持，表示衷心的感谢！

复旦大学是一所历史悠久、学科门类齐全的国家重点大学，有一大批从事日本问题研究的资深学者和十分活跃的中青年专家。日本研究中心作为统筹复旦大学日本研究的窗口机构，近些年来一直致力于日本政治、经济、社会、文化等各个领域的学术交流、研究以及研究生培养等工作。

复旦大学池田大作思想研究中心挂靠在日本研究中心。该中心成立于2013

---

* 陈志敏，复旦大学副校长。

年，在池田先生本人以及各界人士的友好关心下，在王荣华理事长、牧野长生副理事长的领导下，复旦大学池田大作思想研究中心从无到有，茁壮成长。本次国际学术研讨会的顺利举办，也表明复旦大学在池田大作思想研究领域获得了中日两国学界的认可。

本次学术研讨会得到创价大学、中华日本学会、中国人民对外友好协会等团体机构的指导与帮助，各位会议代表为本次会议精心准备了上乘的学术论文。此外，复旦大学池田大作思想研究中心副理事长牧野长生先生以及斋藤浩先生等，还为本次研讨会的顺利举办提供了经费上的支持。对此，我代表主办方表示由衷的敬意和感谢！

众所周知，中日关系在经历几年的低谷期之后，自2017年开始出现了明显的好转。我们深知这种好转与各位中日专家学者的努力密不可分，我也希望本次会议能够凝聚中日双方专家学者更多的共识，并且将这种共识上升到政策层面，更好地服务于中日两国的和平友好事业。和平友好来之不易，我们应该倍加珍惜。

最后，预祝本次学术研讨会圆满成功！衷心祝愿池田大作先生及各位朋友身体健康、万事如意！

中日友好之树长青

——纪念《中日和平友好条约》缔结40周年暨“池田倡言”50周年

刘玉宏*

金秋十月，收获时节，和朋友们相聚复旦大学，隆重举办第十届“池田大作思想国际学术研讨会”，纪念《中日和平友好条约》缔结40周年暨池田先生倡言50周年。首先，我代表中华日本学会、中国社会科学院日本研究所，对本次会议的召开，表示热烈的祝贺，对各位专家、学者和长期以来致力于推动中日友好的各位朋友表示崇高的敬意！

2018年8月，我有幸参加由日本创价大学主办、中国驻日使馆和中华日本学会协办的池田大作提出改善对华关系倡言50周年纪念讲演会。今天，我们再次相聚复旦大学，重温条约精神，展望中日未来发展，为共同推进构建人类命运共同体建言献策，我感到使命光荣，具有特别的意义。

2018年10月25日，安倍首相抵达北京，开始对中国进行为期三天的正式访问。当天晚上，我在北京人民大会堂，非常高兴地参加了纪念中日友好条约缔结40周年和安倍首相访华大型招待会。李克强总理在招待会上讲道：40年来，中日关系历经风雨考验，但和平、友好、合作始终是主流，两国有能力、有智慧处理和管控矛盾与分歧，本着以史为鉴、面向未来的精神，为两国关系健康稳定发展创造更好的条件和环境。安倍首相也讲道：希望通过此次访问，双方能够开启化竞争为协调的日中关系新时代，现在，两国航行的前方，是一片广阔合作的海洋，大家齐心协力，共同让日中友好的航船不断驰向更远的前方。

习近平主席在会见安倍首相时讲道：在新形势下，中日两国在双边领域相互依存日益加深，在多边层面也拥有更加广泛多元的共同利益和共同关切的问题，双方要开展更加深入的战略沟通，发挥好两国多层次、多渠道的对话机制作用，准确把握对方的发展和战略意图，切实践行“互为合作伙伴，互不构成威胁”的政治共识，加强正面互动，增进政治互信。按照中日四个政治文件和双方已经达成的共识行事，建设性地处理矛盾与分歧，维护好中日关系健康发展的政治基础。

---

* 刘玉宏，中国社会科学院中日社会文化研究中心主任。

中日关系迎来了改善和发展的重要机遇。今天我们在这里回忆过去走过的历程，有许多著名的中日友好人士和民间组织长期致力于推动中日关系向好发展，池田大作先生正是这样一位令人尊敬和佩服的日本友人。池田先生一直致力于推动中日友好发展，同中国许多大学和研究机构保持着良好关系，开展广泛的学术交流，为推动两国人文交流发挥了积极作用。早在1968年，池田先生就率先公开呼吁尽早实现日中邦交正常化，表现出极高的政治远见，为维护、发展中日友好作出了重要贡献，令人钦佩。正是在中日两国老一代政治家，以及包括池田大作先生在内的两国友好人士的共同努力下，中日两国于1978年缔结了《中日和平友好条约》，确定了两国和平共处、世代友好、面向未来的大方向，为中日关系全面发展奠定了政治和法律基础。

中国有句古语：“本立而道生。”缔约40年来中日关系的发展轨迹生动诠释了一个道理，国家之间“合则两利，斗则俱损”，中日两国只有深化友好合作，才能促进互利共赢，从而推动中日关系不断向前发展。作为搬不走的邻居，中日两国应在政治上加强互信，经济上合作发展，文化上扩大交流。在前不久结束的第14届“北京—东京论坛”上发布了2018年的中日关系舆论调查结果。总体来看，2018年中国公众对日本的印象及两国关系的评价持续好转，显现出积极态度，中国公众对日本总体印象持“很好”和“相对较好”的比例为42.2%，较2017年上升10.8个百分点。在对中日经济“合作与竞争关系”的看法上，选择“两国经济互补性强，可以实现合作共赢”的比例高达61.5%。调查数据显示，中国公众对两国经贸合作回暖的信心明显上升，67.4%的受访者认为未来中日经贸额“将会明显增加”或“将会有所增加”，较2017年上升30.7个百分点，近乎倍增。

今天，我们站在新的历史起点，中日两国应不断探索切合实际的交流方法，不断加强民间交流，增进相互理解、相互信任，以促进共同体意识的形成。双方以开辟中日“一带一路”国际合作新空间等多种形式为纽带，推动构建亚洲命运共同体、人类命运共同体。中日两国经济结构存在较强的互补性，产业关系密切，互为重要的贸易和投资伙伴。从未来发展看，中日还面临相似或相同的挑战，如人口老龄化、维持经济适度增长的压力等。中日都需要通过创新、开放、加强合作，发挥互补优势，深化重点领域合作，拓展中日务实合作新空间，造福两国人民，从而对整个亚洲的稳定发展和持续繁荣作出应有的贡献。

中日两国坚持和平、友好、合作，为两国人民谋幸福，为世界谋大同。我们确信，双方共赢的事业一定会前途远大，前景美好。正如池田先生所言：“为了实现日中世代友好，要日日培育新的友好之树；为了建设和平世界，要以中国和日本的合作为基础，为亚洲的利益、为人类的幸福共同行动。”

最后，祝中日友好之树长青！祝本次大会取得圆满成功！

在第十届“池田大作思想国际学术研讨会”上的致辞

李岩松*

今天，我非常荣幸能够出席第十届“池田大作思想国际学术研讨会”。在此，我谨代表上海外国语大学对本次研讨会的顺利召开表示最热烈的祝贺!

创价大学自1971年创立以来，一直致力于培养具有崇高人格、卓越学识、丰富教养的人才，以“成为人本教育的最高学府，成为建设新文化的摇篮，成为保卫人类和平的要塞”为校训，全力建设以学生为主体的大学。同时，创价大学也以推进中日两国民间友好关系的建设与发展为己任，不断加强中日交流。

创价大学的创始人池田大作先生是中国人民的老朋友，先后10次访问中国。他十分关心中国的和平与发展。新中国成立不久，中国处在内忧外患的时期，池田大作先生坚定地站在中国人民一边，是最早一位向世界呼吁中国加入联合国的知名人士，引起了世界许多国家政要的重视。池田大作先生曾获得11个联合国奖项、26枚国家级勋章，以及20次世界各国的表彰，70多个国家授予他名誉博士、名誉教授。池田先生几十年来始终如一、不遗余力地推动中日恢复邦交，促进中日两国之间的友好合作交流，与中国几代领导人结下了深厚的友谊，为中日友好和中日文化交流作出了卓越的贡献。

同时，池田大作先生还是一位对东方文化有着深刻理解的思想家。池田先生对于东方人道主义的文化特质进行过深刻的分析，认为这种以儒教为源头的道德气质是在比较温和的气候和风土里孕育出来的，比如求调和而舍对立，取结合而舍分裂等。池田先生在女性价值和佛教方面也有着自己独到的理解。他认为，正因为女性有着“珍爱、保护、抚育生命的天性”，所以“女性是憎恶战争的绝对和平主义者”,“具有一种比男性更爱惜生命，更憎恶破坏生命的斗争、战争的特质”。池田先生从生命哲学的立论开始，论证了女性在反对战争、维护世界和平的事业中所担负的神圣职责。池田先生强烈谴责20世纪战争连绵不断，祈望21世纪是“和平的世纪”“生命的世纪”，因而也是“女性的世纪”。这是池田作为

* 李岩松，上海外国语大学校长。

一个杰出的佛法人道主义者和坚定的和平主义者在女性问题上重要的富有特色的思想。我现在任职的上海外国语大学日语专业的团队多年来就一直以池田大作先生的思想为课题开展研究。

1980年4月，池田大作先生第五次率团访华期间，创价大学与北京大学签署了校际学术交流协议，此后，两校交流愈加密切。1984年，池田大作先生被北京大学授予“名誉教授”称号，1990年获得北京大学“教育贡献奖”。我在北京大学分管国际合作交流期间和池田先生有过多次交流，我记得池田先生赠送给北京大学医院一台在当时非常少见的X光机；2006年，在北京大学国际合作部的支持下，创价大学在北京大学资源大厦成立了北京事务所；2008年北京大学举办了池田大作80寿诞庆典暨学术报告会。在北京大学期间，我的许多工作都离不开池田大作先生给予的支持。

2018年是《中日和平友好条约》缔结40周年，也是池田大作先生发表《日中邦交正常化倡言》50周年。回顾历史，走向未来，本次研讨会将从池田大作先生提倡的人本主义和习近平主席提出的“人类命运共同体”出发，对池田大作先生的思想进行进一步的探讨和研究，这是非常具有学术价值和历史意义的。

最后，预祝第十届“池田大作思想国际学术研讨会”圆满成功！恭贺池田大作先生90大寿！

特别演讲

为中日友好的桥梁继续贡献力量

赵启正*

2018年是《中日和平友好条约》缔结40周年，也是池田大作先生发表《日中邦交正常化倡言》50周年。能够在这一具有纪念意义的特殊历史时刻，参加此次会议，与各位交流，我深感荣幸，也愿意借此机会谈一谈我对习近平主席“人类命运共同体”思想的一些思考，以及我对中日关系中的“公共外交”的一些体会。

池田先生从30岁起就为中日友好奔走呼号。他也是1992年天皇访华的鼎力支持者。

1978年8月12日晚7时，在北京人民大会堂，两国举行了和平友好条约的签字仪式，福田赳夫首相在东京收看了实况转播。他坐的那把椅子，正是1972年2月21日佐藤首相怀着特别的心情观看尼克松访华场面时坐的椅子。签字仪式结束后，福田赳夫首相说：“木桥变成了铁桥，今后运东西方便多了！”可是，后来的事态说明“铁桥”的维护和加固也是需要后来者继续不断地投入力量的。

1992年10月，日本明仁天皇就是从这座“铁桥”上走过来的。当时有数万上海市民在街头欢迎天皇与皇后陛下。外务大臣渡边美智雄对我说，这么多人不会出事吧？我当时是分管外事的上海市副市长，负责接待事项，我请他务必放心。天皇说：“此次我们访问贵国，如能作为一个契机，使以此友好纽带连接在一起的两国国民作为良好的邻居向着未来共同迈进，我将感到十分高兴。”明仁天皇要引退了，但是这句话并不会“引退”。

我刚在东京参加第14届“北京—东京论坛”回来，这个公共外交论坛是在2005年中日关系低谷时建立的，我是中方的主要创建人之一。这个论坛14年没有中断过，我也没缺席过一次。我在论坛上总是爱讲“吴越同舟”的故事，这个故事出自《孙子兵法》，是说化“敌意”为友谊的故事。《朝日新闻》的主笔若宫启文先生就那年（2012年）因为日方所谓钓鱼岛“国有化”的严峻形势而担忧中

---

* 赵启正，中国国务院新闻办公室原主任。

日关系更加恶化，写了一篇长文《日本海浪高风急，日中能否同舟？》。

此后，中日关系一度陷入了复交之后最严峻的局面。这是我们都不愿意看到的。但是，在政府外交极其困难的情况下，中日各界人士也一直在致力于改善中日关系，从未懈怠和放弃。

2012年11月，习近平主席在中国共产党的十八大报告中提出，“这个世界，各国相互联系、相互依存的程度空前加深，人类生活在同一个地球村里，越来越成为你中有我、我中有你的命运共同体”。此后，习近平主席从人类利益和价值的通约性出发，进行了多次阐释，在国与国关系中寻找最大公约数，希望与各国人民共同建设一个更加美好的地球家园。

中国和日本是一衣带水的邻邦，是永远的邻居。中日关系是实践习主席“人类命运共同体”思想的关键命题，也是开展中日公共外交的方向。

“人类命运共同体”在实践中包括了国与国的命运共同体、区域内命运共同体、人类命运共同体。从哪个层面看，中日两国都是理所当然包括在内的。中日关系应当表现为以合作共赢为核心的新型国际关系。

在基本理念上，“人类命运共同体”思想的核心理念是和平、发展；在实现路径上，“人类命运共同体”思想强调从大局出发，“求大同，存小异”，中日之间应该彻底摒弃对抗，坚持对话，为构建亚洲和平起基石作用。

最新一期的“中日关系舆论调查”报告刚刚发表。报告显示，中国公众对日本的印象及两国关系的评价持续好转，显现出积极态度，这是令人欣喜的结果。但从总体看，要扭转持续多年的负面情绪，要拆掉中日心中那堵无形的墙，双方还需要坚持不懈的努力。

在纪念《中日和平友好条约》生效40周年之际，我们不能忘记包括池田大作先生在内的中日社会各界为两国友好作出的杰出贡献。我们不由得会回忆起周恩来先生、邓小平先生、廖承志先生、孙平化先生、西园寺公一先生、松村谦三先生、冈崎嘉平太先生、田中角荣先生、大平正芳先生、园田直先生、宇都宫德马先生等诸位前辈。还有和我多年相知相交但已经去世的野中广务、二阶堂进、加藤纮一、鲛岛敬治、若宫启文、白西绅一郎诸位先生。

“长江后浪推前浪，世上新人超旧人。”现在，中日两国间需要更多的能理解对方、进行高层沟通的人物。如何培养新一代热衷中日友好的力量是时代的需要，是历史赋予我们的崇高使命！

民间交流在中日长期的历史交往中源远流长，在邦交正常化之前更是起到过非常重要的特殊作用。在今天，民间交流的形式大大发展了，大大超出了民间对民间的范畴，使得“公共外交”交流的内涵更丰富、范围更广泛，既包括政府对民间，也包括民间对民间、民间对政府的各个层面。包括复旦大学、创价大学在内的教育界，包括创价学会在内的社会团体，等等，都是民间交流和公共外交的骨干者。

对于中日这一重要的双边关系，如何行稳致远，如何建立持久的战略互信，如何实现真正的民心相通，两国社会各界重任在肩，责无旁贷。我相信，我们正在朝着正确的方向，一小步接着一小步地往前走。我期待与中日各方人士共同努力。

祝愿中日关系的每一个十年都比前一个十年走得更稳，走得更好!

建立牢固的日中友谊，实现亚洲和世界和平

牧野长生*

复旦大学与创价大学共同主办的“池田大作思想国际学术研讨会”在复旦大学召开，在此，我对在百忙之中抽出时间参加本次研讨会的各位来宾及日中两国学者，表示衷心的感谢！同时，也向为成功举办本次国际研讨会而辛勤忙碌的日中两国工作人员，表示诚挚的谢意！

一、“池田大作思想国际学术研讨会”

本次国际学术研讨会是为了纪念池田大作先生于1968年在创价学会第11届学生部全会发表的《日中邦交正常化倡言》50周年而举行的。当年我正值20岁，非常荣幸地参加了那次会议。当时的日本和美国同中国还是很尖锐的对立关系。我在会议上聆听了池田先生对中国历史的分析后，感受到了先生实现世界和平的坚强决心和热情，从那一刻起，我就坚定了自己的信念，跟随池田先生，推动日中友好和世界和平事业，为实现先生的伟大理想奋斗终生。从那时至今尽管已经过了50年，但是自己从未背弃过当时的誓愿，至今为止访华的次数已经超过了300次。只要生命不息，我就将为日中友好事业奋斗不止。

二、一个人伟大的“人间革命”，将可以实现世界和平

池田先生曾经说过：“‘唯有开发人所具有的无限生命力，才是从战争世纪转换到和平世纪的唯一方法’。因为有了这种信念，我把小说《人间革命》的主题确定为‘一个人的伟大的“人间革命”，将能够转变全人类的宿命’。”

三、扩展“人类命运共同体”思想

习近平主席提倡的“人类命运共同体”思想，得到了中国人民的赞同和支持。池田大作先生所提倡的“期愿全人类繁荣的地球民族主义”理念同“人类命运共同体”这一思想具有相同的方向目标，都是希望世界上所有的国家和民族在平等的基础上，谋求本国的繁荣与发展。

---

* 牧野长生，复旦大学池田大作思想研究中心副理事长、亚细亚历史哲学研究所理事长。

四、没有牢固的日中友谊则无法实现亚洲和世界的和平

1968年9月8日，池田先生在创价学会第11届学生部全体会议上发表了《日中邦交正常化倡言》。该倡言的提出，为改善战后长期处于封闭状态的日中关系，推动日中邦交正常化开拓了道路。50年后的今天，亚洲和世界的情况又是怎样的呢?

在朝鲜半岛问题上，美国和朝鲜的首脑对话，尽管有些戏剧性地推动了朝鲜半岛的和平和朝鲜弃核的进程，但是具体进程还要看今后形势的发展。是再次倒退到紧张的状态，还是能够顺利地向前推进，我认为这些都要看有关国家之间合作的进展情况，而有关国家的关键就是中国和美国。一旦进程出现了倒退，除朝鲜和韩国之外，日本也可能面临关系到国家存亡的严重局面。众所周知，目前美国和中国之间出现了贸易摩擦，此问题可能会波及外交及安全保障方面。如果问题激化，将势必会影响到朝鲜问题的解决。

因此，我认为：

第一，日本政府应拟定日本独自的“实现朝鲜半岛无核化、永不再战构想”，积极同朝鲜及有关国家进行协商与沟通。

第二，日本应该对当年发动的那场使中国人民长时间饱受地狱般痛苦的侵略战争作出深刻的反省，向中国提出签订“日中永不再战条约”，拓宽牢固的日中友谊之路，以此来告慰众多无名牺牲者的灵魂。

第三，请让我以复旦大学前校长苏步青先生于1997年春天赠送给我的题词作为结束语：

中日两国人民“友谊永恒”！

和平主义

共生与对话:“人类命运共同体”的文明内涵与构建路径

王 莹 罗国振*

2018年恰逢《中日和平友好条约》缔结40周年，以“推动构筑新型国家关系与人类命运共同体”为主题的纪念研讨会在上海举行。作为中日邦交正常化倡导者之一的池田大作先生在贺电中指出，中国历史的底流，是一种“共生的道德气质”，也是一种“使人与人之间、人与自然之间能和谐共存的精神倾向”。① 让21世纪成为“和平”与“共生”的世界，是池田大作先生的夙愿。他倡议，日中要以“命运共同体”为基础，世代友好，日日培育新的友好之树，为世界和平、为地球及人类利益作出长远贡献。

“人类命运共同体”既被视为一种价值理念，也被视为一种外交战略。近年来，中国领导人多次阐述、反复论证、不断丰富了“人类命运共同体”的理论内涵，并致力于通过具体实践推动其不断光大和落地。习近平总书记所代表的中国领导集体所倡导的“人类命运共同体”与池田大作先生呼吁的“命运共同体”理念及其和平思想在文化的视域下不谋而合，例如强调尊重彼此的差异、不同文明的对话、维护人类共同的福祉等。本文将通过梳理“人类命运共同体”与池田大作和平思想的关联，探究“人类命运共同体”提出的历史条件与现实语境，分析其文明内涵和思想精髓，并提出其文化建构的路径。

一、“人类命运共同体”提出的历史渊源与现实语境

“人类命运共同体”思想既立足本国又胸怀全球，既观照现实又放眼未来，既有具体政策又有宏远战略。该思想传递了中国特色面向未来的大战略观、中国特色大国外交观、崭新的全球治理观、平等互信的新型权力观、合作共赢的共同利益观、包容互鉴的文明观等诸多观念，② 不仅回答了“建设什么样的世界，怎

---

* 王莹，华东师范大学经济与管理学部专职组织员、研究实习员，研究方向为社会学；罗国振，华东师范大学城市发展研究院副理事长、校党委原副书记、教授，研究方向为社会学、伦理学、教育学。

① 池田大作：《培育友好之树 建设和平世界》，《日本学刊》2018年第4期，第1—6页。

② 参见陈鑫：《习近平“人类命运共同体”思想研究述评》，《贵州省党校学报》2018年第1期，第54—62页。

样建设世界”这一时代课题，同时更为新时代的全球治理提供了“中国方案”。

（一）“人类命运共同体”提出的历史渊源

从历史的维度来看，“人类命运共同体”思想的产生与发展经历了“萌芽、确立、发展、成熟”四个阶段。

1. 萌芽时期

德国社会学家滕尼斯在1887年出版的著作《共同体与社会》中提出“共同体”理念，他认为，共同体的类型主要是在建立在自然的基础之上的群体（家庭、宗族）里实现的，它也可能在小的、历史形成的联合体（村庄、城市）以及在思想的联合体（友谊、师徒关系等）里实现。池田大作先生也曾在文化层面倡导“命运共同体”的理念。1976年他在《佛法·西与东》中多次提及“命运共同体”：“我们无论如何也不能忽视物理距离的缩短已经把世界联结为一个‘命运共同体’的事实。但是，现实却是人们虽然同属一个‘命运共同体’，然而心灵的交流却竟然是那样贫乏，这难道不是人类的悲哀吗？”[①] 他还从文化背景上分析了造成人类心灵距离的原因，并号召东方与西方进行真诚的对话与交流，构建一个命运共同体。

中国在处理国际关系、阐释对时代特征和世界大势的认识时，强调各国相互依存、同舟共济。“人类命运共同体”这一完整的概念最早出现于2007年，亚太经合组织第15次领导人非正式会议开幕前夕，《人民日报》发表了题为《人类“命运共同体”意味凸显 APEC采用“大家庭”观念》的评论。[②] 2010年5月和2011年9月，中国分别在第二轮中美战略与经济对话和关于促进中欧合作的论述中，再次提出“命运共同体”的理念。[③] 2011年《中国的和平发展》白皮书中，提出“要以命运共同体的新视角，以同舟共济、合作共赢的新理念，寻求多元文明交流互鉴的新局面，寻求人类共同利益和共同价值的新内涵，寻求各国合作应对多样化挑战和实现包容性发展的新道路”。以上这些都为“人类命运共同体”思想的产生和完善奠定了基础。

2. 确立时期

2012年，中国共产党十八大报告首次旗帜鲜明地“倡导人类命运共同体意识”，“即在追求本国利益时兼顾他国的合理关切，在谋求本国发展的同时促进各国共同发展，建立更加平等均衡的新型全球发展伙伴关系，同舟共济，权责共

---

① 池田大作：《佛法·西与东》，王健译，成都：四川人民出版社，1996年，第1页。

② 参见邓伟志：《多学科视野下的“人类命运共同体”》，《探索与争鸣》2017年第6期，第76—82页。

③ 参见陈须隆：《人类命运共同体理论在习近平外交思想中的地位和意义》，《当代世界》2016年第7期，第8—11页。

担，增进人类共同利益”。[①]

3. 发展时期

党的十八大之后，习近平在多个场合提出构建“人类命运共同体”的宏观愿景。2013年，在博鳌亚洲论坛上，习近平提出，应牢固树立人类命运共同体意识，勇于变革创新，同心维护和平，着力推进合作，坚持包容开放。2014年，在亚信峰会、APEC会议、G20峰会等一系列重要国际场合，习近平进一步阐释了该理念，使中国倡议和中国方案更加深入人心。在2015年博鳌亚洲论坛上，习近平发表题为《迈向命运共同体，开创亚洲新未来》的演讲，又强调了要共同营造对亚洲对世界都更为有利的地区秩序，通过迈向亚洲命运共同体，推动建设人类命运共同体。尤其是在2015年9月28日，习近平出席第70届联合国大会一般性辩论并发表题为《携手构建合作共赢新伙伴，同心打造人类命运共同体》的讲话，提出了人类命运共同体“五位一体”的总布局和总路径，极大地丰富和发展了“人类命运共同体”的理念，实现其体系化。[②]习近平先后提出过“中巴（巴基斯坦）命运共同体”“中乌（乌兹别克斯坦）命运共同体”“中国—东盟命运共同体”“周边命运共同体”“亚洲命运共同体”“中非命运共同体”“中拉（拉美）命运共同体”“网络空间命运共同体”。[③]人类命运共同体从局部走向整体，从理论走向实践。2016年，中国成功举办了G20杭州峰会，“一带一路”建设有序推进，为进一步构建人类命运共同体展开理论和实践的探索。

4. 成熟时期

2017年，习近平在中国共产党的十九大报告中指出，要坚持和平发展道路，推动构建人类命运共同体，呼吁各国人民同心协力，构建人类命运共同体，建设持久和平、普遍安全、共同繁荣、开放包容、清洁美丽的世界，共同创造人类的美好未来。[④]“人类命运共同体”成为习近平新时代中国特色社会主义思想的重要组成部分，标志着“人类命运共同体”思想的成熟。

（二）“人类命运共同体”提出的现实语境

21世纪初的世界，世界经济复苏乏力，发展中国家与发达国家贫富差距拉大，全球化遭遇挫折，关于世界大势的各种思潮弥漫。

一方面，对于全球化发展过程中出现的各种问题，“逆全球化”思潮大行

---

① 参见《胡锦涛在中国共产党第十八次全国代表大会上的报告》，2012年11月17日，新华网，http://www.xinhuanet.com//18cpcnc/2012-11/17/c_113711665.htm。

② 参见杨梓好：《习近平“人类命运共同体理念”的研究综述》，《改革与开放》2017年第1期，第67—68页。

③ 参见邓伟志：《多学科视野下的“人类命运共同体”》，《探索与争鸣》2017年第6期，第76—82页。

④ 参见《习近平在中国共产党第十九次全国代表大会上的报告》，2017年10月28日，人民网，http://cpc.people.com.cn/n1/2017/1028/c64094-29613660-14.html。

其道，各种本土主义、排外主义和民族主义情绪受到鼓噪，人类发展进程中开放与封闭、合作与对立、前进与倒退等各种力量交锋。另一方面，全球经济深入发展，世界交往频繁，国际力量对比发生改变，世界趋于多极，文化趋于多元，全球挑战日趋凸显。①

面对人类社会将何去何从的时代之问，中国领导人鲜明地提出了“中国方案”，即“人类命运共同体”理念：继承和弘扬联合国宪章的宗旨和原则，构建以合作共赢为核心的新型国际关系，打造人类命运共同体，将自身发展与世界共同发展融为一体。②

纵观上述时代背景，无论是问题还是成绩，无论是国际还是国内，均体现着构建人类命运共同体的重要性和必要性，同时也深刻地表明“人类命运共同体”是世界和人类发展的必然趋势，是人类未来社会的正确选择。

二、“人类命运共同体”的文明内涵与池田大作的和平思想

2015年，习近平出席第70届联合国大会一般性辩论并发表讲话，分别从政治、发展、安全、文明和生态五个层面阐述了人类命运共同体的思想内涵和政策方案，即建立平等相待、互商互谅的伙伴关系，营造公道正义、共建共享的安全格局，谋求开放创新、包容互惠的发展前景，促进和而不同、兼收并蓄的文明交流，构筑尊崇自然、绿色发展的生态体系。③“人类命运共同体”理念与池田大作先生呼吁的“命运共同体”理念及其和平思想虽然提出的时代不同，但在文明层面，两者都蕴含了共生与对话的思想内涵，具有深厚的渊源和关联。

（一）共生：和而不同、兼容并蓄

当今世界，各种文明既迎来百花齐放、争奇斗艳的广阔空间，又面临强化认同、凸显特色的发展局面。特别是在全球化和信息化深入发展，各种文明交往互动空前广泛深入的背景下，彼此是包容互鉴、共同进步，还是唯我独尊、冲突对立，这不仅影响世界的和平与发展，而且决定人类文明的整体前景。

1.“人类命运共同体”内蕴包容互鉴的新型文明观

从打造人类命运共同体的高度出发，习近平先后在多个重要场合提出要加强文明交流对话和包容互鉴，指出文明交流互鉴是推动人类文明共同进步和世界和

---

① 参见陈鑫：《习近平“人类命运共同体”思想研究述评》，《贵州省党校学报》2018年第1期，第54—62页。

② 参见《人类命运共同体的构建路径》，2018年6月20日，人民网，http://world.people.com.cn/n1/2018/0620/c1002-30068284.html。

③ 参见《携手构建合作共赢新伙伴　同心打造人类命运共同体——在第七十届联合国大会一般性辩论时的讲话》，《人民日报》2015年9月29日。

平发展的重要动力。“我们要促进和而不同、兼收并蓄的文明交流。人类文明多样性赋予这个世界姹紫嫣红的色彩，多样带来交流，交流孕育融合，融合产生进步。文明相处需要和而不同的精神。只有在多样中相互尊重、彼此借鉴、和谐共存，这个世界才能丰富多彩、欣欣向荣。”[①] 习近平关于文明交流互鉴的重要论述，为形成世界各种文明丰富多彩、充满活力、和谐共处的相互关系，进而打造人类命运共同体贡献了中国智慧。

“人类命运共同体”思想内蕴包容互鉴的新型文明观，“万物并育而不相害，道并行而不相悖”，是中国古代先贤对中华文明兼容并蓄的精辟之论。2014年6月28日，习近平在和平共处五项原则发表60周年纪念大会上的讲话中引用这一论述，提出要尊重文明多样性，推动不同文明交流互鉴、取长补短、和平共处、和谐共生。[②]“一花独放不是春，百花齐放春满园”是当前他对世界文明互进共荣的精彩诠释。建构“人类命运共同体”，就必须承认人类社会各种文明的平等地位。2014 年3月27日，习近平在巴黎联合国教科文组织总部发表的演讲中指出，“文明因交流而多彩，因互鉴而丰富”，要秉持文明是“多彩”“平等”和“包容”的态度与原则。他向世界呼吁，不要用“文明冲突论”来试图制造文明之间的对立，也不要用“普世价值观”来试图消解其他不同文明。他强调，“夫物之不齐，物之情也”，不同文明没有优劣之分，只有特色之别，只要不抱偏见，坦然接受文明平等的理念，就能理解文明互进和文明共荣的道理。就不同文明之间的关系来讲，唯有在竞争比较中取长补短，在交流互鉴中共同发展，才能成为“增进各国人民友谊的桥梁、推动人类社会进步的动力、维护世界和平的纽带”[③]。

2. 池田大作的和平思想具有“天人合一”的哲学基础

世界和平观是池田大作思想体系的重要组成部分。池田大作追求积极的和平主义、绝对的和平主义、彻底的和平主义三个方面，主张根绝所有暴力，反对一切战争，彰显生命尊严。在池田大作的和平思想中，共生的理念一以贯之。自20世纪60—70年代开始，他就通过演讲、对谈、著述等文化思想交流活动，不遗余力地向世人提出了“东西方文明共生共荣”这一基本走向的必然趋势。

在池田大作的和平思想中，共生的理念还主要体现在其“天人合一”的哲学基础。“天人合一”要求人类与时间和空间维度里的万事万物和谐相处，从而达

① 《携手构建合作共赢新伙伴　同心打造人类命运共同体——在第七十届联合国大会一般性辩论时的讲话》，《人民日报》2015年9月29日。

② 参见《习近平谈和平共处五项原则精彩话语摘编》，2014年6月28日，人民网，http://cpc.people.com.cn/n/2014/0628/c164113-25213211.html。

③ 李爱敏：《“人类命运共同体”：理论本质、基本内涵与中国特色》，《中共福建省委党校学报》2016年第2期，第96—102页。

致一种时时处处的彻底和平。从空间上看，池田大作把“天人合一”的理念贯彻到人与自然的关系中，使和平无处不在。他认为：“自然界也是保持一定规律的‘生命的存在’……本质上是与人类生命相互关联的。”[①] 因而自然也同样必须受到应有的尊重，我们理应对周围的物质世界或其他生物表示感激，以慈善之心待之，这种人道主义将成为协调的、和平的和开放的。从时间上看，池田大作认为，和平应该是永恒存在，应该是一个包括过去、现在和将来的可持续发展的过程。为此，面对当今世界环境、资源、人口等社会、经济问题日益尖锐并扩展的趋势，池田大作大声疾呼：“在与周围大千世界的和谐相处中，绝不能忘记要关照未来。”[②]

池田大作认为，“天人合一”建基于人类和自然之间的和谐关系，是一种追求天下太平的和平文化，它可以体现在人们精神生活和物质生活的方方面面。其在人格上的体现，就集中表现在“共生的道德气质”，就是和他人、和大自然“共生共存”的精神。[③] 在世界和平的理念上，“天人合一”就是给人以世界大同的希望和目标追求，而这正是池田大作孜孜以求的彻底的和平主义理想。

（二）对话：交流互鉴、平等尊重

“对话式文明”概念最早由杜维明提出，它是指不运用暴力，而是通过各民族和文明间平等交往产生相互了解，形成跨文化共识，最终创造出和平共处交流互鉴的一系列规则，形成超越国家和民族的世界性文明。[④] 杜维明认为，加强不同文化、不同宗教、不同国家和地区的文明对话是应对人类困境最基本也是最重要的选择。对话式文明的实质是各种文明之间的平等交流、互相倾听和借鉴。

世界不同的文明凝聚着不同国家和不同民族的智慧和贡献，每一个国家和民族的文明都扎根于本国本民族的土壤之中，都是本国本民族的集体记忆，都有自己的本色、特色、长处、优点。[⑤] 不同文明之间应该秉持相互尊重、平等对话的态度，避免冲突和对抗。历史和现实都表明，平等和尊重才是文明交流互鉴的前提。在平等相待、彼此尊重基础上，不同文明之间应该加强对话交流，互相借鉴文明的长处和精华。习近平指出：文明之间要对话，不要排斥；要交流，不要取

① 池田大作、汤恩比：《眺望人类的新纪元》，香港：天地图书有限公司，2000年，第41页。

② 池田大作、木口胜义、志村荣一：《佛法与宇宙》，北京：经济日报出版社，1997年，第62页。

③ 参见杨君游、苏卫平、蔡德麟：《论池田大作的世界和平观》，《江淮论坛》2005年第2期，第49—56页。

④ 参见贾文山、江灏锋、赵立敏：《跨文明交流、对话式文明与人类命运共同体的构建》，《中国人民大学学报》2017年第5期，第100—111页。

⑤ 参见高祖贵：《文明交流互鉴是打造人类命运共同体的重要途径》，《求是》2016年第11期，第59—61页。

代。人类历史就是一幅不同文明相互交流、互鉴、融合的宏伟画卷。[①] 我们要尊重各种文明，平等相待，互学互鉴，兼收并蓄，推动人类文明实现创造性发展。

在池田大作看来，我们当前所处的时代，是一个对话的时代。“对话是打开和平的钥匙。这是我一贯的信念。”[②] 对话在构建世界和平与共存的环境中承负着重要作用。池田大作主张，在各种文明之间，要用对话代替对抗，用互信代替互疑，用交流代替交战，建立国家民族间的共生共存关系。他强调，在新的世纪里，要以“信赖”和“友情”为核心，突出“软能”特色，进行以平等与相互尊重为基础的对话，进行教育和文化的交流。“优秀的文化和艺术可以把人们的心联结在一起；可以超越国境和体制，用共同的‘感动’把人们联结在一起。‘文化之路’是盛开优美的人性与智慧的花朵之路，是心灵之路，因而也是和平之路。”[③] 文化交流，可以借助民众的力量，抵制暴力，增强理解和信任，进而达到真正持久的和平。池田大作不仅提出了“对话的文明”的理想，而且还积极付诸实践，他怀着世界和平的信念，奔走于世界，在各个层面，不断扩大和平与友好的“对话”。池田大作与世界许多著名专家学者进行过对话，比如英国的历史学家汤因比，苏联的戈尔巴乔夫，中国的季羡林、巴金、金庸等人。[④] 池田大作与这些有识之士的会见与对话，给现代许多思想家带来了深刻的自我批评与反省的机会。

三、“人类命运共同体”文化建构的路径：“精神丝绸之路”与“一带一路”

构建“人类命运共同体”是人类社会发展的历史课题，“人类命运共同体”的文化建构有很多现实路径可以选择，池田大作所倡导的“精神丝绸之路”和当下中国所推进的“一带一路”倡议不失为有效的路径。

（一）理论层面：精神丝绸之路

提起丝绸之路，人们首先会想起那座贯通欧亚大陆、物资贸易繁荣的东西交流的桥梁。而在8世纪以后，这条陆路交流通道开始渐渐衰落，直至彻底断绝。20世纪中后期，随着交通网与通信网的迅速发展，国与国之间的距离缩短，贸易及信息之间的交换变得更为畅通。而人与人之间的交流却相对稀少，心与心之间

① 参见《携手构建合作共赢新伙伴 同心打造人类命运共同体——在第七十届联合国大会一般性辩论时的讲话》，《人民日报》2015年9月29日。

② 季羡林、蒋忠新、池田大作：《畅谈东方智慧》，香港：商务印书馆，2004年，第137页。

③ 同上书，第37—38页。

④ 参见王学风、刘卓红：《池田大作的和平教育思想探讨》，《外国教育研究》2010年第1期，第23—26页。

存在着很多难以逾越的壁垒，尤其以冷战时期苏美两国裹胁的华约与北约之间数十年对峙最为显著，不同国家、民族、地区的民众敌对心理严重。

1975年，池田先生在莫斯科大学接受来自海外大学的第一个名誉博士称号时，发表题为《东西文化交流的新道路》的演说，呼吁要构筑人类融和的世界和持久和平的未来，紧迫的任务是开辟把西方与东方的民众的心联系在一起的“精神上的丝绸之路”。池田大作认为，“精神上的丝绸之路”是实现世界永久和平的重要渠道。他在演讲中呼吁：“现在比任何时代都需要越过民族、社会制度和意识形态的障碍，在整个文化领域里进行民众的交流，也就是开辟把人与人的心灵联结在一起的‘精神上的丝绸之路’。”① 他认为，人心是世界和平的根本，人与人之间的信任是构建世界和平的基础，“精神丝绸之路”是实现世界和平的重要途径。

这里的“精神”一词，突出强调丝绸之路的文明属性，“精神丝绸之路”主要是借丝绸之路来实现多种文化间的精神交流，特别是把东西方文化的精髓通过和平对话的方式在世界范围内进行交流分享，进而为人类未来文化发展提供尽可能的方向。② 他指出，建设“精神上的丝绸之路”需要在文化交流中始终贯彻着相互性和对等性。“相互性、对等性以及全面性，可以说是真正的文化交流的生命线。我深信，在这里会孕育出对异民族、异文化的崇敬和尊重。只有在这样的时候，才能在全世界纵横交错地结成不仅包括东西，也包括南北的‘精神上的丝绸之路’。”③

在冷战的背景下，池田大作建设“精神丝绸之路”的思想只能停留在呼吁的层面，而今重建“精神丝绸之路”能够成为“人类命运共同体”文明构建的有效路径，原因不仅在于“精神丝绸之路”可以充分体现“人类命运共同体”的文化内涵，更重要的是中国在实践层面所推动的“一带一路”所提供的有利现实条件。

（二）实践层面：一带一路

“一带一路”是“新丝绸之路经济带”和“21世纪海上丝绸之路”的简称，习近平于2013年代表中国先后提出建设“新丝绸之路经济带”和“21世纪海上丝绸之路”的合作倡议。“一带一路”旨在借用古代丝绸之路的历史符号，高举和平发展的旗帜，积极发展与沿线国家的经济合作伙伴关系，共同打造政治互信、经济融合、文化包容的利益共同体、命运共同体和责任共

① 《东西文化交流的新道路》，池田大作特辑，http://www.infosoka.net/Ikeda/speech/moscow-1975.html。

② 参见陈强：《“人类命运共同体”的文化构建与“精神丝绸之路”》，《西北民族大学学报（哲学社会科学版）》2016年第4期，第104—109页。

③ 《东西文化交流的新道路》，池田大作特辑，http://www.infosoka.net/Ikeda/speech/moscow-1975.html。

同体。目前，“一带一路”已成为中国推动构建人类命运共同体的重要路径和宏伟实践。

“一带一路”倡议，是中国提出的应对人类面临的共同挑战、维护和实现全人类的共同利益、同心打造人类命运共同体的方案。近年来，在推进“一带一路”建设的过程中，中国政府坚持共商、共建、共享原则，紧紧抓住“互联互通”这一着力点，把“一带一路”的内容具象为政策沟通、设施联通、贸易畅通、资金融通、民心相通的“五通”发展。其中的民心相通，就是要加强相关国家人民之间的交流，增进理解互信，建立起长久的友谊，使各国人民紧密地团结在一起。这与池田大作所提出的把西方与东方的民众的心联系在一起的“精神丝绸之路”有着异曲同工之妙。要实现民心相通，关键是要在不同文化的交往中尊重差异，包容多样，求同存异，通过文化互通寻求不同文化之间的价值共识。

“一带一路”是合作共赢之路，带动各国经济更加紧密结合起来，推动各国基础设施建设和体制机制创新，增强各国经济内生动力和抗风险能力。“一带一路”也是文化互通之路，不同社会共同体的成员之间要在文化上相互交流和彼此沟通。文化互通是“一带一路”沿线国家互联互通的桥梁，是真正能够把它们联系和结合起来的纽带，是相关国家实现和平合作、互利共赢的重要基础。① 只有注重和加强各国之间的文化互通，才有可能实现它们之间其他各方面的“互联互通”。作为“一带一路”建设的重要内容，文化互通对于整个人类命运共同体的建构也是极其重要的。

“我提出‘一带一路’倡议，就是要实现共赢共享发展。”2017年5月14日，习近平在北京出席“一带一路”国际合作高峰论坛开幕式时这样宣示这一倡议的初衷。“一带一路”蕴含的命运休戚与共的意识、建设的互利合作桥梁，为维护世界永久和平开辟了新路径，为构建人类命运共同体注入强劲而持久的动力。

① 参见黄义灵、汪信砚：《“一带一路”的文化互通与人类命运共同体建设》，《江汉论坛》2017年第12期，第129—133页。

从"共生气质"诠释"人类命运共同体"的构筑

曲德林 *

一、中日关系与人类命运共同体

2018年对中日关系而言是一个值得纪念的特殊年份。40年前的8月12日《中日和平友好条约》在北京举行签字仪式。10月23日邓小平副总理应日本政府的邀请访日，出席了在东京举行的《中日和平友好条约》批准书的交换仪式。① 正如李克强总理于2018年5月访日时指出的那样："《中日和平友好条约》以法律的形式确认了《中日联合声明》的各项原则，为中日关系确立了政治基础和法律规范，指明了正确的方向。"安倍首相在接待李克强总理访日时说："40年前，两国老一辈政治家展现了远见和智慧，缔结了《日中和平友好条约》，第一条就是发展两国间持久的和平友好关系。条约像指南针一样，引领我们克服各种困难，不断前行。"②

战后中日两国邦交正常化的实现，确实与老一辈政治家的高瞻远瞩、从战略上运筹帷幄及对大局的把握分不开，但也不能忘记在签约之前，中日民间交流的贡献，不可小视以民促官的力量和影响。在这里，特别提出的是，1968年9月8日在创价学会举行的第11届学生部大会上，池田大作先生冒着极大的政治风险，发表了著名的"池田倡言"，提出了"第一，正式承认中华人民共和国政府的存在；第二，恢复中国在联合国的合法席位；第三，广泛推进日中经济和文化交流"的主张。池田先生是很有远见的，这对此后中日两国关系的逐步发展和推进影响深远。在他发表讲话三年后，1971年7月，池田大作创建的公明党代表团首次访华，代表团和周恩来总理进行了正式会谈。③ 此后，民间和政府的沟通更加富有成效。应该说，1972年9月中日邦交正常化的实现是政府和民间共同努力和沟通的结果。

---

* 曲德林，清华大学日本研究中心教授，研究方向为中日能源与环境政策及中日医疗健康政策比较。

① 参见《1978年邓小平访问日本学到了什么？》，《半月谈》2008年11月23日。

② 《李克强访日有何"特别"：安倍全程陪同，日媒全程跟踪报道》，2018年5月12日，中国政府网，http://www.gov.cn/xinwen/2018-05/12/content_5290561.htm。

③ 参见李锦坤、刘玉珊编著《池田大作与中国》，北京：中央文献出版社，2008年，第2—3页。

2018年对中国来讲也是一个值得纪念和总结的年份。40年前，1978年12月18—22日中国共产党十一届三中全会召开，中国正式实施改革开放政策。40年前的国际形势处于美苏两大阵营对抗的冷战时期，苏联的霸权主义猖獗。1977年邓小平同志第三次复出，特别是在国内开展“真理标准大讨论”之后，中国共产党重新确立了实事求是的思想路线，党的工作重心转移到了经济建设上来。改革开放的40年，中国的综合国力发生了巨大的变化。回顾40年来取得的成就，我们不能忘记改革开放的总设计师邓小平同志，是他的高瞻远瞩，使中国发生了翻天覆地的变化。经过40年来中央历届领导集体团结广大中国人民的艰苦奋斗，我国成为世界第二大经济体。

当前，我们又迎来了深化改革开放的新时代。40年后的2018年3月11日第十三届全国人民代表大会第一次会议通过了宪法修正案，将宪法序言第12自然段中“发展通过同各国的外交关系和经济、文化交流”修改为“发展同各国的外交关系和经济、文化交流，推动构建人类命运共同体”，把习近平主席构建人类命运共同体的思想，正式写入了国家的根本大法。①

中国的国内形势总是和国际形势、大国关系包括中日关系相互关联和影响。《中日和平友好条约》签订40周年，也必然和国内改革开放40周年从时空上是一致的，从战略决策上是相互影响的，从经济上是互惠的，从思想脉络上是相通的。因为我们都处于全球化和经济一体化的大环境下，各国相互联系、相互依存的程度也必然是不断增强的。

本文立足池田大作先生倡导的“共生气质”，从价值观上诠释习近平主席“人类命运共同体”构筑的思想脉络，并阐述人类命运共同体建设的深远意义。

二、人类和谐观是人类命运共同体的价值观基础

（一）人类命运共同体的概念

人类命运共同体的重要战略思想，是习近平主席着眼于人类的发展和世界的前途而提出的中国方案。它主要是基于以下五点理念和认识。②

1. 人类生活在同一个地球村里

当今世界，正处于大发展大变革大调整的时期，世界多极化、经济全球化在深入发展，新一代的科技革命和产业革命正在孕育成长。各国相互联系、相互依

① 参见曲星：《人类命运共同体的价值观基础》，《求是》2013年第4期。

② 参见中共中央宣传部编《习近平新时代中国特色社会主义思想三十讲》，北京：学习出版社，2018年，第265—295页。

存、命运与共。另一方面，我们又处于挑战层出不穷、风险日益增多的时代。当前美国特朗普政府以美国优先为名，实施单边主义政策，大搞贸易战，全球经济贸易秩序受到严重损害。然而，地球是人类的共同家园，面对人类的共同挑战，没有哪个国家可以独自应对，也不可能有哪个国家可以退回到自我封闭的老路上去。习近平主席说："这个世界，各国相互联系、相互依存的程度空前加深，人类生活在同一地球村里，生活在历史和现实交汇的同一个时空里，越来越成为你中有我、我中有你的命运共同体。"①

2. 中国始终走和平发展道路

为实现中华民族伟大复兴的中国梦，习主席说："中国梦需要和平，只有和平才能实现梦想。"因此，坚持走和平发展道路，是中国根据时代发展潮流和国家根本利益作出的战略抉择。只有坚持走和平发展的道路，只有同世界各国一道维护世界和平，中国才能实现自己的目标，才能推动共同构建人类命运共同体的设想。

3. 建设持久和平、普遍安全、共同繁荣、开放包容、清洁美丽的世界

2017年10月18日，在中国共产党第十九次全国代表大会上，习近平主席指出，要"建设持久和平、普遍安全、共同繁荣、开放包容、清洁美丽的世界"。这反映了世界各国人民对和平、发展、繁荣向往的共同追求。坚持以对话解决争端，以协商化解分歧，统筹应对传统和非传统安全威胁，反对一切形式的恐怖主义。坚持合作共赢，建设一个共同繁荣的世界。支持开放、透明、包容、非歧视性的多边贸易体系，构建开放型国际经济。

4. 积极发展全球伙伴关系

中国坚持不结盟的外交方针。推动构建人类命运共同体，必须积极发展全球伙伴关系，扩大同各国的利益交汇点。推进大国协商合作，构建总体稳定、均衡发展的大国关系框架。按照亲诚惠容和以邻为善、以邻为伴的周边外交方针，深化同周边国家的关系。对中日关系应该严格遵循中日四个政治文件精神和四点原则共识，确保两国关系沿着正确的方向发展。

5. 积极参与全球治理体系的改革和建设

推动构建人类命运共同体，必须积极参与全球治理体系的改革与建设。习近平主席在党的十九大报告中指出："中国秉持共商共建共享的全球治理观，倡导国际关系民主化，坚持国家不分大小、强弱、贫富一律平等，支持

① 《习近平主席7年前提出的这个理念意味深远》，新华网，http://www.xinhuanet.com/.politics/2020-03/23/C_1125756748.htm?ivk_sa=1023197a。

联合国发挥积极作用，支持扩大发展中国家在国际事务中的代表性和发言权。中国将继续发挥负责任大国作用，积极参与全球治理体系改革和建设，不断贡献中国智慧和力量。”

以上五点理念，实际上是在谋求本国发展时促进各国共同发展，在追求本国利益时兼顾他国合理关切。宇宙只有一个地球，各国共处一个世界中，倡导人类命运共同体建设是一个最为睿智的理念。

人类命运共同体是一个全球的价值观，它涉及上述五点认识和理念。这个全球价值观，包括了权力观、利益观、可持续发展观和全球治理观。深入分析这个全球价值观的思想基础，毫无疑问应该是人类和谐观。当代著名思想家池田大作和当代杰出政治家习近平的思想脉络是共通的。

（二）池田大作先生的“共生气质”说

池田大作先生的“共生气质”就是人类和谐观的精髓。池田讲，“人不但是以一个国家为基础的社会存在，而且是一种与人类社会，整个地球的自然界，甚至是整个宇宙具有连锁关系的生命存在”①。池田在讲到地球生态系统的保存时曾说：“地球生态系统的保存是超越国境的全人类共通的课题，如果每个人没有‘生活在一个地球上’的强烈自觉与责任感，要寻找解决的方法是很困难的。”② 池田先生的思想核心是“和谐”。就是追求人之身心和谐，人与人的和谐，人与社会的和谐，人与自然的和谐。他指出：“和谐是人生和宇宙的最高准则，也就是中国传统文化的思想——天人合一。天就是大自然；人，即人类；合就是互相理解，结成友谊，就是人要与自然成为朋友，要与人类自身成为朋友，与人类心灵成为朋友，才能共存和获益。”③

池田先生认为，人类是以共生的方式存在的。他指出：“共生是人与人、人与社会、人与自然之间的一种相互需求、相互依赖的生存状态，它不仅限于内部和睦的共存共荣，而且相互承认不同生活方式的人们之自由活动和参与的机会，是积极地建立起相互关系的一种社会结合，它是由共存、共通、共荣组成的。”④ 池田先生是在阐述共存共荣是人与自然和谐的前提，共存共通共荣是社会和谐的保障。

池田先生也多次提到，人类生活在同一地球村中。他在哥伦比亚大学的讲演

① 池田大作、汤恩比：《眺望人类新纪元——汤恩比与池田大作对谈录》，香港：天地图书有限公司，2000年，第172页。

② 池田大作：《2008年SGI和平宣言——“以人生的宗教创建和平”》，2008年。

③ 陈晓春、李胜：《共生视角下的池田大作和谐思想研究》，载《中外学者论池田大作：和谐社会与和谐世界》，武汉：华中师范大学出版社，2007年，第40页。

④ 池田大作：《池田大作选集》，北京：北京大学出版社，1988年。

中，提到“作为地球公民的重要条件”，提出了“智慧”“勇气”“慈悲”的三个要点，即深刻洞察“人的存在”的本质以及与他者相关联的“智慧”，毫不畏惧民族及文化的差异并积极推进其交流合作的“勇气”，进而与世界各地面临各种问题而苦恼的人们同甘共苦的“慈悲”。[①] 池田先生作为佛教哲学家、思想家和社会活动家，始终认为人与自然和谐的前提是共存共荣。池田认为，环境问题的出现，在于人们忘记了自己与自然是共生共荣的基本事实和基本规律，“应该认识到人类除了与自然万物共同享受生存之外，没有其他持续繁荣的道路”[②]。

当前，在21世纪全球范围内存在的各种问题，诸如气候变化、网络攻击、资源短缺、难民逃离、疾病流行、跨国犯罪、恐怖活动等，都带有涉及全人类的共同特征，最终不能通过武装暴力的方式解决，只能通过某些和平的方式解决。因此，不论人们身处哪一个国家，也不论你的信仰如何，实际上客观存在于同一个生命共同体中。关于这些人类面临的问题的根源，汤因比先生和池田先生一致认为：“我们所面临的人为的各种罪恶，都起因于人的贪欲和侵略性，是自我中心主义的产物。”要解决这些难题，必须要有一种以应对人类共同挑战为目的全球价值观，去化解矛盾，应对挑战，谋求共同发展。

三、“一带一路”倡议和“精神丝绸之路”

（一）“一带一路”是构建人类命运共同体的伟大实践

习近平主席在深刻思考人类命运及中国和世界发展的大趋势的基础上，提出了共建丝绸之路经济带和海上丝绸之路的重大倡议。这个倡议是旨在促进全球共同繁荣，为打造人类命运共同体而作出的重大战略决策。它实际上提出了解决全球范围问题的中国方案，在世界发展史上具有里程碑的意义。以下四个方面反映了这个中国方案的睿智。[③]

（1）“一带一路”倡议是构建人类命运共同体的重要平台；

（2）“一带一路”倡议具有丰富的内涵，最终打造和平之路、开放之路、创新之路、文明之路；

（3）“一带一路”建设造福于沿线各国人民，以共商共建共享为基本原则，以深化“五通”合作为关键支撑，政策沟通、设施联通、贸易畅通、资金融

① 参见曲庆彪、寺西宏友主编《与池田大作对话人类发展》，北京：中国社会科学出版社，2002年，第75—85页。

② 池田大作、奥锐里欧·贝恰：《21世纪的警钟》，卞立强译，北京：中国国际广播出版社，1988年，第69页。

③ 参见中共中央宣传部编《习近平新时代中国特色社会主义思想三十讲》，北京：学习出版社，2018年，第298—307页。

通和民心相通是“一带一路”建设的核心内容；

（4）拓展“一带一路”的国际合作空间，深化贸易投资合作，促进基础设施互联互通，加强创新能力开放合作，加强全球经济治理合作。

2013年9月习近平主席提出共建丝绸之路经济带的重大倡议，同年10月3日又提出共建21世纪海上丝绸之路的倡议。从2013年金秋开始的“一带一路”建设，揭开了世界发展进程的新的一页。2018年是“一带一路”建设的第一个五年，五年来在全球的影响力和吸引力不断增加。目前有130多个国家和国际组织和中国签署了“一带一路”的合作文件；联合国安理会通过了2344号文件，呼吁国际社会通过“一带一路”建设加强区域经济合作。仅以中欧专列为例，五年累计开行1万列，到达15个国家和43个城市，提高了中国贸易投资自由化便利化水平。由于共建“一带一路”是经济合作的协议，不是搞地缘政治联盟或军事同盟，不以意识形态划线，不搞零和游戏，因而受到国际社会的认同。20世纪50年代周总理在万隆会议上就提出了求同存异的不结盟外交政策，而目前构建的国与国的伙伴关系是不结盟政策的升级版。①

习近平主席提出的建设“一带一路”倡议的思想基础，也与池田先生倡导的世界和平友好的大局观的思想是脉络相通的。这种大局观是建筑在平等的生命观、人本观的基础之上，就是和平共生的理念。池田认为，“共生”是打开21世纪的关键语。

（二）池田大作提出的“精神丝绸之路”概念

1975年池田大作在莫斯科大学所做的以《东西文化交流的新道路》为题的讲演中，首先提出了“精神丝绸之路”的概念。②他指出：“现在比任何时代都需要超越民族、社会制度和意识形态的障碍，在整个文化领域进行民众的交流，也就是开辟把人与人的心灵联结在一起的‘精神丝绸之路’。”当然，池田先生提出的“精神丝绸之路”不同于地理概念上的“一带一路”，他作为佛教思想家和哲学家首先关注的是人的存在和人与人的心灵的交流。池田先生提出的“精神丝绸之路”，是在倡导和促进文化交流，重点是打造沟通民众的心灵之路，本质是增进人类的互信。而这些正是“一带一路”建设的思想和社会基础。没有“一带一路”沿线国家的思想上的相通和认可，就不可能顺利实现“一带一路”建设的初衷。池田先生指出，近代文明危机的本质是在于“道德的隔阂”。也就是说，科学技术以压倒性优势发展，而道德、伦理和精神都停滞不前，从而产生了断裂。

① 参见《人民日报》2008年10月4日。

② 参见何劲松编选《池田大作集》，上海：上海远东出版社，2003年，第23页。

尤其在发达国家，物质不断丰富，而精神的混乱却极其严重。人们本来可以通过信息革命享受到大量的信息，却反而被洪水般的信息所拨弄，精神日益丧失自律性，呈现一种茫然自失的状态。① 为了克服这种精神危机，池田大作提出开展不间断的“精神斗争”，进行自我变革，实行人间革命。② 也就是建构思想和社会基础，精神变物质，物质变精神。可以说，“一带一路”建设离不开“精神丝绸之路”的构筑，这是一个并行不悖的举措。

（三）对池田先生“共生气质”思想的深度解析

1. 池田大作先生“共生气质”的深层次思想指的是“共生的道德气质”

在展望21世纪时，池田先生说：“21世纪宣告黎明时，东亚不仅在经济层面，甚至在精神领域，也定会为世人所瞩目，成为导引人类历史的动力，被赋予极大的期待。”③ 这个期待是什么呢？在1992年10月14日，池田先生在中国社科院做《21世纪与东亚文明》的演讲时，指出“21世纪正渴望一个‘共生的道德气质’”④。

什么是“共生的道德气质”？池田先生是在强调一种精神状态和气质。在社科院的讲演中，他在表述精神性时说：“在比较温和的气候、风土里孕育出一种心理倾向，就是取调和而舍对立，取结合而舍分裂，取‘大我’而舍‘小我’。人与人之间，人与自然之间，共同生存，互相支持，一起繁荣。”⑤

2. 池田先生认为“共生的道德气质”的源头是中国儒家思想

池田先生在社科院演讲时说：“21世纪已近在眼前，世界形势风云变幻，贵国已故周总理曾预言这是一个‘天下大乱’的时期，诚如其言，以美苏对立为轴的世界秩序崩溃后，局势时刻动荡不安，须臾不可疏忽。在这种情况下，值得注意的现象是，中国、日本、朝鲜半岛以及中国台湾、中国香港等东亚地区每每成为热点，受到瞩目。‘儒家文化圈’‘汉字文化圈’之类字句在我国也一再受议论……那么东亚地区的文化，特别是构成其潮流的风土人情、精神思考，具有什么特征呢？当然这不是可以笼统地一概而论的，但假如予以简单的描绘，那么可以说这些地区贯通着一种‘共生的ethos’（共生的道德气质）……而这种气质的

① 参见池田大作、季羡林、蒋忠新：《畅谈东方智慧》，卞立强译，成都：四川人民出版社，2004年，第294—295页。

② 同上书，第295页。

③ 池田大作：《理解·友谊·和平：池田大作讲演、随笔集》，北京大学日语系、日本创价学会译，北京：作家出版社，2002年，第81页。

④ 何劲松编选《池田大作集》，上海：上海远东出版社，2003年，第314页。

⑤ 池田大作：《理解·友谊·和平：池田大作讲演、随笔集》，北京大学日语系、日本创价学会译，北京：作家出版社，2002年，第81页。

重要源头之一，不用说就是儒家。”[①]

池田先生在深入分析儒家思想的基础上，指出：“虽说是儒教文化，但那并不是指儒家制度和思想，因为那些制度和思想已成历史陈迹。这里所说的儒家文化是指它所残存的一种秩序感……一种足以矫正欧洲的超个人主义的秩序感。”[②]同时，他还指出：“从康有为、谭嗣同到孙中山的中国近代儒学思想洪流——大同思想所追求的，就是‘共生的道德气质’。”池田大作认为，东亚精神的升华——“共生的道德气质”，像地下水脉般贯通于数千年的历史，对新中国的社会主义思想系统等，也投射着它独特的人道主义光彩。

今天，世界又出现了一次“天下大乱”的局面。我们称之为百年不遇的历史大变局。当前，单边主义横行，贸易保护沉渣泛起，人类再一次面临着社会秩序大变动的挑战。池田先生的“共生气质”及“共生道德气质”，很好地诠释了习近平主席“人类命运共同体”的战略思想和“一带一路”建设的伟大实践，习近平主席也为世界树立了“共生道德气质”的榜样，提出了全球治理的中国方案。“人类命运共同体”的思想闪烁着中国文化的光辉，彰显了“天人合一”儒学思想的人本主义的价值观。

目前，随着中日关系的回暖，中日两国的交流和合作明显增多。安倍首相也表示了参与“一带一路”建设的合作设想，出现了从民间到官方的积极互动。相信中日两国在探索人类命运共同体建设和实践“一带一路”建设的合作平台上，能够达成实质性的合作，共创东北亚的和平及地区的繁荣和发展。

---

① 池田大作：《池田大作集》，上海：上海远东出版社，2003年，第314页。

② 同上。

娜拉出走之后
——池田大作的家庭伦理观

曹　刚*

作为人类社会生活的一种组织形式，家庭是人类社会的“细胞”，是人类最现实、最直接的伦理实体，也是每个人生育成长的现实起点。家庭伦理由此具有首要的和基本的重要性。池田先生的家庭伦理思想充实而丰富，这里的论述不及其万一，只求有所启示。

一、家庭：共同生活的伦理实体

池田先生以易卜生的《玩偶之家》为例，揭示了家庭共同体的实质。其实，中国文豪鲁迅先生也有过《娜拉走后怎样》的演讲，试图通过对娜拉的分析，阐明他对妇女解放问题的意见。细细品味两者的作品，大有相通之处。我们不妨比照两者的分析，揭示出家庭共同体的性质和类型。1923年12月26日，鲁迅在北京女子高等师范学校做了《娜拉走后怎样》的演讲。他说，从事理上推想起来，娜拉或者也实在只有两条路：不是堕落，就是回来。

（一）家庭是生存共同体

鲁迅说：因为如果是一只小鸟，则笼子里固然不自由，而一出笼门，外面便又有鹰，有猫，以及别的什么东西之类；倘使已经关得麻痹了翅子，忘却了飞翔，也诚然是无路可以走。还有一条，就是饿死了，但饿死已经离开了生活，更无所谓问题，所以也不是什么路。鲁迅在这里似乎点出了一个人类学的事实。家庭是人类最基本的生存场所和生存方式。家庭作为自然生发的“初级群体”形式，是人类对于生存环境的一种组织化回应。它提供了初步的生存和安全的保障，大大降低了人类的生存风险，家庭还有保护家庭成员对抗不确定性、抵御外在风险的保障功能。在原始社会里，氏族家庭是唯一的社会组织形式。人们在一个小的血缘群体里，共同寻猎食物，共同消费和生活，共同防御野兽和自然的侵袭。池田先生则直接指出家

* 曹刚，中国人民大学哲学院教授、教育部重点人文社会科学基地中国人民大学伦理学与道德建设研究中心主任、中国伦理学会副会长。

庭是个生存共同体，他说：“家庭和血缘共同体是用很强的信赖纽带联合起来的。与其说它没有经济利益的矛盾，莫如说它是抵御严峻的生存竞争的产物。”[①] 池田还说：“任何人不可能自己诞生，也不可能只靠自己长大成人，必然要在家庭中诞生，在家庭中成长。父子、母子、兄弟之间都是由一种无形的锁链联结着。这正是‘不断创造人类’的过程中不可缺少的土壤吧。”[②]

（二）家庭是利益共同体

鲁迅说，可是走了以后，有时却也免不掉堕落或回来。否则，就得问：她除了觉醒的心以外，还带了什么去？倘只有一条像诸君一样的紫红的绒绳的围巾，那可是无论宽到二尺或三尺，也完全不中用。她还须更富有，提包里有准备，直白地说，就是要有钱。所以，为娜拉计，钱——高雅地说吧，就是经济，是最要紧的了。自由固不是钱所能买到的，但能够为钱而卖掉。人类有一个大缺点，就是常常要饥饿。为补救这缺点起见，为准备不做傀儡起见，在目下的社会里，经济权就见得最要紧了：第一，在家应该先获得男女平均的分配；第二，在社会应该获得男女相等的势力。显然，鲁迅在这里揭示了家庭的现实本质。婚姻是两个平等当事人为提高其共同福利而自愿结合、互为伴侣、彼此提供性的满足和经济上的帮助以及生儿育女的利益共同体。经济生活是家庭建立、运动、发展的物质基础，使家庭职能得以正常发挥、家庭生活得以顺利运转、家庭关系得以加强维系不至解体的必要前提。由此，家庭是一个利益共同体。

（三）家庭是人格共同体

鲁迅说，在经济方面得到自由，就不是傀儡了吗？也还是傀儡。无非被人所牵的事可以减少，而自己能牵的傀儡可以增多罢了。因为在现在的社会里，不但女人常做男人的傀儡，就是男人和男人，女人和女人，也相互地做傀儡，男人也常做女人的傀儡，这绝不是几个女人取得经济权所能救的。娜拉当初是满足地生活在所谓幸福的家庭里的，但是她竟觉悟了：自己是丈夫的傀儡，孩子们又是她的傀儡。她于是走了。鲁迅通过对挪威戏剧家易卜生的剧本《玩偶之家》中的人物娜拉的分析，来阐明他对妇女解放问题的意见。

池田先生尤其重视家庭作为人格共同体的性质。他在分析《玩偶之家》时，特别强调了家庭是人格修炼的场所。他谈到娜拉的觉悟：“首先我是一个人，跟你一样的人，至少我要学做一个人。”那么，怎样才能成为“真正的人”呢?娜拉的答案是：“那是在你和我都发生变化之后”，因为，“那时我们俩的共同生

---

① 池田大作、威尔逊：《社会变迁下的宗教角色》，香港：三联书店（香港）有限公司，1995年，第121页。

② 池田大作：《我的人学》，铭九等译，北京：北京大学出版社，1992年，第377页。

活，就会像真正的夫妻生活了吧。”娜拉将此“变化”称之为“奇迹”，虽然娜拉感到这种“奇迹”或许不会出现，但她表达了易卜生的一个中心思想：家庭必须不断地实现自身的变革，只有这种变革才会有产生“奇迹”的可能。而这种变革的中心就是每个人特别是夫妻双方的内在革命。他说：“真正需要的是人的精神上的革命。”池田认为：“娜拉的出走正是要寻找一条更为坚固、更为紧密的锁链。这恐怕是她人生旅途中的一个里程碑吧。我想易卜生想要说明的是不论男人还是女人，能否进行这种人生旅行，完全取决于自身成长的程度。”[①] 正是在这一意义上，池田说：“‘家庭的作用’到底是什么?……一句话，家庭是‘创造人格的场所’。也就是每日每时加深着心灵之美，通过彼此间的帮助不断修炼每个成员的人格，由不成熟到成熟，日益丰富起来。我认为这才是永远不变的家庭存在的意义。”[②] 因此，池田认为，作为一个“成熟的家庭”，夫妻各方首先应成为一个“真正的人”。池田认为：“娜拉的出走正是要寻找一条更为坚固、更为紧密的锁链。这恐怕是她人生旅途中的一个里程碑吧。我想易卜生想要说明的是不论男人还是女人，能否进行这种人生旅行，完全取决于自身成长的程度。”[③] 令池田感到遗憾的是，热衷于以爱情为基础的现代家庭，往往没能成为“创造人格的场所”，原因固然很多，但其中一个重要的原因是，男女双方在组成家庭以后，即把婚姻视为幸福的“保险箱”，认为只要结婚就万事大吉，一了百了，婚前对人生的进取在婚后往往付诸脑后，这样的结果必然要导致“婚姻是爱情的坟墓”。可见，作为家庭的主要基础不是经济利益，而是精神联系。池田说：“‘家庭的作用’到底是什么?……一句话，家庭是‘创造人格的场所’。也就是每日每时加深着心灵之美，通过彼此间的帮助不断修炼每个成员的人格，由不成熟到成熟，日益丰富起来。我认为这才是永远不变的家庭存在的意义。”[④]

显见，通过对娜拉出走的分析，池田先生和鲁迅先生都揭示出了家庭这一共同体的三种理想类型。这三类共同体是对现实家庭生活的抽象和分类。生命共同体是家庭的基本因素。只要人类生命的再生产仍以家庭为基本单位，只要家庭仍是应对危机的最基本应急方式，只要家庭存在着供养关系，那么，家庭作为生命共同体的存在就是基本的、长久的。精神共同体是家庭共同体的主导要素。利益共同体是家庭的补充要素。也就是说，家庭主要不是一个利益共同体，建立“经

① 池田大作、威尔逊：《社会变迁下的宗教角色》，香港：三联书店（香港）有限公司，1995年，第378页。
② 池田大作：《我的人学》，铭九等译，北京：北京大学出版社，1992年，第379页。
③ 池田大作、威尔逊：《社会变迁下的宗教角色》，香港：三联书店（香港）有限公司，1995年，第378页。
④ 池田大作：《我的人学》，铭九等译，北京：北京大学出版社，1992年，第379页。

济组织”并非人们的目的，而是手段。人们建立“经济组织”的目的是进行人口的生产和再生产，是为了人格的共同实现。

二、家庭伦理：一种角色伦理

家庭伦理是一种什么类型的伦理？在我对池田大作著作的有限的阅读里，并未发现先生对其有系统的论证。但我们根据池田先生的思想，同时依据家庭共同体的特性，可以将其概括为角色伦理。角色伦理是处理家庭内部关系的最恰当的伦理形态。安乐哲曾把儒家伦理称为角色伦理：“当我们将目光转向儒家角色伦理学时，我们会发现，儒家角色伦理学当然也为行为提供指南。但是，和求助于抽象原理或价值或修养等相比，它更倾向于关注于我们的具体的家庭式与社会式的、能够作为指南的角色。这些角色本质上说，言传身教性甚于抽象性。我们从我们的生活经验中直接洞察兄弟或女儿的角色。角色伦理学为更有效的行为提供指导，并且为合理的举止提供解释。”① 安乐哲的论说引起争议是可以理解的。但如果仅限于家庭而言，安乐哲的论说则有充分的合理性。根据安乐哲的提示，对于家庭伦理而言，角色伦理论确实优越于其他伦理学的规范理论。

提出角色伦理这一特别的规范伦理学的依据最终来自家庭共同体的特性。主要表现为：

（一）关系性

《颜氏家训集解》写道：“夫有人民而后有夫妇，有夫妇而后有父子，有父子而后有兄弟。一家之亲，此三而已矣。自兹以往，至于九族，皆本于三亲焉，故于人伦为重者也，不可不笃。”按社会学的说法，家庭是最重要最常见的初级团体。初级团体的关系是所谓的初级关系，其特点包括：第一，包括了全面的人格要素，人们在外面总是以修饰了的某种形象出现，而在家里展现了自我的多个方面，身体的、角色的、理性的、情感的，等等；第二，家庭关系还牵涉多种利益关系，有物质利益、身份利益、人格利益，等等；第三，家庭关系是以情感、血缘的关系为纽带的密切关系，人们的互动是亲密无间的，存在强烈的群体认同感，群体意识很强。

（二）功能性

家庭内部是通过性别和角色分工来维持家庭乃至家族正常运转的。家庭有多种功能，包括生育、经济、教育、抚养，等等。所有这些社会功能的实现都是通过家庭角色的分工来实现的。没有性别的分工就没有生育，没有与维持家庭生

① Roger T. Ames, *Confucian Role Ethics: A Vocabulary*, Hong Kong: Chinese University Press, Honolulu: University of Hawaii Press, 2011, p.161.

计相适应的劳动分工就难以确保一定的生活水平，没有角色的扮演就难以实现儿童的社会化。譬如，传统文化就包含男在外、女在内的家庭观念，也就是在妻子的眼中，丈夫是家里的“男人”，是家庭生活的核心，他在劳动中干最重的力气活，在社会交往中作为家长代表家庭。一个好的丈夫，就要能够扮演好这些家庭角色。同样，在丈夫的眼中，妻子作为“屋里人”，好的妻子要操持好家务，要管理和安排好生活。可见，夫妻关系的起点是家庭分工，形成夫妻关系伊始，彼此就有了实现其角色功能的期待。对于亲子关系和兄弟关系而言，也是如此。

（三）规范性

家庭关系的维持和角色功能的实现，需要靠社会的习惯、风俗、伦理道德等非正式手段的作用。费孝通先生在他的《生育制度》中精彩的论证就表明了这一点。他认为：人类可以跳出从性爱到生殖的对于别种生物来说是天生注定的连环，性而不必生；人类同样可以跳出从生殖到抚育的连环，生而不必育；不仅如此，生育本身又是“损己利人”的事。人类的再生产并没有来自人的本能的保证。而社会的新陈代谢又需要合格的社会成员的补充。那么填补空缺的人从何而来呢？这是一个诉诸自然和本能所无法解决的问题。费孝通先生有力地证明了人的再生产不是人的本能。“若是种族绵续真如一辈本能论者所谓是我们生物机能的表现，我想在人类社会中也就不必有生育制度来规定人们怎样求偶，怎样结婚，怎样生孩子，怎样做父母等等一大套麻烦的规则了。”[①] 进一步来说，在社会结构中填空的人，还不仅是一个在生理上成熟的自然人，它必须是掌握了语言等象征性符号、内化了社会规范、具有一定技能的人，这不是母系单系抚育所能完成的，它必须是建立在两性分工基础上的双系抚育。“抚育既须双系，而双系抚育却没有自然的保障，因之人们得自己想法，用社会的力量保证生出来的孩子不但有母而且有父，于是有婚姻。我说婚姻是用社会力量造成的。”[②] 为了社会的新陈代谢，社会就规定从求偶、结婚到抚育的一系列制度，其核心是确认身份的制度，婚姻家庭因此担负起抚育后代的功能。

我们把调整具有上述特点的伦理关系的道德规范体系称为角色伦理。角色伦理显然不同于一般意义上的规范伦理学理论。

第一，它类似于德性论又不同于德性论。譬如，父亲经过策划杀死好吃懒做的儿子。无论是按照功利主义还是义务论，这种行为都是恶的。但乡亲们的签名书里说这人一直和整体上是个好人。于是，美德伦理学在这里登场了。但我

① 费孝通：《生育制度》，北京：商务印书馆，1999年，第54页。

② 同上书，第75页。

们发现，即便说他是个好人，我们依然可以说他不是个好父亲，“子不教，父之过”。可见，角色道德也不同于个人品质。类似之处在于两者都注重个人的德性，不同之处在于德性伦理学将道德个体置于一个整体性和历史性的背景中来加以理解，而角色伦理是基于每个个体在家庭所处的角色来讨论道德和伦理的。在亲属关系中，主体之间固定的称谓，如夫妻、父母子女、兄弟姐妹等代表着人们在婚姻或血缘方面的身份联系，也体现着人类的血缘辈分这一人伦秩序的基本要求。古人所言“五伦”就是人与人的五种主要关系，社会关于亲属之间应遵循的伦理道德准则（即婚姻家庭伦理），皆以此为基础。孟子有云：“父子有亲，君臣有义，夫妇有别，长幼有序，朋友有信。”恩格斯曾指出：“父母、子女、兄弟、姊妹等称谓，并不是简单的荣誉称号，而是一种负有完全确定的、异常郑重的相互义务的称呼，这些义务的总和便构成这些民族的社会制度的实质部分。”①

第二，角色伦理与义务论也有同异之处。就注重道德原则自身的至上性而言，角色伦理学相似于义务论，比如 “天不变，道亦不变”，但义务论将道德原则抽离现实具体境遇，使其成为绝对化的一般原则，而角色伦理学“也为行为提供指南，但是，它倾向于关注具体的家庭和社会关系中的角色，而非抽象原则。从本质上说，这些角色的言传身教性重于抽象性”。在《论语・子路》中叶公语孔子曰：“吾党有直躬者，其父攘羊，而子证之。”孔子曰：“吾党之直者异于是，父为子隐，子为父隐，直在其中矣。”可见，这套角色要求我们事事从具体情境着手，并以正当、合宜的行为作为家庭生活、社会生活之根底。此外，义务论排除了一切自然情感，要求出于义务而尽义务，角色伦理学则把人与人之间共通的情感体验作为道德要求的基础。家庭成员之间具有一些自发性或自然的情感，而被人所接受和认可的情感的自然倾向，可以成为一种共同的标准。《礼记・礼运》中“十义”的“父慈、子孝、兄良、弟悌、夫义、妇听、长惠、幼顺”，都是包含了自然情感的。

第三，角色伦理与功利主义的相同之处在于每个成员个体都可以为了家庭更多成员的福利牺牲自己。但其区别也很明显：其一，基本原则是最大多数人的最大利益，但在家庭里，有时为了帮助他人，是宁可全家受苦的。其二，功利主义没法解释“儿童利益最大化”原则。其三，没法解释亲属有别。不同角色的快乐和痛苦并非是平等而不加区别的，相反，是具有“差序格局”的。婚姻双方享有的权利以及承担的家庭和社会责任是基于身份而不是双方利益的讨价还价。

---

① 恩格斯：《家庭、私有制和国家的起源》，载《马克思恩格斯选集》第四卷，北京：人民出版社，1976年，第24—25页。

三、家庭道德的三个原则

角色伦理作为调整家庭共同体的道德规范体系，也有其基本原则，这些原则池田先生在他的论著里，都进行过论证。

（一）互助共生原则

家庭是一个生存共同体。家庭的功能主要体现为家庭成员生存利益的保障。“我们人类是如此脆弱以至难以承受多种苦难或不幸，而且大多数人有时还遭受重病之苦。当我们有了疾病或身体遭到伤害（时）……通常，我们能生存下去是因为有他人，更不用说我们的兴盛（或发展在于他人）。（我们）依赖于特定他人的保护或支持最明显的是在儿童早期和老年期。”[①] 人是一个脆弱性的存在，这种脆弱性的本能会驱使我们寻求他者的帮助，而最直接、最靠谱的帮助来自家庭。家庭成员相互间结成抚养、扶养和赡养的关系。通常是指亲属之间有经济能力、生活能够自立的人，对那些没有经济能力、生活不能自立的人，予以经济上的供给和生活上的照料。供养关系因人的抚养教育和赡养照料，而与婚姻关系、血亲关系联系在一起，从而使家庭成为姻亲与血亲成员同居共食的社会生活单位，因而是家庭形成的基础。父母要抚养子女，子女要赡养老人，夫妻要相互扶养照顾。有史以来的一切家庭中，都存在着这种供养关系，因此有无供养关系也是判断家庭的重要依据之一。[②] 这种人口生产关系是一切家庭共有、最基本、最常见和最本质的东西。供养关系存在于有史以来的一切家庭中。经济上的相互供给，生活上的相互照料，使一家人生活在一处，同居共食，甘苦相依，组成一个同舟共济的共同体。

（二）互敬互爱原则

家庭是个人格共同体，它的核心内容就是爱。可以说“家庭”中人与人的关系，与一般的人与人的关系最重大的差异就是家庭成员之间的“爱”。

1. 夫妻间的性爱

“夫妻者，非有骨肉之恩也，爱则亲，不爱则疏。”[③] 确实，爱情是婚姻的基础，体现了婚姻的本质，这正是现代婚姻进步的主要标志。要保证夫妻之爱的真诚和稳定，首要的一条原则就是相互尊重，古人表述为“相敬如宾”。在男女平等已经取代男尊女卑的今天，传统的“相敬如宾”，就转换成了“相互尊

---

① A.麦金太尔：《论人的脆弱性和依赖性》，《伦理学研究》2003年第5期。

② 参见丁文：《家庭系统探析》，《烟台大学学报》1995年第2期。

③ 《韩非子·备内》。

重”，其真实含义才得到了全面的体现。它要求夫妻双方相互尊重对方的人格尊严。我们常说的夫妻之间要“互敬互爱”，这实际上就是对上述优良的夫妻伦理传统的概括和继承。

黑格尔认为，关于婚姻本性有几种不同的观点：一是“只是从肉体方面，从婚姻的自然属性方面来看待婚姻，因此，它只被看成一种性的关系”①。这种观点贬低了婚姻的神圣性，抹杀了两性关系的社会性与伦理性，是一种肉欲主义的婚姻观。第二种观点“把婚姻理解为仅仅是民事契约”②。这恐怕是时下最流行的婚姻观了，但正如黑格尔所认为的那样，这种婚姻观是粗鲁的，因为这种观念把婚姻看作了一场交易，把美好的情感和超越性的追求都剔除掉了，有悖于婚姻的实质。三是“认为婚姻仅仅建立在爱的基础上”③。黑格尔也不认可这种观点。“爱”如果只是一种主观的感受，就必然是偶然易变的，把婚姻建立在这种激情之上，无异于将婚姻建立在流动的沙滩之上。正是在这个意义上，我们认为，婚姻所包含的性爱，既不应是动物性的冲动，也不应是主观的激情，而是包含了理解、关心和责任等要求的伦理的爱。黑格尔如此规定婚姻：“婚姻是具有法的意义的伦理性的爱，这样就可以消除爱中一切倏忽即逝的、反复无常的和赤裸裸主观的因素。”④ 这种伦理的爱使夫妻双方心心相印，结合为一个完整的人格，同时又保持着各自的人格独立，这就是弗洛姆所谓的成熟的爱。可见，夫妻之间的性爱是通过性和爱使得彼此在相互观照中结为一体，实现婚姻的伦理境界。

2. 亲子之爱

亲子关系是家庭中最重要的一伦。《仪礼·丧服传》说：“父子一体也”，释谓“子与父骨血是同为体”，子女是父母生命的一部分，此乃“天性自然”。这可以看作是“父慈子孝”的本体论根据。按黑格尔的说法是：“父母对子女的慈爱，正是从这种情感产生出来的：他们意识到他们是以他物（子女）为其现实，眼见着他物成长为自为存在而不返回他们（父母）这里来；他物反而永远成了一种异己的现实，一种独自的现实。但子女对他们父母的孝敬，则出于相反的情感：他们看到自己是在一个他物（父母）的消逝中成长起来，并且他们之所以能达到自为存在和他们自己的自我意识，完全由于他们与根源（父母）分离，而根源经此分离就趋于枯萎。”⑤

---

① 黑格尔：《法哲学原理》，范扬、张企泰译，北京：商务印书馆，2013年，第 177 页。

② 同上。

③ 同上。

④ 同上。

⑤ 黑格尔：《精神现象学》下卷，贺麟、王玖兴译，北京：商务印书馆，2009年，第16页。

在这里，黑格尔为父慈子孝的亲子之爱找到了伦理的源头。父母对于子女的爱可以视为爱护自身生命的一种延伸形态，在儿女身上看到了自己生命的延续和更新，只有爱才能表达这种生命的一体性。父母像呵护自己生命一样，抚养儿女长大，教育儿女成人，这就是所谓的“慈”。同时，子女对于父母的爱也可以被视为对生命源头的一种追溯和感恩。因此，孝敬本身不仅是必须要尽的义务，而且是对自己生命根源的尊重。[①] 这是一种寻根的冲动，如果我们不能再回到母亲的子宫里，以获得安全感，我们也就只有通过“爱”去触及我们生命的源头。这个爱是孝爱，“孝”是子女对父母之爱的主要体现，它不只是对父母的物质赡养，更要给予父母更多的关心、体贴和温暖，以满足父母心理、情感方面的需要，是所谓“精神赡养”。父母对子女要慈爱，子女对父母要孝敬。

池田先生对此也有重要论述，他认为，父母对于孩子的意义是不言而喻的，常言道:“父母是孩子的活的圣经。”在传统家庭中，“父慈子孝”是主要的伦理规范要求。但是，由于“父权社会”对孝道更为强调，所以，“父慈”一面往往被淡化掉；而现代社会却变成了一个“子权社会”，这不仅表现为家庭不断小型化，即核心家庭的出现，而且也表现在对孩子的教育上。在佛教佛典中，要求父母必须以“四护”来保护孩子。所谓“四护”，即“生”“养”“成”“荣”。其中“生”和“养”是父母对孩子的生育与抚养责任，主要是在物质性方面；而“成”是指按照一定的理想来成就孩子，“荣”则是使孩子成为荣华杰出之士，可见，“成”和“荣”主要是指父母对孩子的社会成就的责任问题。池田认为，在培养孩子成为什么样的理想人格方面，由于现代社会价值标准的多元化，已使得父母对于把孩子培养成为什么人失去了标准，“父母与儿女都常常为那些表面的人生迷惘而不知所措”[②]。但是，不管怎样，作为父母不应该放弃对孩子的养育责任，尤其是不能忽视孩子的道德人格培养，譬如坚定的人生信念、顽强的意志、乐观的人生态度、诚实、友爱、勇敢等。作为父母，不能溺爱孩子，应尽量让孩子相互接触，让孩子深入社会。池田说：“孩子们相互接触，在培养人格这一点上，比单纯地传授知识更重要。”[③]

当然，在现代家庭伦理中，最主要的问题恐怕还是传统孝道的丧失，这使得家庭的人情味越来越淡漠。对于传统的“孝”道，池田认为，也应该从两方面来看：一是这种孝道是以父权制为中心，父亲对子女生活的一切方面都有绝对的支

① 参见王苏：《爱：家庭伦理的核心原则》，《学术交流》2008年第3期。

② 池田大作：《我的释尊观》，潘桂明译，香港：三联书店（香港）有限公司，1996年，第402页。

③ 汤因比、池田大作：《展望二十一世纪——汤因比与池田大作对话录》，荀春生等译，北京：国际文化出版公司，1985年，第132页。

配权，因此，在孝道中包含着对子女的人性压抑，即对子女作为生命存在的不尊重的一面，特别是当它与国家统治结合在一块时，尤其如此。二是传统孝道中又包含着人性的一面，因为，孝，在儒家看来，虽然是一种对子女的规范性原则，但是这并不意味着它是社会借助于某种制度安排而强制赋予子女的规范。相反，对父母的孝也是子女内在的人性要求之一，孔子认为，孝是子女对父母“三年之爱”的一种“回报”。池田说：“父母以无限的爱养育儿女。如果丧失对父母的感激之心，则失掉了人性中最重要的本分。”① 我们知道，在日本，“感恩”在伦理体系中有着特别重要的意义。从表面上来看，这种“感恩”似乎有点将人类之爱商品化了，但实际上它是在强调“感恩”作为一种伦理行为并不是外在性的，而是主体内在的心理需要。

3. 兄弟间的友爱

如果说，夫妻之间的爱是包含了性的欲望和快乐的内容，那么，兄弟姐妹之间，就不带有任何性的色彩；如果说，亲子之爱包含了代际的不平等，那么，兄弟姐妹之间则是平等的同辈关系。黑格尔就认为，兄弟对姐妹来说，是一种宁静的等同的一般本质，姐妹对他们的承认是纯粹伦理的，不混杂有自然的（快感的）关系。因此，兄弟之爱最具有爱的纯粹的性质，这种爱是一种理性的情感，具有向陌生人开放的维度。无论是慈、孝或性爱，总有特定的对象，而且此类爱是有差等的爱，它以个人自身为圆心，由内而外，情感强度逐渐递减。兄弟之爱的对象可以是血缘亲情关系之外的社会个体，是所有社会生活领域内与之发生关系的他者，甚至还可以是自然万物。所谓四海之内皆兄弟也。兄弟之爱还是最具平等性的情感。它是以情感交互为纽带、双方平等为原则建构起来的社会人伦关系。正因为兄弟之爱内在地具有平等的要求，所以，它能使个人既寻求与他人结为一体，又能保持个人的独立性。兄弟之爱还是一种积极的情感，能够促使行为主体间形成互助关系。这种爱强调的是无私地予人以帮助或支持，代表着对人的一种积极的责任和义务，从而有助于人们在公共生活交往中，基于兄弟的情感而形成普遍的尊重和关怀。

（三）互利共济原则

家庭是个利益共同体，但家庭成员间的利益纽带是附属于且融入家庭的伦理关系之中的。换言之，这个利益共同体中的成员关系不被经济利益的大小所决定，而是被共生（生存共同体作为前提）与共荣（人格共同体作为目的）的家庭

① 池田大作、狄尔鲍拉夫：《走向二十一世纪的人与哲学——寻求新的人性》，宋成有等译，北京：北京大学出版社，1992年，第58页。

伦理关系所支配的。这体现为：

1. 财产共有原则

家庭关系的共生共荣是最为重要的内容。在这里，财产权的属性发生了变化，它具有依附性。婚姻家庭方面的财产关系具有一定的经济内容，涉及有关主体的物质利益。但是，这种财产关系不能脱离婚姻家庭方面的人身关系而独立存在，它是依附、从属于亲属人身关系的。家庭是一个生活单位，具有同财共居的特点。这种同财共居的特点是形成家庭亲密共同体的经济基础，也成为家庭与其他社会共同体相区别的标志。市民社会的财产关系具有等价有偿的性质，但婚姻家庭法领域的财产关系则不具有等价有偿的特性，譬如夫妻、亲子之间的互相扶养、互相继承关系就是如此。所谓“亲兄弟，明算账”，是说的兄弟间在市民社会领域里的经济关系，这时的兄弟变成了利益交换的经济主体，不受亲属身份的限制，调整他们之间的财产关系法遵循的是等价有偿的交易规则，服务于商品经济的目的。如果在家庭生活领域里，亲兄弟就会受亲属身份的限制，明算账就不是一个合乎情理的举动，就会破坏家庭的人伦关系，这里的婚姻家庭法中的财产关系，遵循的是“依身定份”的规则，是以服务于家庭共同生活、实现家庭职能为目的。我们不妨以夫妻财产为例。结婚的那一天起，夫妻双方就把自己的一生与对方结合在一起，开始了共同的物质生活、精神生活和性生活，形成相互依赖的生活共同体。其中，夫妻财产是家庭共同生活的基本物质保障和经济基础，因为婚姻财产的共有性最能适应家庭共同生活的需要。在这里，财产关系从属于人身关系，婚姻关系的性质决定了婚姻主体之间的紧密结合程度，需要财产的共有共享。①

2. 各尽所能，按需分配

家庭作为一个利益共同体，必然有一个创造家庭财富的问题，也有一个生活消费问题。前者的原则是各尽所能，有钱出钱、有力出力。能力大的，体力强的，应多作贡献，承担起家庭敬老携幼的义务。后者就是按需分配。按贡献分配不能成为家庭财富分配的主要原则。因为这里的重心发生了变化。私有财产提高了效益，改善了生活，但我们不能仅仅用物质利益来衡量一个人的整体福利。人的生命、健康和其他非物质利益的需求也很重要。在家庭分配和消费中应以需要在先，特别是考虑小孩和老人等家庭弱者的需要。家庭成员中的弱势群体，如妇女、儿童、老人等，也应得到特别的保护，很多国家专门制定了老年人权益保护法、妇女权益保护法、未成年人权益保护法，等等。

① 参见裴桦：《夫妻财产制与财产法规则的冲突与协调》，《法学研究》2017 年第 4 期。

池田大作关于命运共同体的思想认识及其特质探论

王泽应 *

人与人的结合构成为共同体，共同体是人类为了解决个体存在的困境和诸多不利因素而形成和发展起来的。早期的共同体常常是根据血缘和地缘关系自然形成的，家族、氏族及各种类型的地域共同体即是自然形成的共同体的集中表现。随着人类社会生活及其文明的发展，人们结成的共同体逐渐向着非自然的领域扩展，各种类型的业缘共同体、学缘共同体、友缘共同体特别是民族共同体、国家共同体相继出现。发展到全球化、信息化和网络化的现当代，世界已成为一个地球村，人类命运共同体开始形成。建设人类命运共同体，涉及人如何对待自己所生活的这个人类社会或世界的伦理关系问题，有许多必须从现在开始和从自我做起的伦理责任志和人生使命迫切要求人们去培育、去承当。

一、池田大作是较早从命运来谈共同体的思想家

共同体（community）作为一个社会学概念，最早由德国社会学家滕尼斯（Ferdinand Tnnies）于1887年在《共同体与社会》（*Gemeinschaft und Gesellschaft*）一书中提出，但其渊源却十分古老。据威廉斯考证，community 这个英文单词，早在14 世纪就有了。可追溯的最早词源为拉丁文communis，意指普遍、共同。从17世纪开始，community与society这两个词的含义开始变得不同，后来因与德文词gemeine的牵连而进入社会学领域。滕尼斯提出共同体概念是对工业社会所带来的人的异化、人际关系的疏离、人类情感的冷漠的批判，他试图用一种纯社会学的观点分析在资本主义冲击下解体的先前共同体，以及由此而引发的社会学问题。“共同体”是人类出于“本质意志”的有机团结，它体现了人

* 王泽应，湖南师范大学道德文化研究中心教授、博士研究生导师，中国特色社会主义道德文化协同创新中心研究员，研究方向为伦理学基础理论和中国伦理思想史。本文系创价大学“池田大作人学伦理思想研究”项目资助成果。

类关系的真正本质，而传统意义的“社会”则是依赖权力、制度、法律等“选择意志”形成的机械团结，体现的是人类关系的表象。在滕尼斯的论述中，共同体分为三类，分别是血缘共同体（community by blood）、地缘共同体（community of place）和精神共同体（community of spirit）。血缘的纽带成为共同体最原始的形态，地缘共同体由血缘共同体发展的分化而来，地缘的临近代表着现实生活空间的密切关系。而精神共同体则是真正属于人的、最高形式的共同体，其关系脱离了单纯的血统关联和可见的空间联系，发展成为一种心灵与精神的亲近。他指出：“血缘共同体作为行为的统一体发展为和分离为地缘共同体，地缘共同体直接表现为居住在一起，而地缘共同体又发展为精神共同体，作为在相同的方向上和相同的意向上的纯粹的相互作用和支配。”① 这三类共同体具有一种共同的特征，即“共同的关系和参与”，在血缘共同体中“共同的关系和参与”活动创造的是公共体财产，在地缘共同体中“共同的关系和参与”活动建立在所占有的土地基础上，而在精神共同体中，“共同的关系和参与”则涉及神圣的场所或受到崇拜的神。在本质上，共同体寄托着人们对安全、温暖和情感的追求，由具有共同习俗和价值观念的同质人口组成，彼此关系非常密切，守望相助，富有人情味，是一种“持久的和真正的共同生活”。

发展到当代，约翰·罗尔斯、罗伯特·诺齐克，还有桑德尔等人，都对共同体作出了自己的解释和论证，使共同体理论呈现多元化、多向度发展的势头。其中最有代表的当为罗尔斯基于个人自由和功利的共同体理论和诺齐克基于个人权利的共同体理论。罗尔斯在《正义论》一书中讨论“社会联合体”时区分了两种不同性质和类型的共同体，第一种共同体的观念依据于传统的个人主义假定，将共同体理解为仅仅为了私人目的而从事合作的私人性的社会合作，个人把社会机构看作是一种必要的负担和工具性的组织。第二种是罗尔斯自己的共同体观念，在这种共同体观念中，成员们共享某些“最终的目的”，并将社会合作本身视为一种善。虽然每一个成员都有自己的个人利益，但他们的个人利益并非总是对立冲突的，常常呈现出互补甚至互利的意义。诺齐克认为，共同体是由人们自愿组成的，它将包括各种不同的人，这些人具有不同的优点和才能，每个人都从和别人在一起中受益，由此形成利益互补。② 在共同体中，人们按照自己的意愿去生活，去追求他们自己的善、价值和理想。③ 桑德尔不同意罗尔斯将共同体仅仅归结为个人的看法，认为不是独立的个人首先存在，然后出于私人动机结合为共同

① 滕尼斯：《共同体与社会》，林荣远译，北京：商务印书馆，1999年，第65页。

② Robert Nozick, *Anarchy, State and Utopia*, Newyork: Basic Books, 1974, p.306.

③ Ibid., pp.308–309.

体，而是每个人都出生于社会共同体之中。他将“共同体感”引入共同体，强调正是共同体感把人们联系起来，使人们认识到他们具有的统一性，并把自己看作是这个共同体的成员。桑德尔在罗尔斯工具意义上的共同体、感情意义上的共同体之外提出了构成意义上的共同体概念。他所说的“共同体”就是由那些具有共同的自我认知的参与者组成的，并且通过制度形式得以体现的某种安排。其主要特征是参与者拥有一种共同的认同，如家庭、阶级和民族等。①

池田大作是当代思想家中较早从命运来谈论共同体的思想家之一，初步形成了关于命运共同体的思想。他在对共同体作出一般界定基础上探讨了共同体由自然而社会、由血缘而命运的发展过程，并对全球化、信息化条件下命运共同体形成的必要性和可能性作出了自己的分析与论证。

首先，池田大作在自己的著作和与多位学者的对话中专门对共同体这一概念作出了自己的诠释与探讨。他在与美国学者马吉特·德拉尼安对话时曾经指出：“在此我想提的是，人们互不排斥而聚首的‘共同体’之可能性。附带一提，相当于共同体的用语，回教是‘乌玛’（umma），佛教则是‘僧伽’（samgha）。”回教徒自觉将神的慈悲、宽大、重信义等属性在社会上予以实现是通过结成“乌玛”，即共同体的方式来实现的。“乌玛”不是离开社会的信仰集团，而是共同信仰的信徒社会。回教共同体的成员并不仅仅只是回教徒，他宗的信徒即使不改宗，也能成为乌玛的成员，成为“受保护者”。“成立乌玛，回教成为以信仰为基础的共同体组织。而在此之前，支持部落共同体的是‘血缘关系’。”② 在池田大作看来，以血缘关系为基石建立的共同体虽然很坚固，但却是封闭而又狭小的共同体，“也会成为歧视和镇压的温床”。佛教的僧伽类似于回教的乌玛，是由修行佛道的人们组成的共同体，一般指出家的四众，即比丘、比丘尼、沙弥、沙弥尼，广义上亦指全体佛教教团。僧伽不是离开社会的封闭教团，“而是佛教理念与现实社会的连接点。原始佛教共同体的‘僧伽’，有‘集合’‘集团’甚至‘吉尔特’（guild，发达于中世纪欧洲，由商业、手工业工匠、工艺师与徒弟等所组织的同业公会）的意思”③。佛教的僧伽作为一个共同体政治上追求民主共和，经济活动则以同业的吉尔特共同体为核心。“此僧伽共同体非常遵从四摄事。所谓‘四摄事’，是‘布施’‘爱语’‘利行’和‘同事’，用现代话来说是‘施予他人财物或教法’‘以亲切的言语交谈’‘利益众生的行为’‘一同工

① 参见迈克尔·桑德尔：《自由主义与正义的局限》，南京：译林出版社，2002年，第181—182页。

② 池田大作、马吉特·德拉尼安：《21世纪的选择》，香港：商务印书馆，2010年，第120页。

③ 同上。

作’。”[①] 僧伽即是佛教徒为实现佛陀教义而结成的宗教共同体，它把磨炼自我与救济他人有机地结合起来，主张在救济他人中实现自我价值。

其次，池田大作追溯并考察了共同体由自然到社会、由血缘到命运的发展历程。在池田大作看来，人类历史上最先存在的共同体是原始社会的氏族和部落联盟，这种共同体是自然形成的，以血缘宗族和共同的地缘生活为特征。在氏族、部落联盟以及后来的宗族等共同体中，“人们之间的关系是那样温馨而亲密。维持这种共同体的纽带，是人们共同的宗教信仰。特别是那种以家族和血缘为基础的共同体。它们在信仰上有着共同的宗教观念，在经济活动方面也是以具有共同宗教信仰的家族为基本单位的。……家族和血缘的共同体是用很强的信赖纽带联合起来的。与其说它没有经济利益的矛盾，莫如说它是抵御严峻的生存竞争的产物”。“在古代的共同体中，对血缘关系的信仰以及在中国儒教中特别显著的家族伦理的精神要素，也具有相当大的力量。当然，这种精神要素在某种意义上，也可以说是由于为了生存而在对物质和经济利益的追求中产生的。在以往的社会，这些经济要素和精神要素是基本一致的，他们是一种互补关系。”[②] 诚如威尔逊在与池田大作对话时所指出的，过去的地域共同体满足着人们精神和情感的需要。“在那种环境中，人的价值既不体现在你会什么技能或你具有什么财富，也不体现在你成就了什么事业；只要你生存于这种环境之中，你就有其自身的价值。”[③] 在与德国思想家狄尔鲍拉夫的对话中，池田大作谈到了如何看待在历史上曾经主导人们生活的“地域共同体”的问题，并认为历史上的“地域共同体”是和家族主义紧密联系在一起的。“这种‘家族主义’的共同体意识，具有好的一面，即彼此富于体谅心；但也有另一面，即束缚了个人的自由，压抑了与其他人不同的独创性的发挥。”[④]

现代社会的建立以商品交换及其流动为基础，借助于科技革命、对外贸易和世界市场，彻底颠覆了传统社会的共同生活根基。威尔逊深刻地指出：“身份被契约所取代，习俗和惯例被官僚性的规则所制约，个人之间的信义和忠诚被非人格性地结合，全面的人格被角色履行、传统习惯被计划方案、共同体被组织、地域主义被国际主义等各种现代模式取而代之。地域生活的自立性由于地区之间，更进一步说，是由于国家之间的相互依存关系的扩大，正在逐步减弱。”[⑤]

---

① 池田大作、马吉特·德拉尼安：《21世纪的选择》，香港：商务印书馆，2010年，第121页。

② 池田大作、威尔逊：《宗教和社会》，梁鸿飞等译，成都：四川人民出版社，1991年，第124—125页。

③ 同上书，第126页。

④ 池田大作、狄尔鲍拉夫：《走向21世纪的人与哲学：寻求新的人性》，宋成有等译，北京：北京大学出版社，1992年，第63页。

⑤ 池田大作、威尔逊：《宗教和社会》，梁鸿飞等译，成都：四川人民出版社，1991年，第127页。

现代社会的结构已经不把地域共同体或血缘共同体的家族作为基础，它将过去那种自然连接而成的共同体如血缘共同体和地域共同体淹溺在理性主义和功利主义的冰水之中。“在世界先进各国，自然发生的共同体，事实上已不存在。这是因为，都市化的发展、现代人口流动的增加、经济和产业结构的不断重新调整等，使地方性共同体生活不断弱化。社会制度也无法提供地方共同体生活的场所。社会的整合化日趋明显。”“由于昔日的共同体消逝了，人们对乡土的忠诚以及这种忠诚赋予人们的力量，也都消失殆尽。就连娱乐活动也不依靠地方共同体来举办了。这种情况意味着，人们即使相互为邻，但在亲近感和义务感上则日益疏远。”① 池田大作指出：“如果说‘地域共同体’实质上正在消亡，现阶段只是在人们的观念中略有残留，甚至连这点残留也正在被忘却，被弃而不顾，恐怕并非言过其实。这种状况有扩大个人自由的好的一面，但也使得人们相互之间的体谅和彼此帮助的精神丧失殆尽，形成没有心灵交往的冰冷社会。”② 尽管现代社会使传统共同体及其精神丧失殆尽，但是人们仍然从心灵深处涌动着一种对温馨宁静的共同体的向往和认同。“在这种现代社会的背景下，重建温暖和睦的共同体的欲求正在加强。”③

最后，池田大作论述了在全球化、信息化时代构建人类命运共同体的必要性与可能性。随着商品经济发展和社会近现代化运动的持续推进，原有的各种共同体相继解体，“在这样的时代趋势中，现代人正在失去能够使精神舒畅和安宁的群体或共同体。某些不安和苦痛干扰着他们”④。在池田大作看来，逐渐形成全球化的近代化，是非常外在和工具化、世俗化的，“除非人类意识或地球公民等内在改革也同时进行，否则会成为恶果。全球化已经扭曲了社会，在经济面也开始显现出异常的拜金主义样貌”⑤。人作为个体既有自立自由的需求也有合群交往的需求。“从另一种意义上讲，自立也是孤独，常常伴随着不安的增加。也许为了从这个不安中逃逸出来并同孤独倾向保持平衡，才会对以往存在的那种与整体的融合和一体化怀有深深的憧憬。”⑥

在全球化的时代，各国之间联系日益紧密，并形成了一种你中有我、我中有

① 池田大作、威尔逊：《宗教和社会》，梁鸿飞等译，成都：四川人民出版社，1991年，第135页。

② 池田大作、狄尔鲍拉夫：《走向21世纪的人与哲学：寻求新的人性》，宋成有等译，北京：北京大学出版社，1992年，第64—65页。

③ 池田大作、威尔逊：《宗教和社会》，梁鸿飞等译，成都：四川人民出版社，1991年，第126页。

④ 同上书，第125页。

⑤ V. A. 沙德维尼兹、池田大作：《新人类　新世界——畅谈教育与社会》，刘焜辉译，台北：正因文化事业有限公司，2006年，第214页。

⑥ 池田大作、威尔逊：《宗教和社会》，梁鸿飞等译，成都：四川人民出版社，1991年，第133页。

你的命运共同体，霸权主义及零和思维已经不适应于全球化时代的国际关系以及文化与文化的关系。池田大作对德拉尼安“‘宇宙号地球船’‘盖亚假说’等全球性的思维，可说是以地球为单位的世界文明已经在萌芽的例子”的论说深信不疑，并以佛教的精神加以论证，指出：“佛教也提及超越文化与民族的差异，作为连接的泉源，相通于威尔所说的‘同苦’之心的重要性。而发自于‘同苦’之心的‘慈悲’，正是佛法核心中的核心精神。”[①] 面对生态环境日益恶化与纷争不断的世界，如何构建人与人、人与社会以及人与自然的共生，是我们大家都要去努力思考的重大问题。在池田大作看来，“环境问题等地球危机沉重压在人类身上，迫使我们不得不超越国境和民族，与生活在同一地球上的邻人，考虑‘共同的未来’，深刻地开始面对全球主义这一人类史上的挑战”[②]。挑战引起应战，应战全在于人类自己的觉悟、认识及其与之相关的行动。“如果人类能看到万物的和谐旋律，努力和一切生物共存下去，人类就会起到支持存在于宇宙中的‘生命网络’的作用，走向新的创造性道路。”[③] 池田大作坚信，人类是有办法有能力解决自己所面临的时代问题和人生问题的，“一个人的生命甚至是家族、民族、国家、人类的共业，都有彻底改革的可能；我等推动的‘人间革命’运动，意义即在此”[④]。他之所以领导并发动了创价学会的“人间革命”运动，就是相信人类是完全有可能通过自己的学习、修养和创造性活动不仅能够比较好地改造客观世界，而且能够再造一个全新的自我，使自己的思想境界和行为能力达致一个新的更高的水平。就命运共同体的建构而言，亦如此。

二、池田大作命运共同体思想的核心论点

池田大作命运共同体思想包含极其丰富的内容，与其人的革命、人道主义、和平主义、共生主义有着最为密切的联系。从广义上说，他的很多著作与对话都是朝着构建命运共同体的方向运思和构想的，浸润其间的是对人类命运和发展前途的深思睿智。从狭义上来说，池田大作对人类命运共同体的核心要义和精神实质也作出了既立乎其大又着眼于微的深度思考，充溢着探赜索隐和深谋远虑的伦理智慧。这里，我们从广义与狭义相结合的角度，可以将池田大作命运共同体思想概括为以下几个方面：

---

① 池田大作、马吉特·德拉尼安：《21世纪的选择》，香港：商务印书馆，2010年，第140页。

② 池田大作：《时代精神的潮流》，香港：商务印书馆，2005年，第64页。

③ 池田大作：《我的人学》下，潘金生、庞春兰译，北京：北京大学出版社，1990年，第279页。

④ V. A. 沙德维尼兹、池田大作：《新人类　新世界——畅谈教育与社会》，刘焜辉译，台北：正因文化事业有限公司，2006年，第214页。

（一）共生主义

“共生”其实就是一种相辅相成、互相支撑的道德，要求超越利己主义的樊篱，把人与人之间的关系嫁接和连带起来，“取调和而舍对立，取结合而舍分裂，取‘大我’而舍‘小我’”[①]。这一“三取”“三舍”明确地揭示出“共生主义道德”的精髓。共生主义道德就是要求人们在人与人之间关系的认识和对待上抛弃彼此对立、零和博弈的思维和价值观念，认取和谐共生、和平共处、和而不同的价值观念，抛弃彼此对抗、视为仇人的分裂状态，认取相互支持、彼此真诚相待、友好合作的价值观念。“不是以自我为中心，而是以对方为中心，不是以‘我’，而是以‘我们’为根本，一起生存，互相支援，共同繁荣。这种共生的生活方式，应该是21世纪的时代精神。”[②]

如何超越自我中心和利己主义，需要对人与人的关系予以清醒而深刻的认识，人是需要他人并离不开他人的社会动物，他人是个人存在的依靠和存在的保障。在池田大作看来，“人内在的善性会促进自己与别人的共生与相互提携。相反，‘恶心’会使人离开他人，进而使人背离自然，带来‘分裂’。漠视人的共通性，执着于与他人的差异的分裂病症，其实也是超越个人层次的集团自私本性”[③]。“佛经有一句很美的譬喻：‘人向镜子做礼拜时，镜中映照的影子又会向自己礼拜。’（《御义口传》下卷，第226页）说明了对他人生命的尊重，将使自身生命更为庄严的法理。也就是说对于一切生命，贯彻与自己并无不同且具有共通生命的‘自他不二之礼拜’的实践，即可促进自身脱离自私的生活方式。又如‘喜就是自他恭喜’（《御义口传》下卷，第212页）。在不断实践之中，必能在社会上确立‘勿将自身幸福建设在他人不幸上’的价值观。我认为今日社会异常混乱的主因，在于失去了联结人与人的理念，且蔓延于社会的利己主义，以一切形式为‘分断’的力量，进而在世界各地引起不必要的对立和纷争。”[④]“有如自己的生命宝贵，别人的生命也是宝贵一般，不能伤害和牺牲别人，应当‘推己及人’，对别人体贴和尊重。”[⑤]

池田大作认为，佛法中有森罗万象相依及万事万物相关性的原理。“佛典

---

① 池田大作：《理解·友谊·和平：池田大作讲演、随笔集》，北京大学日语系、日本创价学会译，北京：作家出版社，2002年，第3页。

② 杜维明、池田大作：《对话的文明——谈和平的希望哲学》，陈鹏仁译，台北：正因文化事业有限公司，2008年，第120页。

③ 池田大作：《和平世纪的倡言》，创价学会译，香港：天地图书有限公司，1997年，第147页。

④ 池田大作 、马吉特·德拉尼安：《21世纪的选择》，香港：商务印书馆，2010年，第207页。

⑤ 杜维明、池田大作：《对话的文明——谈和平的希望哲学》，陈鹏仁译，台北：正因文化事业有限公司，2008年，第119页。

中记载许多表现多种相互依存的美妙譬喻。帝释天是保育生命的大自然力量的象征。在他的天宫里挂着巨大的罗网，网的每一个小结都有一颗宝珠，每颗宝珠都与其他宝珠互相辉映。”[①] 这一天宫里巨大的闪闪发光的罗网确证的就是人与社会和世界的连接，亦如美国文艺复兴的巨匠梭罗[②] 所指出的那样，“我们的关系能无限延伸”。池田大作阐释道：“当我们察觉这个关联点，循着这条相互依存的‘生命线’，我们就能从地球的邻人中，发现那光芒四射的宝珠。”[③] 在池田大作看来，“人与人之间，人与自然之间，共同生存，相互支持，一起繁荣”，并认为“所有的人都辉耀着同样最可贵的生命，任何人的生命中都搏动着具有无限可能性的善性”。[④] 对我们的同类予以必要的尊重、关心和同情，其实就是在光大生命，弘扬善性，体现出共生主义的道德情愫。

（二）世界公民意识

池田大作回忆自己与英国著名历史学家汤因比的对话，指出“将地球视为‘命运共同体’‘宇宙船地球号’这种‘地球主义’（globalism）或‘全球主义’（globalization）的潮流，虽然在冷战后，特别是经济方面产生了一种全球统合化的潮流，但是要自然地落实‘地球公民’的构思，则需要比较长久的岁月”[⑤]。这里提出了培育“地球公民”的设想，并将其视为构建人类命运共同体的基础性和根本性工作。

在与美国小提琴家梅纽因（Yehudi Menuhin，1916—1999年）见面时，池田大作肯定梅纽因对“世界公民”的“四次元”界说，即世界公民具有四个方面的意识和责任感：第一，对历史的责任意识，醒觉到自己是连接过去和未来的一个因素；第二，超越国境的一种对空间的广大的责任意识；第三，对一切创造物、生命的共感；第四，对人类尊严的信念和敬意。[⑥] 池田大作认为梅纽因关于世界公民的见解与汤因比对人类历史的洞察“各异其趣”，都有着宏大的视野及对人类未来发展的无比关心。他本人深表认同并结合自己的理解对世界公民作出进一步系统的界说和论证，指出世界公民是三种人，即“智慧之人”“勇敢之人”“慈悲之人”的精神圆融和有机统一。他说：“所谓的‘地球市民’，可以

① 池田大作：《和平世纪的倡言》，创价学会译，香港：天地图书有限公司，1997年，第144页。

② 大卫·梭罗（David Thoreau，1817—1862），美国著名哲学家、文学家和思想家，著有《瓦尔登湖》《论公民的不服从》等。

③ 池田大作：《和平世纪的倡言》，创价学会译，香港：天地图书有限公司，1997年，第145页。

④ 参见池田大作：《理解·友谊·和平：池田大作讲演、随笔集》，北京大学日语系、日本创价学会译，北京：作家出版社，2002年，第3页。

⑤ 池田大作：《时代精神的潮流》，香港：商务印书馆，2005年，第61页。

⑥ 同上书，第63页。

说就是：一、具有深刻认识生命相关性的‘智慧之人’。二、对人种、民族、文化的差异，不是畏惧、排斥，而是去尊重、理解，并视这些差异为成长资源的‘勇敢之人’。三、对受苦受难的人，无论远近，都能给予关怀提携的‘慈悲之人’。”① 换言之，地球市民或世界公民就是深刻认识生命相关性的智慧之人，深刻把握人种、民族、文化差异并视为成长资源的勇敢之人以及对受苦受难的人给予关怀提携的慈悲之人的综合，智慧、勇敢、慈悲成为地球市民三种最主要的伦理品质。

池田大作指出：“确立‘地球市民’的概念与伦理、培育‘地球市民’的工作与所有人息息相关，必须有大家参与，这是人人有责的重大事业。所以，为使‘地球市民’的教育更具意义，最要紧的是要在乡土上，即地域社会上扎根。在‘地球市民’的培育上，眼前所在的生活场所才是出发点。”②

池田大作认为，人既是扎根于身边地域的“乡民”，同时也是属于国家的“国民”，而且还应当是以世界为舞台的“世界公民”，并认为这三种身份本质上是联系的而不是割裂的，是统一的而不是对立的。他说：“我以为在自我认同上，不要失去世界公民此‘开放的心’非常重要，因为成为该国或该地域的‘好公民’，不一定与‘世界公民’有所矛盾。况且我们必须创造没有矛盾的时代。‘乡民’‘国民’与‘世界公民’的认同，绝不是排他的关系。”③ 池田大作对培育和成为世界公民表示出了强烈的兴趣和极大的关注，并建议制定21世纪的《世界公民宪章》。在池田大作看来，虽然说全球化使“地球人”的意识得以扩展和传播，但是今天的世界上还是存在着诸多源于民族、国家和宗教的纷争。为了有效地防范这些纷争的升级，《世界公民宪章》的“导言”应表明：“各民族在文化、宗教和语言上的千差万别，就像扎根于地球这片共同土壤的草木那么多姿多彩；所有人都是世界公民，应从全世界的立场谋求人类的和平及幸福。不用说，‘世界公民’的立场和民族自决并无抵触。在今日的世界，我们是极有可能一边加深自己的民族及文化认同感，一边放眼世界，努力建立一个人类的共同社会的。”他对德国前总统魏茨泽克说的“世界公民并不是无根草，只有那样，他的人类意识才有说服力。宽容的美德，不会在混杂着一群无根者的世界开花，只会在有民族自觉的人的地方开花”的观点深表赞同，认为认识世界与爱国精神绝不是截然对立的，而是可以兼容共存、相互为用的。世界公民与国家公民可以集于一身，做一个既爱自己的国家又爱整个人类的公民是当代世界给我们提出的要

① 池田大作：《和平世纪的倡言》，创价学会译，香港：天地图书有限公司，1997年，第144页。
② 同上书，第148页。
③ 池田大作、马吉特·德拉尼安：《21世纪的选择》，香港：商务印书馆，2010年，第212—213页。

求。他希望《世界公民宪章》能够明确地指出："人类的尊严和价值就是从世界公民的立场所体现的'人类尊严'。"①

（三）精神丝绸之路

在池田大作看来，尽管当今社会人与人之间、不同文化之间要达成合意的交流存在着诸多困难和阻力，但是只要人们本着真诚的态度去交往，特别是"在对方当中发现了'人'的时候，堵塞在相互之间的壁障就会在一瞬之间土崩瓦解"。在池田大作看来："相互理解与信赖关系，都是从人与人的交流开始的。人与人之间的交流或许是一个点，但它会扩充为线，再由线扩充为面。民众与民众的广泛交流，不就是发展经济、文化、教育等交流，建立国家间互信关系的基础吗？"② 世界上的每一个人都是人，在具有差异性和个性的同时又具有共性和普遍性，只要我们坚持把每一个人作为人类平等的一员来看待，那就能建立必要的伦理共识。"不论哪国人，不论有怎样的意识形态，也不论有什么样的头衔或地位，同样都是人。人就都一样。如果想培植友情，缔结友好，就要抱着同样是人的意识来交谈。"池田大作强调"人的同一性""同样都是人""把人当人看"的核心价值理念，认为只有在相互把人作为平等的、有尊严的存在物来尊重的时候，人才能找到共同的价值基准，形成基本的价值共识。"如果站在同样是人的角度，就会发现共通之处，会感到亲切。这就是互相理解的端绪，就能产生共鸣。"③ 只有站在"同样是人"和"把人当人看"的角度，才能形成基本的价值共识，才能开辟"精神丝绸之路"。所以这一"同样是人"和"把人当人看"的价值理念有助于增进不同文化之间的相互理解，化解人们之间心中的块垒，架起"心灵上的沟通之桥"。"民众之间自然的要求的高涨所带来的文化交流，可以变'不信任'为'信任'，变'反目'为'理解'，可以从这个世界上驱逐名为'战争'的怪物，达到真正持久的和平。"因此，他认为："要构筑人类融合的世界和持久和平的未来，紧急的任务是，开辟把西方与东方的民众的心联系在一起的'精神丝绸之路'。"④

建设"精神丝绸之路"应当始终贯彻"相互性和对等性"，在平等的基础上开展文化交流。"文化交流不外是把人与人的心联系在一起，在其琴弦上奏出共鸣的和声。"⑤ 他对单向的文化输出或文化移动持不认同的态度，认为"单方面

① 池田大作：《世界市民的展望——池田大作选集》，香港国际创价学会译，香港：三联书店有限公司，1993年，第120—121页。

② V. A. 沙德维尼兹、池田大作：《新人类　新世界——畅谈教育与社会》，刘焜辉译，台北：正因文化事业有限公司，2006年，第102页。

③ 池田大作：《新人间革命》，东京：圣教新闻社，2007年，第18页。

④ 卞立强编选《池田大作选集》，北京：北京大学出版社，1988年，第102—103、104页。

⑤ 同上书，第105页。

的文化移动，其结果反而会在文化流出的国民的心中植下傲慢这一麻烦的种子；另一方面，在文化接受的国民的心中萌生出悲屈、有时甚至是憎恶的感情”。只有建基于对等性和相互性基础之上的文化交流，才能真正搭建起心与心之间友好交流的桥梁。他把相互性、对等性和全面性视为真正的文化交流的生命线，并坚信只有在相互性、对等性和全面性基础上的文化交流才能孕育出对多元文化的尊重和认同，“只有在这样的时候，才能在全世界纵横交错地结成不仅包括东西、也包括南北的‘精神丝绸之路’”。①

池田大作主张，构建人类命运共同体要在内外两方面用功。他说：“现代所必要的立脚点是：纵的方面是要立足于人的存在的根源——生命的存在；在现实的行动上，横的方面要结成共同具有这种生命的存在的地球人类这一普遍的团结。通过在政治、经济、文化等各个领域扩大地球人类这一普遍的团结，在我们的地球上消灭一切战争，建立平等互惠的地球社会。”② 21世纪人类应该指向多样性，把彼此的差异作为创造新价值的源泉，互相积极影响，共存共荣，建设一个把任何国家、任何民族都作为不可替代的存在来尊重的和谐的地球社会。

三、池田大作命运共同体思想的伦理特质

池田大作命运共同体思想的逻辑起点和根据，是人的二重性或者说人的个体性与社会性的辩证统一。在池田大作看来，每一个人在形体和行为活动方面都是一个独一无二的个体，独自开展着自己个体生命的历程并担纲着自己人生的独特使命，他人是很难且无法代替其生命历程的展开和实质内容的呈现的。同时，人的个体生命的生成乃至大量的人生活动又是与他人密切相关的，是一个与他人建构各种关系并通过社会化来实现和完成的。人本质上是一个社会动物或者说只有在社会中才能生活下去的动物。因此，人是不能离开他人的，离开了他人，人就会使自己的生存面临极大的困难甚至是毁灭。人与他人建立联系，不断扩大，就形成各种不同类型的共同体。“一个集合体、融合体的共业，绝不是封闭的存在，人的生命无论在时间或空间上，都有超越一个人的广度。”“在现象层次上，有男女、种族、民族、阶级、国家等差异，且生命的深层，是超越这些差异而扩展到人类意识的，进而与动物、植物等其他生命体也融合在一起。因此，不同阶层的人的共业，影响所及，也就从个人拓展到家族、民族、人类与大自然。若是执着于共业所呈现出来的差异相貌，那是拘泥于生命的表层，只要再进入深

① 卞立强编选《池田大作选集》，北京：北京大学出版社，1988年，第105—106页。

② 何劲松编选《池田大作集》，上海：上海远东出版社，2003年，第13页。

层，必然会看见全人类皆有共鸣的生命层次。”[①]

人与人、人与社会以及人与自然之间都存在一种相互联系、彼此不可分离的密切关系，因此必须而且应该大力培育共同体意识，建设命运共同体。在池田大作看来，“人类所应具有的价值观念绝不是狭隘的。当然，应当排除那种要求满足一个人、一个集团、一个民族、一个国家、一种意识形态的利益和要求的极端利己主义。也许是因为狭隘的价值观念在过去形成了充满矛盾和不合理的社会——人类已经多次体验了因此而产生的悲剧”。人类要有美好的未来，必须摒除这种狭隘的价值观念和极端的利己主义，学会从多方、多极和全体来确立自己的价值观念和价值思维。“这是因为，人不单是以一个国家为基础的社会存在，而是一种与人类社会、整个地球的大自然，甚至是与整个宇宙具有连锁关系的生命的存在。”“要想像一个真正的人一样生活，首先当然应该从人类是这种生命的存在这一点来考虑问题。而且我认为，人类正视这一点，才是建立一种现代所需要的普遍价值观念的出发点。”[②] 因此，普遍性观念、整体性思维是建构人类命运共同体意识的价值基础。“亚里士多德曾经说过这样一句话：‘人是社会的动物。’其实何止是人，任何生物都不可能独自生存。尤其是人，他们已经注意到社会不仅是生存的主要的基础，而且已成为个人的成长和生存必不可少的主要的因素。在今天，这种人类共同体的联系纽带已发展到全球规模，可以说整个人类已形成了一个命运共同体。从这一意义上来说，我们应当知道，任何个人、任何企业以及任何地域社会、民族、国家，都被组织进了这个人类命运共同体之中。”[③] 人类命运共同体中的人，既属于自己的国家，但又必须超越国家的狭隘利益，具有全球的利益、全球的视野。在人类命运共同体中，既有国家的利益，也有超越国家的全球利益，二者交互在一起，相互制约。在面对人类共同利益时，不仅有人类公共福祉，也有共同面临的问题，诸如生态恶化、环境危机、恐怖主义、人口增长、贫穷问题，等等。面对全球化带来的种种问题，没有哪个国家可以独自解决，需要各国人民同心协力，构建人类命运共同体，对人类发展共同负起责任。

人类命运共同体要求人把自己同所属的社会、民族、国家、世界乃至自然界有机地联系起来，建构一种人与人之间互相尊重、人与社会之间相互兼顾、人与

---

① V. A. 沙德维尼兹、池田大作：《新人类　新世界——畅谈教育与社会》，刘焜辉译，台北：正因文化事业有限公司，2006年，第213页。

② 汤因比、池田大作：《展望二十一世纪——汤因比与池田大作对话录》，荀春生等译，北京：国际文化出版公司，1985年，第150页。

③ 池田大作、松下幸之助：《人生问答》，卞立强译，北京：中国文联出版社，2000年，第97页。

自然之间和谐相处的友好关系。因此，它既需要超越那种不顾个体或平民阶层利益的所谓整体主义或国家主义，也需要超越那种只重视个体利益而不顾他人利益的利己主义或个人主义。池田大作把"利己主义"和"国家主义"称为一对"极端的孪生子"，认为二者都有严重的偏弊，都没有在个人与社会之间建立起一种相互兼顾的关系，因此必须对其加以批判或抵制。[①] 池田大作指出："从人的这种状况来说，不言而喻，不论社会是多大规模，不把整个社会搞好，自己的繁荣和幸福是不可能得到保证的。不过，与此同时，我觉得任何企业、社会和国家都不能忘记，牺牲个人幸福的繁荣，不可能是真正的繁荣。那些假借民族、国家、企业的繁荣的名义，而对个人压迫、对平民的生命加以压抑，我们在历史上到处都可以找到。只有立足于彻底保护平民的生命这一基本原则之上，真正的社会繁荣才能实现。另外，只有在包括处于社会领导地位的人们在内的一切人们的心中，产生了决不牺牲苦恼的弱小者的决心时，真正的共同意识才会在整个社会的每个人的心中扎下根。"[②] 在池田大作看来，"理想的共同体和真正的组织，其必要条件之一是平等；成员之间有平等观是很重要的"[③]。真正的人类命运共同体既要彻底保护平民的生命，促进个人幸福的繁荣，又要处理好个体与个体、个体与社会的关系，形成健全而充满活力的共同体。池田大作在与汤因比的谈话中专门论述到了组织与个人的关系，认为这种关系是相互的、辩证的。"既然形成组织本身是出于满足人民的各种要求的必要性，那么，它当然还要回到原来的基础上，组织永远来自个人，又还原于个人，并保护个人。人们对这一点的认识，将形成并决定每个人的独立性，即对自己的行动及组织的决定和管理能作出独立的判断。"同时，也不应把组织看作是一家机器，"而应看作是高级的、有机的生命体。因为构成组织的'部分'，哪怕是一个很小的部分，也是人本身，而且已经是一个具有整体性的人"。总之，"个体寓于整体之中，整体又建立于个体之上——我认为这是管理组织的人所应具有的最基本的认识。同时，这也应成为每个个人所应有的觉悟"。[④] 这种个体性与社会性相互依存、相辅相成的思想为构建人类命运共同体奠定了伦理的基础。

池田大作主张抛弃仅仅注目于一己之私的"小我"状态，认取融无数小我于一体的"大我"。池田大作的"大我"不是脱离"小我"的孤立自存的群体

---

① 参见池田大作、马吉特·德拉尼安：《21世纪的选择》，香港：商务印书馆，2010年，第122页。

② 池田大作、松下幸之助：《人生问答》，卞立强译，北京：中国文联出版社，2000年，第97页。

③ 池田大作、马吉特·德拉尼安：《21世纪的选择》，香港：商务印书馆，2010年，第122—123页。

④ 汤因比、池田大作：《展望二十一世纪——汤因比与池田大作对话录》，荀春生等译，北京：国际文化出版公司，1985年，第157页。

或整体主义，而是将无数“小我”连带、整合起来的“大我”，亦即“人我兼顾”“己群诸重”式的“大我”。

他专门谈到了“人的整体性”，主张建立“新的统合”，指出:“我认为，新的统合原理绝对不应远离人类，而应配合人之需求，着眼于人的内心。”池田大作从精神药理学先驱艾基斯博士（Joel Elkens）关于疾病的“痊愈”就是指恢复整体性的意思受到启发，认为“痊愈”不只是在身体健康问题上有表现，在人际关系和精神生活中也有表现。痊愈“意味着个人得到调和，与他人亦取得调和，与地球也是调和的”。“放眼观察现代文明整体，可说病源在于人的整体性受到显著破坏这一点上。”[①] 在池田大作看来，现代文明十分重视个人利益和个人欲望的满足，每个人尽情地追逐自己的个人利益，把他人和社会都视作达到自己目的的手段，因此导致了人的整体性地被抛荒。“人的整体性——这个词语在我们的思潮中已沉寂很久了。理智人（homo sapiens）、经济人（homo economicus）、劳动人（homo faber）和游戏人（homo ludens）等词的总称可以说是人的整体性，但它好像只罗列定义，稍微缺乏策略，意思显得浅薄。”[②] 他欣赏劳伦斯（D.H.Lawrence）《启示录》末尾的一段话，即“人最激烈地冀求的是生活的整体性，是生活的合一，而不是独自拯救自己的‘灵魂’……我们想要的是打破虚伪的非有机统合，尤其是与金钱有关联的统合，再树立与宇宙、太阳、地球，与人类、国家、家族间的生动的有机统合”。与马克思、熊彼特齐名的爱德华·海曼（Eduard Heimann）也有着与劳伦斯几乎同样的感受。“海曼把不歪曲人性和生活的整体性的社会发展定名为‘有机成长’，并慎重地解释说：‘如果允许我们对现在的目的使用有机体这一些危险比喻，社会有机体将具有生命，能成长变化，但同时维持其整体性。’”在池田大作看来，现代社会与这种“有机成长”脱节已久。因此，为了更好地挽救现代文明的危机，必须重提人的整体性和有机成长。“人的整体性是指一种能继承过去的历史和传统，而又能配合宇宙生命的律动，精益求精的生命体。只有这样，人才能得到真正的充实感，可以发挥其沉着、从容体谅他人等德行。与此相反，如果与历史传统、他人或宇宙脱节，那么人只会感到情绪不安定、焦躁、自我丧失，甚至近乎疯狂。”针对现代文明所产生的种种弊端，池田大作开出的药方是“立足于现状，一方面充分发挥现代化的优点，去解决饥饿与疾病等问题，另一方面全面地支持整体性的规复，我认为这就是唯一可以阻止时下流行的分裂势力，确立

① 池田大作：《和平世纪的倡言》，创价学会译，香港：天地图书有限公司，1997年，第20页。

② 同上书，第20—21页。

新的统合原理的方法”。同时，“人的整体性可以说是人格的别名，所谓统合原理绝不是抽象的理论，而是通过卓越的人格，才可以从内里开始探索，可以说人格就是联系统合力量的纽带”。[①]

就此而论，池田大作命运共同体的思想具有既超越自由主义亦超越社群主义的理论特质，价值导向上是既反对个人主义和利己主义，又反对国家主义和狭隘民族主义，且主张把个人利益和命运与人类社会利益和命运有机地统一起来。因此，这种命运共同体既建立在社会成员个人利益的相互依存上，也建立在社会成员命运前途的休戚相关上，是一种由共同利益导致的命运相通的共同体，也可以说是融“小我”于“大我”之中，在“大我”中成全“小我”并使“小我”与“大我”良性互动、有机生成的共同体。池田大作的命运共同体思想，对于我们在新的时代建设共生共荣、休戚与共的国际关系和全球伦理，无疑具有许多启迪和引领意义。

① 参见池田大作：《和平世纪的倡言》，创价学会译，香港：天地图书有限公司，1997年，第22—23、27页。

池田大作与“人类命运共同体”相关的论述及其实践探析

刘爱君　郑培国*

当下，推动构建“人类命运共同体”的思想作为习近平外交思想的精髓，正被越来越多的国家认同，其层次和内涵愈加系统和充实，彰显了中国对全球治理的巨大贡献。《易·系辞下》言：“天下同归而殊途，一致而百虑。”历史上很多杰出的思想家虽生在不同的时代或国度，但其思想观点却往往高度契合，交相辉映。在研究中我们发现，在池田大作的著作和对谈中，曾多次提及与“人类命运共同体”相近甚或相同的理念，如世界共同体、人类共同体、地球共同体、命运共同体等。这些理念虽散见于池田大作的各种著作和对谈中，却是吉光片羽，弥足珍贵，从中颇可见到池田大作超越民族、地域、国家的局限，把地球作为一个统一体，从全人类的整体利益出发来谋求和平与幸福的宽广视野、宏阔胸怀和价值旨归。

因此，梳理和厘清池田大作与“人类命运共同体”相关的阐述、思想内涵和逻辑理路，可以帮助我们更清晰、更准确地把握池田大作对当今世界和人类发展的认识与思考，并为“人类命运共同体”的构建提供有益的参考和启迪。

一、池田大作与“人类命运共同体”相关的论述及其核心要义

时代是思想之母。可以说，任何一种思想理论的产生都有着特定的时代背景。池田大作曾经指出：“随着全球化的进行，全球规模的生态系统遭到破坏，遍及世界的市场经济扩大了贫富差别，爆发了难民剧增、病毒性疾患等‘全球性的问题群’，此外，人的精神颓废，引起精神疾患，特别是在发达国家，人性的崩溃日益严重。这些‘全球性的问题群’以及人性的迷失等，已成为一种包含东方在内的全球性危机，正袭击着整个人类。”① 池田大作始终对人类社会的和平抱有很高的期盼，对恐怖主义、种族纷争、核武器扩散抱有极大的厌恶。他把经历无数惨烈战

* 刘爱君，大连工业大学外国语学院院长、教授，池田大作思想研究所所长，主要研究方向为日本文化；郑培国，大连工业大学外国语学院讲师，主要研究方向为中国传统文化。

① 池田大作、季羡林、蒋忠新：《畅谈东方智慧》，成都：四川人民出版社，2004年，第274—275页。

争的20世纪称为“战争与暴力的世纪”，期盼21世纪成为“和平与共生的世纪”。20世纪后半叶以来，世界范围内出现了各种形式的区域共同体，如“欧洲共同体”“安第斯共同体”“南部非洲发展共同体”。1963年，东京一桥大学小岛青教授建议由日、美、澳、加、新（西兰）五国建立“太平洋自由贸易区”，建成类似欧共体的自由贸易集团。这一建议在日本民间和产业界引起了探讨建立“亚洲经济共同体”的热潮。这些“区域共同体”的理念和组织，考虑的都是一个地区的共同利益，尚未形成一种超越各个地区利益、包含所有领域并具有现实性的人类整体性共同体的理念。在上述背景下，池田大作提出了自己的观点和主张。

1968年，池田大作在与年近八旬的英国历史学家汤因比进行的“展望21世纪”对话中指出：“我认为西欧试图使拥有各种不同个性和历史背景的‘地区性国家’在保持自身个性和独立性的情况下以平等的立场形成一个共同体，这种方式应当成为未来的世界共同体的基调。”① 在这里，池田大作使用了“世界共同体”的称谓。

1984年6月9日，池田大作在复旦大学做以《人才是创造历史的主角》为主题的演讲时指出：“在这个飞跃的时代里，我们都是‘地球号太空船’的乘客。从各个角度来看，世界都是紧密地连接在一起。……我认为在明暗交织的历史潮流里，为了使下一个世纪更充满希望，我们应该确立起以人为主角的历史观。人类都是搭乘‘地球号太空船’的地球市民，而全人类应本着这个观念互相团结。”② 虽然这里没有使用“人类共同体”的概念，但“地球号太空船”的形象比喻已经不言而喻。2013年3月，习近平在莫斯科国际关系学院做演讲时首次提出“命运共同体”理念，指出：“这个世界，各国相互联系、相互依存的程度空前加深，人类生活在同一个地球村里，生活在历史和现实交汇的同一个时空里，越来越成为你中有我、我中有你的命运共同体。”同年12月31日，习近平发表《2014年新年贺词》时说：“宇宙浩瀚，星汉灿烂。70多亿人共同生活在我们这个星球上，应该守望相助、同舟共济、共同发展。”对比池田大作和习近平的表述，我们发现二者虽在文字形式上不尽相同，但核心要义、价值旨归却高度契合，有异曲同工之妙。

2005年4月，池田大作与杜维明教授在东京对谈。在谈及“儒家的人本主义”与“佛家的人本主义”时，池田大作说：“遵循此哲理的菩萨的实践，以‘慈悲’‘智慧’‘勇气’的强韧一念，参与策划大宇宙创造的运营，朝着变革现实前进。也就是说，通过与家人、地区、民族、国家、人类共同体、地球生态

① 汤因比、池田大作：《选择生命——汤因比与池田大作对谈录》，北京：商务印书馆，2017年，第365页。

② 池田大作：《理解·友谊·和平：池田大作讲演、随笔集》，北京大学日语系、日本创价学会译，北京：作家出版社，2002年，第52页。

体系多层面的广泛交流，坚持进行旨在实现全人类创造性共存这一永恒理想的行动。”这里，池田大作明确使用了“人类共同体”的称谓。与此同时，池田大作还指出：“我还希望和所有的宗教、思想进行对话和交流，站在全人类的视野及宇宙的视野上，开辟地球共同体的共生与繁荣的大道。”① 在这里，池田大作还使用了“地球共同体”的称谓。

2007年8月，池田大作在著作《高举人间主义的旗帜——宽容·慈悲·对话》中指出：“今后的时代，一个重要的视点就是‘宇宙式思考’‘全球化行动’，即作为‘宇宙市民’的生存方式，站在宇宙的视野思考和行动。在面临诸多全球性课题的今天，时代需要这样的生活态度，也要求这种观念的教育。因为我们人类，同为地球之子，是生活在地球这一行星上的命运共同体。”② 在这里，池田大作非常明确地使用了“命运共同体”这一称谓。

2018年8月，池田大作发表了《培育友好之树　建设和平世界》一文，指出：“在世界被冷战分裂之际，他（创价学会第二任会长户田城圣）提出‘全球公民意识’的构想，指出住在同一个地球上的人类，作为命运共同体必须合力去实现世界和平。”池田大作在文章最后指出：“在《日中和平友好条约》缔结40周年的今天，为了实现日中世代友好，要日日培育新的友好之树；为了实现世界和平，要以作为‘命运共同体’的日本和中国的合作为基础，为地球的利益、为人类的利益携起手来共同行动。”③ 这里，池田大作强调了“命运共同体”这个概念。可以说，在这一时间节点上，池田大作的这一文章是对习近平主席呼吁和倡导“人类命运共同体”理念的认同和呼应。

通过文献梳理和考察，我们可以发现，池田大作著述中提到的世界共同体、人类共同体、地球共同体、命运共同体等概念范畴超越了一般共同体的层次和视域，虽名称各不相同，但它们所要表达的都是同一思想，即从整体意识、全球思维、人类观念的视角审视各个国家与人类整体之间的利益关系，超越狭隘的民族国家观念，着眼于人类文明的永续发展，主张发展起一种利益共生、情感共鸣、价值共识和责任共担的共同体意识和精神，建构一种共生共荣发展的范式或类型。研究池田大作思想的学者都有这样一种共识，池田大作思想是一个不可分割的体系，在这一完整的思想体系中，“同是一样的人”“人本主义”“生命尊严”则是池田大作思考问题的主要基点。因此，笔者认为，池田大作关于“共同体”的思想论述虽名称各异，但均可以

① 池田大作、杜维明：《对话的文明——池田大作与杜维明对谈集》，北京：商务印书馆，2008年，第158页。

② 池田大作：《高举人间主义的旗帜——宽容·慈悲·对话》，东洋哲学研究所，2007年，第256页。

③ 池田大作：《培育友好之树　建设和平世界》，《日本学刊》2018年第4期，第5页。

用“人类命运共同体”这一理念进行统摄、概括和凝练。根据池田大作不同时期的著述中对“人类命运共同体”进行的阐述，池田笔下的“人类命运共同体”可以概括地理解为：生活在同一地球上的人类，基于共同利益和共同诉求而形成一种共同关系模式，追求建立一个共生与共存的世界，其目的在于实现世界和平和人类幸福。

二、池田大作与“人类命运共同体”相关论述的思想基础

池田大作与“人类命运共同体”相关的论述是其政治、道德、文化观念的集中体现，因此，有着深厚的思想基础和理论渊源。

（一）对牧口常三郎思想的继承与发展

由于尊崇“师弟不二”，创价学会历代会长的理念、主张一脉相承并不断发扬光大。第一代会长牧口常三郎在《人生地理学》一书中主张：“所有的人应当同时具有三种自觉——一是扎根于地区的‘乡土民’，同时是属于国家的‘国家民’，并且是与世界广泛联系的‘世界民’。”池田大作对牧口常三郎的主张给予高度评价，同时进一步提出人类对自己的认识不能局限于“民族”“种族”等传统观点，而应该以更宽广的视角来看待人类，即“站在同样是‘人’这一共同的基础上，促进大家作为‘好邻居’‘好公民’‘好地球人’共同生活下去”[①]。

池田大作特别强调的“同样是‘人’”的这一理念，是其毕生孜孜以求的世界和平思想的轴心。他说：“站在这种同是‘一样的人’的出发点上，不断进行坦诚的对话，双方就一定能够相互理解，友好的大道就会开拓出来。这就是我对‘人性外交’的信念。”[②]“哪个国家的人民都希望和平与幸福。生老病死的人生根本问题也是同样的。作为同样的人，更加深入地了解彼此的文化，进行交流，看起来似乎是朴实无华的，但可以说这是把人们的心连接在一起，产生信任的大道。”[③]诚然，当今世界仍然存在着不同国家利益、不同宗教信仰、不同意识形态、不同社会制度的分歧甚至对立，但无论怎样，我们是共同的人类。在池田大作看来：“无论哪国人，不论有怎样的意识形态，也无论有什么样的头衔或地位，同样都是人。人就都一样。如果想培植友情，缔结友好，就要抱着同样是人的意识来交谈。”[④]

---

① 池田大作、杜维明：《对话的文明——池田大作与杜维明对谈集》，北京：商务印书馆，2008年，第138页。

② 罗·马里诺夫、池田大作：《哲学复兴的对话》，崔学森、朱俊华、姜明译，大连：大连出版社，2013年，第154页。

③ 池田大作、杜维明：《对话的文明——池田大作与杜维明对谈集》，北京：商务印书馆，2008年，第206页。

④ 池田大作：《新人间革命》，东京：圣教新闻社，2007年，第18页。

（二）作为佛教信仰者的自觉

池田大作是著名的佛教思想家和实践家，其思想和实践以大乘佛教的生命观为根本出发点。他说："我对现代世界的问题很关心，为求得其解决，而和人们对话，寻求途径，进行努力，是从作为一个佛教信仰者的自觉出发的。"[①] 因此，池田大作关于"人类命运共同体"的阐述有其佛教思想的重要渊源。池田大作认为人类与宇宙同为一个生命整体，把"佛教人本主义"特称为"宇宙人本主义"，认为"佛教人本主义"与"儒家人本主义"一样，远远超越人类中心主义和简单的人学的"宇宙论人学"。他指出："阐明大宇宙和小宇宙相即不离的'佛家人本主义'，一方面有着自己与'宇宙根本之法'逐渐一体化的'宇宙即我'，同时又意味着自己的生命具有宇宙般广阔的'我即宇宙'。"[②]

（三）儒家"共生"哲学、"大同"思想的影响

"共生"思想是池田大作思想体系中的核心思想之一，在池田大作与世界有识之士对谈时被多次提及和强调。"共生"这一理念在佛法上谓之"缘起"，即因缘而起。池田大作在《二十一世纪的文明与大乘佛教》的演讲中指出："佛教指'共生'为'缘起'。……无论是人类世界还是自然界，任何东西都不能单独存在。万物运转而组成现象界，现象界又同时反过来孕育万物。而所有的东西又互相关联，互相依存，构成一个活生生的世界。"[③] 池田大作非常推崇中国儒家的"共生哲学"，他将以中国传统文化为核心的东亚文化概括为"共同的道德气质"，也就是一种"取调和而舍对立、取结合而舍分裂、取大我而舍小我，以此为基础，使人与人之间、人与自然之间能共存共荣的精神倾向"。[④] 他提出："东亚地区的文化，特别是构成其潮流的风土人情、精神思考，具有什么样的特征呢？当然这并不是刻意笼统地一概而论的，但假如予以简单的描绘，那么大概可以说这地区贯通着一种'共生的ethos'（共生的道德气质）。"池田大作进一步阐释："所谓'共生的道德气质'，并不限定或固定于君臣、父子、夫妻、公司、家庭等关系中，而是一种比发自本能更纯粹的、能活跃地扩展和脉动的普遍心情。"池田大作认为，中国近代儒家思想洪流的"大同"思想所追求的就是"共同的道德气质"。他指出："无论从它的纯粹性还是普遍性来说，都使我仿佛从'大同'思想这个中国民族的美梦、理想社会、壮丽的乌托邦里，看见'共生的

① 路奈·尤伊古、池田大作：《黑夜寻求黎明》，北京：中国国际广播出版社，2003年，第14页。

② 池田大作、杜维明：《对话的文明——池田大作与杜维明对谈集》，北京：商务印书馆，2008年，第202页。

③ 池田大作：《21世纪的文明与大乘佛教》，香港：天地图书有限公司，1997年，第46页。

④ 池田大作：《培育友好之树　建设和平世界》，《日本学刊》2018年第4期，第3页。

道德气质’的一个典型。”他指出：“共同生存、互相支持、共同繁荣——这种共生的生活态度应当成为21世纪的时代精神。”①

三、构建“人类命运共同体”的基本路径和方向

池田大作极为关注人类所面临的各种严峻问题，针对现实问题，池田大作不仅“把脉”，而且“开方”，积极寻求解决之道。关于如何构建“人类命运共同体”，他给出了基本路径和走向。

（一）欧洲共同体应成为构建“世界共同体”的样本

欧洲联盟，简称欧盟，是由欧洲共同体发展而来，创始成员国有六个。欧洲共同体的基础文件《罗马条约》规定其宗旨是：在欧洲各国人民之间建立不断的、愈益密切的、联合的基础，清除分裂欧洲的壁垒，保证各国经济和社会的进步，不断改善人民生活和就业的条件，并通过共同贸易政策促进国际交换。在修改《罗马条约》的《欧洲单一文件》中强调：欧共体及欧洲合作旨在共同切实促进欧洲团结的发展，共同为维护世界和平与安全作出应有的贡献。池田大作认为欧洲共同体应该成为构建人类共同体的样本。他指出：“我在对此提问时，曾提到欧洲共同体的尝试或许会成为将来实现世界共同体的一个样本。也就是说，我认为西欧试图使拥有各种不同个性和历史背景的‘地区性国家’在保持自身个性和独立性的情况下以平等的立场形成一个共同体，这种方式应当成为未来的世界共同体的基调。”② 现在看来，欧盟的发展并不尽如人意。但任何新事物的发展都是螺旋上升的过程，并不会因为一时受挫而停止不前，欧盟亦如此。因此，池田大作对欧盟发展的期待仍具有现实意义。

（二）“对话”是开辟“地球共同体”的大道

池田大作热衷“对话”，深谙“对话”之道。池田大作认为：“‘对话’是立足于‘人’这一共同的大地，不断开辟理解和信赖的‘共生’大道。‘对话’是从精神上熏陶众人生命中蕴藏的善的力量，是自己与他人共同提高对和平与幸福的追求的‘和谐’王道。”③ 他进一步指出：“绝不要放弃‘对话’，要始终把‘对话’当作中心轴，我希望把这样的生活态度渗透到地球社会，建构人类期待的‘对话的文明’。我确信，在这种‘对话的文明’的丰饶大地上，谦虚地

---

① 池田大作：《理解·友谊·和平：池田大作讲演、随笔集》，北京大学日语系、日本创价学会译，北京：作家出版社，2002年，第82、84、85、107页。

② 汤因比、池田大作：《选择生命——汤因比与池田大作对谈录》，北京：商务印书馆，2017年，第365页。

③ 池田大作、杜维明：《对话的文明——池田大作与杜维明对谈集》，北京：商务印书馆，2008年，第ii页。

学习人类的多样性，追求人类普遍的伦理，就会盛开美丽的‘和平文化’的花朵。”池田大作还指出：“我还希望和所有的宗教、思想进行对话和交流，站在全人类的视野及宇宙的视野上，开辟地球共同体的共生与繁荣的大道。”[①]他对于“地球的命运，就掌握在我们推进对话的能力当中”的观点也尤为认同，并身体力行。他说：“SGI是通过对话将人类凝聚在一起的团体。”[②]由此可见，在池田大作看来，“对话”是构建“人类命运共同体”的主要途径。

（三）文化交流是联结人心的“精神丝绸之路”

1975年池田大作在莫斯科大学讲演时，首先提出“精神丝绸之路”的概念。他指出：“现在比任何时代都需要超越民族、社会制度和意识形态的障碍，在整个文化领域进行民众的交流，也就是开辟把人与人的心灵连接在一起的‘精神丝绸之路’。”[③]创价大学教授汪鸿祥在《论“精神丝绸之路”的思想与实践》一文中指出：“‘精神丝绸之路’具有重大而深远的意义，可以从纵向和横向两个视角进行理解。从纵向视角来看，‘精神丝绸之路’应该是永恒持续的存在，连着过去、现在和未来。构建‘精神丝绸之路’不仅在过去的冷战时期具有重大的时代意义，而且在现在的国际社会中也具有重大意义，并在未来的世界和平、发展、合作、共赢的潮流中具有深远的意义。从横向视角来看，‘精神丝绸之路’应该是无所不在的存在，不仅要在各个民族和国家之间，而且要在各个区域之间，更要在整个地球和整个人类社会构建人与人之间纵横交错的全方位的‘精神丝绸之路’。”[④]这一论述极为深刻。此外，池田大作特别强调文化交流的作用和影响。他指出：“人类正在寻求一套足以使世界合为一体，形成新世界秩序的制度。在建立这套制度的过程里，文化交流是不可或缺的。”“如不用教育、哲学、宗教等陶冶根植于人们的潜意识层的民族意识，将其锻造成更开放、更普遍的人类意识，则新的世界秩序希望便会渺茫。”[⑤]

（四）教育肩负培育“世界公民”的重任

池田大作认为，教育作为实现世界和平的有力武器，必须承担起培育具有全球化视野的“世界公民”的重任。他认为，作为21世纪的“世界公民”应具备三

① 池田大作、杜维明：《对话的文明——池田大作与杜维明对谈集》，北京：商务印书馆，2008年，第252、158页。

② 罗·马里诺夫、池田大作：《哲学复兴的对话》，崔学森、朱俊华、姜明译，大连：大连出版社，2013年，第158页。

③ 何劲松编选《池田大作集》，上海：上海远东出版社，2003年，第23页。

④ 寺西宏友、萧正洪主编《开辟精神丝绸之路的新纪元——2014年陕西师范大学池田大作国际研讨会论文集》，北京：社会科学文献出版社，2016年，第52页。

⑤ 何劲松编选《池田大作集》，上海：上海远东出版社，2003年，第209—210、273页。

个条件，即：成为“深刻认识生命相互关联性的‘智慧的人’；对于人格、民族或文化的差异，不是害怕和否定，而是尊重和理解，并能把它当作成长的食粮，成为这样‘勇敢的人’；对于苦难的人们，不仅在身边，即使在远处，也能成为与他们同甘共苦、团结合作的‘慈悲的人’”。① 池田大作格外重视青年教育，他说，教育的重要性已经不仅是国家的问题，世界和人类的命运、文明的未来都涉及青年的教育。② 因此，他也特别强调教育的整体性目标，即“使自己的生活和他人的幸福联动，培养可以考虑人类命运的‘整体的人’之教育”③。

（五）“人间革命”是实现人类和平幸福的保障

“人间革命”是池田大作思想和哲学体系的核心价值。正如他在《人间革命》序言中指出的：“一个人的伟大的人间革命，终将实现一国宿命的转变，进而可能转变全人类的宿命。”④人间革命的本质是人的精神革命，人的内心世界的变革。通过人间革命，人成为勇敢的人、智慧的人、慈悲的人。通过个人这一“小我”的人间革命，进而实现“大我”的人间革命，即实现全人类的和平与幸福。池田大作指出：“决定现代文明兴亡和人类幸与不幸的要因不仅有外在的变革，尤其是在新世纪里，生命观和生死观的变革以及人内心的变革才是最为重要的。”“为了创造出新的地球文明，SGI民众运动如今已经在世界上192个国家和地区广为开展，这一运动从一个人的‘内心变革’出发，把人性复苏、和谐共生的波涛推向全世界。”⑤

结 语

“建设一个什么样的世界，如何建设这个世界”，成为关乎人类前途命运的重大课题。基于对时代问题的思考，池田大作提出了与“人类命运共同体”相关的诸多论述。这些思想观点与习近平主席呼吁和倡导的“人类命运共同体”理念高度契合，具有惊人的一致性。池田大作曾经10次访华，与周恩来、邓小平、胡耀邦、江泽民、李鹏、胡锦涛、温家宝等历届中国党和国家领导人都有过密切的交往，也访问过世界50多个国家，与各国政要、学者进行了1700余次的对谈。这些经历不仅使池田大作的思想愈加丰富和完善，也使池田思想能够不断对世界产生重要的影响。在《论语·里仁》中，孔子言“吾道一以贯之”，池田大作一生的思想和实践是对孔子这句名言最鲜活的诠释。

---

① 参见池田大作：《孩子是“未来的宝贝”》，北京：中国文联出版社，2005年，第120—121页。

② 参见池田大作：《人生箴言》，北京：中国文联出版社，1995年，第131页。

③ 唐凯麟、高桥强主编《多元文化与世界和谐》，北京：人民出版社，2008年，第43页。

④ 池田大作：《新人间革命》（卷一），香港：天地图书有限公司，1996年，第3页。

⑤ 罗·马里诺夫、池田大作：《哲学复兴的对话》，崔学森、朱俊华、姜明译，大连：大连出版社，2013年，第277页。

池田大作和平主义对于构建人类命运共同体的价值

高岳仑 *

2018年3月11日，中国第十三届全国人民代表大会第一次会议通过的宪法修正案，将宪法序言第12自然段中“发展同各国的外交关系和经济、文化的交流”修改为“发展同各国的外交关系和经济、文化的交流，推动构建人类命运共同体”。

中国将“推动构建人类命运共同体”正式写入宪法，引起世界各国的关注，产生了积极影响，越来越多的人已经和正在接受中国关于“人类命运共同体”的理念及其“推动构建”的主张。因为，不论人们身处何国、有何信仰、是否愿意，实际上当今人类已经处在一个命运共同体当中。大家同样面对许多世界难题，特别是影响全球的诸多安全问题，如资源锐减、气候变化、环境污染、疾病流行、网络攻击、恐怖袭击、跨国犯罪，等等。解决人类共同面临的各种难题，是人类共同的需要与责任，而解决各种难题不仅需要创造物质层面的条件，更急需的则是首先具备精神层面的条件，即：人类应加快形成并努力夯实共同的思想认识基础，认同有益于人类与自然共生共荣的正确价值观。

通过学习研究池田大作的和平主义，有助于优化人们推动构建人类命运共同体的精神层面条件，有益于形成共同的思想认识基础，进而普遍接受和秉持和平、发展、合作、共赢的价值观。

一、共同守卫生命尊严，反对战争，维护世界和平

迄今为止，和平与发展仍然是今日世界的主题，人类顺应历史潮流的一切活动都不能偏离这一主题。当然，人们也看到，自从第二次世界大战结束以来，地球上却一直没有间断过枪炮声，但那些局部战争与冲突，毕竟只是在有限地区、卷入了有限人口的灾难；当今人类的绝大多数还是拥有一份短期内不至于毁灭的

* 高岳仑，仲恺农业工程学院廖承志与池田大作研究中心主任，教授，主要研究中国高等教育和池田大作思想。

和平。举目全球，主张和平、维护和平的声音与力量依然占据主流，其中，池田大作和由他亲自创立并领导的、会员遍布世界192个国家与地区的国际创价学会（Soka Gakkai International，简称“SGI”），为实现世界和平所做的努力非同一般、影响深远、令人敬佩。

回望20世纪，自1972年5月起，池田大作和英国著名历史学家阿诺德·约瑟夫·汤因比（Arnold Joseph Toynbee，1889—1975）进行了跨越两年、多达10次的长时间对谈，对人类进入21世纪、世界和平、中国在新世纪为世界和平与人类进步将发挥怎样的作用等重大问题，进行了充满热望的讨论。在对谈中，池田大作将和平定义为一种状态，即：“所谓和平，是相互之间不加任何恐怖于对方，相互衷心信赖，相互爱护的一种状态。这样的和平状态才是人类社会的正常状态，唯有这样，才可以称之为人类社会。”①

人类自创造文字并记载历史以来，生存状态主要有两种：一是和平状态，二是战争状态。和平状态给人类带来发展、安宁与幸福，相反，战争状态给人类造成伤害、不安与痛苦。众所周知，人类最痛苦的事情莫过于大量生命在互相残杀的战争中被剥夺。所以，要和平就必须旗帜鲜明地反对战争，必须在这面旗帜上写明反对战争之初衷：“守卫生命尊严。”

守卫生命尊严是池田大作亲身经历战争灾难之后，对人类现代文明发展过程中遭遇种种危机和困境，进行深入思考和探索后提炼出的人类箴言，是追求世界和平漫长征途的起点，也是国际创价学会广大佛教徒信奉的“大善”。战争造成的灾难首先是践踏生命尊严，残酷地剥夺人类乃至自然界众多生命。因此，池田大作及国际创价学会对战争深恶痛绝，对使用大规模戕害生命的核武器亦恨之入骨，对世界上迄今未能消除核武器心急如焚。池田大作认为：“希望享有和平，希望心爱的人的安全得到保障，希望人类未来的一代免受无辜的痛苦……这都是人之常情。因此，每个人都有权发言，都要振臂高呼废除核武器。”他还说：“希望全世界的人民齐心携手，扫除由核武器威胁造成的阴霾，让这世界重见和平的天日。废除核武器是实现无战争世界的关键环节，为这史无前例的挑战出一份力，是值得引以为荣的。我深信这也是我们能够送给未来子子孙孙最珍贵的礼物。”②

现今人类社会，尽管因信息化网络飞速发展并不时闪现经济一体化端倪，

① 汤因比、池田大作：《展望二十一世纪——汤因比与池田大作对话录》，北京：国际文化出版公司，1985年，第250页。

② 《全民一心，共建无核武器世界》，国际创价学会中文网，https://www.sgi.org/chs/about-us/president-ikedas-proposals/nuclear-abolition-proposal.html?type=tag&num=0。

但人们的基本处境仍然是多元价值并存的世界，价值观冲突引发的贸易争端、社会冲突和局部战争时隐时现。如何让原本价值观各不相同的人们接受和平主义？池田大作的做法是，把生命共同体的共生连带关系作为和平主义的伦理基础，力求让人们切实理解："万物存在于相互的'由缘而起'的关系性之中，独自能单生的现象是不存在的。"① 相比以签订"寻求和平，信守和平"的契约（条约）为伦理基础的和平主义而言，池田大作把共生连带关系作为和平主义的伦理基础是更合理的思路。② 因此，池田大作和平主义主张用友爱化解敌意，用"同苦"的情感巩固社会的连带关系，即：人们会因为他人的痛苦而痛苦，由此可以激发出普遍的人类之爱，"有了这种'同苦'的根基，才可能建立起人类的集体连带关系"③。

和平是人类长期追求、最需珍爱的生存状态，如何珍爱？池田大作认为："只有彻底地探讨和理解身边的现实，才能让我们自由地联想到更大的现象。假如我们能培养出这种活生生的想象力，一种对生活和生命的敏锐感觉，就不但能爱自己的邻人，甚至可以对素未谋面的异国人民，以及他们的产物、风土和文化感同身受。对培养出这种感觉的人来说，没有比掠夺国土、令人互相残杀的战争更为可恨的事……这才是走向和平最确实的道路……要和他人共有这种人道意识感觉，不被马塞尔所讲的'抽象化精神'侵蚀，就要去珍惜和培育自己内在的普遍意识。"④ 珍爱和平首先是珍爱生命、反对战争，这是维护世界和平的先决条件，对于构建人类命运共同体有着情感同化的无形价值。

二、共同推进对话、摒弃对抗，携手永续发展

池田大作是横跨20世纪和21世纪的世界和平使者，长期以来都大力倡导并躬身实践为世界和平、人类幸福而开展对话。他曾呼吁开辟一条把人与人的心灵联结在一起的"精神丝绸之路"，因为人不是单独的人，而是在人与人的关系当中才所以为人，因此，对话便是自己成为人的重要证明。为了"达成和平这一目标，只有靠我们不断地采取果断进行的行动和有勇气的对话"⑤。

---

① 池田大作、戈尔巴乔夫：《20世纪的精神教训》，北京：社会科学文献出版社，2005年，第226页。

② 参见曹刚：《论和平主义》，《中国人民大学学报》2015年第4期，第64—65页。

③ 汤因比、池田大作：《展望二十一世纪——汤因比与池田大作对话录》，北京：国际文化出版公司，1985年，第419页。

④ 池田大作：《人道主义竞争——历史的新潮流》，《东方论坛（青岛大学学报）》2009年第3期，第1—11页。

⑤ 池田大作：《理解·友谊·和平：池田大作讲演、随笔集》，北京大学日语系、日本创价学会译，北京：作家出版社，2002年，第45页。

纵观当代史实，自第二次世界大战结束以来，世界总是有些不安宁，有些国家、地区、利益集团之间的对话不理想，对抗时常有。按照理想主义想法，日新月异的现代科技已经将人类从大大的地球带进了小小的村庄，在这个人类共生的“地球村”里，既然人与人的对话比以往任何时候都方便了，实现对话就应该水到渠成、便捷高效。事实不然，人类面临的核武器和战争威胁、恐怖主义、暴力犯罪、生态破坏、资源匮乏、贫富差距、社会不公等问题依然存在，国与国之间、人与人之间的对话往往因为误解、偏见而难以实现。相反，在固执已见的利益诉求及其价值观怂恿下，各种对抗频频发生，甚至爆发生灵涂炭的局部战争。追根溯源，对话不够、交流不畅是产生误解和偏见的重要原因，由此又导致互不信任，所以，要消除致命的互不信任，必须通过对话以求相互了解和相互理解。在现实中，越是情况紧张、危险，对话越是显得必要。只有通过对话和交流才可以实现人心的沟通，避免不应发生的对抗。这看似绕远走弯路，其实是在现实中开创“和谐社会”与“和谐世界”的正道。[1]

池田大作所主张和行之有效的对话方式主要有三种，即：国与国之间政府高层对话，民间组织及民众之间的对话，世界青年之间的对话。所有对话的首要目的，就是互相了解、增进理解、建立互信、同谋共存。很多人往往以先入为主的观念和偏见，评判其他国家，形成长期对峙和交流障碍。为了打破此误解和偏见，必须多进行对话，多相互学习。[2] 对话的最终目的是促进人类文明新发展，维护世界和平，实现人类平安长久的幸福。

在人类发展进程中，人与人之间相互改变已经形成习惯的意识与思维最为困难，欲战胜这种困难，必须通过心与心的交流、面对面的谈话，才能逐步打开沟通渠道，消除偏见与误解。以当前世界若干大国对中国发展的不同理解甚至担忧为例，坚持对话、增进信任是对手之间能够消除对抗、化剑为泥、和平发展的重要条件。所以，池田先生一贯主张和积极实践的对话，对于构建人类命运共同体具有互动联通的实践价值。

三、共同开展文化交流，防止武装冲突，促进友好合作

自古以来，个体的人与人交流主要以语言文字为媒介，最早应起步于肢体的语言交流，进而到声音和文字的语言交流；群体的人与人交流晚于个体交流，尤其是人类从野蛮进入文明时代后的交流更晚，但起点则是文化交流，是超越语

① 参见池田大作：《对话交流和谐共生》，《深圳大学学报（人文社会科学版）》2007年第4期，第6页。

② 参见瓦希德、池田大作：《和平的哲学　宽容的智慧——伊斯兰教与佛教的对话》，陈鹏仁译，台北：正因文化事业有限公司，2012年，第13页。

言文字交流的文明交流。迄今为止，在各国或各民族之间有冲突发生、战争爆发的时候，那大多就是交流不畅的结果。人类历史已经证明，人与人的个体之间、群体之间交流越多、越深入，相互了解、理解、融和、合作的机会就越多、越大，相互间的冲突或战争越会相应减少直至消弭。所以，池田大作和平主义的一个重要特征与重要内容，就是大力倡导和积极开展文化交流。池田大作说："如何把人类从充满战争的20世纪，领进和平的21世纪？对人类来说，这是个至关重要的问题，而其答案就是文化的力量。这股力量把来自不同种族、国家及宗教之人结合起来。对人类家族的60亿成员而言，文化的结合之力代表着灿烂的希望之光。"① 在各种文化交流中，世界各国青年的交流活动尤其受到池田大作的高度重视。

为了大力推进文化交流活动，池田大作还在文学、艺术、宗教、教育等众多领域建立机构、促进交流。例如，1963年池田大作于就任创价学会第三任会长三年后，成立了民主音乐协会（简称"民音"）。这是目前日本国内最大的私人文化机构，直至今日，已经与超过100个国家、区域进行交流，为日本民众引入了各式各样的表演。除了通过艺术丰富人的生活之外，民音的另一个主要目标是通过文化交流加强相互了解，打破偏见，以构筑和平的基础。有一位日本女学生观赏过埃塞俄比亚国立民族音乐舞蹈团的表演之后，写下了她的观后感："我必须承认，自己之前对埃塞俄比亚一无所知。但是，从今以后，我会注意新闻报道，看看在这个国家发生了什么事。如果听到的是好消息，我会为他们感到高兴；如果不是好消息，譬如说有饥荒或是战争，我会感到同样的难过。"我们可以从这位女学生的身上，看到文化交流所具备的巨大正能量。正如池田所说："一旦你在外国有朋友，你就不可能会支持和该国打仗的想法。当政治上的关系变得紧张时，人与人之间的系绊就会发挥缓冲的作用。"②

文化交流是人类文明发展的不竭动力，是减少和避免冲突的基础，打牢这个基础，就能开展各种形式、多种渠道的国际合作，唯有加强实实在在的合作，才能让人类的明天更美好。在加强国际合作方面，池田大作对联合国寄予厚望，他说："联合国是人类经遇过两次世界大战悲惨经验后，为了促进人类携手合作，共同处理全球问题而创立的国际机构。""展望联合国的未来，首先必须要考虑到的，就是与民间社会建立强韧的合作机制，来支撑其活动。"此外，联合国依然要加强同

① 池田大作：《新加坡摄影协会授予终身荣誉会员之谢词——开创和平文化的21世纪》，1999年10月25日，池田大作中文网，https://www.daisakuikeda.org/chs/cultural-institutes-and-cultural-exchange.html。

② 池田大作：《音乐的喜悦》，1968年8月4日，池田大作中文网，https://www.daisakuikeda.org/chs/cultural-institutes-and-cultural-exchange.html。

世界各国的紧密合作。池田大作指出：“近年来，加沙、苏丹和刚果等地爆发了一连串流血冲突，世界各地也频频发生武装冲突和内战。国际舆论必须一致要求通过对话和外交渠道来化解冲突。为了解决这些棘手问题，联合国必须发挥其领导作用，而各国也有必要进行紧密合作。”池田大作进而希望：“我们要切断暴力与憎恶的连锁，构筑‘和平文化’共存的基石，保证每个人都能享受和平与有尊严的生活。只有这样，才可以为大家带来一个美好的二十一世纪。”①

世界各国、各民族的文化既有共性，也有差异，如果没有交流则难免冲突，多多交流可以避免冲突。并且，友好的交流与合作可以促使各种文化相互取长补短，不断进步成长，这正是构建人类命运共同体所需要的文化增长价值。

四、共同尊重自然、保护环境，实现互惠共赢

全世界在人口增长、科技进步的同时，也日益严重地面临着资源约束趋紧、环境污染严重、生态系统退化的严峻形势，人类必须牢固树立尊重自然、顺应自然、保护自然的生态文明理念，树立人与自然对等互惠的思想。尊重自然，是人类发展的客观要求。人是自然之子，在寻求自身生存和发展的过程中，应该像对待母亲一样必须对自然保持尊重。我们的发展，既不能走向人与自然的尖锐对立，更不能肆无忌惮地把自己凌驾在自然之上。起码应以平视的眼光、敬重的姿态，看待和处理人与自然的关系，尊重自然存在和发展的权利，使我们的发展能和自然相互惠益、和谐共生。

池田大作和平主义的哲学基础之一，就是他的自然观。他认为：“对人类生存来说，大自然是独一无二的母体和基础，它不仅是维持生命的保证，而且是人类的精神基础，是繁荣知识、振兴文化的源泉。因此，破坏、损失自然，就等于在孕育人类衰退、灭亡的危险未来；反之，维护并促进丰富多彩的自然活动，就等于打开了通往永恒的人类繁荣的大门。”② 池田大作还进一步指出：“人应当尊重自然界本身所具有的生命的相互关系与循环的规律，应当把自己与它相一致当基本。不能忘记人的肉体机能与精神机能就是从自然界规律中产生的。只有在与自然相一致的过程中，才能获得真正的稳定与充实。”③

人类既然是大自然的产物，就不能冒犯大自然，不能随意改变大自然的生存环境。迄今，细数人类生存环境出现的主要问题，概不是自然界惹的祸，而是

① 池田大作：《人道主义竞争——历史的新潮流》，《东方论坛》2009年第3期，第10—11页。

② 池田大作：《人生寄语——池田大作箴言集》，上海：上海社会科学院出版社，1992年，第155页。

③ 池田大作、奥锐里欧·贝恰：《二十一世纪的警钟》，卞立强译，北京：中国国际广播出版社，1988年，第150页。

人类的思想观念和生活态度有问题，是人类自己惹的祸。但仍有很多人没有意识到这一点，因为他们没有看清楚人与自然必须共生共荣的基本事实和基本规律。要让人类生存的环境好起来，就应当像池田大作所说的那样，首先“要改变处于自然为人类服务这一思想和破坏或征服自然这一生活态度，应当认识到人类除了与自然的万物共同享受生存之外，没有其他持续繁荣的道路”①。一句话，要遏制环境的退化，必须首先改变人的不良想法和态度。人类要自觉地与自然和平共处，竭力纠正曾经破坏自然环境的过错，珍惜大自然资源环境的恩赐，实施自然资源与环境的保护、康复以及再生措施，让人与自然在相互惠益中一同进入和谐共生的新时代。

池田大作和平主义将尊重自然、保护环境的内容包含其中，使其成为和平主义的重要范畴，这是全世界各国人民都能够接受的普遍共识和价值观念。能够自觉尊重自然、保护环境的人类，自身之间也应彼此尊重，决不强行改变他人，人与人善于包容，诚意合作，必能获取持续长久的互惠共赢，为构建人类命运共同体奉献共享价值。

五、共同推广和平文化，坚持开展和平教育

池田大作在长期的理论探讨和具体实践中努力推广日益健全、相互包容的世界和平文化，这种文化的出发点是“认识每个人的人性”。它是化解战争与恐怖主义的根本途径，也是人类日益“文明的基础”和人类“文明的象征”。同时，和平文化就是鼓舞人类走向文明新高度的全新的时代精神。池田大作通过横跨两个世纪的努力，积极推动各种形式的和平文化交流，力求通过文化交流来消除文化误解和民族偏见，促进各国人民和各民族之间的相互理解。推广和平文化的难点，就是倡导面临战争危险的国家增进国际理解，帮助可能发生暴力冲突的民族实现和解，让人道主义的理想和智慧战胜非和平的不良主张。虽然困难重重，但只要有耐心、有诚心总会有办法取得成功。20世纪70年代初，池田大作在中国和苏联两个大国间进行斡旋，对双方化解战争威胁、维护双方边境安宁以及世界和平发挥了积极作用。让人们安心地生活在和平环境中，这不仅顺应当今世界发展的要求，而且符合世界各国人民的根本利益与良好愿望。池田大作的和平主义理论与实践，对如何构建人类命运共同体有着很好的启发作用。

① 池田大作、奥锐里欧·贝恰：《二十一世纪的警钟》，卞立强译，北京：中国国际广播出版社，1988年，第69页。

池田大作对人类发展所作的贡献，在于他一直为实现世界和平付出超出常人的努力，因此也多次获得联合国和国际社会给予的和平奖等崇高荣誉。他的和平主义理论与实践不仅成为人们普遍接受与认同的和平文化，而且成为人类教育后代的新时代文明成果，其中，在全球开展具有长远眼光的和平主义教育具有深远意义。

特别令人敬佩的是，池田大作一直将推广和平文化与开展和平教育紧密结合在一起。他坚持主张“为和平而教育，由教育而和平”，并认为，“改善社会、实现和平的根本就在教育”。他一向强调教育与和平之间的重要关系。他曾说过，“教育的根本目的是在青年胸中培养人类爱和献身人类社会的精神”，并说:“要把一切知识导向创造人类幸福与和平，唯一的原动力就是教育。”①

池田大作不仅是哲学家、作家、国际和平使者，他还是具有全球影响力的和平教育家。他创办的创价教育体系学校，包括在美国创办的创价大学，与创价学会基本上是两个系列不同的机构。冠以“创价”名称的学校，不带任何宗教色彩，大门向所有学生敞开，且不施行宗教教育。但创价学会的创立精神，与创价教育体系学校的办学宗旨是相通的。两者追求的都是人类的幸福、人性的开发，以及和平的实现。例如，早在1971年，池田大作创办创价大学时，就为该校制定了三点特色鲜明的建校精神：（1）成为人本教育的最高学府；（2）成为建设新文化的摇篮；（3）成为坚守人类和平的要塞。我们因此得到的启示是，坚持不懈地开展和平教育，是构建人类命运共同体最重要的基础性工作，具有重大战略价值。

总而言之，池田大作和平主义是现代人类文明的优秀成果之一，已经为维护世界和平、形成当今国际和平力量发挥了重要作用。今后，池田大作和平主义一定会在构建人类命运共同体的过程中继续发挥积极作用，特别在尊重生命与自然、保卫和平与环境、开展交流与合作、推进教育与发展等方面，为世界各国人民形成普遍共识及价值观念作出贡献，进而显现持续发力的实用价值。

---

① 参见池田大作：《教育事业—创价教育—为何需要教育》，池田大作中文网，https://www.daisakui keda.org/cht/why-education.html。

池田大作和平观与人类命运思想探析

张艳涛　张顺凤*

实现人类和平一直是世界各国人民的共同价值追求和共同理想。在全球化和现代性境遇下，这种价值追求和共同理想更为迫切，因为当前影响人类和平的因素更具复杂性、突发性、普遍性的特征。如何减少全球暴力与冲突、实现世界和平与稳定一直是学界研究和思考的一项重要课题。池田大作和平观与人类命运共同体思想，为应对当今人类社会的暴力与冲突提供了一个新视角，即从人本主义和人的生命尊严出发，缔造人类和平，推动人类社会走向“共生”。

当前，深入研究人类命运共同体的愿景与实践具有特别重要的意义。习近平主席曾说过：“历史一再证明，没有和平就没有发展，没有稳定就没有繁荣。各国安全紧密相关，没有哪一个国家可以独善其身，也没有哪一个国家可以包打天下。抛弃过时的冷战思维，树立共同、综合、合作、可持续的新安全观是当务之急。”① 人类和平关乎人类未来命运走向，和平需要保卫，需要全人类的共同努力。共享一个地球，人类共处一个世界，人类命运息息相关，走向“共生”不仅是池田大作对21世纪人类命运走向的科学预测，更是人类社会历史发展的大势所趋。

池田大作认为，“共生”是一种合乎理性的生活方式，不是以自我为中心，而是以对方为中心，不是以“我”，而是以“我们”为基调，共同生存，互相支持，共同繁荣——这种共生的生活态度，应当成为21世纪的时代精神。②“共生”不是对个体利益的强调，而是对整体利益的维护，将“共生”作为一种共同价值理念，能唤醒人们对他人生命的尊重和对人类命运的关注。井上达夫也曾

* 张艳涛，厦门大学马克思主义学院副院长、教授，专业方向为当代马克思主义哲学、人学、能力理论和力量转移理论；张顺凤，武汉大学马克思主义学院博士研究生，专业方向为马克思主义理论与当代社会。本文系2016年国家社科基金一般项目“全球视野下中国话语体系建构与中国话语权提升研究”（16BKS093）和厦门大学马克思主义理论“一流学科”建设项目的阶段性成果。

① 习近平：《中国发展新起点　全球增长新蓝图——在二十国集团工商峰会开幕式上的主旨演讲》，《人民日报》2016年9月4日。

② 参见池田大作、杜维明：《对话的文明——谈和平的希望哲学》，卞立强、张彩虹译，成都：四川人民出版社，2007年，第106页。

说过，“我们所说的‘共生’，是向异质者开放的社会结合方式”，“它不是限于内部和睦的共存共荣，而是相互承认不同生活方式的人们之自由活动和参与的机会，积极地建立起相互关系的一种社会结合”。[①] 虽然主体之间存在着不可忽视的差异，但在遵循“共生”理念的前提下，不同的主体如果都能相互尊重、承认彼此之间的差异，是能够实现共存共荣这一价值目标的。可见，“共生”理念中蕴含着世界和平的思想，它对维护国际社会的和平与稳定具有重要的启迪意义。

什么是和平？和平研究者认为：“和平就是同包括战争在内的贫困、饥饿、环境破坏、人权压制等各种层次的暴力进行战斗，并在根除暴力的过程中实现自己。”[②] 池田大作也持有类似的观点。他在尊崇人的生命价值的前提下，反对暴力，强调实现人类的持久和平。池田大作将暴力分为“结构性暴力”和“直接暴力”。“结构性暴力”涵盖面更广、影响持续时间更长，主要以更为隐蔽的方式出现；“直接暴力”作为一种外交形式，主要以战争的形式出现，人类生命尊严的实现不仅要消除“直接暴力”，更要消除“结构性暴力”，即反对各种暴力形式，极力倡导维护人的生命尊严，实现人类的持久和平。池田大作的人类和平观正是在反对各种暴力的过程中产生的，他站在维护人的生命尊严的基础上，深刻洞察到当今世界所存在的复杂问题，并科学把握人类社会未来历史走向，以积极地促成人类和平。

一、池田大作的和平观：倡导人类和平的思想资源

池田大作的和平观具有深厚的人性基础。他认为21世纪“人类所要解决的课题，不单是实现没有战争这一消极的和平，而是要实现积极的、一种能从根本上改变威胁‘人性尊严’的社会构造的和平。只有这样，我们才可以明白并享受到和平的真正意义”[③]。可见，池田大作主要从人的生命尊严的角度来思考和平，对人的生命的思考进一步强化了池田大作对人类和平的现实关怀和理性认知。从整体上来看，池田大作的和平观主要吸纳了佛教的“众生平等”思想，融合了中华民族优秀的传统文化并反思了西方的人道主义。

（一）吸纳佛教的“众生平等”思想：实现“小我”与“大我”的统一

池田大作是一位虔诚的佛教信仰者，佛教对其和平观的形成和发展产生了

---

① 井上达夫：《走向共生的冒险》，东京：每日新闻社，1992年，第24—25页。

② 何劲松编选《池田大作集》，上海：上海远东出版社，2003年，第227页。

③ 池田大作：《2000年SGI日纪念和平倡言 和平文化 对话硕果》，国际创价学会，http://www.sgi.org/chs/about-us/president-ikedas-proposals/peace-proposal-2000.html。

深刻的影响。在池田大作看来，高级宗教是引导人类社会走向和平与稳定的精神源泉，“任何高级宗教，归根结底都是在谋求‘人的幸福’和‘世界和平’。如果站在这个共同的大地上，应该是可以共同协作以建设希望的未来的”①。佛教作为高级宗教的一种存在形式，它以人的生命价值为出发点，反对任何威胁生命的行为，它能充分挖掘人内心的善良意志，是维护人类和平的重要力量。首先，佛教尊崇生命至上。“佛教认为生命具有至高无上的尊严性，因为对所有的生物来说，最宝贵的就是生命，因此，剥夺生命就是犯有重罪。”② 其次，佛教强调“众生平等”。池田大作的和平观充分吸纳了佛教的“众生平等”思想，“佛法认为人与自然本来是一体的，两者融合起来形成更大的生命体，称之为‘依正不二’”③。人与自然是合二为一的统一体，人与自然、人与人都具有同等重要的生命价值，生命价值至高无上。最后，佛教追求“大我”的价值理念。“佛法的目的是把囿于‘小我’的人生改变为以‘大我’为根本的人生。”④ 因此，任何人都不应当局限于一己私利，而应当破除狭隘眼界的束缚，尊重人的生命尊严，以对话来消除彼此之间的隔阂与猜疑，消除暴力与冲突，重视人的生命尊严与价值。只有这样，才能够认识到生命的意义和价值，也才能实现人类和平与稳定。

（二）融合中华民族优秀的传统文化：实现“自我”与“他者”的和谐

池田大作作为沟通中日之间交往常态化的和平使者，十分推崇中华民族优秀的传统文化，尤其是以“仁爱”为核心的儒家思想和以“中庸”为核心的道家思想。其一，中国古代儒家文化倡导“仁爱”“兼爱”“非攻”等思想，注重以“仁爱”作为凝结社会关系的纽带，反对战争与分裂，这是对人的生命价值的尊重和维护。从微观层面来看，“己欲立而立人，己欲达而达人”“己所不欲，勿施于人”等，均强调尊重他人、兼济他人，勿将自身的意志强加于人，这是约束个人行为的一种道德规范；从宏观层面来看，天下为公、大同社会的理想意在强调实现整个社会的和谐与共同发展，这是对未来理想社会的一种美好追求。其二，道家倡导“中庸之道”，追求“自我”与“他者”的和谐，展现了中国古代哲人的处事之道，是调节人与自然、人与社会、人与人之间矛盾的根本准则，其

---

① 池田大作、杜维明：《对话的文明——谈和平的希望哲学》，卞立强、张彩虹译，成都：四川人民出版社，2007年，第66—67页。

② 池田大作、威尔逊：《社会变迁下的宗教角色》，梁鸿飞、王健译，香港：三联书店（香港）有限公司，1995年，第97页。

③ 池田大作：《人生箴言》，卞立强译，北京：中国文联出版社，1995年，第197页。

④ 高占祥、池田大作：《联结地球的文化力：高占祥与池田大作对话录》，北京：中国人民大学出版社，2011年，第205页。

重要性在当代愈加凸显。“总之，寻求佛教、儒教、道教等宗教的人共有‘信’文化，‘信’文化是寻求更深层人生的精神性，是与他人向着更好方向前进的强有力的和谐之源。”[①] 在池田大作看来，中国的儒教、道教能激发人的精神力量，引导人追求和谐，这种思想为池田大作和平观的形成提供了思想文化资源，只有认识到人的生命价值，才能从人的内心深处重视人的生命与生存，抑制各种暴力与冲突。

（三）反思西方的人道主义：实现“我”与“我们”的交融

文艺复兴与启蒙运动唤醒了人对自身价值和生命尊严的关注，使西欧逐渐走出黑暗的中世纪，进一步推动了宗教解放和政治解放，但同时也容易使人陷入“人类中心主义”的困境。由于人类的一切活动都以人的价值追求为核心，人类“魔性的欲望”得不到及时有效的遏制，“本源的欲望”处于被压抑的状态，与其说人摆脱了黑暗的中世纪统治，不如说人又重新被工具理性所宰制。仅从人的尊严之基础来看，池田大作认为：“与西方人道主义对人的知识能力的重视即以‘知识’为人的尊严之根据相比……佛教人道主义的根据是‘生命’。”[②] 西方人道主义将人的知识能力作为衡量人的尊严的唯一尺度，这必然会带来对人的生命尊严的漠视，导致“他者”的生存权益得不到保障甚至处于“边缘化”的境地。在池田大作看来，虽然西方的人道主义曾经在人类社会历史进程中发挥过积极作用，但西方的人道主义仍然是值得反思的。当人类的索取欲望超过自然界的承载限度时，如果仍然片面强调人类的欲望与利益，就必然会激化人与自然之间的矛盾；当整个社会将知识与能力作为衡量人的价值的唯一尺度时，人的生命尊严地位必然会被降低，最终会激化人与人之间的矛盾。因此，我们要走出“人类中心主义”的困境，首先要唤醒人类对人的生命尊严的尊重，只有正视人的生命尊严与价值才能避免各种社会暴力与冲突。

二、和平何以可能：影响世界和平的关键因素

在全球化背景下，国际社会普遍存在的经济不平等、政治不平等和文化不平等问题愈来愈严重，由此所造成的全球范围内的不充分、不均衡、不全面发展已成为影响世界和平的关键因素。

（一）经济不平等与剥削：经济全球化所带来的负面影响

经济全球化是一个复杂的矛盾统一体。一方面，经济全球化是世界历史发

---

① 高占祥、池田大作：《联结地球的文化力：高占祥与池田大作对话录》，北京：中国人民大学出版社，2011年，第209页。

② 冉毅：《“人性革命”：池田大作“人学”思想研究》，成都：四川人民出版社，2005年，第211页。

展的必然趋势，有力地推动了生产力的全球布局。在经济全球化的时代背景下，整个人类社会的经济联系日益紧密，国际分工体系愈加完善，这极大地促进了生产力的发展和整个人类社会的进步。另一方面，经济全球化的负面影响也愈加明显，西方发达国家为了在全球范围内寻找廉价的劳动力和广阔的消费市场，往往利用丰厚的资本、先进的科技和完善的信息网络平台，掌握国际贸易话语权，刻意制造国际贸易“剪刀差”，以期最大限度地保持资本增值，使“富者愈富，贫者愈贫”，这必然会激化国与国之间、人与人之间的矛盾。在池田大作看来，“随着全球化的进行，全球规模的生态系统遭到破坏，遍及世界的市场经济扩大了贫富差别，爆发了难民剧增、病毒性疾患蔓延等‘全球性的问题群’，此外，人的精神颓废，引起精神疾患，特别在发达国家，人性的崩溃日益严重。这些‘全球性的问题群’以及人性的迷失等，已成为一种包含东方在内的全球性危机，正袭击着整个人类。”①人的欲望在全球化背景下被无限放大，人的“欲望的放纵会产生人们之间的对立抗争，导致生命和自然的破坏”②。

（二）政治不平等与压迫：当前国际政治秩序的主导权依然掌握在西方发达国家手中

在池田大作看来，“过去的国际关系，总是政治与军事先行，立于表面的是国家，人总是心甘情愿地充当配角”③。究其实质在于西方大国将本国国家利益置于个体生命价值之上。虽然广大发展中国家和新兴市场国家的群体性崛起有力推动了世界多极化的发展，但西方国家为了巩固旧的国际秩序，想方设法地遏制能够与其相抗衡的崛起中国家，广大发展中国家和新兴市场国家诸多合理诉求得不到有效表达，生存权益得不到有效保障。最为明显的是，某些西方大国凭借其强大的经济和军事实力，敌视、孤立意识形态与其不同的国家，进行各种形式的意识形态渗透，消解其他国家的民族认同，以维护自身利益，进而巩固其霸主地位。实质上，国际旧秩序的存在进一步强化了国家之间的政治不平等，结果导致政治不信任因素增加，而政治不信任、猜疑必然会带来隔离与孤立，“一个被孤立的国家除了以怀疑的目光看待其他国家并全力加强和扩张其自身的军事系统外可能别无选择”④。可见，政治不平等是影响世界和平与稳定的重要因素，国际政治上的不平等、不信任等因素的存在已经孕育着产生暴力冲突的可能性，这将

① 池田大作、季羡林、蒋忠新：《畅谈东方智慧》，成都：四川人民出版社，2004年，第274—275页。

② 汤因比、池田大作：《展望二十一世纪——汤因比与池田大作对话录》，荀春生等译，北京：国际文化出版公司，1985年，第390页。

③ 何劲松编选《池田大作集》，上海：上海远东出版社，2003年，第59页。

④ 同上书，第33页。

激化国与国之间、人与人之间的矛盾。

（三）文化不平等与奴役：文化“单向度”的输出已成为意识形态奴役的重要载体

文化的交流以人为核心展开，它是人与人之间开展沟通、交流的载体。文化的交流必然会带来文化的传播，文化的传播具有双向传播和单向传播两种方式，文化的双向传播必须建立在双方对彼此文化尊重和理解的基础之上，而文化单向度的传播必然会带来意识形态和价值观念的束缚和奴役。在池田大作看来，“假如急速地将一个文化强加于另一个文化之上，必定会招致社会分裂，尤有甚者，更会演变为战争”①。文化单向度的传播实质上是以文化交流之名，行霸权主义和强权政治之实，“这种意识形态单方面地把自己以外的文化称之为‘野蛮’或是‘未开化’，把支配或掠夺其他民族当作正当行为”②。如果强调文化有高低优劣之分，那么必然会造成“文化的冲突”或“文明的冲突”。在21世纪，在历史走向世界历史的进程中，不同民族、国家之间的文化交流日益频繁，文化成为沟通不同文明之间对话与交流的重要桥梁。如果世界各国都片面强调本国文化的“独特性”与“民族性”而排斥外来文化、歧视他国文明，这必然会衍生出一系列文化冲突和意识形态对立问题，结果将导致民族、国家之间激烈的冲突与对抗。因此，只有消除文化的不平等和文化歧视，才能开辟出人类光明的未来。

综上可见，经济上的不平等与剥削、政治上的不平等与压迫、文化上的不平等与奴役，共同构成国际旧秩序的三个重要支柱。当前，要解构不合理的国际旧秩序，建构更加公正合理的国际新秩序，不仅需要有新思想和新理念的引领，而且需要全人类的共同努力。

三、如何实现和平：实现人类和平的现实路径

形成人类命运共同体意识是建构人类命运共同体的逻辑前提。在全球化的时代背景下，各个民族与国家之间的联系日益紧密，相互依赖程度日益提高，但矛盾和摩擦也随之增加，甚至引发对抗、暴力与冲突。因此，人类社会必须共同维护人的尊严，共同维护世界和平。

（一）进行人性变革，实现主体价值自觉

古今中外的哲学家对人性的善恶之分展开了激烈争论，遗憾的是，最终并没有得出一致的答案。中国古代所推崇的“修身”“齐家”“治国”“平天

① 何劲松编选《池田大作集》，上海：上海远东出版社，2003年，第209页。

② 池田大作：《2000年SGI日纪念和平倡言　和平文化　对话硕果》，国际创价学会，http://www.sgi.org/chs/about-us/president-ikedas-proposals/peace-proposal-2000.html。

下”，意在通过提升自身修养进而参与到政治事务之中，这是一种从感性上升到理性，再由理性上升到实践的一种思维方式。而西方则主张世人通过虔诚的信仰和辛勤的劳动确证自身，以得到上帝的肯定并成为上帝的选民，这是一种从感性上升到理性，再由理性复归至感性的一种思维方式。值得注意的是，古今中外的学者都强调关注人，人是兼具感性和理性的统一体，而感性的力量在人的发展过程中占据着十分重要的地位。池田大作主张以佛教为基础的个体层面的人性变革，再由个体层面的人性变革推演至整个人类社会的人性变革。池田大作之所以强调人性变革，是因为在他看来，人的本性是善恶二分的，如果人无法遏制内在的恶，必然会使人性中的“恶”肆意妄为，而对这一局限性的超越必然要借助于“人性变革”。

所谓“人性变革”，实质上就是由佛法所主张的人的精神变革，即自觉、主动地革除人性中的“恶”。“当然，这一变革不是外界强加的，而是从力图提高自己人格的本人意愿中产生的……我所呼吁的‘人的革命’就是这种整个人性的改革。”[①] 池田大作认为，进行“人性变革”不仅需要革除人性中的“恶”，更需要唤醒人性中对生命尊严的追求与渴望。在“人性变革”的过程中，人需要更多地依靠感性的力量而非理性的力量，各个国家只有在尊重人的生命价值的基础上开展外交和实践活动，才能为实现人类和平创造主观条件。在池田大作看来，倡导人的生命尊严与主体价值，并不是无限地夸大人的主观能动性，而是能够依托理性和秉持客观的态度以人的生命价值为基础开展一系列社会实践活动，否则便会陷入“人类中心主义”的困境，最终将激化人与自然、人与社会以及人与人之间的矛盾。只有关注人的生命价值，才能“创造一个以人为主角的舞台，这正是通向21世纪的和平路线的最重要的课题”[②]。在21世纪，只有引导人们关注人的生命尊严，突破“小我”的局限性和束缚，实现“小我”与“大我”的统一、“自我”与“他者”的和谐、“我”与“我们”的交融，才能实现整个人类社会的永续和平与共同发展。

（二）进行对话交流，增进彼此理解

自古以来，中国与西方的思想家都普遍强调对话的重要性，但在运用对话的方式上却存在很大的差异。古希腊时期的苏格拉底擅长运用对话的方式传播真理，试图通过有目的的对话使对方陷于自身的思维矛盾之中，进而引导对方放弃错误的观点并逐步接近真理。同样，春秋时期的孔子也强调以对话传播知识，其

① 池田大作：《人生寄语——池田大作箴言集》，程郁译，上海：上海社会科学院出版社，1996年，第58页。

② 何劲松编选《池田大作集》，上海：上海远东出版社，2003年，第59页。

对话对象主要是其弟子，通过“讲授—聆听”的方式传播知识，其弟子的创造性和批判质疑精神受到一定的压抑。不同于以上两种对话方式，池田大作所倡导的对话并不是为了说服对方或者使对方转变其思想观点并与“我”的思想相一致，而是为了达到一种“思想争鸣”状态。这要求对话双方都能够平等、自由地表达自己的思想，并在对话交流中使对方能够更好地理解彼此的思想观点，消除彼此间的猜疑，即“对话的目的并不是争论或决一胜负，而是相互自由地交谈彼此的信仰、思想和意见，使之升华，并在这一基础上，使它成为众多的第三者如何决定未来方向的借鉴”[①]。在池田大作看来，虽然对话在短期内无法消除各种社会暴力，但对话交流却能增进对话双方之间的理解和互信，从而促进整个人类社会走向和平稳定。

池田大作认为，人类社会的持久和平之所以难以维系，各国之间之所以会爆发冲突与战争，原因在于国家、民族之间基于对自身利益的考虑，没有开展充分的对话与交流，结果导致双方处于猜疑、不信任的恶性循环状态之中。而化解矛盾与猜疑的最佳方式就是双方能够承认对方是独立的主体，开展对话交流，自由地交换彼此的思想、信仰和观点。可见，对话交流对促进世界和平与稳定至关重要。构建稳定和平的国际环境、维护人的生命尊严，不仅需要“人性变革”作为前提，更需要以对话交流和民主协商作为主要的沟通手段，不仅需要国家、政府组织之间的对话，更需要寄希望于民众与青年的广泛交流。池田大作认为，广大的青年和民间力量是促成对话交流和实现人类和平的坚实基础，“唯有民众才是建设新型的共生秩序的主体。通过民众的超越国境的联合，以实现世界不战，使第三个一千年成为光辉灿烂的时代”[②]。民众间的交流往往能从自己的内心出发采取行动，往往能够超越政府与国家界限的束缚，通过各国民众间的对话与交流往往能够更好地消除猜疑与隔阂，进一步深化人们对人类和平的认知，增强彼此间的信任与共识，共同维护整个人类社会的和平与稳定。

（三）消除意识形态隔阂，培育人类命运共同体意识

纵观人类历史，由意识形态差异和隔阂导致的暴力与冲突数不胜数。从世界上第一个社会主义国家诞生之日起，资本主义国家就将社会主义国家作为其对立面看待，由此展开的斗争与冲突时断时续、从未停止。实际上，斗争与冲突并不是人类生存发展之道，和平发展、合作共赢应成为各国秉承的外交理念。这要求世界各国在搁置意识形态差异的前提下，培育人类命运共同体意识，进而构建

① 池田大作、基辛格：《和平、人生与哲学：池田大作与基辛格对谈集》，卞立强译，北京：中国国际广播出版社，1988年，第78页。

② 何劲松编选《池田大作集》，上海：上海远东出版社，2003年，第331页。

人类命运共同体关系，这种人类命运共同体关系不同于以往人类历史上所存在的命运依附和寄生关系。“同特定的国家保持命运共同体的关系，企图炫耀强大的军事力量来谋求本国的安全保障，这种态度只能说早已是一种时代错误。”① 这种“时代错误”在《日美安全条约》中体现得最为彻底，虽然日美双方达成了一定的“合作性”条约，使日本能够长久地处于美国的“保护”之下，但这种“保护”以日本丧失一定的国家独立性为前提，以日美达成一定的命运依附关系为基础。显然，这种“依附性”国际关系是一种不合理的国际关系，是一种“病态”的命运共同体关系。

池田大作所倡导的命运共同体思想，具有世界大局意识。在现代性条件下，全球化所带来的风险与后果已经超出了一个国家所能控制的范围，这就亟须各个国家努力消除意识形态隔阂，本着重视人的生命尊严的原则，培育人类命运共同体意识，以共同应对全球性的风险与后果。第二次世界大战期间，当世界人民的生命普遍遭到法西斯国家的严重威胁时，世界反法西斯国家本着一种命运休戚相关的理念，在摒弃意识形态差异的情况下结成最广泛的统一战线，建立世界反法西斯同盟，共同抗击法西斯国家的侵略，并最终取得反法西斯战争的胜利。这是整个人类社会在面临生存威胁时，人们对掌控人类命运走向、维护人类和平与稳定所达成的共识。因此，这种命运共同体意识是能够形成的，应当是普遍的，更是必要的。“世界命运应该由各国共同掌握，国际规则应该由各国共同书写，全球事务应该由各国共同治理，发展成果应该由各国共同分享。”② 各个国家应当形成命运共同体意识，本着尊重人类生命价值的原则，积极开展国际合作与交流，共同推动国际关系朝着更加均衡、更加可持续的方向发展。世界各国只有超越民族、国家的狭隘眼界，才能从人类整体的高度把握世界历史的发展趋势和人类命运走向，实现人类的和平与共同进步。

综上所述，在21世纪交流、交锋、交融日益明显，世界各国你中有我、我中有你，人类命运日益紧密地联系在一起，没有哪一个国家能够摆脱世界历史的影响而独善其身。虽然世界整体和平，但和平背后的暴力与冲突尚未绝迹，影响人类和平的因素更具复杂性、突发性、普遍性的特征，“结束战争与暴力，在21世纪实现世界的持久和平，是池田大作的理想，也是他世界和平观的主旨”③。池田大作和平观与人类命运共同体思想为应对当今人类社会的暴力与冲突提供了一个新视角，即从人本主义和人的生命尊严出发缔造人类和平，推动人类社会走向“共生”。

① 何劲松编选《池田大作集》，上海：上海远东出版社，2003年，第116页。
② 习近平：《共同构建人类命运共同体——在联合国日内瓦总部的演讲》，《人民日报》2017年1月20日。
③ 杨君游、苏卫平、蔡德麟：《论池田大作的世界和平观》，《江淮论坛》2005年第2期，第56页。

池田大作和平主义思想与构建人类命运共同体

章舜钦 *

池田大作是日本和世界著名的宗教家、思想家和社会活动家。他的思想内容十分丰富，和平主义思想是池田大作思想的重要组成部分。他曾说过，和平主义是他人生追求的主要理想。他站在全人类利益的高度观察人类社会的发展进程，反映绝大多数国家和人民的愿望，几十年如一日，坚定不移地反对战争、反对核武、反对一切形式的暴力和恐怖主义，追求世界持久和平。他主张通过平等的对话交流实现世界持久和平，访问过几十个国家和地区，同各国领导人、专家学者和知名人士进行对话交流，并因此荣获联合国“和平奖”等许多奖项，是世界公认的“和平使者”。池田大作和平主义思想顺应人类社会发展规律，对维护世界和平、构建人类命运共同体，都具有十分重要的启示作用。

一、池田大作和平主义思想主要特点

世界和平是池田大作思想最主要的基石和世纪倡言，是人类幸福的希望所在，也是21世纪人类文明的最重要的核心价值。池田大作和平主义思想不是凭空产生的，它是在传承牧口常三郎、户田城圣两位恩师的思想和池田大作自身宗教哲学思想的基础上形成的，并与池田大作亲身经历第二次世界大战，目睹战争给家庭和社会带来的悲剧是分不开的。

关于池田大作和平主义思想的特点，有学者认为，主要包括：一是根绝所有暴力，倡导积极的和平主义；二是反对一切战争，追求绝对的和平主义；三是彰显生命尊严，奉行彻底的和平主义。[①] 本文基本同意这一观点。“池田大作世界和平主义思想的核心内容是反对战争和核武器为首的一切暴力，它具有极强的

---

* 章舜钦，厦门大学马克思主义学院副教授，研究方向为马克思主义理论和思想政治教育。

① 王新生主编《21世纪东方思想的展望——国际学术研讨会论文集》，北京：北京大学出版社，2005年，第148页。

针对性和现实性。”[①] 池田大作认为，“战争是绝对的坏东西，是向人的生命尊严的挑战”，是人类“同种之间的相互残杀”，战争“不仅对敌国而且对包括自己国家在内的地球上的整个人类的生存构成了威胁”，而且“把别国的国民和自己国家的国民都推入苦难的深渊”。[②] 战争不但毁灭物质文明，而且摧残人类精神。20世纪是革命和战争的世纪。仅第二次世界大战造成的死亡人数就在5000万人以上，若加上其他冲突和战争，死亡人数就更多了。在池田大作看来，20世纪的战争给人类带来太大的创伤和悲剧，对战争的极度厌恶和对和平的热烈向往，使池田大作发出最铿锵有力的世纪和平倡言：必须消灭破坏文明、夺走宝贵生命进而招致人类灭绝的可怕的战争。池田大作对战争的看法和很多政治家、思想家、专家学者不一样，他反对一切形式的战争、暴力和恐怖主义。他说：“现在不可能有什么保卫正义的战争，就是说战争本身已消灭了正义。”[③] 池田大作追求的世界和平，不是“战争的间歇”，而是“暴力的根绝”。也就是说，他所理解的“所谓和平，是互不带来任何的恐怖，真心相互信任、相互热爱的状态。这种和平的状态才是人类社会的正常状态，只有这样才能称其为正常的人类应有的人类社会”[④]。池田大作所倡导的世界和平是一种积极的和平，它不只是要“缔结一个保障将来没有战争的状态，即将不会发生战争的世界”，更重要的是“在制度上建立一种保障真正和平的体制”。[⑤] 在池田大作看来，只有彻底根除所有的战争和暴力，才能实现真正的世界和平。

人类社会不应当再有战争，世界必须实现持久和平。池田大作认为：世界和平是一种社会状态，也是一种自然状态；世界和平应该是一种包括过去、现在和将来的可持续发展的持久过程，而不是暂时的状态。没有比和平更珍贵的，没有比和平更幸福的。也就是说，池田大作所追求的世界和平，不是暂时的和平状态，而是一种世界的持久和平，唯有这种和平才是人类社会真正的和平状态。池田大作不仅追求世界的持久和平，而且认为世界的持久和平是可以实现的。地球上的各种动物可以长期和谐相处，人类社会也可以长期和谐相处，保持持久的和平状态。人类社会之所以会发生各种各样的战争、暴力和恐怖主义，关键是人心

---

① 崔学森：《池田大作和平主义思想的原点》，载曲庆彪编著《回归与超越——池田大作和平文化思想研究》，沈阳：辽宁师范大学出版社，2007年，第51页。

② 池田大作、汤因比：《展望二十一世纪——汤因比与池田大作对话录》，北京：国际文化出版公司，1985年，第230—231、238—239页。

③ 同上书，第235页。

④ 池田大作、汤因比：《选择生命——汤因比与池田大作对谈录》，北京：商务印书馆，2017年，第304页。

⑤ 池田大作、松下幸之助：《人生问答》，北京：商务印书馆，2001年，第486页。

相异。当然，池田大作也认为，世界和平不是自然而然就会自己来到的，它有待于全世界人们的共同努力，是全世界各个国家、各个民族的共同事业。“和平只是期待是不可能实现的。我认为争取真正的世界和平的实践才是宝贵的。”① 同时，和平的到来也不是一朝一夕的事情，世界的持久和平必须经过几代人甚至几十代人的共同努力。他指出：世界“和平并不是可以指望的”，也“不是自己不卷入战争就可以维持的。要实现真正的世界和平，需要进行积极的创造性的努力”。② 这些观点也是池田大作和平主义思想的重要特点之一。池田大作是一位令世人尊敬的和平使者和行动者。他始终对人类社会的和平抱有很高的期盼，并把推动世界和平作为自己毕生的事业，奉为神圣的天职。

二、对话交流是实现世界持久和平的重要途径之一

如何实现世界和平，是古今中外思想家、政治家等共同探讨的重要课题。池田大作认为：“战争与和平问题，无论对我们每一个人来说，还是对全人类来说，都是最重要最紧迫的课题。”③ 那么，如何才能实现世界的真正持久和平呢？池田大作认为，实现世界持久和平的方法有很多种，但是，唯独战争不是解决国际纠纷、实现世界和平的手段，世界持久和平也不能靠几次国际和平会议，也不在几次削减军费或者暂停核武试验。池田大作提出一种可行的通向世界和平的道路，就是通过人与人、民族与民族、国家与国家之间的对话交流，这是实现世界持久和平的重要途径之一。文明与文明之间的对话交流，会展开新的历史。没有对话交流，将因不信任和猜疑而造成紧张关系，进而演变为攻击性或敌对关系。对话交流是架构世界各国之间友谊的桥梁。对话交流是一个尊重、倾听、学习、行动的过程。相互尊重，耐心倾听，互相学习，才能共同创造世界和平。池田大作曾强调，为了和平，让我们继续对话，他也会将对话扩展至全世界。

当今世界正处在空前的变化中，一方面全球一体化进程在加速，另一方面人类社会也面临着各种各样的问题。“国与国的友好，归根结底还是‘人与人’的关系。根本是‘人与人’‘心与心’的交流。”④ 池田大作认为，对话是人生最美好的喜悦。当前，我们所处的时代，是一个对话交流的时代。世界和平的达成有赖一种真正的平等对话交流，对话交流是人类所特别具有的一种能力。他强

① 池田大作：《人生箴言》，卞立强译，北京：中国文联出版社，2000年，第465页。

② 池田大作、松下幸之助：《人生问答》，卞立强译，北京：中国文联出版社，2000年，第462页。

③ 何劲松编选《池田大作集》，上海：上海远东出版社，2003年，第54页。

④ 池田大作、杜维明：《对话的文明——谈和平的希望哲学》，卞立强、张彩虹译，成都：四川人民出版社，2007年，第232页。

调，如果采取暴力手段如战争来以暴制暴，是对世界和平的破坏和亵渎，不是真正的和平，真正的和平只能在非暴力的方式下寻求。对话交流是通向世界和平的现实之路，是消除文明之间的矛盾和冲突的重要机制，它在构建世界和平与共存的环境中承负着重要作用，是打开世界和平的钥匙，是创造人类和平关系不可取代的路径之一。

关于对话交流，池田大作认为，对话交流首先应当相互平等、相互尊重地进行。平等的对话交流才是实现世界持久和平的重要途径之一，池田大作所强调的对话交流是在双方平等、相互尊重的前提下进行的。相互尊重是进行真正的对话交流的必要条件之一，没有相互的尊重，是无法进行真正的对话交流的。池田大作认为，实现世界和平，“最重要的任务是把寻求和平的人民的心连在一起”[①]。要使人心连在一起，必须坚持相互平等、相互尊重的对话交流。他强调，人类除了相互平等，相互尊重，站在友好的立场上共处之外，别无他法。21世纪是人类社会的新纪元，人与人、民族与民族、国家与国家之间都要相互平等、相互尊重地进行对话交流，才能增进理解，和平共生。要用交流代替交战、用互信代替互疑、用对话代替对抗。对话交流必须尊重对方，“在对话的海洋中，人才会‘成为人’。所谓对话，可以说我并不是‘改变他人’，而是一种‘改变自己’”。[②]在如何处理日中关系上，池田大作也认为，如果不能和其他国家一样，以平等的状态同中国交往，那就永远不可能实现亚洲和世界的和平。池田大作不但提出“对话的文明”的理念，而且还亲自积极实践，他怀着世界和平的坚定信念，几十年来先后访问了许多国家，与国际上几十位国家领导人、知名人士进行对话交流，听取各方意见，宣传和平理念，推进世界和平。为了实现世界的和平，反对战争的发生，池田大作先后做了几十次有关世界和平的公开演讲或者“和平倡言”。

其次，对话交流还必须尊重文明的多样性。“共生”一词源于佛法。池田大作认为，无论是自然界，还是人类社会，任何东西都不能单独生存，只有相互联系、相互依存才能构成一个活生生的多样性世界。池田大作认为，虽然“共生”是世界万物的一种本性，但是，人类社会要实现和谐“共生”，必须通过对话交流，对话交流是构成新世纪人类文明、实现和谐“共生”的重要途径。池田大作主张人类的和平共生，尊重文明的多样性，强调人与人之间、民族与民族之间、国家与国家之间应当通过和平的对话交流，来解决各种争端，而不能通过战

① 何劲松编选《池田大作集》，上海：上海远东出版社，2003年，第174页。

② 池田大作、杜维明：《对话的文明——谈和平的希望哲学》，卞立强、张彩虹译，成都：四川人民出版社，2007年，第68页。

争或者其他暴力手段来解决。文明的“多样性确实可以说是带来自我更新的原动力”。“重视多样性，同时认同并尊敬与自己不同的他人，和向他人学习，吸收他人的长处也是相通的。不论是国家、团体或是个人，如果具有这种开放的精神意境，就能够经常自我更新，不断地成长。”①

世界和平不是整齐划一的，也不是差异文明的对立，而是多样性文明的相互启发。正如周恩来曾说过的：“每一个民族都有它的优点，值得我们尊重和学习。”②为了和平，人们超越差异的合作不可或缺。池田大作指出：“没有对话，就会自以为是。相反，我认为，对话的深刻意义就在于包容不同的事物。”③尊重文明的多样性是池田大作致力于世界和平事业的基础。池田大作是创价学会这一宗教团体的领袖，而中国是中国共产党领导的社会主义国家，池田大作不排斥无神论的中华人民共和国，发表“池田倡言”，主张日中恢复邦交关系，本身就是尊重文明差异性的重要例证。

最后，对话交流还必须坚持主体的多元化。池田大作认为，除了发动战争的一部分权力者外，世界上多数人是希望世界和平的。只要不断扩大民众的和平愿望和团结的范围，世界和平、人类幸福是可以实现的。因此，对话交流除了政府之间的对话交流外，还应当特别重视民间和青年之间的对话交流。池田大作不但强调政府之间的平等对话交流，而且十分重视民众和青年之间对话交流的重要性。池田大作作为一位著名的社会活动家，他是这么想的，也是这么做的。为中日友好和邦交正常化，池田大作先后10次访问中国，以民间团体领袖的身份来跟中国领导人进行对话交流。他强调，日中邦交只靠政府方面的交往是达不到真正的正常化，重要的是把民众的心紧紧地连在一起。民间交流可以架起金桥。他多次呼吁构筑日中两国友谊的金桥，目的是通过这座“永远不会垮掉的金桥”，实现亚洲和世界的真正持久和平与人类幸福。池田大作在1968年发表倡言之后，始终把民间交流放在首位。

池田大作还非常重视青年之间的交流。他强调，对话交流特别是青年之间的对话交流，是实现世界持久和平的重要途径。青年之间的对话交流是通向世界持久和平的正确道路，是实现人类社会和平“共生”、通向新世纪人类文明的重要途径之一。池田大作不但主张对话交流，而且还亲自实践，池田大作可能是世界

① 池田大作、杜维明：《对话的文明——谈和平的希望哲学》，卞立强、张彩虹译，成都：四川人民出版社，2007年，第56页。

② 中华人民共和国外交部、中共中央文献研究室编《周恩来外交文选》，北京：中央文献出版社，1990年，第54—55页。

③ 池田大作、杜维明：《对话的文明——谈和平的希望哲学》，卞立强、张彩虹译，成都：四川人民出版社，2007年，第82页。

上开展和平对话交流最多的思想家、宗教家和社会活动家。参与对话交流的不仅有哲学家、宗教家、科学家，也有政治家、历史学家、企业家和普通市民等。可以说，池田大作是当今世界最伟大的一位对话交流的倡言者和实践者。有学者认为："池田大作为世界和平作出的贡献，可以分为两个方面：一是他所提倡的以对话为基轴的非暴力主义影响甚至改变了人类思维，二是他个人和他所领导的组织的实际行动促进了世界和平。"①

三、池田大作和平主义思想与构建人类命运共同体的共同点

池田大作和平主义思想和习近平构建人类命运共同体理念，虽然在提出时间、理论基础等方面存在不同，但是两者也具有共同点，主要体现在：

（一）池田大作和平主义思想和习近平构建人类命运共同体具有类似的时代背景

英国文学家狄更斯曾这样描述工业革命发生后的世界："这是最好的时代，也是最坏的时代。"当前世界，人类正处于大发展大变革大调整的时代，政治多极化、经济全球化、社会信息化、文化多样化持续推进，各国互相联系、相互依存更加紧密。一方面，物质财富不断积累，科技进步日新月异，人类文明发展到历史最高水平。另一方面，地区冲突时常发生，恐怖主义、难民问题等全球性挑战此起彼伏，贫困、失业、收入差距更大，"当今世界仍有八亿人生活在极端贫困之中，每年近600万孩子在五岁前夭折，近6000万儿童未能接受教育"②。世界面临的不确定因素不断上升，世界经济增长动能不足，贫富分化日益严重，地区热点问题频发，恐怖主义、网络安全、重大传染性疾病、气候变化等非传统安全威胁持续蔓延，人类面临的各种挑战也更加复杂，各种风险日益增多。2017年1月18日，国家主席习近平在联合国日内瓦总部发表题为《共同构建人类命运共同体》的主旨演讲，指出："回首最近100多年的历史，人类经历了血腥的热战、冰冷的冷战，也取得了惊人的发展、巨大的进步。上世纪上半叶以前，人类遭受了两次世界大战的劫难，那一代人最迫切的愿望，就是免于战争、缔造和平。"③

但是，和平与发展仍然是当今世界的时代主题，和平、发展、合作、共赢的时代潮流更加强劲。没有哪一个国家能够独自解决人类面临的难题，也没有

---

① 崔学森：《池田大作和平主义思想的原点》，载曲庆彪编著《回归与超越——池田大作和平文化思想研究》，沈阳：辽宁师范大学出版社，2007年，第47页。

② 习近平：《习近平谈治国理政》第二卷，北京：外文出版社，2017年，第524页。

③ 同上书，第537页。

哪一个国家能够回避人类面临的难题，更没有哪个国家能够自我封闭而发展。习近平指出：“这个世界，各国相互联系、相互依存的程度空前加深，人类生活在同一个地球村里，生活在历史和现实交汇的同一个时空里，越来越成为你中有我、我中有你的命运共同体。”[①] 我们生活的世界充满挑战，也充满希望，国际社会期待我们维护世界和平，推动共同发展，全球治理体系和国际秩序变革加速推进，各国相互联系和依存日益加深，国际力量对比更趋平衡，和平发展大势不可逆转。习近平指出，宇宙只有一个地球，人类共有一个家园。我们不能因现实复杂而放弃梦想，不能因理想遥远而放弃追求。正如习近平指出的，当今世界是一个变革的世界，是一个新机遇新挑战层出不穷的世界，是一个国际体系和国际秩序深度调整的世界，是一个国际力量对比深刻变化并朝着有利于和平与发展方向变化的世界。构建人类命运共同体的战略思想，是习近平主席着眼于人类发展和世界前途提出的中国方案，已多次被写入联合国文件。构建人类命运共同体理念，不仅有助于克服和解决当今世界日趋严重的全球性问题，而且有助于推动世界各国共同繁荣发展和文明进步。依据这个中国方案，最终要把我们人类共处的这个世界构建成持久和平、普遍安全、共同繁荣、开放包容、清洁美丽的世界。

（二）池田大作和平主义思想和习近平构建人类命运共同体理念在愿景上具有一致性

追求世界和平、人类幸福是池田大作人生奋斗的重要目标。对话交流才是世界和平的王道。几十年来，池田大作与世界上50多个国家和地区的领导人进行过对话交流，讨论人类面临的问题，启发和平共生思维，促进各国制定维护世界和平的政策，最终目标就是世界的持久和平、人类幸福。池田大作认为，没有比和平更可贵的，没有比和平更幸福的，和平是人类应该踏出的第一步。池田大作也因此荣获联合国“和平奖”等各种奖项和荣誉300多项。世界和平、人类幸福是全世界人民共同追求的价值目标，也是中国构建人类命运共同体的价值目标。池田大作和习近平都认为，世界和平是可以实现的。习近平认为：“世界格局正处在一个加快演变的历史进程之中。和平、发展、进步的阳光足以穿透战争、贫困、落后的阴霾。世界多格局化进一步发展，新兴市场国家和发展中国家崛起已经成为不可阻挡的历史潮流。”[②] 实现我们的奋斗目标，必须有和平的国内和国际环境，没有和平，中国和世界都不可能顺利发展。正如习近平指出：“中国梦

① 中共中央宣传部编《习近平新时代中国特色社会主义思想三十讲》，北京：学习出版社，2018年，第186页。

② 习近平：《习近平谈治国理政》第二卷，北京：外文出版社，2017年，第522页。

需要和平，只有和平才能实现梦想。”[①] 中国是维护世界和平、促进人类幸福的重要力量。也正如池田大作一贯认为的那样，中国不是侵略性的，“中国人本质上是希望自己国家和平与安康的”[②]。事实上，中国除了被挑起战争以外，自己还从来没有主动出手过。

中华民族是追求“和平”的民族，中国文化是崇尚“和平”的文化。“和平”是中国传统文化的核心理念之一，它内藏于中国人的灵魂深处，外显于中国人的行为之中，表现在政治、经济、社会、文化、宗教、日常生活等方方面面，体现在人与自然、人与人、人与社会等各种关系之中。坚持和平发展道路是中国根据时代潮流和国家利益作出的重要战略选择。中国坚持走和平发展道路，不是权宜之计，更不是外交辞令，而是从历史、现实、未来的客观判断中得出的结论，是文化自信和实践自觉的有机统一，是经过长期的艰辛探索和不断实践作出的战略选择，既顺应时代潮流，也符合中国根本利益和人类共同利益。构建人类命运共同体的出发点就是争取世界和平，解决人类共同面临的突出问题。中国无论发展到什么程度，都是世界和平的维护者和建设者、全球发展的参与者和贡献者。中国将坚定走和平发展道路，并且希望世界各国共同走和平发展道路，共同构建和平、发展、繁荣的人类命运共同体。

（三）池田大作实现世界和平愿望与构建人类命运共同体理念都主张通过对话交流来达成

池田大作的“和平共生”精神，就是要求人们超越种族、民族、宗教、国家之间的孤立状态、对抗状态，通过对话交流，互相理解，互相尊重，实现世界持久和平，达成人类幸福目标。对话交流是池田大作提出的实现世界持久和平的重要路径之一。构建人类命运共同体，一个重要方法就是对话协商。“坚持对话协商，建设一个持久和平的世界。国家和，则世界安；国家斗，则世界乱。”[③] 中国一贯主张，处理国际问题，必须摒弃冷战思维和强权政治，通过对话协商解决各种争端，坚持走对话而不对抗、协商而不结盟的和平道路。国家之间要尊重彼此核心利益和重大关切，构建平等相待、互商互谅的伙伴关系。处理国际关系，应当坚持政治上平等互信、经济上合作共赢、文明上交流互鉴、安全上守望相助和国际事务中团结协作的基本原则。任何国家都不能随意发动战争，不能破坏国际法治，出现矛盾和分歧，要相互尊重，通过平等协商，以最大

① 中共中央宣传部编《习近平新时代中国特色社会主义思想三十讲》，北京：学习出版社，2018年，第186—187页。

② 池田大作、汤因比：《选择生命——汤因比与池田大作对谈录》，北京：商务印书馆，2017年，第349页。

③ 习近平：《习近平谈治国理政》第二卷，北京：外文出版社，2017年，第541页。

的诚意和决心，以对话解决争端、以协商化解分歧。我们坚决反对一切形式的恐怖主义，反对各种形式的暴力和非正义战争。任何国际争端，最终都要通过对话协商加以解决。

另一个方法就是坚持交流互鉴，建设一个开放包容的世界。人类文明多样性是世界的基本特征，也是人类进步的源泉。文明没有高低、优劣之分，只有特色、地域之别。正因为世界上有不同民族、不同宗教、不同历史和不同国情，才孕育出不同文明，才让世界更加丰富多彩，每种文明都有其独特魅力和深厚底蕴，都是人类的精神瑰宝。中国在构建人类命运共同体过程中，始终尊重人类文明的多样性，促进和而不同、兼收并蓄，以文明交流超越文明隔阂、文明互鉴超越文明冲突、文明共存超越文明优越。在相互竞争中取长补短，在交流互鉴中共同发展，让文明交流互鉴成为推动人类进步的动力和维护世界和平的纽带。坚持交流互鉴就是要尊重不同地理区域、历史文化、社会制度、经济规模、发展阶段的国家文明特质，传播人类命运共同体的核心理念和核心利益，实现不同文明共同繁荣发展。

此外，池田大作的世界和平与构建人类命运共同体的实现，都需要一个长期的历史过程。池田大作认为，实现世界和平是一个长期的过程。构建人类命运共同体，也是人类社会一项长期、复杂而又艰巨的历史过程，绝非一日之功，更难凭一国之力一蹴而就、一步到位，需要各国的共同参与、共同努力才能造就。正如习近平指出的：“构建人类命运共同体是一个美好的目标，也是一个需要一代又一代人接力跑才能实现的目标。中国愿同广大成员国、国际组织和机构一道，共同推进构建人类命运共同体的伟大进程。”①

2018年既是池田大作发表《日中邦交正常化倡言》50周年，《中日和平友好条约》签订40周年，也是习近平提出构建人类命运共同体五周年。让我们以此为契机，共同努力，加速中日两国关系改善的进程，为中日世代友好，培育新的友好之树，为实现世界持久和平，增进人类幸福，构建人类命运共同体，作出更大贡献。

① 习近平：《习近平谈治国理政》第二卷，北京：外文出版社，2017年，第548页。

论池田大作和平共生思想兼与人类命运共同体构想的比较

——基于2000年以来SGI日纪念和平倡言的分析

贾 凯*

池田大作是享誉世界的思想家、教育家、佛教活动家与和平主义者，他关于人本、教育、和平、文化等方面的思考和行动，对于人类社会的进步和发展产生了积极影响。他所领导的国际创价学会（简称“SGI”），对于构建和平与共生的人类社会作出了有力探索，他们的探索活动是对池田大作关于人类社会构想的践行。自1983年以来，池田大作每年都会在SGI日发表纪念和平倡言，这些倡言可谓是对池田大作博大精深思想体系的集中概括，蕴含着丰富的“和平与共生的地球社会”构想。

本文基于2000年以来的“SGI日纪念和平倡言”，分析池田大作的和平共生思想及其逻辑体系，以期为当今全球问题的解决，乃至人类命运共同体构想的探索贡献智慧。

一、池田大作话语中的“和平”与“共生”

池田大作话语中的“和平”，不是消极的和平，而是积极的和平。“人类所要解决的课题，不单是实现没有战争这一消极的和平，而是要实现积极的、一种能从根本上改变威胁‘人性尊严’的社会构造的和平。只有这样，我们才可以明白并享受到和平的真正意义。”①“和平”不等于“非战争”，池田大作话语中的“和平”是“非战争”中的高级状态。“人民的尊严不受到威胁，各自能发挥最大潜力来建设幸福生活——如此的社会，才能称为真正和平的社会。”②同时，池田大作的和平观是一种“和平文化”。和平文化的落脚

* 贾凯，厦门大学马克思主义学院助理教授，主要从事马克思主义前沿问题研究。

① 池田大作：《2000年“SGI日”纪念和平倡言》，池田大作中文网，https://www.daisakuikeda.org/chs/proposal-2000.html。

② 池田大作：《2006年“SGI日”纪念和平倡言》，池田大作中文网，https://www.daisakuikeda.org/chs/proposal-2006.html。

点在于“开垦人的内心、提高精神性的一面”，“具有不同文化的人们应该积极地相互共存，并且一边互相刺激一边确定世界文化和地球文明的方向”。① 同时“和平文化”又是“实践和平”，这也是池田大作和平观、和平文化观的特色。“和平并不是游离于日常生活的虚无概念。实践和平，就是指每一个人在现实生活中、在自己的生命里、在自己的一生中如何积极地播下和培育和平的种子。我深信这正是争取永久和平最稳健的方法。”从中能够看出，“实践和平”是将和平理念拓展为和平文化的途径和桥梁。“实践和平”依靠的是人与人之间的“联结”，即“自强的连锁反应”，它能够超越国界的阻隔、时间的限制把不同的人联结起来。池田大作的和平观之所以是一种文化观，在于强调软性力量的作用：“通过各人每天对他人的关心与爱心，在地域中筑起友情与信赖的纽带，世界就会一步一步地走近和平。”②“和平”便能在每个人心中扎根，扩展到每一个角落，使新的地球文明开花结果。总之，池田大作话语中的“和平”是“积极的和平”和“和平文化”，由“和平理念”到“和平文化”的发展则依赖实践——人与人之间的联结。

联结意识是池田大作和平观、世界观的重要思想，并基于此强调人类意识、人类视野和人与自然界的联结。同时，池田大作一再强调不同民族的共生、共存、共荣，其中共生、共存更是SGI日纪念和平倡言的高频词。实际上，共存、共荣包含在“共生”一词之中，池田大作也有诸多内容涉及“共生的气质”“共生的精神”，因此共生思想是池田大作话语的重要内容。

池田大作在分析20世纪人类社会的悲惨事件时指出，造成这种悲剧的根本原因是“竞争”“外发”思维：“不单是法西斯主义或过激主义，这些意识形态共有的弊病，就是在人或社会上设置外部的差异隔阂，并通过固定这些隔阂，一边把自己排列在优越地位，一边排除其他——一种与生俱来想压制他人的倾向。它们常常趁着社会混乱，把狂热的信仰标语化，显露本来隐藏在‘竞争’背后的‘对立、排除理论’，暴露出‘外发’背后的‘外压、强制理论’的硬能（hardpower）本色。20世纪死尸累累的历史正清楚地证明了这一点。”③ 要想避免这种悲剧，只有提倡与之相对的“共生”“内发”精神气质。这种共生的精神气质又是中国文明的精神遗产，池田大作将其归结为“取协调而舍对立、取结合

① 池田大作：《2000年“SGI日”纪念和平倡言》，池田大作中文网，https://www.daisakuikeda.org/chs/proposal-2000.html。

② 池田大作：《2004年“SGI日”纪念和平倡言》，池田大作中文网，https://www.daisakuikeda.org/chs/proposal-2004.html。

③ 池田大作：《2001年“SGI日”纪念和平倡言》，池田大作中文网，https://www.daisakuikeda.org/chs/proposal-2001.html。

而舍分裂”的世界精神，以大同思想为象征的、在悠长历史精神中所培养出的一种智慧。2003年SGI日纪念和平倡言完整概括了共生思想：“协调胜于对立，结合胜于分裂，‘我们’胜于‘我’。是人与人、人与自然共同生存、相互支持、共同走向繁荣的精神。”[①] 总结池田大作对共生精神的论述可以看出，这是一种与西方注重“个人主义”“竞争”不同的精神、思维，更为强调东方文明原有的协调、共存、共荣心态。

基于以上SGI日纪念和平倡言中关于“和平”“共生”的论述，可以对池田大作话语中的“和平”“共生”的具体含义有一个准确把握。实际上，池田大作在SGI日纪念和平倡言中往往将“和平”“共生”作为一个词使用，如“和平共生”“和平与共生”，其中前者一般用于“和平共生社会”“和平共生国际社会”“和平共生的全球社会”“和平共生的地球社会”，出现频率相差不多。后者主要用于“和平与共生的社会”“和平与共生的21世纪”“和平与共生的方向”等。由此可知，“和平”“共生”是池田大作构想的理想社会或世界的主要特征，二者之间又有统一关系：和平是共生实现的基本前提，共生的内在含义——共存、共荣——分别代表了消极和平、积极和平两种状态。因此，池田大作对理想世界、人与自然界关系的构想可以概括为“和平共生思想”。

二、池田大作建设“和平与共生的地球社会”的构想

池田大作的和平共生思想不是停留于思想、理论层次，而是一种实践性和平，同时又具有十分强烈的现实关怀，特别是聚焦于废除核武器与解决粮食、环境、生态等全球性问题两大方面。每年SGI日纪念和平倡言也都几乎围绕这两方面，因为事关作为人的基本的生命尊严问题。同时，池田大作认为应当汲取、借鉴欧盟的发展思路，以区域共同体的构建来探索人类共同体的构建，最终使和平与共生的地球社会成为现实。

核武器是绝对的恶，必须无条件废除，其重要性不亚于裁军等方面。在池田大作看来，核武器代表着人类社会互不信任、相互憎恶、冒渎人道主义的倾向，也是弱肉强食、推崇竞争的20世纪所遗留的“最大的负的遗产”。如同池田大作在多次SGI日纪念倡言中所引用的户田城圣的论述——核武器是威胁民众生存权利的绝对恶，是隐藏在生命深处的“魔爪”，代表生命次元深处看不见的“魔性”：核武器等恶魔支配的现代战争，完全忽视人类的精神、气力，人的因素没

① 池田大作：《2003年“SGI日”纪念和平倡言》，池田大作中文网，https://www.daisakuikeda.org/chs/proposal-2003.html。

有介入空间，这是一种“无人心态”；这是一种为所欲为的心理状态——对于无数生命于瞬间毁灭而感觉不到丝毫痛苦，使用者完全丧失人性；唆使人与人之间的分断，衍生出不信任、猜疑，从而带来对立和抗争；“将人推至全面战争边缘的心理状态”[①]，无论敌方是谁，都要把对方全部歼灭，这是对“生命尊严”的最大否定。同时，池田大作认识到核武器的存在将可能毁灭人类一切文明成果，“只有全面废除核武器才是免除遭受核武器威胁的唯一保障”[②]。因为只要存在核武器，就可能萌生使用武力恫吓他人的冲动，使他人感到不安和恐惧，由此带来的恶性循环会引发核武器扩散、军备竞赛，世界便永无宁日；核威胁的存在还会迫使人类将资源、财力浪费在核武器、军备竞赛上，那么消除贫困、治理环境生态问题等人类议程将无从开展。因此，无论是从核武器象征的“魔性”还是对人们现实生活的威胁来看，彻底废除核武器都是建设和平共生地球社会的前提。

唤起各国担负共同的责任，谋求全球问题的解决，这是建设和平共生地球社会的必然选择。积极和平观着力改变的是威胁“每个人生命尊严”的社会结构，为此需要国际合作，特别是国家间的合作、联合国积极作用的发挥以及非政府组织（NGO）和民众的参与。以愈发严重的环境生态问题为例，可能的解决办法只有国家、个人意识的根本变革——培育人类意识、世界公民意识：“以人类利益、地球利益为立足点，不是处于旁观者的立场来议论未来应该如何如何，而是以‘现在自己应该采取什么行动’的当事者意识，从各自的立场去参与改变历史这一伟业。”[③]池田大作在SGI日纪念和平倡言中尤为强调联合国、民众和NGO的作用：联合国是具有对话、国际合作精神的机构，在研究、预防、解决全球性问题上是最合适的机构，它的根本使命是为民众从地球上消除“悲惨”二字；NGO作为“地球社会旗手”，有效弥补主权国家国际活动的不足，应当确立“以NGO为首的公民社会与联合国之间稳固的合作体制”[④]，这也是加强联合国作用的关键举措。超越一国界限、一国无法解决的全球性问题的堆积如山，亟须NGO发挥重要作用。“为了确立与民间社会的合作，应该制造多种机会，让联合国

---

① 池田大作：《2013年“SGI日”纪念和平倡言》，池田大作中文网，https://www.daisakuikeda.org/chs/proposal-2013.html。

② 池田大作：《2011年“SGI日”纪念和平倡言》，池田大作中文网，https://www.daisakuikeda.org/chs/proposal-2011.html。

③ 池田大作：《2010年“SGI日”纪念和平倡言》，池田大作中文网，https://www.daisakuikeda.org/chs/proposal-2010.html。

④ 池田大作：《2001年“SGI日”纪念和平倡言》，池田大作中文网，https://www.daisakuikeda.org/chs/proposal-2001.html。

大会主席、各委员会代表与NGO能够进行协议。”[①] 只有这样，联合国才不仅是“国家的联合体”，更是“民众的联合体”；只有这样，联合国才能真正代表地球上任何一个住民；只有这样，全球联结和全球社会才可能实现，全球问题才能得以解决。

彻底废除核武器和推进国际合作是建设和平共生全球社会的前提，现实中以欧盟为代表的区域共同体的建设则是现实依据和可行路径。一方面，“共同体意识”意味着人与自然关系至关重要——人、鸟兽、大地、草木之间都有明显的“他人”存在，是作为命运共同体紧密联系在一起。只有参与这一共同体，人才能获得存在依据。同时，如果没有村庄、部落等共同体居民的“公德心”“公共意识”，则不可能形成“大共同体社会”。换句话说，没有公德意识、共同体意识，而只有国家意识、民族意识，人类社会是不能作为“社会”存在的。显然，“共同体意识”是不同国家共生、人与自然和谐相处的价值基础。另一方面，不同区域共同体的构建具有现实性，欧盟的发展取得了令人瞩目的成绩，东亚共同体、非洲共同体的构建也有一定基础。两次世界大战中作为死敌的法国、德国能够建立信赖关系，并在欧盟的建设和发展中起到关键作用，这说明长期以来支配人类社会的军事、政治力量，终究可以被“软能”所替代，日积月累的对话对于区域性合作具有重要作用。与基督教文明作为欧洲共同体的精神基础相似，池田大作认为东亚各民族共有的“共生的精神气质”——东亚的风土比较稳重，人民好协调而嫌对立，好联结而嫌分裂，取大我而舍小我，喜好共存共荣的心态[②]——使东亚共同体的构建成为可能。同时，现实中不断推进的“东盟+中日韩”合作及地区性对话框架，将为创设“东亚共同体”奠定基础。其更深层次的意义，如汤因比所预言:“中国人和东亚各民族相互合作，将会在不可或缺且不可避免的人类统一进程中发挥主导作用。”[③] 关于其近期目标，池田大作认为应当借鉴欧洲统合的经验，关键在于“应坚持正确的历史观，互相尊敬、理解与合作”[④]。

三、池田大作构建和平共生地球社会的基本思路

综观2000年以来历次SGI日纪念和平倡言，废除核武器和解决贫穷、粮食、

① 池田大作：《2006年“SGI日”纪念和平倡言》，池田大作中文网，https://www.daisakuikeda.org/chs/proposal-2006.html。

② 同上。

③ 汤因比、池田大作：《选择生命——汤因比与池田大作对谈录》，冯峰等译，北京：商务印书馆，2017年，第354页。

④ 夏尔·拿破仑、池田大作：《21世纪的拿破仑——谈创造历史的精神》，刘焜辉译，台北：正因文化事业有限公司，2015年，第215页。

环境、生态、难民等全球性问题是其主要内容和中心议题，这些思考均是立足于生命尊严思想和SGI的人间实践，都是为了满足人类基本的生存与安全需要，因此构建和平共生的地球社会必须立足于尊重生命的尊严。对历次倡言进行整体分析又可发现，除对人类基本的生存与安全需要关注之外，池田大作更为重视人类精神的觉醒和变革，并将其称为建设和平共生地球社会的“至为勇不可当的庞大力量”。因此，满足基本的生存与安全需要、实现人类精神的觉醒和变革，这是池田大作构建和平共生地球社会的基本思路。

尽管遭受两次世界大战灾难的20世纪已成为历史，但是战争、贫穷、环境、生态等全球性问题持续存在，这说明不幸与悲惨并未从地球上消失。“现今的世界上，有许多人由于内战、贫困与饥饿、环境破坏等威胁，迫使他们的生命及尊严处于危险状态，也有大批人民仍然饱受着人权侵害、种族歧视的痛苦。除此之外，最近还不断发生突如其来的自然灾害，使许多人在一瞬间失去宝贵的生命，或生活基础受到严重破坏，对社会造成深刻的打击。”① 围绕消灭人类遭受的不幸与悲惨，让所有人得到和平与幸福，SGI积极开展以维护生命尊严为根本的人本主义运动。“为和平与人类幸福奋战终生，其中心思想就是以佛法的生命尊严哲学为根本的全球公民意识。”② 池田大作在多次SGI日纪念倡言中，将生命尊严思想称为精神主轴与地基：“若把和平共存的地球比作一栋建筑物，那么‘人权’‘人类安全’等理念就是构成建筑物的支柱，而‘生命尊严’应该是支撑这些支柱的地基。假如地基不稳固，只是一种抽象概念，那么遇到危机或考验时，支柱也会不稳定，甚至导致建筑物倒塌。”③ 生命的尊严性在于它的无限价值，是一种具有无限生命力的实际存在，因此“必须把生命的尊严看作最高的价值，并将其作为普遍的价值基准……无论是宗教还是社会，如果设置比生命更高的价值，那么这最终会招致对人性的压迫”④。实现步骤有三步：一是要有“与他人苦乐与共的意志”，扶持受苦之人并与其感同身受，那么恢复尊严的并非只有受苦之人，还包括共苦之人；二是相信每一个生命具有无限的可能性，人与人之间的联系和启发能够促使每个人觉醒；三是颂扬并守护多样性，民

① 池田大作：《2012年“SGI日”纪念和平倡言》，池田大作中文网，https://www.daisakuikeda.org/chs/proposal-2012.html。

② 池田大作：《2017年“SGI日”纪念和平倡言》，池田大作中文网，https://www.daisakuikeda.org/chs/proposal-2017.html。

③ 池田大作：《2006年“SGI日”纪念和平倡言》，池田大作中文网，https://www.daisakuikeda.org/chs/proposal-2006.html。

④ 汤因比、池田大作：《选择生命——汤因比与池田大作对谈录》，冯峰等译，北京：商务印书馆，2017年，第523页。

族、宗教、身份的多样性和千差万别会产生交错、共鸣、友情，并能超越看似不能抵抗的藩篱。总之，只有基于生命尊严才能解决各种全球性问题，使人类摆脱不幸和悲惨。

基于生命的尊严有助于使人类摆脱不幸和悲惨，但尚属消极的和平状态；要想实现更为完整的积极的和平，关键不在于科学技术、生产力的极大发展，而是精神、道德的革命——超越马克思所批评的商品拜物教。因为近代科学思维存在将生命物质化的倾向，“失掉了其精神侧面所具有的独特性，将其埋没在了抽象化、普遍化的通常的生命概念之中”，“产生了轻视生命的倾向，会导致容易漠视活生生的人所具有的真实姿态”。尽管从理论上说科学是中性的，没有善恶之分，但实际上“它取决于行使科学所赋予这种能力的人类自身是否有足够的道德水准以保证正确、妥善地行使这种增大的能力”。[①]

因此，构建和平共生的地球社会不能立足于科学技术、生产力的发展，而应该立足于人类精神、道德的革命。一方面，科学技术与现代资本主义社会的结合，并未出现“衣食足而知荣辱”的局面，反而愈发朝着“饱暖思淫欲”的方向发展，并产生了商品拜物教：处于资本主义社会的人们，迷失前进方向时，往往靠储蓄货币、购买商品来寻求心理安慰；原本只是用来满足生活需要的交换媒介——货币，此时变成了财产或资本，按照资本的逻辑则需要不断增值，人们的相对需要因此变成了目的。池田大作批评说：“货币价值愈发目中无人，专横地凌驾在各种社会价值、生活价值之上”，“虽说现今是个价值多样化的社会，实际上是金钱价值的一元化，在不断侵蚀着各种社会价值、生活价值，并且在腐蚀着人所有的秩序感觉。说这就是现在的时代特征，也绝非言过其实”。[②] 正确的态度不是“强行压抑”，而是不要将货币、资本、科技当作神来崇拜，重新修正价值秩序，并懂得如何控制它们。另一方面，全球变暖、生态危机、环境污染等问题的出现，归根到底是科学思维对人与自然关系的挑战和分离。池田大作认为：“人类只有和环境，即自然相融合，才能够共同维系和享受生命，除此之外没有创造性地使自己的生命得到发挥的途径”，“人与自然并非处于相互对立的关系之中，而是处于相互依存的关系”。[③] 现代科学则是将人类与自然界对立起来处理，谋求人类利益的同时征服和利用自然界，这显然是对人与自然原有关

① 汤因比、池田大作：《选择生命——汤因比与池田大作对谈录》，冯峰等译，北京：商务印书馆，2017年，第118—119页。

② 池田大作：《2007年“SGI日”纪念和平倡言》，池田大作中文网，https://www.daisakuikeda.org/chs/proposal-2007.html。

③ 汤因比、池田大作：《选择生命——汤因比与池田大作对谈录》，冯峰等译，北京：商务印书馆，2017年，第42页。

系的扭曲和异化，其结果便是人与自然关系的失衡，环境污染、生态危机等全球性问题随之出现并蔓延，人类随之堕入“小我”的境界之中。核武器的开发和蔓延表明：科学技术和无限制欲望的结合将带来严重灾难。同时基因科学、生物克隆等技术的出现和发展，更威胁着人类的权利与尊严。池田大作总结说：“缺乏价值观的科学技术，会成为无法控制的凶器，从根底威胁着人类社会。现在这个倾向不断失控，甚至据说已经到了一个没有回头的地步……真正的问题不在于技术，而在于面对此挑战而毫无应战能力的我们本身”①，解决办法只有让善的价值、人类精神复苏，别无他途。总之，不论从现代社会受资本的消极影响，还是从科学技术对人与自然界关系造成的对立来看，都应该从精神、道德的变革来构建和平共生的地球社会。

四、池田大作和平共生思想与人类命运共同体构想的比较

根据上文分析可知，池田大作的和平共生思想是立足于消除人类不幸与悲惨的积极和平观，追求人类社会的共存、共荣；和平共生地球社会的构建，建立在彻底废除核武器和解决贫穷、环境、生态、难民等全球性问题的基础上，通过欧洲共同体、东亚共同体的设立进而探求全球共同体的建设。池田大作构建和平共生地球社会的基本思路可以概括为消除人类遭受的不幸与悲惨、精神与道德的变革两个方面。与池田大作的和平共生思想和SGI的“人间革命”对人类社会进步作出的贡献相似，近年来中国共产党倡导的“人类命运共同体”构想对于全球发展、全球治理也在发挥重要影响。比较池田大作的和平共生思想与人类命运共同体构想的异同，有助于我们更好地总结人类社会发展规律，汲取人类文明智慧。

池田大作的和平共生思想与人类命运共同体构想的相似之处，包括诸多方面：一是立足于全球视角，具有强烈的人类情怀；二是汲取了以中国传统文化为代表的东方智慧，以及不同民族的文明成果；三是立足于人与人、文明之间的对话，反对文明冲突论。

首先，和平共生思想与人类命运共同体构想所着力解决的问题，如伊朗、朝鲜的核问题，贫穷、粮食、环境、生态、全球变暖，不同文明和国家的冲突等，都是国际性或全球性问题，单凭某个或某些国家是无法解决的；解决思路是人类视角、人类公益，如池田大作一再强调的“培育世界公民，就是将‘战争文化’

---

① 池田大作：《2010年“SGI日”纪念和平倡言》，池田大作中文网，https://www.daisakuikeda.org/chs/proposal-2010.html。

转变为‘和平文化’的强有力的武器”[①]，以及习近平所宣示的“全球治理的中国方案是：构建人类命运共同体，实现共赢共享”[②]。其次，和平共生思想与人类命运共同体构想都从中国传统文化汲取了智慧，如“人与人、人与自然共同生存、相互支持”的共生精神，这与西方“个人主义”“科学思维”所导致的人与自然界关系的对立形成了鲜明对比；同时和平共生思想强调不同宗教、文明的对话，在对话中实现互鉴与共鸣，习近平也强调“以文明交流超越文明隔阂、以文明互鉴超越文明冲突、以文明共存超越文明优越”[③]。最后，和平共生思想与人类命运共同体构想都蕴含着丰富的文明对话智慧。池田大作指出“解决全球性的各种问题而积极推展文明间、宗教间对话”[④]，并组织基督教、佛教、犹太教、伊斯兰教人士的对话，为探索和平之路作出了巨大贡献，并以多语种出版了系列对谈集。人类命运共同体构想同样建立在文明多元观、文明对话论基础上，认为不同民族孕育的不同文明使世界更加丰富多彩，强调完全平等的对话与协商，以协商化解隔阂与冲突。从以上方面可以看出，池田大作的和平共生思想与人类命运共同体构想在指导基础、思想渊源、具体方法等方面有诸多相同点。

池田大作对于和平共生地球社会的思考，主要基于佛法的生命尊严思想，因此从其根本指导思想到逻辑建构，都与人类命运共同体构想不同，主要包括三个方面：一是着力解决的问题和构建主体不同，二是要达成的目标不同，三是构建的方法论具有根本差异。第一，和平共生思想着力解决人类所遭受的不幸与悲惨，包括核武器和战争的威胁、贫困、粮食、环境、生态、难民等问题，具体涵盖的内容和问题很多，而人类命运共同体构想主要针对在经济、政治、文化、安全等方面不合理的国际规则和秩序；和平共生地球社会的建设，需要国家、民族、NGO、个体及联合国等多主体的参与协同，尤为强调妇女、青年、儿童的作用，而人类命运共同体着力解决的是国家、民族、文化的冲突，参与主体主要是联合国、国家和区域性组织。第二，和平共生思想是一种积极和平观，力图重建每一个人的生活与幸福；通过消除人类的不幸与悲惨，以及精神、道德的革命来实现目标。而人类命运共同体构想着力实现的是世界秩序、全球治理的变革，

---

① 池田大作：《2005年“SGI日”纪念和平倡言》，池田大作中文网，https://www.daisakuikeda.org/chs/proposal-2005.html。

② 习近平：《共同构建人类命运共同体——在联合国日内瓦总部的演讲》，《人民日报》2017年1月20日，第2版。

③ 习近平：《决胜全面建成小康社会　夺取新时代中国特色社会主义伟大胜利——在中国共产党第十九次全国代表大会上的报告》，北京：人民出版社，2017年，第59页。

④ 池田大作：《2005年“SGI日”纪念和平倡言》，池田大作中文网，https://www.daisakuikeda.org/chs/proposal-2005.html。

“共同营造对亚洲、对世界都更为有利的地区秩序，通过迈向亚洲命运共同体，推动建设人类命运共同体”①，“构建以合作共赢为核心的新型国际关系”是现实目标，最终目标是“自由人的联合体”。因此，和平共生思想、人类命运共同体构想要改变、建构的分别是全球社会、国际关系。第三，尽管和平共生思想与人类命运共同体构想都以对话作为基本方法，但构建过程所采用的根本方法是有差异的。和平共生思想首先强调个体精神的变革，再通过人与人之间的“联结”实现人类社会的革命，立足于消除现实中人类社会存在的各种问题，同时强调使NGO和联合国发挥更大作用；而人类命运共同体构想立足于现代民族国家这一主体，反对霸权和不合理的国际经济政治秩序，力图通过对话、协商来推动国际关系的重建。显然，和平共生思想与人类命运共同体构想从建构基础到实现逻辑，均有质的不同。

① 习近平：《迈向命运共同体　开创亚洲新未来——在博鳌亚洲论坛2015年年会上的主旨演讲》，《人民日报》2015年3月29日，第2版。

如何才能使中日友谊历久弥新、绵延不绝

陈逸倩*

50年前的1968年9月8日，在一万多名学生代表面前，池田大作先生发表了《日中邦交正常化倡言》。这份倡言的发表，在当时的日本国内外引起了强烈的反响，为之后1972年中日两国签署联合声明、1978年《中日和平友好条约》的签订奠定了基础。以此为契机，中日关系的大门也随之敞开。倡言发表至今经历了五十载春秋，其间中日两国克服了重重困难，中日两国的关系也有了实质性的飞跃发展。通过不断的贸易以及人文的交流往来，中日彼此之间成为相互依赖不可或缺的存在。中日关系的未来必定牵动着亚洲的安定和世界的和平，因此使中日两国的友谊历久弥新、绵延不绝成为一个重要的新课题。笔者参考了创价学会名誉会长池田大作先生发表的倡言和数部著作，又学习了池田大作先生于2018年9月8日在东京创价大学发布的《日中新时代论坛寄语》之后，特作此文。

池田大作名誉会长为中日友好作出了重要贡献。池田大作先生又是中国人民的老朋友。无论中日关系在何时陷入何种困境，池田大作先生都一贯坚持奉行诚实守信原则，竭力维护中日友好关系。池田大作先生身体力行积极向日本各界人士阐述中日关系的重要性，以及正确认识历史事实的必要性，特别是在对日本青年的引导上经常介绍周恩来总理的逸事。

一、主角是民众、是人民

倡言发表的当时，正值世界陷入冷战。美国在越南战争中陷入泥潭。美国外交在这一时期对中国实施敌视政策。另外，日本恰恰迎合美国，阻碍中国回归联合国，一度阻碍了历史的正常发展。当时在动荡的岁月中，日本国内主张同中国恢复邦交的日本社会党委员长浅沼先生也被日本右翼少年刺杀。因此，这份倡言的发表，是冒着重重的艰难险阻。为何池田大作先生会有如此觉悟，敢于直面历史问题，敢“冒天下之大不韪”而为之，这在池田先生的倡言中做了表述：“只有以中国和日本为中心，亚洲人民相互扶持、携手并进，才能拨开战争的残虐

* 陈逸倩，复旦大学池田大作研究中心研究员。

和贫困的云雾。这是沐浴希望和幸福的时代。”为了这个共同的目标，“中国青年、日本青年，更应该携起手，为建设更加光明的世界，洋溢起灿烂的笑容努力奋进”。[①]

池田大作先生亲历过战争，逃离过无情的战火。池田先生的兄长光一先生曾是一名日本军人，被迫到中国战场，光一先生回到日本后曾对池田先生说“中国没有错，中国太可怜了，是日本太可恶了”。池田大作先生一直把这句话铭记于心。正是由于亲身经历才使得池田先生对亚洲和世界的和平有了如此深刻和迫切的期盼。

不可否认，中日两国之间存在着复杂而深刻的问题，加上两国体制不同等原因，曾经阻碍了两国间的友好发展。只有以中日两国为中心，才能对亚洲乃至世界的和平与繁荣发展作贡献。这个倡言的发表自始至今都对中日两国的关系有着深远影响。池田大作先生在《日中新时代论坛寄语》中写道：“现今国际社会面对纷争、环境问题、自然灾害等，越发混乱，面对人类史的课题，期待中日两国能够成为榜样，团结合作、携手并进。”池田大作先生又指出：“历史的主角必须是民众、是人民，每个人自身的人间革命联动，关系着家庭、地域，更是牵动着社会乃至世界和平的发展。”[②]

二、和平的火种

池田大作名誉会长的思想，传承了创价学会第二任会长户田城圣会长的理念。上述寄语中有记载：“渴望消除悲惨二字的恩师，尤其希望蒙受战祸创伤的亚洲人民可以获得和平与幸福。”池田先生向日本青年诉说：“日本发动的这场战争使得亚洲饱受地狱疾苦。现在该是为了和平而竭尽全力了。”这份执念与感悟是历任创价学会会长的心愿。由于户田先生和他的恩师牧口常三郎首任会长共同贯彻反战和平思想，在当时被日本军部逮捕，在狱中经历了严刑拷打，牧口先生不幸死于狱中，而活着出狱的户田先生于战争结束后，独自一人重新创立了创价学会。1957年9月8日，户田先生在去世前夕，于日本国内发表了“禁止原子弹和氢弹的宣言”。为了追随恩师的遗愿，11年后的同一天，即9月8日，池田大作先生发表了《日中邦交正常化倡言》。现在，深受池田名誉会长影响的世界各国青年，继承先生的心愿，在各自生活的地域，为了自己、家人和他人的幸福，为了社会的共同发展和繁荣尽着各自的绵薄之力。大家都坚信自身的幸福与世界的和平是紧密相连的。

① 池田大作『新・人間革命』第13巻、東京：聖教新聞社、2004年、62—63頁。

② 『聖教新聞』2018年9月9日。

三、相互信赖、理解和认识正确的历史

原华中师范大学校长、著名的历史学家章开沅先生曾在《人间胜利春秋》月刊中发表文章指出，在中日关系中，最为重要的是“相互信赖”这四个字。[①] 周恩来总理也常说“言必信，行必果”。池田大作先生也在上述论坛寄语中介绍了周总理的外交哲学，即中日两国应以“相互信赖与尊重作为核心”。

回顾历史，当时中国处于国际孤立状态，日本敌视中国，由于日本国内一部分势力的抵抗，不承认对华侵略战争的行为，使得中日关系几度乌云笼罩。为了排除艰难险阻，周恩来总理和池田大作名誉会长遵守信义，为了两国和平友好条约的签订排除万难。他们认为，这不单是中国和日本两国的国家问题，也是人与人个体交往中的诚信问题。池田大作先生指出，维护国与国之间友好关系的根本在于民众间的相互理解，应以文化与教育为开端，促进民众自发地开展文化交流活动，为相互交流提供广阔的平台。

池田大作先生对历史有着深刻的认识，他指出：“曾经，日本侵略过他国，恶逆非道，罪恶滔天，如此不知恩，如此傲慢！”[②]“日本应该正确认识历史，知道亚洲人民的疾苦，体会人心。这样日本人才会有反省之心吧！”“当然，这样还是不够的，最重要的是需要把道歉谢罪说出口。对方如果听到了忏悔，感受到了人的良心，体会到了真诚，才会由生信赖之情吧。”[③] 国与国的外交，都是从民众之间互生信赖开始的。以人为焦点，作为个体，每个人的思想才是重中之重。

最后引用池田大作先生的寄语：“用心通过每一个人的真诚交流，必定能够加强信赖与尊重，中日两国的人民共同编织一个和平的大网。”我们应该秉持“中日永不再战”的初心，我们每个人都应积极促进中日民间文化交流，加深互信，使中日两国之间建立起永久的稳固的金色大桥。如果中日两国人民世世代代都有这份心境与意愿的话，那么承载着两国人民期盼和平与希望的种子一定会在我们每个人的心中发芽，并茁壮成长。

---

① 池田大作・章開沅『人間勝利の春秋』、東京：第三文明社、2010年、192頁。

② 同上书，第11页。

③『聖教新聞』2018年9月9日。

假和平与真暴力

——以《掀起民众潮流 走向人权时代》为中心

李彦良*

池田大作在2018年提出的和平倡言《掀起民众潮流 走向人权时代》中的第一个主题是，人权的根本原则在于绝对不让他人再次承受自己所经历过的苦楚；第二个主题涉及人权教育在超越社会分歧上所扮演的关键角色；第三个主题是，通过与他人分享喜悦，能够形成人权文化的纽带。

本文对该和平倡言所提出的各项内容进行探索，并提出看法与反省。

一、从2018年和平倡言谈起

池田会长在2018年的和平倡言中指出“人类的善良像一团可以隐藏但绝不会熄灭的火焰”，说明人人皆有无上的尊严，正如首任国际移民问题特别代表路易斯·阿尔布尔所表明的：“我们需要强调的其中一点就是移民与其他人一样，其基本人权需要获得尊重和保护，不应因其身份而受到任何歧视。”池田会长提出，应将这种认识作为解决移民和难民危机的基础。在这里，阿尔布尔强调基本人权需要获得尊重和保护。在20世纪所发生的两次世界大战中，已经有多少人经历过不得不远离自己从小生长的家园，经历了多少年的流离失所，遍尝了惨痛经验，而现在依然无法解决类似的各项人权问题，并且还出现了利用排他主义，煽动、蔑视和仇视某些特定群体的行为，导致意想不到的大规模悲剧（第一个主题）。

1948年12月颁布的《世界人权宣言》①（Universal Declaration of Human Rights，UDHR）是由约翰·P. 汉弗莱博士以联合国首任人权司主任的身份参与起草工作。1993年6月池田会长与他会面，在谈论UDHR的重大意义时，汉弗莱博士道出了他的个人体验和曾受到的歧视，令人难以忘怀。他对UDHR感到自豪，因为

---

* 李彦良，中国文化大学池田大作研究中心研究员。

① 1948年12月10日联合国大会通过第217A（Ⅲ）号决议并颁布《世界人权宣言》。这个具有历史意义的宣言颁布后，大会要求所有会员国广为宣传，并且“不分国家或领土的政治地位，主要在各级学校和其他教育机构加以传播、展示、阅读和阐述”。

它不仅保障人们的公民和政治权利，而且还保障他们的经济、社会和文化权利（第二个主题）。

联合国《可持续发展目标》（Sustainable Development Goals，SDGs）中设定了必须解决的主要议题、教育的实施、性别平等和妇女自强、老人的人权、环境等内容，旨在解决世界共同问题并创造一个互惠互利的社会，建设一个人人都可享有和平与尊严的国际社会（第三个主题）。

二、人权有保护所有人的自由和尊严的必要

池田会长以《世界人权宣言》发表70周年为契机，为解决全球问题提出一些以人为本的观点，基于关爱每个人的生命和尊严，积极促进相关道德观念的形成和政策的协调，以有效应对当前面临的全球挑战。

当《禁止核武器条约》（Treaty on the Prohibition of Nuclear Weapons，TPNW）于2017年7月7日在联合国获得通过时，池田会长很高兴一个可供千万人共享的人权起点再度被开启。这也是第二次世界大战时在广岛和长崎经历了原子弹爆炸的受害者们一直以来的诉求。他们及全球核武器受害者成为TPNW的推动者。这也是“人类共生”的情怀、“渴望世界和平”“保护地球环境”的理念，以及人权教育在超越社会的分歧中发挥了积极作用。

创价学会第一任会长牧口常三郎在《人生地理学》一书中提出警示，殖民主义扩张是掠夺其他国家，横暴残虐。1930年在日渐高涨的日本军国主义思想对教育造成恶劣影响的环境下，牧口会长出版了《创价教育学体系》一书，他在书中主张，教育应该提升学生为自身及整个社会的幸福创造价值的能力。在2018年的和平倡言中，池田会长引用了曼德拉总统在《与自己对话》一书中的这句话——荣誉属于那些永不放弃真理的人，即使现实看起来黑暗残酷，但他们仍会一次又一次地去尝试，绝不会因为受到侮辱、羞辱甚至挫败而心灰意冷，以此强调构建一个新的世界不能依靠被动的旁观者。池田会长还提到，虽然牧口会长在狱中辞世，没有实现他的理想，但是，与牧口一起入狱的第二任会长户田继承了牧口的遗志。池田会长深刻认识到户田会长与牧口会长的心愿是“始终关心的是受苦的民众”。这也是池田会长继承两任会长的遗志并持续为世界和平培养全球市民[①]投入诸多行动的根源。

池田会长在2018年和平倡言中引导大家思考当前的难题，理解以生存权为

① 户田会长在被其称为“全球公民意识”（日文：地球民族主义）的理想中表达了这种信念，即创造一个不论人们属于哪个国家，权益都不会遭受践踏的世界。他坚定不移的誓愿是要掀起一个基于民众行动、变革时代的潮流。

中心、以人为本的理念，强调解除国家、民族之间的纷争，要互相以“慈悲、宽大的心胸”进行对话，迈向更人道的新世纪。而这个架构的基础来自理想中的世界和平并不止于缓解国与国之间的紧张局势或防止战争爆发，而是在努力实现TPNW① 的过程中，必须坚持的重点是保护每个人的生命和尊严。然而实现和平与人权的理想不能一蹴而就。要在法律和制度上实质性地确立每一个人的权利，需仰赖民间社会不断扩大行动范围，凭借法律最深层的精神源泉，即不愿让任何人经历自己承受过的苦痛的誓愿。②

户田会长提议的地球市民理念是期盼21世纪能成为更友好、更能够考虑对方、更有慈爱的世界，其根源在于“人本主义”和“尊严性”及包容他人的“慈悲”，以及克服一切困难的“智慧”。这种“宽容精神”与尊重人权是相连的。实施的关键在于坚守“共生的道德气质”意旨，在面对“慈悲、智慧与勇气”的挑战中必须要取“调和”而舍“对立”，取“结合”而舍“分裂”，取“大我”而舍“小我”。

“联合国人权教育十年”（1995—2004）是SGI一直支持推动执行的活动，呼吁采用一个国际框架来跟进，并参与支持“世界人权教育方案”于2005年开始进行的活动。同时，SGI与其他民间社会团体合作，支持2011年《联合国人权教育和培训宣言》的通过，一同建立了致力于人权教育的民间社会网络。

SGI还举办其参与制作的《迈向尊严之道：人权教育之力》影片的放映会，向国际社会推出最新展览《生命的变革——人权教育的力量》。澳大利亚维多利亚州的警察在经过人权培训后，与市民之间的关系获得改善。在此次培训计划中，警方更了解他们在人权框架内的职责，明白了不能将“人”和“行为”这两个概念混为一谈。“人”的权利自始至终都应该受到保护，若有违法的“行为”，方可针对这个“行为”进行处理。

“即使是那些最具才华和最有成就的人也不应该蔑视其他人。同样地，一个种族的成员也绝不能以傲慢的态度对待另一个种族的成员。”③ 池田会长真心希望年轻一代能够将这些话牢记在心。因为目前的日本社会依然普遍存在对中国、韩国和其他亚洲人的歧视。池田会长借由如此的提示与历史的教训，想要彻底根除日本社会依然充斥着的偏见和歧视。

---

① TPNW虽然是裁军条约，但同时注入了国际人权法的精神，这确实意义非凡。条约最大的特色在于它聚焦于人类所遭受的苦难。例如，禁止核武器的逻辑依据是核武器对“全人类安全”所构成的威胁。此外，TPNW明确指出，条约的实施不仅仰赖各国所展开的行动，民间社会所扮演的角色也非常重要。

② 《联合国宪章》序言开篇即为“我联合国人民”，UDHR亦阐明“人人”应享有的权利，这标志着国际社会视角的转移，个人不再被视为受关注的对象而是行使权利的主角。

③ 2017年10月，韩国前总理李寿成在创价大学的一次演讲。

社会上的主要族群可能会将歧视视为与他们的生活毫无关联，但对于被边缘化的族群而言，受到歧视这件事却是日常生活中无可否认的现实。社会必须唤醒主要族群，经由人权教育使人们注意到这种无意识的倾向助长了歧视。实施人权教育，能够提供给人们反思日常行为的机会。SGI在促进人权教育的工作中，着重于个人潜能和公众意识的提升，以恢复所有人的尊严，构筑一个多元化和具有包容性的社会。

三、道德勇气与万物共生

牧口常三郎在《人生地理学》一书中提到“五眼论”——“肉眼”“天眼”“慧眼”“法眼”“佛眼”，借此明辨是非、正义、虚伪，建设万物共存、共生的社会环境。书中还提到“万物共生的大地”：“共生”为“缘起”，任何人与物都不能单独存在，并且相互关联、相互依存，构成一个世界。

以国际法作为制约的有效性在“硬法”（例如条约）效用上加以运行。能通过“硬法”和诸如联合国大会决议和国际宣言等“软法”的双管齐下，鼓励各国一步步地从能够执行的项目开始，也有益于实现待解决问题的目标。

在2010年的《不扩散核武器条约》（NPT）缔约国审议大会上，包括有核武器国与依附核武器国在内的与会者，均再一次体会到使用核武器造成的灾难性后果，正是这种共识使参会者加速缔结了一份有关禁止核武器的条约。TPNW本身体现了NPT第六条关于核裁军的义务。

马丁·路德·金博士在挑战种族隔离制度和白人至上主义的暴力行为仍然有增无减的时代里，深刻体认到必须经由制定新法律来开拓通往平等和公正社会的大道。历史学家文森特·哈丁博士曾拜访马丁·路德·金，深受其影响，此后终生致力于民权事业。如民权法这样的法律框架便为对抗社会中普遍存在的歧视和压迫奠定了基础，绝对有存在的必要性。金博士的目光则更为长远，他力图彻底根除偏见和怨恨。哈丁博士如此描述金博士梦想中的美国：“一个崭新的美国将会是这样一个国家：黑人和白人以及所有肤色的人们都能够聚集在一起，为实现共同利益找出共同点。”

如同金博士所追求的崭新的美国一样，SGI希望普通市民也能万众一心，掀起变革的浪潮，并对此抱着坚定不移的决心。因此，其努力追求废除核武器，并与各个以信仰为基调的组织（faith-based organizations，FBO）① 合作起草和发表

① 2014年4月24日，国际创价学会在华盛顿的美国和平研究所（United States Institute of Peace）召开了一场为期一天的跨宗教论坛，题为“带来改变：宗教团体与核武器所涉及的非人道性后果”。超过100位来自佛教、基督教、犹太教、伊斯兰教等不同宗教背景的和平运动家和专家与会，纷纷强调在道义上废除核武器的必要举措。

共同声明。这样的凝聚力始于在华盛顿举行的跨宗教论坛，当时来自基督教、伊斯兰教、犹太教和佛教等宗教的代表齐聚一堂，共同探讨废除核武器问题，发表了由14个不同FBO签署的共同声明。之所以能够如此团结一致，除了因为拥有共同的使命感之外，也是为了一同解决人类所面临的重大挑战。

池田会长引述了金博士自传里的一段话：“这个选择听起来很奇怪，因为现在的世界一团糟……只有在漆黑的夜里才能看到璀璨的星光……我喜欢生活在这个时代的另一个原因是，我们已经被逼到墙角，我们不得不竭力克服人类在整个历史进程中一直设法解决的问题。为了生存，我们必须这么做。”这段话正是反映了目前的情况。在联合国和民间社会的齐心协力下，建设一个人人都可享有和平与尊严的国际社会并非遥不可及的目标。

四、被控制的信息量

池田会长在2018年和平倡言中分享了牧口会长在《人生地理学》中所表达的观点，强调人类和国家对地理的理解会深深地影响他们的行为，呼吁人们根据被其称为“人道竞争”的原则处事。他解释说，这就是有意识地选择抛开以自我为中心的动机，并致力于保护包括自己在内的所有人的生命和生活。即使国境线被视为丝毫不能让步，但全球基础设施网络将无疑会增进国家之间的关系。这类活动可以被看作牧口会长所倡导的“人道竞争”的新表现。池田会长还强调牧口会长的哲学基础之一是“价值在关联性中产生”的思想。同样的原则也适用于人权方面的挑战，扩展“联系存有差异的人或事物”的纽带，具有重要意义。

在世界各地，不断发生个人或群体被异族厌恶、回避和孤立，引起深刻的社会问题。在某种程度上，人们对具有共同属性的群体有归属感是一种很自然的情感。同样的，对于来自不同国家的人由外进入自己的领域会感到不安，这也是人之常情。但是因为憎恨和敌视的情感，会以仇恨性言论和其他歧视的形式体现出来，因此这种情绪可能造成排他和侵犯人权的行为。

近年来，随着信息处理的效能愈加强化，以及终端硬件的轻便化，用户的接触层面愈加扩展。这也产生这样一个社会现象，即因顺应自我的强烈诉求导致接受过滤气泡[①]而在无意识下被隔离。伴随着我们与他人建立联系的能力不断增强，信息社会的兴起也导致了人们只接纳与自己持有相同意见的人。其中

---

① 过滤气泡（filter bubble，又称“个人化资料过滤”“筛选小圈圈”）是一种网站针对个人化搜寻而提供筛选后内容的结果。网站内嵌的算法会通过用户的地区、先前活动纪录或是搜寻结果来给予使用者想要的或是观点一致的结果。这种结果可能会导致使用者越来越看不到他们不同意的观点或信息，使得认知过于单向，并处于他们的文化、意识形态气泡之中。

一个原因是强有力的搜索引擎只会显示符合用户偏好的信息，用户因此得不到其他消息来源。渐渐地，人们在不知不觉中便只接触到预先被筛选过的信息，宛如被一个信息气泡包围起来。因此，人们虽然在搜寻的过程中获取了大量的讯息，但所得到的讯息是受到范围限制的，导致一个假象的产生，即加乘效果的强化，致使与自我意识雷同者相结合并被误认为是大众的群聚。互联网活动家伊莱·帕里泽警告说："如今，我们共有的经验，是建立在共有信息的基础上，过滤气泡却成为一种让人与人彼此疏远的离心力。""在过滤气泡中，你无法看到360度的全景，甚至只能看得到1度。"这提醒我们要注意因人生观受限制而产生的负面影响。

这种现象令人担忧，因为它可以严重影响一个人对社会问题的理解。即使一个人主动搜寻他所关注的课题，他最终在网站和社交媒体上看到的内容也会与其之前所持的观点极为相似。从一开始，人们便根本无从接触其他的意见，就更别提有机会思考这些意见了。

五、真和平前提的结构性暴力

人类初次飞离地球轨道，在外层空间看到地球全貌，同时也看到了几个人工的设施，万里长城便是其中之一。春秋战国时期为了防御外夷的入侵各国建造了片段的城墙，秦统一各国后将各段连接起来，通过大量的人力才完成让现代人仰慕感叹的巨大工程。这项工程的目的是维系当时领域内的和平。

美国总统罗纳德·里根也有类似的考虑。1982年，里根总统观看了一场计算机仿真军事演习。在演习中，因受到苏联核攻击而被摧毁的美国城市在地图上显示为红点。随着时间一分一秒地流逝，这些红点的数量不断增加，"总统甚至还没来得及喝上一口咖啡，地图上就已出现一片红海"。据说，里根总统一直站在那里，紧握咖啡杯，被眼前的场景怔住了。里根总统一定是记住了这一幕，后来才与苏联寻求对话，最终与苏共中央总书记米哈伊尔·戈尔巴乔夫举行了一系列首脑会议，并与他签署了《美苏消除两国中程和中短程导弹条约》。

联合国正致力于在2018年底前通过两项协议：《全球移民契约》和《全球难民契约》。契约的各个项目中都贯通着人权这个原则，各国应以确保难民和移民儿童能接受教育为重点课题，并必须承担共同的义务。如今，世界上被迫的流离失所者多达6560万人，超过半数的难民是18岁以下的青少年和儿童。许多移民儿童因偏见和歧视而遭受不友善的对待。联合国难民事务高级专员办事处（United Nations High Commissioner for Refugees，UNHCR）正在倡导让难民融入收容国的学校。孩子们在学校环境中所建立的友谊可以在整体上促进在当地小区及家庭之间的交流。除了学校之外，非正式教育环境也可为难民儿童提供重要的学习机会，因此SGI将与其他组织积极合作，扩大对这类活动的支持力度，通过教育的实施让儿童能够获得基本人权，获得改善未来生活的能力。

有些人认为老年人生产力较低，社会价值不高，对经济和年轻一代造成负担，这种结构性歧视和偏见可导致老年人遭社会排斥，甚至要尽力将其消除。70年前阿根廷向联合国大会提交决议草案，强调了保护老年人权益的重要性。然而，这一提议多年来并未引起各国的注意，直至1982年的第一次老龄问题世界大会，才引发国际关注。联合国大会在1991年通过了《联合国老年人原则》，提出五个要点：独立、参与、照顾、自我充实和尊严。虽然“独立”（尊重个人意志）、“照顾”（对健康和生活的保障）和“尊严”（确保免受歧视和虐待）是老年人的核心权利，但这些原则自身并不能独自成立。罗马俱乐部共同会长恩斯特·乌尔里希·冯·魏茨泽克博士强调，创造能让年长者依照自己的意愿继续工作的条件将有利于整个社会。获得良好的对待对于让一个人觉得有尊严是必不可少的，但更重要的是被他人视为无可取代。被因自己的存在而获得快乐和幸福的人所包围，就能让人享有尊严。因此，社会应保障老年人的人权，给予老年人能在自己熟悉的环境中取得自我发展的权利。

真和平在于对人权的重视，假和平是维护少数人的利益，真暴力是达成少数人的欲望，结构性暴力（真暴力）是在谋略前提下牺牲大数人的权益。

"池田倡言"及其对新时代中日关系的启示

汪鸿祥 [*]

1968年9月8日在创价学会第11届学生部大会上，池田大作发表了题为《中日邦交正常化倡言》（简称"池田大作"）的演讲，这个演讲时长近80分钟，主张中日邦交正常化。[①] 值此"池田倡言"发表50周年、《中日和平友好条约》缔结40周年之际，重温"池田倡言"，可以温故知新。"池田倡言"不仅打破了中日关系不正常的状态，开辟了中日邦交正常化的道路，对当时的中日关系具有重大意义，而且高举和平友好的大旗，指明了中日关系发展的方向，对新时代中日关系也具有重大意义。

一、"池田倡言"的内容和背景

"池田倡言"提出了解决中日关系问题的三点重要建议：（1）实现中日邦交正常化；（2）恢复中国在联合国的合法席位；（3）发展中日两国的经济文化交流。

关于中日邦交正常化，倡言首先分析了中日不正常关系的现状，批评日本政府"媾和问题已经解决"的主张，是"无视中国大陆七亿一千万民众"的"唯心论"。其次指出了中日邦交正常化的意义和对象，认为"邦交正常化使彼此的国民之间能互相理解，互相交流，互相增进利益，并能为推进世界和平作出贡献，才具有意义"，"其对象的实体也应当是中国七亿一千万民众"。再次提出了中日邦交正常化的方法，主张以演绎法的方式加以解决，强调开展"对话"，呼吁"两国最高领导人通过对话，确认对待和平的基本共识"。最后对中日邦交正常化进程提出了预见和对策，认为"佐藤政府显然没有这种意思，中国也不会理睬佐藤政府。为了解决这个问题，我希望包括公明党在内的在野党能团结起来，承担起这个任务"。[②]

关于恢复中国在联合国的合法席位，倡言首先指出了代表权问题的实质是

---

* 汪鸿祥，日本创价大学教授，复旦大学日本研究中心兼职研究员。

① 池田大作：《时代精神的潮流》，香港：商务印书馆，2005年，第3—18页。

② 同上。

承认中国政府代表中国的问题。其次批评了美日政府的行径，谴责美国在联合国以“暂缓讨论方式”和“指定重要事项方式”，阻挠中国恢复在联合国的合法席位，批评日本政府一贯追随美国的政策。再次指出了恢复中国在联合国合法席位的必要性，认为“把占全球人口1/4的中国实质上排除在联合国门外的现状，在任何人看来，都必然会说这是联合国的重大缺陷”。然后敦促日本政府改变政策，不再支持美国“指定重要事项方式”，“积极地推进”恢复中国在联合国的合法席位。最后指出了恢复中国在联合国的合法席位“才是真正维护以联合国为中心，才是对世界和平的伟大贡献”。①

关于发展中日两国的经济文化交流，倡言首先强调“不能无视中国方面的主张”。其次分析了中日贸易的现状，提到了中日开展LT贸易、备忘录贸易和友好商社贸易的情况。再次批评了日本政府的态度，指出日本政府“顽固地坚持中国所批评的政经分离，出于追随美国的立场，根据巴黎委员会禁运商品项目，施加各种限制”，还批评了试图限制中日贸易的1964年“吉田书信”②。然后提出了发展中日贸易的主张，认为“应当在日中两国相互理解的基础上”，发展中日贸易，呼吁日本政府“废除吉田书信，应当遵守贸易三原则，一步一步地朝着扩大贸易的方向坚持不懈地努力”。最后指出了发展中日贸易关系的目的，“不仅是为了单纯的经济利益，而且是同亚洲的繁荣乃至世界和平作出伟大贡献直接联系的”。③

“池田倡言”还对中国问题和世界问题进行了论述：指出了中国问题在世界和平中的重要性，强调“中国问题正是实现世界和平的关键”，不与中国平等、公平交往，就“永远不可能实现亚洲和世界的和平”；探讨了中国问题与亚洲局势的关联性，指出亚洲是“最不稳定，而且蕴藏着深刻危机的地区”，“这种不稳定的根本原因，在于亚洲的贫困，在于资本主义的亚洲同共产主义的亚洲之间的隔绝，不信任和对立”；强调了国家间相互依存的必要性，指出“只有到以我们日本和中国为轴心，亚洲所有的民众互相援助、互相爱护的时候，才会驱散笼罩着今天亚洲的战争的残酷和贫穷的乌云，才会照射进希望与幸福的灿烂阳光”。④

---

① 池田大作：《时代精神的潮流》，香港：商务印书馆，2005年，第3—18页。

② 1964年“吉田书信”：1964年日本原首相吉田茂访问中国台湾后发给蒋介石秘书的书信。主要内容是表明日本政府对中日贸易，特别是对日出口，不使用进出口银行等利用政府资金的长期延期贷款。佐藤内阁坚持这一方针，实际上就是限制中日贸易的发展。

③ 池田大作：《时代精神的潮流》，香港：商务印书馆，2005年，第3—18页。

④ 同上。

“池田倡言”的提出，反映了国际环境变化及中日关系发展的必然趋势。[①]从冷战环境来看，第二次世界大战后，美苏以及东西方阵营之间，围绕着建立战后世界秩序等问题严重对立，双方进行了政治、军事、经济、文化、心理等全面较量，展开了冷战。尽管美苏没有直接交战，但是处于临战的敌对状态。冷战带有意识形态和社会制度的尖锐对立、军备竞赛不断加剧的特征，在世界范围内增加了紧张气氛。20世纪60年代末国际局势开始新的变化。[②]“池田倡言”回顾了东西方对立的历史，指出中日邦交正常化“能缓和并能很快地完全解除东西方在亚洲的对立”。[③]

从中美关系来看，在冷战的形势下，新中国实行了“对苏一边倒”战略，美国推行了遏制中国战略。20世纪50年代初中国在朝鲜战场与美国进行了直接交锋。60年代中国在中南半岛与美国进行了长期较量。中美对抗成为亚洲冷战的主轴。60年代末中美关系开始新的变化，中国领导层在内部报告中提出了打开中美关系大门的建议，1969年尼克松就任总统后开始探讨改善中美关系的途径。[④]“池田倡言”指出“只要美中之间不缔结和平关系，就不可能斩断战争的祸根”，强调“一定要尽快让这两个大国和解”。[⑤]

从日美关系来看，战后美国占领日本，在日本进行了一系列改革。随着冷战的展开，美国把日本作为其远东战略的支柱，开始积极扶持日本。1951年《旧金山和约》缔结后，日美签订了安保条约。20世纪50年代日本追随美国，在美国的核保护和经济援助下，注重经济建设。朝鲜战争“特需”使日本经济迅速恢复。60年代，随着日本经济的发展和日美力量对比的变化，日美关系从50年代的从属关系逐渐向“伙伴关系”发展。1968年日本成为世界第二经济大国，对美“自主外交”的呼声逐渐高涨。“池田倡言”指出日本“推进自主的外交政策，乃是理所当然的权利”。[⑥]

从中日关系来看，在冷战的形势下，日本追随美国反华亲台政策，提出了“吉田书信”[⑦]，1952年4月与台湾签订了“日华和约”，建立了所谓的“外交关系”。到1972年为止中日关系长期处于不正常的状态。20世纪50年代中日之间

① 毛里和子：《日中关系》，东京：岩波书店，2006年，第3页。

② 汪鸿祥等：《战后国际关系史纲》，北京：世界知识出版社，1989年，第1—101页。

③ 池田大作：《时代精神的潮流》，香港：商务印书馆，2005年，第3—18页。

④ 参见汪鸿祥：《现代中国外交的轨迹》，载《现代中国的轨迹》第三章，东京：白帝社，2007年。

⑤ 池田大作：《时代精神的潮流》，香港：商务印书馆，2005年，第3—18页。

⑥ 同上。

⑦ “吉田书信”：1951年12月24日，时任日本首相吉田茂在美国的压力下，发给美国特使杜勒斯的书信。主要内容是表明了日本政府决定与台湾当局建立所谓外交关系的方针，标志着日本政府“亲台反华”政策的开始。

先后缔结了四个贸易协定，开展了民间贸易。同时，民间文化交流也有一定的发展。由于1958年的“长崎国旗事件”[①]，致使中日交流几乎全面中断。进入60年代以后，中日两国通过LT贸易、备忘录贸易、友好商社贸易等方式，发展了中日经济贸易关系，中日间逐步形成了一种半官半民的联系。[②]在中日关系不正常的状态下，池田大作率先提出了中日邦交正常化的倡言，超越了原有的中日民间交流的范围，壮大了中日友好的力量，使中日邦交正常化的呼声日益高涨。

“池田倡言”在日本国内外引起了强烈反响。自民党内有影响力的一些政治家，如松村谦三、藤山爱一郎等都对这个倡言表示了高度关注，周恩来总理等中国领导人对池田大作提出中日邦交正常化倡言的富有勇气的行动给予高度评价。2008年5月，胡锦涛在访日之际，特地会见了池田大作，指出“早在1968年先生就率先提倡早日实现中日邦交正常化”，“我对先生的政治远见、博识和勇气，表示衷心的敬意”。[③]

“池田倡言”是富有远见的倡言。池田大作不仅指出了中日邦交正常化的必然趋势，而且指出了国际社会发展的必然趋势。“池田倡言”指出，“从日本的处境来说，中国问题或迟或早是绝对不能避开的”，“从日本本身来说，由于其地理条件，为了将来的发展，同拥有丰富资源和巨大市场的中国建立密切关系，对于彼此都是必要的，而且是最有利的”。“池田倡言”敏锐地洞察了国际形势的变化，指出“一旦越南战争结束，中国必然成为下一个焦点”，“世界的舆论是日益趋向支持中国政府”，“中日邦交正常化不仅是为了日本，也是世界客观形势赋予日本的使命”。[④]

“池田倡言”是富有博识的倡言。池田大作不仅把握现状，而且通晓历史。池田大作对中国历史和文化有深刻的认识，指出中国“是具有三千多年大河般历史潮流的伟大民族”，日本“一向在中国文明的影响下，不断获得生机蓬勃的发展”，“我国的佛教也是从中国传来的”，“各种风俗习惯，如果追根溯源的话，大多也是起源于中国”，“从这种历史的关系以及民族性和风俗的相似性来说，日中友好确实是一种很自然的趋向”。[⑤]

“池田倡言”是富有勇气的倡言。池田大作不仅敢于冲破日本国内反华势力

---

① “长崎国旗事件”：1958年5月2日，在日本长崎举办的中国商品展览会上，两名日本右翼青年粗暴地撕下挂在会场的中国国旗，事后日本警方马上将其释放。对此，中方提出强烈抗议，认为是对中国的“侮辱”和“挑衅”，岸信介内阁“应对其所有结果承担全部责任”。此后中方中断了与日本的经济文化交流。

② 汪鸿祥等：《变化的现代中国》，东京：白帝社，2004年，第66—90页。

③ 《圣教新闻》2008年5月9日。

④ 池田大作：《时代精神的潮流》，香港：商务印书馆，2005年，第3—18页。

⑤ 同上。

的阻力，而且敢于冲破国际上两极格局的束缚。“池田倡言”提到了当时的严峻形势，有人认为“谈论中国问题不合时宜”，有人“认为中国是有侵略性的危险国家”。在此形势下，池田大作顶着压力，冒着危险，率先呼吁早日实现中日邦交正常化，严正表明：“像我这样提倡日中友好，往往会被人曲解，似乎这是一种‘左倾’。但不能不说这是一种肤浅的看法，因为我们理所当然地要站在佛法的立场上，以人为本，遵循世界民族主义，祈愿世界和平和日本安泰。”①

二、“池田倡言”的理论与实践

“池田倡言”是以池田大作人间主义理念为理论基础的。池田大作指出：“一切要以人为根本。”② 池田大作1974年访问苏联时，对柯西金“你的主义是什么”的提问，当即回答：“和平主义，文化主义，教育主义，根底是人间主义。”③ 人间主义理念是池田大作思想体系的核心价值和根本理念。池田大作在继承创价学会第一任会长牧口常三郎的“价值论”和第二任会长户田城圣的“生命论”的基础上提出了人间主义理念，开展了人间革命实践。④

池田大作人间主义理念主要具有两个含义。⑤ 一是探索“人的存在”的本质。池田大作在中日交流中强烈地意识到“人的存在”，积极开展人间主义外交，不仅与中国历代领导人对话，而且促进中日民众之间的交流，努力构建人与人的互相理解和信赖。1975年池田大作与周恩来的会见，可说是人间主义外交的典范。为了发展中日关系，增进互信至关重要。⑥ 二是实现“人类利益”的坚定信念和行动。池田大作在中日交流中力求超越国家和民族的障碍，为实现“人类利益”作出积极努力。“池田倡言”在谈到中国问题时指出：“从我们的世界民族主义的理念来看，这也是无论如何都必须要触及的首要的根本问题。”⑦ 世界民族主义把世界和民族作为一个有机的整体来看待，力求超越民族主义的障碍，创造一个各民族共生和融合的世界。“池田倡言”体现了池田大作实现“人类利益”的坚定信念。池田大作人间主义理念与习近平提倡的“人类命运共同体”可谓异曲同工，都是为了实现人类利益。发展中日关系必

① 池田大作：《时代精神的潮流》，香港：商务印书馆，2005年，第3—18页。

② 池田大作、季羡林、蒋忠新：《畅谈东方智慧》，成都：四川人民出版社，2004年，第272页。

③ 池田大作：《创价教育的源流》，创价大学创友会，2006年。

④ 参见池田大作：《人间革命》第1卷，东京：圣教新闻社，1965年。

⑤ 寺西宏友：《池田大作国际和平活动的起源》，载《与池田大作对话文明重生》，北京：中国社会科学出版社，2011年，第195—208页。

⑥ 汪鸿祥：《新时期中日关系的特点与展望》，《日本学（第十五辑）》，北京：世界知识出版社，2009年，第197—209页。

⑦ 池田大作：《时代精神的潮流》，香港：商务印书馆，2005年，第3—18页。

须克服狭隘的民族主义。[①]

池田大作和平思想是“池田倡言”的重要支柱。池田大作和平思想的核心内容有三点。[②]第一是生命尊严思想。池田大作和平思想的根本在于佛教的生命论。池田大作指出：“生命的尊严是普遍的绝对的基准，生命的尊严没有等价物，是任何东西都难以替换的。”和平之所以重要，是因为一切生命都是至高无上的尊贵的存在。所谓和平，是一切生命的尊严性得到保障的状态，因而和平思想的根本就是生命尊严的思想。“池田倡言”正是从生命尊严思想出发，为了世界和平，呼吁早日实现中日邦交正常化。第二是非暴力思想。佛教哲学还主张不杀生的理念。不杀生就是非暴力。和平不只是无战争状态，而且意味着非暴力状态。暴力分为“直接的暴力”（包括战争和恐怖活动）和“结构性的暴力”（包括贫困饥饿、人权抑制、环境破坏等）。池田大作指出：“和平的反义词是暴力。和平是通过与包括战争的各种暴力，即贫困、饥饿、环境破坏、人权抑制等的斗争，通过根绝一切暴力才能实现。”[③]非暴力思想要求在解决国际争端时，必须使用和平方式。“池田倡言”正是从非暴力思想出发，指明了通过对话方式实现中日邦交正常化的途径。第三是共生的思想。佛教的因果论和依正不二论是共生思想的基础。共生思想重视因果关系，重视过去、现在、未来的纵向关系。所以和平应是永恒的持续的存在。共生思想重视依正不二的关系，重视人与人和人与环境的横向关系。所以和平应是无所不在的存在。“池田倡言”正是从共生思想出发，指明了中日两国以及世界各国之间相互交流的重要性。[④]池田大作和平思想追求三个层次的和谐：一是人的内在的和谐，二是人与人之间的和谐，三是人与自然的和谐。这三种和谐是内在关联的，缺一不可的。

以人间主义理念为基础、以和平主义思想为支柱的“池田倡言”，是池田大作中日友好思想与实践的重要组成部分。池田大作中日友好思想的形成主要有两个原因。首先是战争的教训。池田大作青少年时期正是日本从侵华战争走向太平洋战争最终战败的时期。池田大作的四个哥哥被送上战场，大哥死于缅甸战场。池田大作从父兄处了解到日本军国主义在中国和亚洲的野蛮行径，深感战争的残酷，对日本侵华战争的历史有正确认识。池田大作亲身体验了战争的苦难和悲惨，因此特别憎恨战争，强烈向往和平，对中国人民抱有特殊的友好感情。正是

---

① 毛里和子：《日中关系》，东京：岩波书店，2006年，第168—175页。

② 参见汪鸿祥：《构建和谐世界的重要启迪》，载梁桂全主编《和平·文化·教育：和平发展中的文化与教育学术研讨会论文集》，北京：中国社会科学出版社，2008年。

③ 池田大作：《池田大作全集》第2卷，东京：圣教新闻社，1999年，第24页。

④ 池田大作、汤因比：《展望21世纪》，北京：国际文化出版公司，1985年，第12页。

战争的反面教员使池田大作懂得和平的重要，萌生了对和平的热望。池田在战争期间的实际感受尤其是对侵华战争的深刻认识，成为池田大作中日友好思想形成的重要历史基础。

其次是长期学习和实践的结果。1945年日本战败后，17岁的池田大作在新形势下积极追求人生真谛，寻到了佛教之光。佛教哲学成为池田大作思想的重要哲学基础。池田大作的人生受到创价学会两代会长的重要影响。第一任会长牧口常三郎和第二任会长户田城圣因“违反治安维持法”的罪名于1943年7月被警察逮捕入狱，1944年11月牧口常三郎死于狱中。第二次世界大战后，户田城圣出狱并积极开展了创价学会的重建活动。1947年池田大作与户田城圣相识后就以户田城圣为师，在“户田大学”学了大量的学问。在此基础上，1960年池田大作就任创价学会第三任会长后，不仅注重理论钻研，而且强调实践行动。将佛教和平思想传播到190多个国家的亿万民众之中，同时从广泛的民间交流中吸取新的思想营养。在追求和平、宣传和平、实践和平的过程中，逐步形成了具有池田大作特色的中日友好思想。

“池田倡言”发表后，池田大作把中日友好付诸实践。池田大作指示公明党为实现中日邦交正常化发挥桥梁作用。公明党于1971年6月、1972年5月、1972年7月三次派团访华，提出了著名的“中日复交五原则”①，为实现中日邦交正常化架桥铺路，发挥了关键性的作用。1972年9月田中角荣首相访华，29日中日两国发表《联合声明》，实现了中日邦交正常化。池田大作为中日邦交正常化发挥了重要作用，堪称中日邦交正常化的“掘井人”。中日邦交正常化实现后，池田大作积极促进《中日和平友好条约》的缔结。公明党于1974年8月、1977年1月、1978年3月三次派团访华，促进缔约的进程，再次发挥了中日两国之间友好桥梁的作用。在中日的共同努力下，1978年8月12日正式缔结了《中日和平友好条约》。这个条约确立了两国和平友好关系的总体法律框架，中日两国开始进入和平友好的新时期。

池田大作把中日友好作为自己一生的神圣使命，为构筑中日友好金桥进行了长期卓越的实践。池田大作先后10次访问中国，会见了周恩来、邓小平、江泽民、胡锦涛等中国历代党和国家领导人。现在日本社会中与中国历代领导人都有亲密交往的，只有池田大作一人。池田大作还非常重视中日民间友好交流，积极开展中日文化教育交流。池田大作创办了日本创价大学，美国创价大学，创价高

① 中日复交五原则：（1）承认中华人民共和国是代表中国人民的唯一合法政府；（2）反对两个中国和一中一台；（3）“日台条约”是非法的；（4）美国武装力量必须撤出台湾和台湾海峡；（5）恢复中华人民共和国在联合国的合法席位。

中、初中、小学、幼儿园，形成了富有特色的创价教育体系。在池田大作的指导下，创价大学与中国50多所大学建立了学术交流合作关系，不仅接受中国留学生和中国进修教师，而且还向中国有关大学赠送图书，向中国研究者提供中日友好学术研究资助。池田大作创办了民主音乐协会、东京富士美术馆等文化机构，通过这些机构与中国进行了长期的文化交流。民主音乐协会多次邀请中国的杂技团、京剧团、歌舞团等文化艺术团体访日演出。东京富士美术馆成功地举办了敦煌展、故宫展、汉字三千年展等大型展览。很多日本人通过观看演出和展览，加深了对中国的了解。[①] 池田大作尤其注重中日青年学生的友好交流。1985年创价学会青年部与中华全国青年联合会签订交流协定以来，长期开展了中日青少年的交流,每年都有很多创价学会青少年会员和创价大学学生访问中国，也有中国青少年通过创价学会和创价大学途径到日本访问、留学。

三、“池田倡言”在新时代中日关系中的意义和影响

中共十九大确立了中国新的领导体制，开始了中国改革开放的新时代。2019年日本平成时代结束，新的时代来临。2017年习近平主席与安倍晋三首相的两次会谈，推动了中日两国政治关系的改善。2018年5月李克强总理正式访日，表明中日关系开始回到正常轨道。中日两国政府层面的互动，为中日关系新时代的到来提供了新的战略机遇。

李克强总理访问日本时，池田大作委托创价学会会长向李总理转达了欢迎之意，并向李克强赠送了一首中文诗：“无限风光在桃李，几番克捷雪霜寒，强肩一任强国梦，犹记当年握手欢。”1985年李克强作为中国青年代表团副团长访日时曾与池田大作见过面。李克强高兴地说：“我清楚地记得33年前与池田先生的见面。衷心祝愿先生身体健康。非常感谢池田先生做了这么好的诗句送我。请代转达我对先生的问候。”[②] 同月，李克强亲笔书写了“金桥永固，风范长存”回赠池田大作。[③] 这表明了在中日关系发展的新时代，中国政府一如既往地对池田大作为中日友好作出的杰出贡献给予了高度的评价。

“池田倡言”对发展中日关系提出了一系列重要方针，对新时代中日关系的发展仍然具有重要意义。第一，大局方针。“池田倡言”指出，中日关系必须“从大局，从基本方针路线加以落实”[④]。发展中日关系必须从大局出发，注

---

① 参见汪鸿祥：《现代文明危机与21世纪全球文明的构建》，《广东社会科学》2011年第4期。

② 《东方新报》2018年5月4日。

③ 《圣教新闻》2018年6月30日。

④ 池田大作：《时代精神的潮流》，香港：商务印书馆，2005年，第3—18页。

意“求大同，存小异”，必须增强人类命运共同体的意识，考虑全球发展和人类利益。中日关系不仅涉及政治领域，更涉及经济、社会、文化等各个领域，中日关系不仅是政府间的关系，更涉及广泛的社会民间的各种关系。为了中日关系大局，必须妥善处理中日之间的争议，一时解决不了可以搁置。[①] 维护大局需要正确认识历史并积极面向未来。第二，互利方针。“池田倡言”指出，中日两国应该“互相理解，互相交流，互相增进利益”。[②] 发展中日关系必须互相有利，必须加强互相交流，增进互相理解，实现互惠双赢。第三，对话方针。池田大作从20世纪60年代起，与世界各国首脑和有识人士进行了1600多次文明间的对话。在日本出版的池田大作的文明对话集已达40多部。“池田倡言”提出通过“对话”实现中日邦交正常化，呼吁中日两国领导人进行“对话”。[③] 发展中日关系必须彻底摒弃对抗，不断坚持对话。必须开展多层次、多渠道的对话。通过对话，协调彼此利益，妥善解决问题。第四，人本方针。“池田倡言”强调“以人为本”，推进中日关系的发展。在发展中日关系时，必须重视人的作用，重视民间交流。必须立足于中日民众，着眼于中日民众，发展中日民间友好。

“池田倡言”所贯穿的中日友好精神对新时代中日关系的发展具有重大启示意义。第一，“池田倡言”的精神启示我们，和平友好是中日关系发展的根本方向。21世纪的国际社会正经历着深刻变化，经济政治中心向东方转移的趋势在加强，全球化推动国家利益高度互融，亚洲面临着历史性复兴机遇。中日两国共同肩负着维护本地区乃至世界和平与发展的重大责任，也承载着国际社会和地区国家的高度期待，必须坚持走和平友好之路。日本军国主义发动的侵华战争给中日两国人民造成了巨大的伤害，现代战争的危害性更是难以想象。中日不能再战！这是中日两国民众的共同愿望。东方文化自古就有“和为贵”的传统。中日两国“和则两利，斗则俱损”，必须摒弃“冷战思维”和“零和概念”。中日四个政治文件和四点原则共识的根本宗旨都是中日和平友好。只要双方恪守中日四个政治文件和四点原则共识，两国关系就一定能沿着和平友好的正确轨道继续发展。

第二，“池田倡言”的精神启示我们，民间交流是中日关系发展的重要基础。中日邦交正常化实现的一个重要因素就是双方“民间先行，以民促官”的努力结果。邦交正常化实现以后，两国友好人士大力开展友好交往，积极推动两国

① 1978年10月邓小平访日时对钓鱼岛问题表示：“这个问题一时搁置起来也没问题，放10年也没关系。将来一定会找到双方都能接受的解决问题的方式。”中国政府关于钓鱼岛的基本方针是“搁置起来，共同开发”。参见《北京周报》1978年第43期。

② 参见池田大作：《时代精神的潮流》，香港：商务印书馆，2005年，第3—18页。

③ 参见汪鸿祥：《文明对话与国际关系》，载《多元文化与世界和谐》，北京：人民出版社，2008年，第87—100页。

各领域交流合作，为增进两国人民相互理解和友谊、推动两国关系发展发挥了重要作用。无论中日关系处于什么发展阶段，两国民间友好的重要基础性作用都没有丝毫减弱。最近几年，中日两国民众交流规模持续扩大，尤其赴日中国游客连年大幅增长，2017年超过735万人，日本赴中国游客也出现小幅回升，中日人员往来跨入千万人次新时代。近年，日本通过外国人来弥补劳动力短缺的格局日趋突出，在日工作的中国人有增无减。截至2017年10月底，在日外国劳动者中来自中国的多达37万余人，约占整体的三成。同时，日本社会中的高端中国人才日益增加。中日民间存在着千丝万缕的联系。两国民众通过社交媒体等手段分享在对方国家的体验，正在有效增进两国人民的相互了解。当前更需要发挥民间交流的优势和传统，努力消除误解和偏见，进一步加强两国社会、文化、教育及青少年等方面的交流与合作，为中日关系赋予新的内涵。依托两国间友好城市众多、友好团体活跃的独特优势，真正构筑起中日世代友好的稳固社会基础。

第三，“池田倡言”的精神启示我们，相互信赖是两国关系发展的关键。相互不信是中日摩擦和对立的深层原因。中日两国究竟是把对方看作是竞争对手还是合作伙伴，这是长期以来困惑中日两国的最大问题。正确认知对方，增进相互信赖是中日两国的共同课题。[①]

为了增进互信，要正确认识中国的发展。20世纪90年代以来，随着中国经济的快速发展和日本经济的相对低迷，两国的力量对比发生了重大变化，两国经济差距日益缩小。1991年中日两国的GDP分别是4090亿美元和34789亿美元，而到了2015年，两国的GDP分别是110077亿美元和43830亿美元。1991年中国的GDP只有日本的11.8%，而到了2015年，中国的GDP已是日本的2.5倍。[②]但是，中国的人口是日本的10倍以上，按照人均GDP来计算，日本是中国的4倍以上，中日之间的经济差距依然很大。从中日两国的经济发展阶段、经济结构等因素分析，中日经济关系依然存在互补性，仍然需要发展经济合作。中国经济发展对于日本不是威胁，而是机会。

为了增进互信，要正确认识日本的现状。有人认为日本“日趋右倾化”，此说有失偏颇。从小泉纯一郎到安倍晋三的自民党主流的确在右倾化，但这种右倾化并没走向极右也不是整体。石原慎太郎在2012年挑起“购岛”风波后试图通过成立新党问鼎首相宝座，然而其极右倾向并没获得日本社会的认同，其本人在大选失利后只得退出政坛。这说明极右思想在日本社会没有市场。安倍晋三第二次组

---

① 汪鴻祥「21世紀日中関係で現状と趨勢」、『ビック・ヒストリーの実用』、地球宇宙平和研究所、2016年、35—36頁。

② 倪峰：《美国与东亚关系的历史考察——兼论中美日三国互动及地区影响》，《日本学刊》2017年第5期。

阁后其内政外交的保守主义色彩强烈，他不仅受到联合执政的公明党的牵制，也受到日本社会的民主和平势力的制约。日本社会并非只受民族主义思潮的影响，民主主义和平主义思潮和中道主义思潮依然产生影响。不能把部分右倾势力的动向当作日本社会整体的倾向，日本社会整体倾向不是右倾化而是多元化！日本社会呈现出后现代化社会的特征。一般民众对政治不那么关心，选民中无党派人士占一半左右，但是当政治开始侵犯后现代社会的基本价值观时，社会则通过选举和舆论等方式对政治家进行规范。还有人认为日本"日趋衰落"，此说也有失偏颇。日本泡沫经济崩溃后虽然经济低迷，但所谓"失去的20年"其实是日本实现经济软着陆并着手经济转型和产业升级的20年。日本依然是一个拥有强大经济力和科技力的大国。日本社会的发展形成了方便的生活环境、洁净的自然环境、安全的社会环境和多元的文化环境。我们要用平常心来看日本，客观、全面地认识日本，有利于我们积极推进中日关系的改善和发展。[①]

结　语

"池田倡言"发表以来的半个世纪，中日两国从关系不正常走向关系正常化，从敌视对立走向和平友好，中日关系发生了翻天覆地的大变化，出现了前所未有的大发展！中日相互依存日益加深，中日关系的广度和深度堪称史无前例。中日关系能有今天的发展，不能忘记50年前的"池田倡言"，不能忘记池田大作为中日友好作出的杰出贡献。"池田倡言"不仅对中日邦交正常化产生了重要的积极影响，而且对新时期中日关系的发展具有重要的现实启示意义。

《日本学刊》2018年第4期在卷首刊登了池田大作《培育友好之树　建设和平世界》的文章。文中指出："为了实现日中世代友好，要日日培育新的友好之树，为了建设和平世界，要以作为命运共同体的日本和中国的合作为基础，为地球的利益，为人类的利益携起手来共同行动。"[②] 池田大作虽然年逾90岁高龄，但是中日友好之情跃然纸上，表明了池田大作为了新时代中日关系的发展"老骥伏枥，志在千里"的坚定信念！

以"池田倡言"发表50周年和《中日和平友好条约》缔结40周年为契机，我们要温故知新，不忘初心，增进互信，与时俱进。进一步推动中日关系的改善和发展，实现中日关系行稳致远，谋求中日两国共同发展和世代友好。

① 参见汪鸿祥：《日本社会的变化与中日关系的改善》，载《中日关系2017：战略对峙中的转机》，复旦大学国际问题研究院，2018年4月。

② 池田大作：《培育友好之树　建设和平世界》，《日本学刊》2018年第4期。

1968年“池田倡言”与日中友好的未来展望

——以池田的“文化、教育、青年”交流为中心

高桥强 *

自1968年创价大学的创立者池田大作博士（以下称“池田”）发表《日中邦交正常化倡言》（以下称“倡言”）以来已经过了50年。倡言阐述了许多有关日中友好的思想。从那以后，池田便以倡言为基础努力促进日中友好，并且每当日中关系朝着期待以外的方向发展时，他都竭尽全力提出有益的方案及倡言。比如池田在1990年发表的《北京大学演讲》中，提出了通过“文化”“教育”交流的第二期“金桥”往来活动。“金桥”一词自池田1974年第一次访华以来已多次被使用。此外，2006年池田在《青春对话》中呼吁各界青年“秉持正确的历史观”。池田的日中友好思想的核心内容可以总结为以下四点：（1）中道主义；（2）世界民族主义；（3）“构筑金桥”的友好交流；（4）“以史为鉴”的友好交流。

自1968年以来，池田以自身的日中友好思想为基础，一贯坚持促进日中友好，其实践活动主要由“文化交流”“教育交流”“青年交流”三部分构成。2018年恰逢《日中和平友好条约》缔结40周年，现在两国关系也在趋于正常的轨道上不断迈进。放眼日中友好的未来40年、50年，可以想象迎来两大纪念日的2018年必将成为重要的历史节点。

本文首先对倡言的内涵进行再考，其次分析池田的“日中友好”思想，最后考察池田的文化交流、教育交流、青年交流的实践与特质，由此尝试开拓未来日中友好的新篇章。

一、1968年“池田倡言”再考

（一）“池田倡言”概观

1968年9月8日，池田在创价学会第11届学生部总会上，对约17000名大学生进行了演讲。演讲的题目为“光荣属于奋斗的学生部”，主旨为中日邦交正常化

* 高桥强，日本创价大学教授。

等问题。同年12月，这一演讲发表在《亚洲》月刊上，题为《日中关系正常化倡言》，即“池田倡言”。[①]

9月8日的演讲由以下九章构成：（1）中国问题是实现世界和平的关键；（2）将中国作为国际会议之地；（3）毛泽东思想就是民族主义；（4）尽快进行日中首脑会谈；（5）实现世界民族主义的理念；（6）大力帮助中国加入联合国；（7）扩大日中贸易的构想；（8）应当废弃吉田书简；（9）为亚洲的繁荣与世界和平作出贡献。

《对日中正常化的倡言》由以下11节构成：（1）从中道主义之高见出发；（2）决定亚洲的未来；（3）中国的弱点与优势；（4）中国非侵略性国家；（5）如何评价毛泽东思想；（6）修改敌视政策；（7）紧握缓和紧张局势钥匙的日本；（8）难以解决的中美间的不信任；（9）先承认北京政府；（10）演绎方法是解决的王道；（11）期待年轻一代的努力。

仅通过上述20个题目，便可知倡言是如何地高瞻远瞩、精致细密。此外，除恢复邦交的倡言外，还有与日中友好相关的各种思想。倡言对日本政府提出了以下提案：中国不是侵略性的国家，首先要承认北京政府，努力促使中国加入联合国，扩大日中贸易（废除“吉田书简”）。同时提倡为实现上述目标，要早日实现日中首脑的会谈。最后为促进日中友好期待年轻一代大放异彩。

（二）和平教育

倡言是面对大约17000名大学生、青年进行的演讲。青年代表未来，是开拓万古长青的日中友好关系的主体，池田在倡言中对他们寄予了厚望。

首先，无论是从日本的立场还是从池田立足的人道主义、世界民族主义的理念来说，“为了亚洲、为了世界”，都要抓住首要的根本性问题——中国问题。他期待青年们对上述问题进行认真思考，他说：“我仅仅是作为一名日本人，作为希望未来和平的一名青年，想和各位一起探讨这个问题。”

其次，不只对日本青年，池田先生对中国的青年也同样寄予厚望。“（虽然至今日中两国战争的伤疤还未愈合）但等到各位成为社会中流砥柱之时，日本的青年和中国的青年必将携手共同创造光明的世界。同时，以日本、中国为轴心，只有当亚洲所有民众能够相互帮助之时，才能驱散如今亚洲人民所遭受的战争和贫困，和平和安全也将到来。”

最后，对日中两国的青年，池田提出了“建立超越国界的友情”这一伟大目

① 参见孔繁丰、纪亚光：《周恩来、邓颖超与池田大作》，高桥强编译，东京：第三文明社，2012年，第40—42页。

标。他期待青年抱有远大志向：“能否从毁灭中拯救人类，取决于能否建立超越国界的友情。这一点也不夸张。”“时代无时无刻不在变化，聚焦未来，努力奋斗是青年的特权。”

池田期待两国青年能够确立超越国界的友情，他特别针对日本青年阐述了自己的“中国观。”

在1968年的倡言里，池田主要论述了如何评价毛泽东思想、中国是不是具有侵略性的危险国家。当时的日本保守派坚定地认为，“中国是一个危险的国家”，因此要巩固日美安保体制，避免和中国往来。大部分学生部总会的参加者同样抱有这种想法。

池田在《亚洲》月刊的论文里更加深入地论证了中国不是危险的国家，并且以“对外和平主义、对内专心主义”的观点论证了中国不是具有侵略性的国家。大部分的总会参加者对池田的“中国既不危险也不侵略”的结论印象深刻。

池田在论述了“中国观”之后，也阐述了在邦交正常化过程中日本应当采取的措施。对此他提出了“人道主义”“世界民族主义”理念，具体内容如下：第一，要正式承认中国政府的存在；第二，要为中国在联合国提供合法席位及参加国际性讨论的场所；第三，要广泛推进经济和文化交流。

上述倡言精神，即便在今天，也仍在创价教育体系及学会青年部里，通过刊物、影像作品来让青年人加以学习和继承，也涌现了一批为日中友好、世界和平不懈努力的人才。可以说，1968年的“池田倡言”不只是“日中邦交正常化倡言”，也是对日本青年和平教育的“日中友好启蒙书”，同时也是对日中两国青年的“建立友情的倡言”。

（三）对中国文化的探求

关于池田的“中国观”理念，可以有以下理解。①

针对毛泽东思想的评价，对于它的形成背景，池田指出拥有庞大人口和辽阔国土的中国为实现国家统一，必须满足众多复杂的条件。他认为，毛泽东思想是在以历史传统为基础的中华思想、孙中山提出的三民主义、占大半人口的农民生活基础上独创的民族主义中诞生的。这是对中国文化进行深入探求之后的见解。

关于“对外和平主义、对内专心主义”的理论依据，池田首先指出了起因于国土辽阔、多民族性、庞大人口、地域差异的内治的困难程度，具体说来，就是

① 参见《亚洲》月刊1968年12月，第50—52页。

能否确保足够的粮食来养活庞大的人口（历史上是通过大洪水和严重旱灾这些自然灾害的残酷力量维持着粮食和人口的平衡）。

此外，为统治辽阔国土和众多人口，要有庞大的官僚机构。然而，官僚机构都很难避免滋生官僚主义。他还指出，因为多民族性，作为内乱的内部战争贯穿中国历史。这是立足于地理学、民族学、人口学、社会学的整体的见解。

由此，中国形成了“巩固边境、整肃内政”的传统。因此，他指出中国无论何时对外都是和平主义（防卫主义），否则就无法维持内政。

从政府的角度来说，中国执政者始终没丢“中华”的面子，一直把成功处理内政作为最大的目标。他在倡言中指出：“结论是，中国的国家体制在对外政策上本质是防卫主义。如果错误认识这一点的话，就会完全丧失迈向世界和平的道路。”这是从对中国文化的探求中得出的结论，可以深刻感受到方法论的重要性。

“中国不是侵略性的”是池田先生一贯的看法，20世纪80年代以后，他在中国高等教育机构进行的学术演讲大多都是这一观点。例如，在北京大学纪念演讲《迈向和平的大道——我的考察之一》（1984年6月）中，池田宏观纵览中国历史，从中国是一个尚文多于尚武之国的角度阐述了他的中国观。

倡言也详细描述了中国文化对日本的恩惠，例如，对日本文化产生了决定性影响的佛教、水稻种植技术、成为江户时期政治哲学和道德根基的儒教，以及各种起源于中国的文物、风俗、习惯等都是受惠于中国。他强调中国是日本的大恩之国，是日本的兄长，日本两千年来一直接受中国文明的恩惠才得以发展。①

二、池田“日中友好”思想的核心内容

（一）中道主义

1. 追求人类尊严的“人本主义”

对于中道主义，池田进行了以下阐述：“我认为佛法中的中道思想也可以说是人本主义。也可以说人类本身就是‘中道’，它排除片面的把握，寻求通过多方面探求来把握其本质。若将‘中道’作为一个社会观展开的话，那就是始终追求人类尊严的‘人本主义’。如果将其作为社会变革的理念来详述，那么它并不是社会各方面中一部分的变革，而是‘总体的革命’。并且其中所表现出的特质是和谐社会的建设。”② 可以认为，日中友好是在上述中道主义的基础上，朝着

① 参见孔繁丰、纪亚光：《周恩来、邓颖超与池田大作》，高桥强编译，东京：第三文明社，2012年，第141页。

② 《创价学会指导集》，东京：圣教新闻社，1976年，第367—368页。

和谐统一的方向迈进的。

池田认为“中道”就是“正中道路”，也即作为人类要走出一条全面发展、整体前进之道。并且，这是每个人内心都存在的“佛性”，它不断推动具有创造性的最灿烂的生命前进，还让每个人都发出独一无二的“个性”之光。立足于中道主义，在文化交流中无论是个人还是文化都闪耀着个性与独创性。

可以说，佛教的“中道”思想和流传于中国思想中的“中庸”“中和”思想异曲同工。① 何谓“中庸”？池田认为“中庸”是先于社会变革，以人类内心的变革为第一要义，也可称其为人格主义。因此，拥有中庸的“适度之感”并不是表面的、听从于别人的和谐人际关系，而是立足于“自身”的自觉、自律和自我修养。②

立足于中道主义的池田，经常从人类或者民众的视角出发来推进有利于民众的变革。促进日中两国的友好也是通过以民众为轴心的交流而构筑起来的团体，池田还期待它们能够阻止国家间有可能出现的不幸事态。③

池田在日中邦交正常化实现之时，发表了以下看法，并指出之后的行动方针：“重要的是架起友谊之桥、信赖之桥，把民众的心牢固地连在一起。民众是海，只有开放民众交流的大海，全面交流的航船才能通行。还有文化、教育的交流，人的交流，要架起永不腐朽的日中友好之金桥！”④ 民众之间的交流是渐进的、超越时代的长远之路。因此，中道主义包含的渐进主义的方式是有效的。此外，正如池田所强调的，文化与教育的交流也是必不可少的。

对于立足于中道主义的行动，池田进行了如下说明：“大乘佛教贯彻的是中道主义。中道可以理解为‘抑扬’，也就是抑扬物欲主义和精神主义的第三条‘生命之道’”，“是随时都要立足于人这个原点和生命这一中道的原点，并带着强有力的主体性和指导性的前进之路”，“真正的中道主义，指的是有独自坚定的主张，能够引导、包含、统一既有思想的强有力的原理”。⑤ 立足于中道主义的行动，是极具积极性的。这是因为其中贯穿着追求生命尊严的慈悲。“池田倡言”也正是立足于中道主义。

2. 抑扬合一整体观的人本主义

池田认为，基于佛教的“缘起观”，人类互相联系却又自成一体，并且其联

---

① 参见饶宗颐、池田大作、孙立川：《文化艺术之旅》，东京：潮出版社，2009年，第277—278页。

② 创价大学学生自治会编《创立者语录·纪念演讲篇Ⅱ》，1995年3月，第61页。

③ 参见孔繁丰、纪亚光：《周恩来、池田大作与中日友好》，东京：白帝社，2008年，第59页。

④ 同上。

⑤ 《创价学会指导集》，东京：圣教新闻社，1976年，第367页。

系不仅限于人类世界，还扩展到自然界乃至宇宙，从而形成了万物浑然一体的有机整体。并且，立足于这一有机整体的人生观，包罗万象并与每个人息息相关，一切都指向人类如何生存这一问题。此处，可以看出基于人本主义的“相同标准”的思考方式。具体说来，就是要随时立足于人类这一原点，使其符合“相同标准”的尺寸，可以验证万事万物的真意、善恶与尺度。①

池田认为，自如运用这一“等身大”的度量尺来判断事物是否合适，并加以调整的方法，是贯彻“为了人类”的真正的人本主义，并把它称为抑扬合一整体观的人本主义，他高度评价了这一在不断确认合适与否的同时循序渐进地辨别事物的方法。② 抑扬合一整体观的人本主义重视人类与民众，因此对于以民众为轴心的民众交流是十分有效的。

（二）世界民族主义

关于世界民族主义，池田在1968年的倡言中进行了以下阐述：“一个民族的繁荣不能建立在牺牲他国的基础之上，要将全人类的共同存在、共同繁荣作为绝对的理想。”③ 这里，池田强调要从同族意识向人类意识变革，或者说抑扬。

这一观点，在1968年池田的以下话语中也可体现出来：“从各个层面来思考，‘与中国建立友好关系’对所有的和平、繁荣及对全人类作出贡献来说都是必不可少的。若认真思考人类未来的世界，我认为这是必由之路。”④

为了变革人类意识需要什么呢？池田指出：“思想观念和皮肤颜色有着一定的差异，利害关系的对立也是早已有之。不过，就算有这些差异及对立，但同为人类这一事实，是俨然存在的。只有地球上的所有人类都具有同为人的共通意识，才能真正打开保障和平及安全之路。我将这称为‘世界民族主义’。”⑤ 他指出是否立足于“同为人类这一共同意识”，也即人类命运共同体意识才是关键。立足于世界民族主义的友好交流，可以从世界或亚洲的视角来重新把握两国间的关系。

池田的主张进一步向着实践论展开，指出升华为“人类这一命运共同体意识”，需要理性和理论之外的一些东西，也即从生命这一层面的变革，以及树立以此为基础的价值观是必不可少的。⑥ 即，在从生命尊严与生命平等这一层面的变革及树立以此为基础的价值观的行动之中，将会逐渐形成人类意识。这里体现

① 创价大学学生自治会编《创立者语录·纪念演讲篇Ⅱ》，1995年3月，第181—182页。

② 同上书，第184—185、186—187页。

③ 《亚洲》月刊1968年12月，第53页。

④ 池田大作：《青春对话2》，东京：圣教新闻社，2011年，第289—290页。

⑤ 《创价学会指导集》，东京：圣教新闻社，1976年，第368页。

⑥ 同上。

出池田独特的以中道主义为基础的主张。

池田将这一实践的具体内容定义为“21世纪世界市民的条件”的“菩萨道”（不轻菩萨）的生活方式。① 这里所说的“菩萨道”的生活方式，指的是：（1）绝对平等的信念；（2）以非暴力和慈悲之心不断对话；（3）自我和他人共同的自我实现（幸福）。

池田进一步将这一“菩萨道”的生活方式展开为适应国际化时代的“世界市民应具备的三个条件”：（1）生命平等的“智慧之人”；（2）理解人种、民族、文化的差异，并将其视为发展之因素的“勇气之人”；（3）能够与他人同甘共苦的“慈悲之人”。② 世界市民的内涵支撑着世界民族主义，并且有益于促进、深化现实中的友好交流。

为了人类意识的形成，池田进一步补充了“菩萨道”的生活态度，并提出以下观点，也就是“国际人的两个条件”，即具备“卓越的人格”“结交友谊，予以传播”。③ 关于人类意识的形成和国际人的两个条件的关系，池田指出：“如果想培植友情，缔结友好，就要抱着同样是人的意识来交谈。……如果站在同样是人的角度，就能发现共通之处，会感到亲切。这就是互相理解的基础，就能产生共鸣。……这样才能敞开心扉地交谈，才能心灵沟通，从而萌发同感，相互尊敬。”④

支撑世界民族主义的观念之一是“共生”思想。这与前文所提到的重视相互依存的佛教“缘起观”相一致。池田将这一“缘起观”衍生为“共生的道德气质”（“与人类一起”“与自然一起”共生的心灵倾向），具体内容如下：以“调和优于对立”“统一优于分裂”“我们优于自我”为基调，全人类与自然共同生存、相互支持、共同繁荣。⑤ 在自然环境问题已经不限于一个国家的今天，“与自然一起”生存的观点与提高人类命运共同体的意识紧密联系在一起，共生思想变得越发重要。

（三）“构筑金桥”的友好交流

池田第一次使用“金桥”一词是在1974年第一次访华时。廖承志会长（中日友好协会）招待的宴会于访华第一天晚上举行，池田在发言中第一次使用了“金桥”一词。池田首先介绍了访华团的目的：（1）向拥有如早上8点的太阳般朝气

---

① 参见池田大作、阿塔伊德：《论二十一世纪的人权》，东京：潮出版社，1995年，第259—260页。

② 参见《东洋学术研究》第47卷第2号，2008年11月，第21页。

③ 参见池田大作：《青春对话1》，东京：圣教新闻社，2009年，第128、134页。

④ 孔繁丰、纪亚光：《周恩来、池田大作与中日友好》，东京：白帝社，2008年，第60页。

⑤ 参见创价大学学生自治会编《创立者语录·纪念演讲篇Ⅱ》，1995年3月，第111—112页。

蓬勃精神的中国人民学习，期待对日中友好关系作出自己的贡献；（2）强化、扩大青年、学生间的信赖与交流；（3）建设超越政治、经济层面的，永不磨灭的文化交流之路，不断加固先辈们构筑的日中友好的“金桥”并传递给后人，为此要一辈子全身心地努力。[①] 其中“金桥”的地位一目了然，即为了世界与亚洲和平而架起的日中之间的“金桥”，通过青年交流及文化交流将会更加坚固。

关于日中青年交流，池田在1968年倡言中提出，待日中青年成为社会中流砥柱之时，他们必须携手共创光明的世界。从那以来，他一贯强调日中青年交流的重要性，不仅如此，还不断地激励他们。对于中国青年池田是以与青年访日代表团会见的形式进行交流（第一次会见是在1975年3月）。对于日本青年他提出了以下立足于现状的具体希望：

比如，年轻人虽然对于过去的战争没有责任，但对于现在和未来必须负责。在“反对军国主义”这一点上，为了日中青年能够心连心，首先日本青年要有正确的历史观，尊重中国、拥有对中国大恩的感谢之心极为重要。[②] “希望有更多的人前去中国。更期待涌现众多的能彻底地‘为中国、为人民’的人才。”[③]

对于池田来说，日中友好的“金桥”拥有十分重要的意义。1990年，他在北京大学的讲演中极力呼吁开始第二期“金桥”的友好交流。具体内容如下：“民众与民众之间心的联系是眼睛看不到的。但正因为看不到所以强大，正因为无形，所以是普遍的恒久的纽带……尤其是，‘教育’能够开拓人类所具备的无限可能性，是孕育人与人之间的‘平等性’与‘同感’的纽带。这样的‘文化’‘教育’交流，正是将日中两国民众间的纽带永远系在一起的最根本的力量。因此，我想在这里再次重申，进一步通过‘文化’‘教育’交流，构筑第二轮日中友好往来的‘金桥’。”[④]

1990年，在日中友好关系遭受重大打击的情况下，池田带领300人的大规模访华团访华，并且呼吁“第二期‘金桥’往来”，此举意义重大。“金桥”的“金”做何解释呢？后来池田借用佛法中的生老病死来对应金银铜铁，也就是说金就是“生”——不断向上的、发光的生命，也象征着和平。“金桥”是“和平”的象征，是试图通过文化、教育交流在民众与民众的心里架起一座“和平”

① 参见王永祥编《周恩来与池田大作》，东京：朝日出版社，2002年，第70页。

② 参见池田大作：《青春对话2》，东京：圣教新闻社，2011年，第283、286页。

③ 同上书，第303—304页。

④ 创价大学学生自治会编《创立者语录·纪念演讲篇Ⅱ》，1995年3月，第17—18页。

的桥梁。

（四）“以史为鉴”的友好交流

池田一有机会就对日本青年讲述“如何与中国打交道”。这里以池田所著的《青春对话》（圣教新闻社，2006年）一书为例介绍几个观点，因为其主要内容就是“拥有正确的历史观”。①

1. 战前的日本和与中国的战争

从中国战场归来的长兄曾说过的话，为池田对中日两国战争的印象，起到了决定性作用。他回忆道：“我的大哥也被派到中国战场。我永远不会忘记，我这位善良的大哥回国后，愤怒地说‘日本绝对做错了’‘日本太残酷了，中国人民太可怜了’。”因此，池田自小学时代就产生了“日本与中国必须缔结友好”的信念。②

池田的人生恩师户田城圣（创价学会第二任会长）对他的影响也相当大。对于日本把侵略中国的战争称为“圣战”，户田先生曾对一名军人说：“只把日本的对华战争视为‘圣战’，而中国的抗日战争却不是，这在道理上站不住脚。把破坏中国四亿民众生活的战争视为‘圣战’，这像话吗？真正的‘圣战’，是指面对侵犯四海（全世界）的平等与和平、侵犯生命尊严时的勇敢挺身抗争，只有这样才可称为‘圣战’。”③ 户田的这一思考是对日本侵略中国的“圣战”论提出了质疑。

在该书最后，池田总结说，“日本曾经在中国犯下侵略、暴行、反人道之极的大罪”，他特别强调“不承认侵略的罪行，不进行赔偿，日本就没有未来”。④ 他还指出，“承认罪过，补偿”的前提不是形式上的，而是能够传递到中国人“心里”的谢罪。⑤

2. 对于战后日中关系的历史认识

池田指出，日本的现状就是日本人的“历史健忘症”。关于历史认识，他批判日本的暧昧以及刻意歪曲事实的教育。

池田认为不正确地认识历史，将来定会重蹈不幸、悲惨的历史，从而丧失世界的信赖，成为“世界孤儿”。而只有正确认识历史，才能创造出未来崭新的历

① 参见池田大作：《青春对话2》，东京：圣教新闻社，2011年，第271—304页。

② 同上书，第280、273页。

③ 同上书，第276页。

④ 参见孔繁丰、纪亚光：《周恩来、邓颖超与池田大作》，高桥强编译，东京：第三文明社，2012年，第141页；池田大作：《青春对话2》，东京：圣教新闻社，2011年，第292页。

⑤ 同上书，第301页。

史，才能拥有“日本人真正的自豪”。[①]

池田从民间交流的视角也强调了正确认识历史的重要性。他指出：“特别是在与曾经被日本侵略过、饱尝过辛酸的中国人民接触的时候，必须正确认识那段历史。首先要从了解中国人民遭受的苦难开始。只有这样，才能唤起反省的意识，然后自然而然地说出谢罪的话。这样对方才能了解我们的诚心和诚意，随后产生信赖。”[②]

池田特别指出，关于战后中国放弃战争赔偿权这一点，日本要铭记于心，必须报恩。[③]感“恩”、报“恩”是人类的“正道”，日本人要时刻记住这一点，这也是一个重要的“历史认识”。

三、池田先生促进“日中友好”之实践

（一）文化交流

关于文化，池田这样阐述：因为文化是以协调性、主体性、创造性为轴的人类生命的产物，因此可以对抗武力、促进和平。因为文化的精髓是人类间心之共鸣，因此可以超越民族、体制、思想的壁垒，在文化的全部领域将民众团结在一起。此外，文化还具有明显的多元性、渗透性、潜在性。

立足于上述“文化观”，池田一方面自发性地或在日本或在中国（访华10次）进行友好活动，另一方面以自主设立的民主音乐协会（1963年设立，简称“民音”）及东京富士美术馆（1983年创立）为中心来推进文化交流。尤其是民音所邀请的东方歌舞团（1991年、1993年、2004年）、中国中央民族歌舞团（1998年）、中国国家京剧院（2009年）、杂技王·中国杂技团（2010年）、中国陕西省舞剧团（2012年）、中国辽宁杂技团（2013年）、中国国家京剧院（2018年）等机构和舞剧《朱鹮》（2015年）的公演，以及民音举办的“中国敦煌展”（1985年）、“北京·故宫博物院名宝展”（1995年）、“大三国志展”（2008年）、“北京·故宫博物院展”（2012年）等，都在日本国内引起巨大反响，让日本民众领略到悠久精深的中国文化。

以下两次实践活动明显体现了池田文化交流的特色：一是1990年第七次访华（5月27日至6月1日）。池田在北大演讲、拜访邓颖超女士并与她会谈（第八次）、开展“池田大作摄影展”、与江泽民总书记一同参观摄影展并首次会谈、欣赏东方歌舞团特别公演、与敦煌研究院名誉院长常书鸿举行会谈等，进行了横

① 同上书，第283—284、279页。

② 孔繁丰、纪亚光：《周恩来、池田大作与中日友好》，东京：白帝社，2008年，第60—61页。

③ 池田大作：《青春对话2》，东京：圣教新闻社，2011年，第298页。

跨多领域的文化交流。当时正值1989年北京政治风波结束、中国与包括日本在内的世界友好关系遭受重创之时，因此此次访华被高度称赞为“打开僵局之旅”。

二是2014年对舞剧《朱鹮》的推广演出（10月7日）。池田邀请安倍晋三首相、程永华大使、中国对外友好协会会长李小林一同欣赏，并为他们提供了会见机会。此次会见也促成了一个月后安倍首相与习近平主席的会谈（11月10日）。

池田文化交流的特色有以下两点：一是以中道主义为基础、以友情友谊为根基将人际关系网向各界扩大。并且这一友好实践是立足于自身的强烈自觉性之上的，因此可以彻底贯彻实施（持续性）。文化交流不局限于艺术领域，也扩展到学术、教育领域，因此具有整体性（普遍性）。此外将对他人的慈悲之心扩大至全体社会，是以民为本的交流，因而充分发挥了文化力，尤其是具有多元性、渗透性、潜在性特征。二是以世界民族主义为基础，交流范围遍及全世界，并且有助于推进世界和平，培养共同体意识、共生思想、世界市民意识，有时也会发挥改善国际关系的重要作用。

（二）教育交流

池田在1990年呼吁开始第二期“金桥”往来的北大演讲中讲述了一部分教育理念。[①] 主要内容有：教育是指开拓人类的无限可能、引导将其能量用于创造价值、构筑社会、决定时代的“根本性力量”。此处，有两个必要条件：一是时刻以人类为中心；二是内心陶冶虽为第一要义，但不能局限于此，而应随时能够将其转化为经世济民之实践。另外，此处的社会是指全世界，即教育不仅限于某一国家，而是为开创地球未来之大业。

池田以这一“教育理念”为依据，以独自创立的创价大学、创价学园等为中心，积极推进日中两国的教育交流。例如，他访问北京大学（1980年、1984年、1990年）、复旦大学（1984年）、深圳大学（1994年），举行学术演讲（以探索人类主义为中心），并开展赠送书籍、签署教育交流协议（首个合作校为香港中文大学，始于1975年）、促进师生互派（教师始于1980年、学生始于1977年）等活动。其中，特别值得一提的是，在中华人民共和国成立之后，中国政府于1975年首次公派的六名留学生是由池田亲自做保证人后，正式接收至创价大学留学的。他们中的一部分人后来担任驻日大使、总领事、中日友好协会副会长等职。

池田为进一步促进文化交流，与中国的多位著名学者开展文化探讨，并发行了多部“对谈集”。例如，与敦煌艺术的权威人士常书鸿先生的对谈集《敦煌的

① 创价大学学生自治会编《创立者语录 · 纪念演讲篇Ⅱ》，1995年3月，第11—13页。

光彩》（1990年）、与以武侠小说闻名的著名作家金庸先生的对谈集《探求一个灿烂的世纪》（1998年）、与著名国学大师季羡林先生和著名佛教学者蒋忠新先生的对谈集《畅谈东方智慧》（2002年）、与新儒教学者杜维民先生的对谈集《对话的文明》（2007年）、与著名国学大师饶宗颐先生的对谈集《文化艺术之旅》（2009年）、与地理学者张镜湖先生的对谈集《教育与文化之王道》（2010年）、与历史学者章开沅先生的对谈集《人类胜利的春秋》（2010年）、与教育学者顾明远先生的对谈集《和平的桥梁》（2012年）、与文化部原副部长高占祥先生的对谈集《连接地球的文化力量》（2012年）、与经济学者刘遵义先生的对谈集《新全球化社会的指标》（2015年）、与作家王蒙先生的对谈集《致未来的人生哲学》（2017年）等，这些对谈集分别用日语和汉语发行，引起了强烈反响。

除了上述对谈集，还有池田与中国以外的文化人士的汉语版对谈集，尤其是与历史学家阿诺德·汤因比先生的《面向二十一世纪的对谈》影响巨大，不断引发人们对池田及其思想的钦佩与研究。北京大学“池田大作研究会”（2000年）成立后，30多所大学相继设立了池田研究会。

池田研究成果之一的《周恩来与池田大作》的发行影响巨大。另有学生团体如“周恩来池田大作研究会”（南开大学，2006年）、“廖承志池田大作研究会”（仲恺农业工程学院，2010年）、“池田大作读书会”（大连工业大学，2011年）等相继设立，主要学习与研究周恩来、廖承志、池田的思想。这些学生团体参加了由创价大学主办的为继承周恩来精神的“周樱赏樱会”，加强了意义重大的友好交流。同时30多所大学的池田研究机构也参与举办了“池田大作思想研究国际研讨会”来深化对池田思想的研究。

池田教育交流的特色有以下两点：一是以中道主义、以友情友谊为根基将人际关系网向各个学术领域扩大，并且这一友好实践是立足于自身的强烈自觉性之上的，因此可以彻底地贯彻实施（持续性）。在通过开发人类无限可能性、大力推进内心的变革及人格形成的同时，池田重点关注对人类的探求，因此富含达及人类层面的平等性与共感。再者，对他人的慈悲之心包括经世济民这一强烈的伦理性及利他精神，因此富含为社会、为时代的意识，利于与他人人际关系的调和。二是以世界民族主义理念为根基，因此有助于推进世界和平、共同体意识、共生思想、世界市民意识的培养。

（三）青年交流

池田对青年抱有很大期望：“青年拥有无限的力量，拥有无限的希望和未来”“拥有燃烧青春的热情”“拥有无限的胆量”“永不妥协，为理想而生”“应有尖锐的批判力”“勇往直前”“坚持挑战”“为改革与进步作贡献”“激发全新思想与生机”。[①]

池田也积极地与中国青年进行交流。首先他热情地会见来自中国的青年代表团。首次会见是在1975年，是在其与周恩来总理会见的三个月之后。此后于1978年会见青年代表团，1985年会见以胡锦涛为团长（副团长为李克强，现任总理）的中华全国青年联合会（简称“全国青联”）青年代表团，当时在全国青联及创价学会青年部之间缔结了正式的“交流议定书”。13年后的1998年，池田与国家副主席胡锦涛在日本会见，就日中关系等交换意见，2008年与就任国家主席的胡锦涛在日本进行了再次会见。

此后，池田每年都会与全国青联派遣的代表团进行数次会见，每次会见都会以各种发自肺腑的箴言表示欢迎和激励。比如对1999年的代表团赠送了如下一首诗（部分）：“年轻人是人类的希望。燃烧生命的火焰，以火热的心灵，增强中日的联系……”池田重视与青年代表团的交流与周总理的会见密切相关。他在同代表团谈话时曾提道：“我与周总理会见之时，总理76岁，我46岁。总理对年轻30岁的我尊称为‘阁下’。总理在重病中还尊称我，令我永生难忘。在迎接中国青年时，我的心中时刻都浮现着周总理的身姿。”[②]

2018年池田也迎接了全国青联的代表团。90岁高龄的池田赠送了以下箴言：“我确信美丽的青年的互动必将使照亮世界和平与共生的太阳熠熠生辉”，“衷心期待为人类的前进奋勇向前”。[③]

创价学会青年部也数次访华，在与邀请方全国青联加深友好交流的同时，积极开展各种意义深远的交流活动，比如访问北京大学、南开大学、青年政治学院等，举办中日和平友好座谈会，访问与周总理相关的人物和场所等。此外，在日本国内也积极推进中日友好交流，2002年为介绍推广周总理精神，在名古屋、东京、京都等11个城市举办“周恩来展”，参展者超过130万人。2017年受全国青联的邀请参加“中日青年交流论坛”（北京），访问了天津、洛阳、郑州、上海，加深了友好交流。2018年为纪念1968年“池田倡言”50周年及《日中和平友好条约》缔结40周年，以1月在长崎举办的“日中青年未来论坛”为开端，此后在全国各地不断开展交流活动，6月在东京邀请了广州歌舞剧院举办“日中友好青年音乐节”。

---

① 参见池田大作：《明日希望》，东京：圣教新闻社，2000年，第342—345页；池田大作：《新人间革命》第3卷，东京：圣教新闻社，2003年，第14页。

② 孔繁丰、纪亚光：《周恩来·邓颖超与池田大作》，高桥强编译，东京：第三文明社，2012年，第96—99页。

③ 《圣教新闻》2018年7月19日。

结 论

1968年的“池田倡言”，揭示了为促进日中友好的“中道主义”与“世界民族主义”两个重要理念。中国“既不危险也不侵略”的理论依据，便是池田的中国观。他的中国观源于他对中国文化的深入思考，因此具有很强的说服力。

1968年的“池田倡言”所揭示的重要精神文化遗产“中道主义”与“世界民族主义”，对池田促进友好实践的三大支柱——文化、教育、青年交流产生了重要影响，呈现出以下特色：

在文化交流方面，不仅限于艺术领域，还扩展到学术与教育领域，因此具有整体性（普遍性）。此外将对他人的慈悲之心扩大至全体社会，是以民为本的交流。池田自如地运用了以民为本这一“相等标准的标尺”，交流范围遍及全世界，并且有时也会发挥改善国际关系的重要作用。

在教育交流方面，致力开发人类无限可能性、大力推进内心的变革及人格的形成。同时，重点关注对人类的探求，因此富含在人类这一层面的平等性与共感。此外对他人的慈悲之心包括经世济民这一强烈的伦理性及利他精神，因此富含为社会、为时代的意识。

在青年交流方面，通过构建和谐的人际关系，使建立超越国界的、整体的、宽广的友情变得十分容易。同时，基于生命至上主义，推进以人类、民众为中心的友好交流。此外，还有利于强化利他精神的培养，从而能够从亚洲乃至世界的视角来考虑日中两国关系。

上述三个方面的交流有两个共同之处：一是“以友情友谊为根基将人际关系网向各个学术领域扩大，并且这一友好实践是立足于自身的强烈自觉性之上的，因此可以彻底地贯彻实施（持续性）”；二是“有助于推进世界和平、共同体意识、共生思想、世界市民意识的培养”。

池田的友好交流活动在充分发挥文化、教育、青年交流各自机能的同时，保持着整体的和谐统一，产生了巨大的相乘效果，也即将友好之轮“横向”扩大，将人类主义“纵向”深化。可以说，在今天，类似这样的友好交流是极为稀有和珍贵的。今后要进一步通过与其他个人、团体推进多样性的友好交流联动，互相补充，从而形成更加整体的构筑日中友好“金桥”的浪潮，我认为这非常重要。

文化主义

读王蒙、池田大作《赠给未来的人生哲学》

拜根兴*

王蒙、池田大作《献给未来的人生哲学》对谈集，于2017年11月由人民出版社出版发行，成为近年来继池田大作与顾明远、高占祥、章开沅对谈集出版后又一部颇具分量和深度，对青年读者极具启迪感召的励志类图书。笔者于2018年6月获得前来西安陕西师范大学访问的创价学会妇女代表团赠书，暑假得闲拜读，有颇多感触。然而，查阅网络及中国期刊网，除许民彤发表于《中国民族报》和《华人时刊》的两篇文章[①]，以及发表于《文汇报》的一篇佚名短文[②]之外，请原谅笔者的孤陋寡闻，似再没有看到相关的介绍文章，而上述三篇文章均发表于该书出版之前，即在王蒙、池田大作以“赠给未来的人生哲学：凝视文学与人”书信对谈开始之时。鉴于此，笔者不揣浅陋，对这部凝结着两位老人人生智慧、富有感召力的新的对话集谈谈自己的看法，并就教于诸师友方家！

一、文学为媒，心灵对话

众所周知，自从20世纪70年代初池田大作与汤因比对谈之后，在创价学会和平与发展的旗帜下，池田大作一发而不可收，与世界上各行各业著名人士敞开心扉，谈论地球与和平、人生价值的实现、科技发展与人的心智健全等议题，产生了极其深远的影响。据不完全统计，池田大作已与多达数千人展开对谈，[③]而结集出版的中文版对谈集亦有数十种，用日文等其他文字的版本也有很多，影响了全球数以亿计的读者。上述2017年底最新出版的中文对谈集，即是池田大作与中国著名作家王蒙先生的对谈。

这本对谈集共有十四章（回），因为两人都钟爱文学的缘故，其中涉及文学和对各自人生体验与经历的对谈占到很大比例，还有对青春年华、良师益友

---

* 拜根兴，陕西师范大学池田大作香峰子研究中心主任，主要从事古代中韩、中日关系史，东亚的宗教与文化，中国古代隋唐史的教学与研究。

① 许民彤：《王蒙、池田大作对谈告诉我们什么》，《中国民族报》2016年1月8日；许民彤：《警惕“心智危机”：王蒙、池田大作关于互联网时代的对话》，《华人时刊》2016年第4期。

② 佚名：《王蒙与池田大作对谈：小心成为被网络俘获的小傻子》，《文汇报》2016年1月5日。

③ 萧正洪、拜根兴主编《池田大作香峰子思想的新探索》，北京：社会科学文献出版社，2014年。

的追忆和总结，也有对终生学习创造价值的坚持，更有对数十年人生经验的总结和对年轻一代的晓谕和启迪，而以《赠给未来的人生哲学》[①]为题，两位作者以文学的曼妙、哲学的深邃畅谈人生哲学，体现出对正值青春年华的青年朋友的殷切期望。

尽管池田大作和王蒙生长在日本与中国两个不同的国度，生活成长的环境也多有差异，但他们之间共同的东西有很多，进而使得这种对谈的趣味、品格和话题的影响力等要素大大提高。笔者认为具体体现在如下几点：

其一，池田大作出生于1928年，王蒙于1934年出生，两人年龄相差六岁，但应算是同时代的人物，如此对谈选择的话题就多有趋同，如他们选择童年时代的经历，对人生及飞逝的时间的感受，现代技术对人的心智的蚕食和影响，面临老龄化社会的应对措施，等等。

其二，虽然两人童年生活在不同的国度、地域，但都亲身经历、感受到日本军国主义发动的战争氛围和残酷，对战争的影响和戕害心有余悸。两位耄耋老人通过饶有兴趣的对话，对相互熟知并关心的话题发表自己的看法，在诸多问题上具有相同或相似的观点。

其三，在数十年的交往过程中，两人结识了一些共同的朋友，如对谈集中提到日本作家井上靖、水上勉，作曲家团伊久磨，画家东山魁夷等，[②]共同崇仰的文学名流如谢冰心、巴金、饶宗颐等，如此就心心相印，对谈起来就更加亲近，没有隔阂之感。与此同时，两人在各自的范围内，利用自己的影响和心力，都对中日两国长期友好付出了努力，都希望中日两个邻国世世代代友好下去，走和平发展道路，造福两国乃至世界。

其四，两人都酷爱文学，都出版了享誉世界的文学名著，拥有广大的读者群。众所周知，池田大作先生作为日本创价学会名誉会长、世界创价学会会长，经历传奇，是世界著名的宗教活动家、和平主义者、文学家、摄影家，其《人间革命》《新人间革命》和众多励志的名言名作，以及与世界各个学科领域名家的对谈集，成为日本乃至整个世界和平的象征。王蒙先生少年成名，19岁出版的《青春万岁》小说，反映了一个独特的时代和青春年少的理想乐园，影响了随后的几代人；不仅如此，他还在遥远的新疆生活数十年，融入当地社会，讴歌新疆的风土民情和山水风光；他曾担当文化部部长，肩负国家重任，架接中国与世界人民和平友好的桥梁；虽则如此，他仍笔耕不辍，《活动变人形》《这边风景》

① 王蒙、池田大作：《赠给未来的人生哲学》，北京：人民出版社，2017年。

② 同上书，第29—31页。

《春之声》等脍炙人口的作品流传于世。就是说，两人都酷爱文学，都通过文学思考、诠释人生，他们的知性对话迸发出的火花、闪烁出的智慧，不仅对世人和世界富有启迪作用，而且树立起了世界文学的丰碑。

其五，两人都喜爱中国古诗词和古典名著，并各有心得。在对谈集中有专题谈论享誉世界的文学家苏轼、白居易、李白、杜甫的诗词名篇及其为人处世。日本历代学人对这些诗词名家的喜爱，以及日本文学形式、文学内涵从中所受的影响，引申出历代文学和宗教千丝万缕的联系。中国四大名著，即《红楼梦》《三国演义》《水浒传》《西游记》，也是两人共同的爱好和乐意探讨的对象，对谈集以“谈唐诗与《红楼梦》”“三国的魅力”“水浒传的好汉们”“《西游记》与人生之旅”四个题目，再加上之前的“尚文的传统与文学”，其内容占全书总量的1/3还多，[①] 足见两位以文学见长的智者的心灵之相通。

总之，池田大作与王蒙对谈集的出版，不仅体现了池田大作与世界名家对话数量的增加，更是两位耄耋老人对世界潮流发展的睿智总结和大胆预测，当然也是为数不多的以文学为媒介、探讨未来人生哲学的成功之作。

二、洞察人生，建言建策

作为在20世纪叱咤风云的世界知名人士，数十年的人生历程和难以推卸的担当意识，造就了他们强烈的责任感。在突飞猛进的新世纪，急速发展的世界面临哪些亟须解决的问题，如何平衡科技发展与人的心智承受之间的度？怎样平复人类疯狂掠夺式的开发与地球环境的恶化？这些问题一直拷问着世人，也期待人类智者能够贡献解决的良方。池田大作和王蒙的对谈集中涉及了这方面的问题，也提出了自己的建议。

（一）老朋友间对谈人生

在对谈集开篇，我们就了解到池田大作与王蒙的首次见面，要追溯到30年前的1987年4月末。当时作为中华人民共和国文化部部长，王蒙率领中国文化部代表团访问日本，并前往东京创价学会圣教新闻社，和池田大作围绕“文学的使命”“日中的未来和青年”“科学时代与精神革命”等命题交换心得、畅所欲言，其间两人对对方都留下了很好的印象。27年后的2014年风云际会，在香港《明报月刊》朋友的牵线帮助下，两个久未谋面的老朋友开始了期待已久的心灵对话。近30年飞逝而过，二人虽然都有对时间和生命的惋惜留恋，但更多展示的

① 《赠给未来的人生哲学》全书共217页，而上述四章就有75页，如此计算的话，其内容占全书1/3多并非虚言。

却是对人生的达观态度，认为虽然人的生命有限，但创造更多的生命价值才是延续、提升生命的最好途径，创造生命价值的人生是具有生命意义的人生，这种人生值得称颂和点赞。池田大作讲道：

如您所言，对于为巨大的使命与责任而生的人生来说，来临的分分秒秒都带有无上的意义，放射着光芒，因为每一瞬都是创造价值的行动积累。时间的流逝并非过去，而是生命的提升、加深的步伐。

在变化不止的人生与世界中，探求并创造绝不褪色的不灭价值。那正是人的道路，文学的道路。①

这就是说，天地赋予人生的每一瞬间，都是具有使命和意义的。人生无论是辉煌还是平淡，漫长还是短暂，尊贵还是低贱，不负使命勇于实践探索，在自己可能的生命历程中，创造出奇异无悔的硕果，让生命在奋斗的汗水中绽放光芒，这样的人生不仅有意义，更有无上的价值，更是纷繁变化世界的财富。无疑，这是两位老者向世人传递的共同心愿。

他们还谈到“生”与“死”的问题。显然，谈论这个命题，对两位耄耋老人来说似乎有点无助与残忍，但两位饱经风霜的智者、人类心灵的点拨者，他们谈论这一问题不仅出奇的超然冷静，而且更有哲学引导和划破宁静时空的穿透力，给人以启迪和感召。王蒙谈道：

生是死的前提，我们从来不讨论未出生的人的死。死是生的完成，未死之前任何人都不能总结自己的一生。

死使生更加有意义。死是生的背景、生的结论，是生的证明。死使生具体化、真实化。如果没有死，也就没有对于生的切肤的感受与痛惜。我们对生有感情、有思索、有话语，恰恰是由于死在那里等待着我们。如果只有生没有死，生成了无限，成了永恒，成了超越，成了不分正负不分多少的超经验的数学之概念的神祇，那么，什么都不必探求，不必珍惜什么，觉得遗憾、感到痛苦、学习、思考、吟诗、发言，全都不必了。因为如果有无限的未来这东西，那就失去了所有的现实与未来。②

---

① 参见王蒙、池田大作：《赠给未来的人生哲学》，北京：人民出版社，2017年，第2—3页。

② 同上书，第144—145页。

王蒙还列举他访问印度时的所见所闻，引申出“生伟大，死也伟大。建设伟大，毁灭也伟大”满含哲学趣味的结论。对此，池田大作则是引用日本日莲佛法，即用佛教《法华经》教义，从另一视角诠释，引出自己的看法。《法华经》讲究众生能将“生老病死”的“四苦”转变为“常乐我净”的“四德”，进而宣扬日莲佛法“死也欢喜”之境界。他还引用王蒙也十分熟悉的俄国著名文学家托尔斯泰对“生死”的诠释，进一步阐述他坚信的佛法对“生死”的理解。无疑，两人对“生死”的诠释具有各自途径的特点，但却异途同归，都是无比的达观和超然。显然，对“生与死”都如此看待，那么在漫长的人生历程中，还有什么困难不可克服，什么难关不能逾越？

（二）自身如何应对老龄化

应该说，老龄化问题是横亘在当今世界各国最为棘手的问题之一。笔者查阅、统计中国期刊网上的研究论文，以及其他平面媒体及网络报道，发现这方面的研究具有颇多特点。首先，迄今为止，关于“人口老龄化”有8621篇论文，“老龄化”有4431篇，“日本老龄化”有307篇；“老龄化”也成为其他媒体如电视、报纸乃至网络频频谈及的话题，反映了东亚三国乃至世界共同面临的艰难挑战。其次，针对老龄化社会提出的对应措施五花八门，其中是否得当，还需在实际生活中予以检验。如有人提出无人机应对农业人口老龄化，利用机器人产业应对人口老龄化等。[①] 最后，检讨解决老龄化的根本应对措施，如移民和提高人口出生率，老年人再就业等。也就是说，随着中国经济的发展，近40年计划生育政策的实施，以及诸多原因的发酵，中国的老龄化社会步伐加快，一些我们之前对近邻日本、韩国出现的现象视而不见的场景，也一步步在迫近我们，影响我们发展的速度和步伐，也理应引起我们的严肃对待。

池田大作和王蒙，两位耄耋老人对老龄化产生的一系列现象感同身受，在他们的对谈中也提及这一问题。池田大作坦言，到2015年，日本人口中65岁以上老龄人口将占总人口的26.7%，而王蒙在《我的人生哲学》中也提出自己的看法，故而对这一问题两人此前就有关注和思考，特别是面对老龄化，作为老年人如何保持健康良好的心态，如何顺利度过人生的夕阳红，王蒙和池田大作都有自己的应对策略。王蒙阐述自己的经验，就是要保持平常心，持续不断地生活和工作：工作是为了社会，为了天地。这首先给自身以活的理由与意义。工作是爱的表达，学习给头脑与灵魂以光明与前景。池田大作非常赞赏王蒙直面老龄的态度和应对的方法，赞同人不断“学习”，心也就年轻的看法。不过，池田大作强调心

① 穆光宗：《日本怎样用机器人产业应对老龄化问题》，《中国社会报》2018年2月12日。

态的重要性，认为：

佛法说“色心不二”。“色法”是身体，“心法”是心的活动，“不二”是二而不二的意思。也即这样的法理：身体和心灵虽然有外形与内面的不同，但它们是一个生命的两个表现，彼此关联。

为了健康的人生，要重视身体方面同时也要重视心灵方面。很多人也从医学角度加以强调这一点。他还列举曾经与其有过对谈的美国记者诺曼·卡森斯的范例，他认为“希望、爱情、活的意志等人的积极的心理为克服疾病发挥了重要的作用”。

两位智者面对人类发展进程中不可避免的难题，首先都从自身出发，通过对老年人自身健康和心力的适当调控，达到身心全面健康的目标，快快乐乐地生活。与此同时，通过他们自身的努力与言传身教，对其他老年人形成感召和启迪，使即将步入老龄的人群增加动力和信心，以积极向上的心态和规律的生活，减轻国家和家庭的负担，促进社会在老龄化大背景下持续健康发展。正因如此，对谈集第十一回（章）以“永葆青春在于学习之心”为题，应该就是对这一理念的很好总结。

（三）网络手机的普及与应对[①]

事实上，早在20余年前的1995年，池田大作在与俄罗斯青少年教育家A. 利哈诺夫的对谈中，就专列了“对生活在电视时代的孩子的衷心期望”一章，[②]谈论青少年教育，显示出池田大作、利哈诺夫两位大师对电视强势进入儿童生活的担忧，指出“电视使人远离了读书，让我们看‘已经造成’的故事，什么都在画面上映出来，人们可以不必思考、想象了”，特别是孩子“正处在一个人的成长过程中，摇篮边放着电视，就会把世界划一，让他看‘已经造成’的现实。就会阻碍孩子的成长，结果孩子成为电视的牺牲品”。不仅如此，电视中宣扬暴力、色情、低级庸俗的节目，在孩子幼小的心灵中投下难以磨灭的阴影，“损害孩子们内发的健全的想象力和审美意识”，孩子可以一动不动地坐在电视机前，导致体力的衰退和视力下降。池田大作先生认为对电视所造成的后果，“发出多么严重的警告也不为过”。[③]时间转瞬而逝，20余年飞驰而过，科学技术给人类贡献出更多的产品，即从最初的电视到网络普及，再到如今的网络化智能手机的泛

① 关于这一问题，在上引佚名《王蒙与池田大作对谈：小心成为被网络俘获的小傻子》一文中已有论述，在此重新阐述这一问题，以便加深对池田大作、王蒙对话集社会效应的理解。

② A. 利哈诺夫、池田大作：《给青少年的哲学》，刘焜辉译，台北：正因文化事业有限公司，2007年。

③ 参见拜根兴：《池田大作儿童教育理念解析》，《嘉应学院学报》2010年第10期，载萧正洪、拜根兴主编《池田大作香峰子思想的新探索》，北京：社会科学文献出版社，2014年。

滥，对青少年的影响较之前的电视媒体更加难以估量。王蒙先生在多个场合频频提及这一问题，并对其产生的危害深表忧虑。在与池田大作对谈的过程中，再次触碰到网络对社会、对青年造成影响的话题，两位老人语重心长、忧心忡忡。正如池田大作转引王蒙的话：

由于电视、互联网、电脑、智能终端的普及，生活大大便利了，但另一方面，感觉到的、刹那的、刺激的、“有趣就行”的简单的信息发送增加，不分真实与虚伪的“玉石同柜”的各种言说充斥。①

两人见面时王蒙也说道：“20世纪后半叶是科技进步与人的精神贫困相伴进展的时代。”广大的青少年，在智商、学识、判断力、精神生活的自我把控能力方面，均存在不可回避的认知差异。他最终得出科技发展很可能使得人们的智力等常见的应对能力下降，并且提出了“因特网在扼杀文化吗？”的疑问。而如何能够推迟“白痴时代”的到来，成为王蒙以及众多关心青少年成长、关心文化的传承发展，或者正在受到网络影响与危害的人们需要深入思考的问题。

对此，池田大作更加忧虑担心，他提到“人反而被人做出来的东西折腾的历史以前也反复发生。政治、经济、科学技术，本来为了人的东西把人变成了手段。目的与手段的颠倒带来践踏人的惨剧。把生命以上的价值置于生命以外的东西上，终将压迫生命吧”。他认为解决的办法就是需要经常用“为了什么”的彻底追究，返回为了人、为了生命尊严的原点。池田大作还引用《淮南子》的经典词句、美国诗人惠特曼的诗篇，以及佛法的精神力量，认为人们应该通过“增加‘精神财富’来构成能取舍、选择信息的骨骼”。

首先，两位对谈者对网络科技的无限普及蔓延的忧虑并非空穴来风，科技对人类智力的无限侵蚀已无须证明，这些确实考验着我们每个人的应对能力。其次，无论如何，他们将这些一般人能够想到，但却在虚幻诱惑面前难能自控的现实问题如实提出，即指出科技膨胀发展在为社会提供更好服务的同时，也对一般人特别是青少年产生了难以抵御的诱惑，希望以此警醒那些任凭宝贵时间和生命流逝在虚幻、诱惑、迷恋的梦幻中的人们。再次，他们并不是事不关己高高挂起地只提出问题，而是在自己的认知范围内试图找出解决问题的办法，这些解决办法在科技仍日新月异地成长的大背景下，无疑也有其实践的价值和意义。最后，既然这是摆在我们每个人面前不可回避的问题，作为享受其便利并深受其危害或影响者，每个人都应关注并在自己的能力范围内找出解决这一问题的方式方法。例如：作为父母就应提醒自己的子女网络可能引发的问

① 王蒙、池田大作：《赠给未来的人生哲学》，北京：人民出版社，2017年，第10页。

题，在一定年龄段限制孩子接触使用网络的频度，以便孩子的心智平稳健康地成长；成年人特别是家长理应做好表率作用，合理分配利用网络的时间，避免因迷恋网络影响家庭、工作和学习。国家及各种社会组织也应切实负起责任，从政策层面或行业领域，最大限度地降低网络对青少年造成的侵蚀危害，如此就能实现王蒙先生所说的“推迟白痴时代的到来”，以及池田大作提出的通过增强人自身的能动性抵御网络的负面影响。

结　语

除了上述几点之外，对谈集还谈及教育与文化、青春家庭与故乡、良师益友的感召影响、时代赋予人生的机遇和挑战、终生学习永葆青春、追求和平友好等议题，特别是对在力所能及的范围内，最大限度地发掘自身潜力创造价值，锻造闪耀光芒的无悔人生方面多有阐发和剖析，对当今青年一代更具感召力和启迪意义。由于笔者识见有限，阅读两位老人《赠给未来的人生哲学》之外的著作不多，故只是就事论事，这样对两位老人的微言大义理解得很可能不到位，其中或许还有错误的诠释和解读，故而深感不安和惶恐。但无论如何，两位智者通过对谈，展现他们令人尊敬的人生画面，其中闪现出的文学魅力和哲学感悟，对我们每个人来说都是难得的精神食粮和发展动力，激励我们脚踏实地地努力学习与工作，规划实践自己的人生轨迹，创造光辉灿烂的未来！

池田大作诗歌的愿景
——兼述其诗论诗风

冉 毅*

一、序言

池田大作① 先生矢志世界和平。半个多世纪以来，他远播仁爱，敦睦中日邻好，构建友好交流“金桥”。先生肺腑之言：“考量与贵国（中国）的和平友好时，首先不可或缺的是民众观点。把日本侵略中国给民众造成的深重伤痕作为自己心头之痛是出发点。”② 50年前“豁出性命的英明决断”③，发表划时代的《日中邦交正常化倡言》，为稳定亚洲局势，乃至后来中国恢复联合国合法席位，起到了不可估量的作用。当今中国在世界事务中不可动摇的地位，见证着池田历史观和中国观的正确性。

《光明日报》理论版刊发教育部社会科学委员会委员、全国高校“两课”教学指导委员会委员陈先达④ 教授的文章《马克思主义理论工作者的素养和品格》，文中引述池田语，“一旦建立信仰，便闭上理性的眼睛，封住理性的喉咙，这绝不是信仰应有的状态”，见证着池田思想的普遍意义。

池田先生设立创价⑤ 大学的目标是：“人本教育的最高学府、新文化的建设摇篮、守卫人类和平的要塞。”

兴学育才，接受世界各国大学和学术机构学者、教师、学生最多，造就积极的

---

* 冉毅，湖南师范大学池田大作研究所副所长、教授，研究方向为日本语言文化、日语教育。

① 池田大作（1928— ），创价学会名誉会长，国际创价学会（SGI）会长。创价大学、创价学园、民主音乐协会、东京富士美术馆、东洋哲学研究所、户田纪念国际和平研究所创办人。获得莫斯科大学、格拉斯哥大学、丹佛大学、北京大学等世界名校和学术机构授予的名誉博士、名誉教授称号。荣获“国联和平奖”“桂冠诗人称号”“世界民众诗人称号”“世界桂冠诗人奖”等奖项。『池田大作全集』、『聖教新聞』、1994年、5頁。

② 文洁若译：《池田大作诗选》，北京：作家出版社，2002年，第4页。

③ 池田大作：《我的中国观》，成都：四川人民出版社，2009年，第2页。

④ 陈先达，现任全国哲学社会科学规划哲学组组长、北京市社科联常委、中国历史唯物主义学会名誉会长。其著作和论文获教育部全国普通高校人文社会科学研究成果一等奖，两次获中宣部“五个一工程”奖，两次获吴玉章奖金一等奖。

⑤ “创价”，创造价值。在丰富的价值创造中有人生的幸福，以培育“价值创造的人格”教育为目标，展望以此为根本的社会改善为目的。参见《王蒙、池田大作对谈：赠给未来的人生哲学》，北京：人民出版社，2017年，第19页。

“世界市民”，“追求、向上、和平”的人文精神与科技研发并举，获日本政府文部省“超级国际化大学创成支援事业”及“为发展中国家可持续循环性社会及地域新产业形成基础开发技术研究（私立大学）项目”立项，并获“S”最高中期评估，见证着池田先生以生命实践融合共生、以文化教育交流致力于人类和平事业的成功业绩。

日本著名作家佐藤优（非创价学会会员）认为：“我们应该虚心坦怀地学习池田大作的著述。”[①] 国学大师季羡林教授更早指出：“池田是把佛教思想运用于现代的真正的思想家。”[②] 著名佛教文学研究专家谭桂林教授认为：“池田思想解决现代文明危机，池田先生的和平思想是全人类的目标。”[③] 2001年，北京大学贾蕙萱教授首倡“研究池田思想，资以人类和平发展的借鉴”。2000年2月，《世界宗教研究》刊发拙稿《池田大作的中道思想评述》，文中阐述了池田先生对以天台《法华经》为中心的大乘法理的彻悟，以及其亲躬践行《法华经》融合共生理念，引民众以实际的社会实践，体悟信仰的力量，以真求善达美，黾勉勤恳，于现实中悟觉法理，化为智慧，使自己更好地发光，走无限向上的人生，致力于世界和平的行动。

鉴于此，可以客观地评价池田大作是“当今世界伟大的宗教哲学思想家、卓越的宗教理念实践家”。池田大作思想研究，对丰富人类思想智库，为“人类命运共同体”之和平愿景提供可靠镜鉴，获得社会伦理构建的优秀范式和教育模式，有重要的现实意义和未来意义。

二、立题缘起

诗，自春秋开始就是政治和外交中不可或缺的工具，在今天的跨文化交际中更是独领风骚。

拙稿主论“池田大作诗歌”，立题缘起于2002年北京大学学生朗诵“池田大作诗歌”，唤起了心灵共鸣和感动。2008年，笔者引述池田先生诗授课——“樱花啊！你是黎明的彩霞”，愿你“与风暴一起永远在春天里盛开”，带给学生不同审美意趣。2014年，笔者的教改课题论文，引述池田先生所赋汉诗，勾起学生对“世界和平愿景”的思考，诚如池田先生言“诗人拨动钢铁的心弦，所有人的心感应共鸣”[④]。下面以诗为证。

---

① 佐藤優『地球時代の哲学 池田・トインビーを読み解く』、東京：潮出版社、2017年、25—26頁。

② 冉毅：《“人性革命”——池田大作“人学”思想研究》，成都：四川人民出版社，2005年，第1页。

③ 高橋强『中国に広がる「池田大作思想」』、東京：潮出版社、2012年、104頁。

④《池田大作诗选》，文洁若译，北京：作家出版社，2002年，第24页。

（一）池田先生赠温总理汉诗

2007年温家宝总理访日，亲书墨宝“慈航创新路　和谐结良缘”，赠予池田先生。① 先生回赠汉诗：

春风应时樱缤纷，春霖迎来一贵人。
融雪破冰志坚定，温文儒雅亦亲民。
知难不难迎难上，言信承诺行必果。
同一世界同一梦，和谐社会喜春晖。

“慈航”的典故来自白居易《渭村退居寄礼部崔侍郎翰林钱舍人诗一百韵》中的“断痴求慧剑，济苦得慈航”。《花月痕》第五十二回亦有“万顷情波，都成觉岸；千重苦海，尽泛慈航”。“慈航”谓佛以慈悲度人，如航船济众脱离生死苦海。温总理对宗教哲学思想家池田的佛学实践了然于心，“慈航”题词所蕴含的文化意蕴犹如莲花绽蕊，勾勒出中日交流曾以佛学为契机的历史画卷。

（二）池田先生赠李总理汉诗

李克强总理曾于1985年3月作为中国青年代表团副团长赴日，受到池田先生的热烈欢迎。2018年5月10日，李总理再次访日，赠墨宝“金桥永固，风范长存”，高度评价池田先生为中日友好交流所做的贡献。先生赋汉诗赠李总理：

无限春光在桃李，几番克捷雪霜寒。
强肩一任强国梦，尤记当年握手欢。

（三）池田先生赠程永华大使汉诗

中国驻日大使程永华，1975年曾作为国家首批公派生，留日就读创价大学，以优秀成绩毕业回国后成为国家外交栋梁。2010年程永华任驻日大使，2019年4月在任满归国前夕，拜访创价学会，池田先生赠汉诗：

星使千秋第一勋，也曾负笈起风云。
樱花时节忆总理，忆总理时今送君。

---

① 『聖教新聞』2007年4月13日（1版）。

诗中追忆程大使留学创价大学，与其结下深厚友谊，盛赞程大使为中日友好交流大业建立不朽功勋；追忆程大使在创价大学植下“周樱”，于每年花盛时节“赏周樱会”，倍思周总理。

池田先生“以诗推进世界和平友好，诗歌创作业绩卓越，文采洋溢”，荣获“世界民众诗人称号”（2007），并多次荣获国际大奖。

（四）池田先生荣获“桂冠诗人称号”

国际诗歌协会联合会理事总务长苏里尼巴苏（Surinibasu）博士（印度著名诗人，1979年7月，与池田会长有关于诗歌方面的对话）代表协会联合会电告：“世界诗歌协会第五次诗人会议，经评议，高度评价池田先生文学创作伟绩、卓绝诗才，会议决定授予池田先生至高荣誉‘桂冠诗人称号’（1995年）。”池田会长是第一位获此殊荣的日本人。世界诗人会议以联合国教科文组织国际诗歌协会为中心，[①] 每次会议都有来自世界300名以上诗人参加。

（五）池田先生荣获“世界桂冠诗人奖”

印度世界诗歌协会（总部设在印度马德拉斯］经审定，一致通过授予池田会长“世界桂冠诗人奖”（1991年），池田会长是该协会第一位获奖者。该协会会员遍布全世界，其诗刊《诗人》（*POET*）刊载了30000多位诗人作品，向全世界100多个国家发行，自1991年1月开始分10次介绍创价学会会长的诗，受到高度评价。

（六）世界名人与文学家评价池田大作诗歌

世界诗歌协会会长、印度著名诗人苏里尼巴苏博士，初读英文版池田先生诗集《我心中的诗》，便赞叹不已：“迄今，读过《诗人》世界六大洲三万名以上诗人作品，如此打动我心灵的作品，不曾有过。”[②]

2009年，印度创价池田女子大学库马兰（Kumanan）议长，读《母亲》一诗时感言：“池田先生赞母亲的深情，是我迄今读过的母亲赞美诗不曾有过的深情。诵读这首诗，瞬间有如触电般心潮澎湃，心律波动，与池田先生用诗语编织、大如宇宙的思念深情同律动。字里行间，充溢着对所有女性的深深慈爱，如清泉汩汩，不尽溢涌。”[③]

① 世界艺术文化科学院，是联合国教科文组织专门机关之一，1946年设立，以致力和平与安全为宗旨，通过教育、科学、文化促进各国协作，本部设在巴黎。日本于1951年加入。国际诗歌协会会员广布欧美、东南亚、中东、非洲，以“通过诗推进世界友好与和平”为目的，定期召开会议。

② 前原政之『池田大作20の視点—平和・文化・教育の大道』、東京：第三文明社、2010年、99頁。『聖教新聞』1995年8月10日。

③ 鳥飼新市『世界の指揮者が語る池田大作』、東京：潮出版社、2009年、14頁。

2008年，韩国著名诗人黄锦灿，发文赞道：“池田大作诗歌，开民众智慧如星光灿烂。”

同年4月，蒙古文化诗歌科学院将“天之骏马”奖授予池田先生。

斯里兰卡名校凯拉尼亚大学的巴里亚吉鲁（Bariyagiru）博士赞誉：“人生经历困难，再奋起写诗，70高寿坚持写诗者，世界空前罕见。池田博士写诗鼓励青年，笔耕不辍，我不曾见过这样伟大的诗人。”①

美国科尔盖特大学（Colgato University，1819年创立）爱玛森协会会长威达（Waida）博士失去双亲，陷入悲恸深渊，读池田先生《诗人之星》后，复苏了生命活力，述怀：“读着读着，仿佛SGI会长在我身边亲切鼓励。”因此以诗结缘，继而把SGI会长的诗作为他在大学的授课教材。

日本大文豪井上靖与池田先生有“四季雁书”对谈，井上靖读池田所著的《青年谱》，为诗中“母亲”深深感动，赞母爱深厚、博大、强烈、优美无垢，如能植根社会人之关系，“吾侪定矢志引吭高歌”。②

池田大作诗歌的特质，诚如先生言：“我之诗之思，非悦一已，诗心萌动刹那第一念，是‘激励人’，撰述不辍总这一根筋。”③ 以“激励人”之“诗心”结缘天下，创作源泉不枯竭的根本在于“不利已，而为利他”。池田大作诗歌，体恤年长、鼓舞青年、指引少年、教诲女性、提升文化、修养艺术，使人持家和睦、热爱生活。池田以诗阐释“女性是社会和平的保证力量”“21世纪是女性世纪”，给予女性巨大鼓舞。池田大作诗歌，文字简易，意境深邃悠远。

三、文献综述

迄今，对池田大作的研究从“文化教育、世界和平、宗教思想”展开，讨论中日关系、人物风范及文史史料者较多，拟简表如下：

中国学者的研究领域	日本学者总结的研究领域
池田大作的和谐理念（人与人、人与自然、各民族间、人与社会）	开拓未来、开创和平世纪的行动者

① 《圣教新闻》2004年8月1日附《特辑　桂冠诗人池田SGI会长的世界》。

② 井上靖・池田大作『四季の雁書』往復書簡、東京：潮出版社、1977年、67頁。

③ 池田大作『随筆・大道を歩む・池田大作全集』、東京：『聖教新聞』社、第126卷。前原政之『池田大作20の視点―平和・文化・教育の大道』、東京：第三文明社，2010年、93頁より。

续表

池田大作人学思想特征（“立正”而“安国”）	连接世界的对话力
池田大作的中道思想述评（《世界宗教研究》）	本土是真正改变世界的起点
池田大作“生命哲学”的人性论基础（《哲学研究》）	知性宝冠——荣获世界最多的学术称号
池田大作关于生态伦理的思考（《世界宗教研究》）	遍及世界的“池田大作研究”
池田大作基于《法华经》融合共生法理的躬行实践	大型的刊物·摄影展传播和平思想文化
关爱人性善待生命——池田大作思想研究	文化勇者、战斗的诗歌·行动的诗人
池田大作的世界和平观（基本特征·哲学基础·和平践行）	民众文学金字塔《人性革命》的世界
世界拥戴认可的民众领袖	视觉读出的诗——池田名誉会长与摄影
倡导人本教育的伟大实践家	民众主体的创价大文化运动
构建中日“友好金桥”的勇者（促进民间友好的先导智者）	培养人才、“鼓励”是造福人的艺术
池田大作思想的文化精神之道	教育——点燃心灵智慧之光
池田大作思想引领社会的正能量	造就“百年树人”的力量
池田大作的“人性革命”内涵探讨	卓越的领袖智慧之源
“文化力”对话硕果丰满	池田夫妇战友情
中日友好——“吃水不忘挖井人”	“未来瑰宝”——青年志友的纽带
池田大作的“人本教育”是世界的楷模	造就女性发挥作用的世纪
池田大作先生是促成“中日青年交流”的伟大功勋者	至诚“报恩”一生
文豪鲁迅与池田先生心同志契合	超越世纪，师承不二
《新人间革命》巨大反响	
池田大作文学向人类输送勇气和希望	
《池田大作与世界文学》	
“心灵诗吟”——评池田先生摄影作品的艺术魅力	

上表一目了然，有关池田大作文学诗歌的研讨较少。

池田大作诗歌中译，有山口和子译《诗集·民众》[①]、《诗集·人间革命之谱》[②]、北京大学卞立强教授译《池田大作选集》（北京大学出版社，1988年）、中国社会科学院翻译家文洁若教授译著《理解·友谊·和平——池田大作诗选》（作家出版社，2002年），香港创价学会翻译较多，目前未予收集。

池田大作文学研究，有谭桂林教授（原任职于湖南师范大学，现在南京师范大学任职）在《池田大作与世界文学》（2010年）中，系统分析池田大作诗歌的特点，解读寓于诗歌中的对历史、对人生的深刻生命体验，挖掘池田大作文学中蕴涵的世界文学资源，这对于全面、深入地认识池田大作的精神人格，评价池田先生在世界文学史上的地位，有重要的学术价值和理论意义。范延义教授的论文《心灵诗歌——摄影艺术的魅力》（2012年），指出池田摄影作品的本质是追求宇宙生命的跃动，评价池田先生是发现平凡美的巨匠，艺术造诣深厚，每幅作品都是“无声诗”，情操升华向善，向民众奉献生命的力量，使欣赏者受到熏陶从而提升审美力。

池田大作诗歌，在日本诗坛中发表量最多，并屹立诗坛巅峰。有大数据为证：“池田会长的诗迄今超过130000万行（排列起来可绕地球五圈半）。”[③]《池田大作全集》150卷，其中诗歌10卷（38—48卷），和歌、俳句3卷，还有短篇、律诗、绝句、题诗。2002—2007年池田大作发表长篇叙事诗近200篇。其体裁多样，诗艺娴熟，诗才擢拔，诗语闪烁着智慧，被誉为《论语》体，寓意生命哲思，与宇宙生命同呼吸。人们通过了解其创作源泉，解读其诗论、诗风，感受池田大作诗歌的气宇恢宏，认识到其诗歌催生社会和睦能量的现实意义。

四、池田大作诗歌的创作源泉

“池田先生精神纯粹，是真正的文学巨匠。”（谭桂林教授语）池田创作诗歌的激情源自纯粹的诗心，源自博大的文学知识体系。池田在其著作《我的履历书》“序言”中说：“我本人真正来磨炼自己，那是在踏上佛法道路以后。但少年时代内心的热情肯定会贯穿我一生。”[④]池田在弱冠之年曾在东洋商业学校夜校插班听课，利用一切机会和时间，博览世界辞林，尤其对各种人生问题的书籍，更是孜孜不倦地阅读。

---

① 创价学会国际中心刊，东京，1975年4月。

② 创价文学会刊，东京，1979年5月。

③ 前原政之『池田大作20の視点—平和・文化・教育の大道』、東京：第三文明社、2010年、93頁。

④ 池田大作：《我的履历书》，赵恩普等译，长春：吉林人民出版社，1984年，第2页。

该书还记录了池田在战后几年间所阅书目：卡莱尔的《英雄及英雄崇拜》、达尔文的《物种起源》、杰克·伦敦的《深渊里的人们》、卢梭的《爱弥尔》、蒙田的《散文集》、柏拉图的《理想国》、巴枯宁的《上帝和国家》、荷尔德林的《许贝利翁》、爱尔贝尔的《甘地圣书》、长与善郎的《叫作竹泽先生的人》、有岛武郎的《旅情》、冈仓觉三的《日本的觉醒》、三木清的《人生论笔记》、国木田独步的《诚实日记》、姊崎正治的《复活的曙光》、阿部次郎的《三太郎日记》、幸田露伴的《赖朝》、内村鉴三的《代表性的日本人》、佐藤一斋的《言志四录》、武者小路实笃的《我的人生观》，以及《歌德诗集》《希腊抒情诗选》《爱默生文集》《平家物语》。此外，还有席勒、拜伦、中江兆民、幸德秋水、伊滕千代松、石川啄木等人的作品。

池田先生弱冠时期即博览古今东西诗歌，常与朋友讨论文学和人生问题。他说:“不断吸收知识，得以度过了战后的知识‘虚脱状态’，燃起‘从头做起’的信念。”[①] 19岁时池田邂逅恩师户田城圣，赋“即兴诗”表心志。成年后，在户田城圣恩师的指导下，池田虔信佛教，阅读古典，启迪了思考能力，悟达了“古典的秘密在于从中获得作者的生命刻印，知晓人的精神无限丰富，使人感动之至且惜真情，就能使古典的丰富复活于现代”。

池田大作诗歌描绘了“人类命运共同体”和平共生的愿景，民众视之为“精神家园，心灵的故乡，是使社会朝着更好方向努力的信仰理念”。丝井川教授评价池田大作诗歌“（可以）培养儿童读书习惯，是家族的纽带”，这些都足以印证池田的诗风亲民，老幼皆宜。

池田大作的诗论创作，源自他对文学的睿智思考。池田认为:“文学是开放性的‘精神交易’，在文学天地里，实现生动的心灵跃动交易，精神果实共分享共拥有，心灵终归，心性和谐，完善自我生命实践。”池田先生希冀青年通过文学进入“和平世纪”，舒展翅膀在文学天地里飞翔，祈祷“新的文艺复兴牵动人性复兴，联动生命复兴”。[②] 因此，池田大作诗论与迄今诸多诗论者有着不同的睿思。池田大作说，“诗，向来是宇宙赠予人类的最好的礼物，是宇宙论的巨大源泉。诗的生命也因之而永恒。……诗人的双腿走向烦恼的人，病痛的人，走向失怙失恃的孩子，诗人必须拼命支撑贫困家庭和母亲”“做一个民众诗人，毕生充当庶民、青年、母亲的代言人”“诗人必须像自己写的那样生活”“始终朝向未来”。中国革命博物馆举办“池田大作诗歌展”（2002），刊行的诗集传颂至

① 池田大作：《我的履历书》，赵恩普等译，长春：吉林人民出版社，1984年，第47页。

② 池田大作『世界の文学を語る』、東京：潮出版社、2001年11月、3頁、5頁。

今，契合“以文化交流为主题，像滔滔大河似的民众交流是友好的根本大道”。池田大作诗歌研究的意义亦如是。①

五、池田先生以诗育人

读池田大作诗歌，迷茫时受启迪，温暖心田，复苏生命力。池田先生90高寿时给愚生题咏：“目的遥遥行冉冉，沉毅向前不迟疑。”②

“冉冉”，出典有唐元稹《会真诗三十韵》：“华光犹冉冉，旭日渐曈曈。”宋黄机《喜迁莺》词：“冉冉波光，辉辉烟影，空翠湿沾襟袖。”《文选·屈原〈离骚〉》：“老冉冉其将至兮，恐修名之不立。”吕向注：“冉冉，渐渐也。”三国魏吴质《答魏太子笺》：“日月冉冉，岁不我与。”

要实现崇高的理想，路漫漫其修远兮，毅力坚定求索不迟疑，每个人的心里都藏着了不起的自己。只要一直培养豁达，坚持善良，始终朝着梦想前行，就没有到达不了的远方，也终将实现理想。这首题咏，诗语优美，温暖心灵，殷切鼓舞人积极向上，感人至深。

结　语

“诗”，有道德教化之功能。孔子曰：“小子!何莫学夫《诗》？《诗》可以兴，可以观，可以群，可以怨，迩之事父，远之事君；多识于鸟兽草木之名。”《诗》之本质乃“思无邪”。池田大作诗歌本质“思无邪”，“激励人前进，给人以乐观精神，给人以力量，鼓励人向困难斗争，给人以高尚的美感享受”③。池田大作诗歌以实践生命的意义为最高诉求，在诗美意象的精神启发作用中与高尚的人文思想神交而进行良性互动。

池田大作诗歌的愿景是创造更好的社会，实现人与万物和谐，实现人类和平。

---

① 《池田大作诗选》，文洁若译，北京：作家出版社，2002年，第1、2、4页。

② 日訳：目的は遙々たり行うは冉冉す、沈毅にして遲疑せずに前へ向おうとする。

③ 冉毅：《“人性革命”——池田大作“人学”思想研究》，成都：四川人民出版社，2005年，第1页。

池田大作文明对话思想探析

陶　金*

在世界全球化趋势日益明显的21世纪，“文明对话”已经成为人文社会科学领域中一个崭新的学术论域，文明对话的方式也成为不同族群、不同信仰群体之间进行平等交流、相互学习、和睦相处的一种人文精神和学术实践。2001年被联合国命名为“文明对话年”。文明对话理念的提出是全球化时代社会经济、科技和文化多样性发展的必然需求。文明对话的基本和首要内容是宗教对话，正如著名神学家汉思·昆所说：“没有各宗教之间的和平，就没有各文明之间的和平；没有各宗教之间的对话，就没有各宗教之间的和平；没有一种全球伦理，就不会有一种新的全球秩序。”① 可见，宗教对话对于21世纪全球化背景下的世界文明发展和人类和平具有举足轻重的意义，

因此，对于宗教对话思想的研究和探讨，也成为当今时代的重要课题。

池田大作是世界著名的宗教思想家、哲学家、社会活动家，作为世界最大的佛教团体之一国际创价学会（SGI）会长，他长年积极致力于推动世界和平、教育、文化事业。他秉承“对话可以拉近人与人之间距离”的信念，主张世界各国、各领域人士应该通过对话的方式来解决当今世界和全人类面临的共同难题。池田大作对谈持续坚持了40余年，会面与交流总人数超过7000人，进行正式谈话、讨论的对象人数超过1700余人。②

作为一名宗教团体的领袖人物，池田大作十分重视对话的意义，并在全世界范围致力于对话的行动和实践。他积极与各国政要和文化名人进行对谈，也与来自各宗教背景的人展开对话，其中有基督教、伊斯兰教、犹太教等一神教的代表，也有印度教、佛教、儒教等东方传统宗教和思想的代表，整理成70余本对谈集，并在世界多所知名大学的演讲中多次从佛法理念的视角进行阐发，深入剖析了在21世纪全球化背景下不同文明、不同文化和不同宗教间对话的必要条件和现代意义。

---

* 陶金，大连海事大学外国语学院副教授。

① 汉斯·昆：《全球伦理与中国传统文化》，载《基督教文化学刊》第4辑，北京：人民日报出版社，2000年。

② 東洋哲学研究所編『池田大作　世界との対話平和と共生の道を開く』、東京：第三文明社、2010年、15頁。

从目前国内关于池田大作思想的研究来看，多集中于从哲学、佛学、人学等角度进行阐发，近年来又掀起了关于池田大作教育观、女性观的研究热潮，但是，对于池田会长40多年来倾尽心力的对话事业则较多理解为是其和平思想的践行。事实上，池田大作作为东亚地区积极开展文明对话实践的先行者，其思想和行动具有现实的代表意义和借鉴价值。

笔者认为，池田大作的世界文明对话思想深刻而独到，其中以宗教对话思想最具特色和代表性。本文在剖析池田大作宗教对话思想成因的基础上进行追根溯源，对其特点进行梳理，探讨了佛教背景与池田对话思想的渊源关系，以期开辟池田大作思想研究的新向度，或可为今后我国宗教界人士参与世界文明对话和各宗教间的交流提供一点借鉴。

一、“对话是和平之道”：池田大作文明对话实践的出发点

人类社会跨入21世纪，环境恶化、资源匮乏等问题层出不穷，由于地域经济发展不平衡等原因造成的纷争不断，宗教信仰问题引起的冲突频发，严重威胁人类的和平与安全。如何克服21世纪人类所面临的危机呢？池田会长在2005年第30届“SGI日”和平倡言中明确谈道：“从根本上来说，没有诸如一挥魔杖就可解决问题的政策。相反，我们还不得不承认前途是非常险峻的，面对的是如何不得不挺身抵抗蛮不讲理的暴力的难题。只有对话才是和平的王道——只要人类历史不停止前进，人类就不得不永远肩负这一命题。”①

池田大作的对话事业始于20世纪70年代初与英国著名历史学家汤因比博士的对谈，具有基督教信仰背景的汤因比博士和佛教背景的池田大作先生跨越两年时间完成了约十天的对谈，最终整理成了著名的对谈录——《展望二十一世纪——汤因比与池田大作对话录》。这本对谈录中充满了两大世界性宗教代表人物对于新世纪如何实现人类和平问题的热切向往和深入思考，正是这次对谈促使池田大作坚定地踏上了开展文明间、宗教间对话的新旅程。我们可以将池田大作的对话事业理解为是他在践行大乘佛教的和平理念，但是，作为国际知名宗教团体的领袖，坚持选择对话的形式来寻求和平却是与其个人成长经历和日本佛教日莲宗的宗教背景密切相关的。

第一，从个人阅历来看，池田大作致力于和平的动机，起源于他少年时代的经历。池田的少年时代正值第二次世界大战，战争结束后，才十多岁的他结

---

① 池田大作：第30届“SGI日”纪念倡言《面向新世纪——人本主义的对话》，池田大作中文网，http://www.daisakuikeda.org/chs/。

识了创价学会第二任会长户田城圣。与户田城圣的邂逅让池田大作接受了佛法的熏习，佛教的和平、平等观念将他最初的反战情绪化为了日后推进和平的动力。佛法阐明"人人生就佛性，手掌无限潜能"，作为一名佛教徒，池田大作秉持"对话可以拉近人与人之间距离"的信念，身体力行、朝夕不倦地投身到寻求和平的实践之中。在40多年的时间里，他与世界各国各领域人士进行了长期对谈，反对暴力、在平等对话中共同探索和平道路的理念一直贯穿于他的对谈过程始终。他领导的创价学会，也一直把实现世界和全人类的永久和平作为奋斗宗旨。可以说，特殊的成长经历和境遇，促使池田大作深刻意识到暴力和战争的危害，选择并坚持用不同文明、宗教、人与人之间平等对话的方式探求和平之路。

第二，与创价学会的宗旨和传统密切相关。创价学会是战后日本新兴宗教法人，属于法华宗系的日莲正宗，以日莲的佛法和生命哲学为基础，宗旨是推进和平、文化及教育，祈愿人类幸福。池田大作作为创价学会的第三任会长、国际创价学会的领导人，不但是一名虔诚的大乘佛教徒，更是独具日本特色的日莲佛法的忠诚践行者，因此，他的对话事业不仅仅是遵循佛教和平理念的行动，更是对具有东方特色的日本化佛教日莲佛法的践行。在日本历史上，日莲宗宗主日莲大圣人曾遭到反对派的严酷迫害，但始终以非暴力的、靠言论说法的形式来反抗，拒绝各种威逼利诱，"对于言论的信念强固得胜似金刚"[①]。同样，创价学会的第一任会长牧口常三郎在被捕入狱后对审讯他的检察官和守卫也毅然宣讲佛法和平，最后死于狱中。第二任会长户田城圣同样曾被逮捕，但始终秉持"地球民族主义"的和平理念，出狱后即大力拓展座谈和对话，倾注全力于解救苦难民众的运动。因此，可以说，宗主日莲对"言论"的坚定信念和前两任会长不惜付出生命代价去追寻和平的行动，都为池田大作指明了方向。此外，创价学会作为日本新宗教的代表，是日本宗教国际化的典范，[②] 近年来不断向海外发展，其视野不再局限于日本国内，而是致力于通过和平方式追求整个人类的幸福，大力促成文明间、宗教间的对话恰是其最具特色的方式和活动，正如池田会长所说："我们SGI的活动把一对一的'对话'当作根本，通过一对一的对话来推广'善心'，创造更美好的社会，来构筑友谊与团结的光环。"[③]

---

① 池田大作『二十一世紀文明と大乗仏教』、東京：聖教新聞社、1996年。摘自池田大作1993年于哈佛大学的演讲。

② 铃木范久：《宗教与日本社会》，牛建科译，北京：中华书局，2005年，第84页。

③ 池田大作、ルーマリノフ『哲学ルネサンスの対話』、東京：潮出版社、2011年、190頁。

二、“在学习中兼融他者，在对话中创造新我”：池田大作宗教对话的思想特色

总的看来，世界宗教发展史上宗教对话思想渐进发展的历程大体经历了五个阶段，即：排他论、兼并论、多元论、兼容论、实践论。[①] 按这一向度思考，池田大作的宗教对话思想当属具有“兼融”特色的实践论。这里的“兼融”区别于“坚持己见、求同存异”的“兼容论”，是一种具有池田特色的在学习中“兼融他者”，在平等对话中“创造新我”的实践论。

“兼融他者”是池田对话思想的基本精神和重要姿态。真正可以达成相互理解的对话态度“不仅仅是宽容”，更需要一种对他者的尊重和在学习过程中“兼融他者”的开放胸怀。在与有儒教背景的哈佛大学杜维明博士的对谈中，二人曾围绕21世纪宗教对话的态度达成共识，即“对话应该是承认他者与他文明的一种宽容的精神。否则，对话将无法达成。但是，仅仅宽容是不够的。因为如果只是‘承认’，就意味着‘虽然不否定，但是也会无视对方’，这样就无法摆脱其原有的根性。真正的对话，‘相互尊重’这一要素是不可或缺的。然而，更有难度的挑战是‘赞叹差异存在’这样一种博大的胸怀，这是非常珍贵的”[②]。可见，在对话双方之间，“宽容”只是一种基础性存在，这样的“宽容”，从某种意义上来说，有可能是一种“文化相对主义”，仅是一种“消极的宽容”。相对而言，面向21世纪的更为积极的对话态度应该是取长补短，在学习对方的过程中优势互补，“兼融”对方的长处以完善自身，这种开放的心态对于宗教对话来说是非常重要的，而且是必要的。这种“兼融他者”的精神可以理解为一种“在自身之中让对方的文明共存”的态度，也就是池田大作始终秉持的：“不要把对方当成一种需要说服的存在，而是要当作需要学习的存在来敬仰、尊重，这才可以说是所有层面上的对话的重要姿态。”[③]

此外，“创造新我”是一种自我更新的实践，是池田对话思想的特色所在。池田大作作为一位佛教团体的领袖，始终以开放的心态面对其他各大宗教，积极吸收各大宗教体系中丰富的智慧和进步理念以完善自我。他在自身深厚佛学素养的基础上广泛吸收东方传统宗教儒教、道教的智慧，在与各大宗教代表人物的对话中，对各教经典和理念常常信手拈来，如数家珍，其思想也呈现出海纳百川的

① 参见张志刚等：《当代宗教冲突与对话研究》，北京：经济科学出版社，2011年，第236—309页。

② 池田大作、ドゥ・ウェイミン『対話の文明』、東京：第三文明社、2007年、12頁。

③ 同上书，第84页。

开放姿态，闪烁着各教智慧交相辉映的独特光芒。另外，池田大作的对话实践也是一种“更新自我”的创造过程，创价学会的迅速发展就是有力的证明。创价学会作为近代日本新兴的佛教宗派在短短几十年的时间里，发展为世界上最大最多元的佛教团体，会员遍布190多个国家和地区，在传播生命哲理的本源之光——佛教的同时，努力创造“和平的价值”“文化的价值”“人生的价值”。[①] 在池田会长的大力推进下，1962年东洋哲学研究所成立，近年来广泛致力于文明间的对话事业，以“‘作为文明间对话’的中心，通过国际性的学术交流将‘东洋智慧之光’撒向世界”为宗旨，在1997—2000年促成了六次基督教与佛教的对话，2001年开始又增入了伊斯兰教和犹太教，十几年来积极开展四大宗教间的对话和研讨，取得了丰硕的成果。1993年波士顿21世纪研究中心落成，为文明对话事业再添新力量，通过与欧美知名学者的交流与互动，池田对话精神和创价学会更展现出一种开放的姿态，积极接纳他者，展现面向世界的胸怀。

三、“和平、人权、共生”——池田大作与“世界宗教精神”

佛教作为一种具有悠久历史的世界宗教，有着博大精深的哲学内涵，尤其是大乘佛教，在东亚地区的传播过程中浸润了源远流长的东方智慧，闪烁着独具东方特色的熠熠光辉。池田大作作为一名深谙佛学精髓的大乘佛教徒，既对传统佛教的宇宙观、世界观和自然观有独特的见解，又在长期的对话实践中对21世纪宗教的历史使命进行了具有前瞻性的思考。池田大作的对话行动始于20世纪70年代，无论是从东亚地区还是世界范围来说，都可谓身先士卒的代表人物和先行者。因此，他倡导的面向21世纪的“世界宗教精神”，不但浓缩了深邃的大乘佛教智慧，还彰显了鲜明的时代特征。

早在1972年，池田大作在与汤因比博士的对谈中，就深入探讨了关于“支持新文明的未来宗教”所必须具备的条件及其与文明的关系问题。汤因比博士认为，未来的、高级的、正确的宗教“必须赋予人类明辨和克服严重威胁人类生存的各种罪恶的力量”，“使每个人直接地接触到‘终极的精神之存在’”，“教导我们对人和包括人以外的整个自然，抱有崇敬之情”。而且，“文明取决于构成其基础的宗教的素质”。池田大作对此十分认同，围绕“自己—社会—环境”三个范畴，用佛法“三世间”的法理给予回应，强调只有尽最大努力使这三者正常化，每个人都能够进行自己生命内部的变革，这样的宗教才有可能成为未来的宗教。而且，这样的宗教将不以“神”作为根本，而以“法”为本，必须既能挽

---

① 池田大作、常書鴻『敦煌の光彩』、東京：德間書店、1990年、184頁。

救西方的危机，又能拯救东方的苦境，必须有利于把人类组成一体，去解决从现在到将来的一切问题。[①] 可见，早在20世纪初，池田大作就开始从社会、个人、环境三方面去思考作为世界宗教的必要条件，他的世界宗教观已经初具雏形。

1993年，池田大作在美国哈佛大学做题为《21世纪文明与大乘佛教》的演讲中，谈到了大乘佛教对于21世纪文明的贡献，将其浓缩成了三点：“和平创出的源泉、人权复兴的轴心、万物共生的大地。”从释尊以身为范，通过和平对话传法的行动进行阐发，论述了佛法重视和平、摒除暴力，克服歧视、尊重差异、共生缘起、融合宇宙“大我”的核心理念。2005年，池田大作在与杜维明博士的对谈中，再次谈到了宗教的现代意义问题，把在哈佛演讲中关于“和平、人权、共生”的三原则阐发为面向21世纪的“世界宗教精神”。在此基础上，他对杜维明博士在波士顿21世纪中心演讲时提出的关于宗教现代性问题的五项基本内容[②]给予了高度认同，并强调这与他领导的创价学会在努力方向上完全一致。

可见，池田大作倡导的“世界宗教精神”是在他的对话实践中不断完善和提高的，彰显出佛教崇尚和平的世界观与万物共生的慈悲精神。21世纪的世界宗教，必须着眼于人类和平与地球的可持续发展，这是作为高等宗教不容推卸的历史使命，更是佛教这一古老的东方宗教对21世纪文明所能够作出的贡献。

此外，池田大作还特别强调了宗教指导者在宗教对话中的作用，这为正在和将要开展的各大文明间、宗教间的对话提供了可行性方面的参考。他强调，只有以宗教指导者的对话行动为基础，文明间的对话才有顺利实现的可能。同时，只有通过指导者的实践，才能彰显出宗教对话的重要意义。首先，宗教指导者必须是掌握了“两种语言”的“公知人物”[③]。这里所说的“公知人物”，必须具备两个条件：第一要关心政治，参与社会；第二要具备文化上的真知灼见。他们的视野必须超越自己团体直接关心的事务，不仅活跃于自身教团内部，更要作为一个“世界公民”开展行动，接受评价和考验。而所谓“两种语言”，一种是自身宗教内部的语言，还有一种是作为“世界公民”的语言。只有这样，他们才能在宗教对话中更加游刃有余，发挥出更大的作用。换言之，宗教领袖虽然代表了本

---

① 池田大作、アーノルド・J・トインビー『二十一世紀への対話（下）』、聖教ワイド文庫、2002年、107—153頁。

② 池田大作、ドゥ・ウェイミン『対話の文明』、東京：第三文明社、2007年、97頁。关于宗教现代性问题，杜维明博士主要提到了五点基本内容：“第一，能够给人们一种精神支柱，引导人们通过社会贡献来不断提高自己；第二，要把人定位成与他人相互关联的存在，而不是孤立的个人；第三，要主张健全的家庭建设必须与健全的社会建设相关联；第四，要坚持教育是为了磨炼人格而不是聚集知识的教育观；第五，要秉承政府必须持续展示其道德模范作用，否则国家将陷入危难的国家观。”

③ 池田大作、ドゥ・ウェイミン『対話の文明』、東京：第三文明社、2007年、103—104頁。

教团的利益，但在世界一体化趋势越来越明显的21世纪，他们的活动和追求的目标都不能局限于自身教团内部，而应该追求全人类共同的互利和幸福。作为一位宗教领袖人物、对话行动的实践者和先行者，池田大作的这一观点，对于近年来宗教界正开展得如火如荼的对话行动颇具借鉴意义。

四、池田大作宗教对话思想蕴含的东方佛学智慧

池田大作的对话行动，不仅是对佛教和平理念的践行，更有博大宽容的大乘佛教精神深蕴其中，行动中融汇了日本佛教日莲宗特色，闪烁着东方佛学智慧的熠熠光辉。以下试从三个方面进行剖析。

第一，和平对话这一形式本身就彰显了佛教特色。佛教是一种崇尚和平的宗教，无论是佛陀创教之初在印度传教的过程还是佛教对外传播的过程，都是通过说教与对话的形式进行的，坚决摒弃动用武力和发动战争。佛陀创教之初就采取了对周围的人宣讲佛法的形式来阐明自己证悟的佛法原理，以其缜密的逻辑和精辟的论证赢得了信众追随。在佛教对外传播的过程之中，与异质的中华文明相遇，也是采取了与本土的儒教和道教在不断的对话中相互融摄、取长补短、和谐共存的形式，最后形成了儒释道三教鼎立的中国传统的文化格局。同样，在佛教传入日本后，也并没有与日本本土宗教神道相抵触而引发争斗，而是通过相互包容的方式达成了“神佛合一”，最终以其高深的哲学思辨占据了主流思潮的地位。纵观佛教向亚洲各地传播的历史，也都是采取开展文明间对话的形式以化解矛盾、消除争端，最终树立了佛教作为世界宗教的地位。佛法的人性主义主张“无量义者，从一法生”，池田大作超越国境、宗派、思想体系、种族、民族、学问之间的障碍，在不同领域间架起对话的桥梁，正是秉承了佛教传统的人性主义对话精神，表现出了大乘佛教宽厚、兼容的胸怀和气度，以平等的态度对待每一位对谈对象，在尊重对方文化背景和特质的基础上，心平气和地将自己的理念与佛教的精神解释给对方，在进行哲学阐释时也表现出了高度的佛学素养和辩难技巧。因此，可以说，池田大作选择对话的方式来实践其信念，是与佛教重视对话的传统有着深厚渊源关系的。

第二，信赖、平等、包容的对话态度源于佛教“缘起”思想和中道哲学。佛教认为：“万物存在于相互的‘由缘而起’的关系性之中，独自能单生的现象是不存在的。这就是佛教的世界观。”① 佛教华严宗哲学有“因陀罗网重重无尽缘起”的思想，网中珠光互映喻菩提智慧“一即一切，一切即一”，无穷无尽。更

① 池田大作、ミハイル・S・ゴルバチョフ『二十世紀の精神の教訓』、東京：潮出版社、1996年、226頁。

有法藏大师著名的十面镜子相距一丈对放，其间置佛像燃烛炬，可见互影交光重重无尽映射的互为缘起景象。正如永嘉禅师在《证道歌》中所说：“一性圆通一切性，一法遍含一切法，一月普现一切水，一切水月一月摄，诸佛法身入我性，我性同共如来合。”池田大作的宗教对话，正是源于佛教中这种最基本的“缘起”思想，无论是人与人之间、宗教与宗教之间还是不同的国家、文明之间，都处在相互的“缘起”关系性之中，不可能独立单存。同时，人人皆有佛性，皆值得尊重与学习。每一种宗教和每一种文明，皆有其可贵之处。因此，首先要在相互信赖的基础上认识彼此的相关性和差异性，也正是因为彼此“由缘而起”，故众生无贵贱优劣之分，佛性互俱，平等对话的方式更利于人们在相互关联中求同存异、达成共识。

关于对话的态度，前述阐释了“包融”的含义，这其实是池田大作中道哲学最基本的态度。“空、假、中”的“三谛论”是佛教认识论的基础，池田认为，“空、假、中”三谛是互含互补的，其中“中谛”是包含了“假谛”与“空谛”的本质性的存在，它扬弃了“空”“假”二谛中互相矛盾的方面，使事物的本质和现象达成了统一。池田大作用“活力”“调和”“原点”三个精神来对应“空”“假”“中”三谛，认为只有当社会发展的三个支点——原点、调和、进步（活力）尽皆具备，成为圆融、圆满的大宇宙本源的当体时，才是真实的“中道”。而这个“中道”也就是创价学会所信奉的“南无妙法莲华经”。① 因此，可以说，池田大作面向21世纪的对话行动是以佛法的“中道”精神为原点的，是在相互认可、包容、融合的态度中探索未来人类进步和发展之路的一种佛法实践行动。

第三，“和平创出的源泉、人权复兴的轴心、万物共生的大地”——池田大作倡导的“世界宗教精神”是佛教追求和平、和谐、共生理念的高度浓缩。首先，“和平”是“世界宗教精神”的核心内容。佛法主张人类“和平”源于心性的“和平”，《增一阿含经》第51卷中说“心为法本，心尊心使，中心念善，即行即为”，佛教哲学中的“十二因缘”“四圣谛”也都围绕着“心性”展开，通过佛法修行限制自身的欲望，净化心灵，才能在“恶缘不绝”的社会中完成自修，走向真正的和平。池田大作以对话的方式探寻和平之路，这本身即是从心性走向行动，从个体走向群体的过程，是在达到了个人内心高度和平境界的基础之上传递和平讯息的过程，也是对佛教“心为法本” 这一基础理念的印证。其次，人权复兴的理念源于日本佛教推崇的法华信仰。创价学会宗主日莲大圣人奉

---

① 池田大作『池田会长全集』卷1、東京：聖教新聞社、1980年、228—231頁。

《法华经》为“第一经王”，创价学会会员皈依念诵的日莲正宗本门题目为“南无妙法莲华经”。在《法华经》中描述了一位深信任何人的生命都无比尊贵、值得顶礼膜拜的“常不轻菩萨”，还叙述了普贤菩萨、药王菩萨、妙音菩萨、观世音菩萨等以自己的特长解救众生疾苦的菩萨行。对此，池田先生解释说：“于现代来说，就是所有人都应该最大地发挥其所长，互相磨炼成长，身体力行人道主义和维护人权。”① 在第36届“SGI日”和平倡言中，池田先生把“通过宗教对话来推进人权文化”作为关键问题提出，事实上，这种人权与实践相结合的思想恰是对《法华经》中“人人生就佛性”之法理的弘护及对其现代意义的阐发。最后，“万物共生”是佛法始终秉承的理念。“我即宇宙，宇宙即我”，大乘佛法中一直有“不杀生”的慈悲心，超越人类至上主义，追求万物“共生共荣”的大同境界。在全球一体化的21世纪，环境、资源等问题威胁着万物众生的存续，追求“共生”的“世界宗教精神”体现了大乘佛教“苦众生之苦，度众生为乐”的慈悲救世情怀，也是佛法智慧带给现代文明的启迪。

“每一个文明的核心都是宗教。宗教以一种对话的方式既折射出文明，又塑造文明。”② 在人类社会已经跨入21世纪的今天，世界各大文明在“对话”中不断拉近距离。让拥有5000年历史底蕴的中华文明参与到与世界的“对话”中去，在与他者分享自身优秀价值的同时，为古老的中华文化注入新的生机，这是时代赋予当代中国的使命和新课题。中华文化自古具有“多元一体”的优势，这一特点本身就为多维度、多层次的宗教对话提供了得天独厚的实践氛围。③ 日本宗教活动家池田大作先生的文明对话思想与积极推动佛教同世界各大宗教对话的实践，或可为我国宗教对话事业发展提供某种参考。他在对话中表现出来的那种开放的胸怀，平等、谦和的心态和积极学习他者的热忱，或许对于未来中国宗教团体和教团领袖之间增进交流，积极参与到世界文明对话中去提供一些可以借鉴的经验。正如池田大作先生在与季羡林、蒋忠新两位学者畅谈东方智慧的对话中所言：“我们民众的每一个人都是变革的主人翁，都有开辟光明未来的责任。”④

① 池田大作：第36届“SGI日”纪念倡言《奏响创造性的生命凯歌》，池田大作中文网，http://www.daisakuikeda.org/chs/。

② 列奥纳德·斯维德勒：《从轴心文明到对话文明》，高艳丽译，载杜维明主编《从轴心文明到对话文明》，北京：光明日报出版社，2013年，第45页。

③ 参见张志刚：《梵二会议与宗教对话——兼论神学建设的学术视野》，《世界宗教文化》2012年第5期，第5页。

④ 季羡林、蒋忠新、池田大作：《畅谈东方智慧——季羡林、蒋忠新与池田大作鼎谈集》，北京：商务印书馆，2004年，第234页。

牧口常三郎的“地”观

——以《人生地理学》为例

张昌玉 *

一、引　言

牧口常三郎于1903年出版了巨著《人生地理学》，引起了学界的轰动。这一前所未有的地理学名称，引发了不少人的不解，在这之前已有人类地理学、人文地理学、文明地理学等概念已经被确立了研究对象及学术地位，而以人生地理学冠名的地理研究是前所未闻的，这给学界注入了新的血液并得到了关注。从书名可以看出牧口执笔的地理学有别于其他的地理学，折射出其独特的观点和研究目的。该书并不是单纯地研究山川地貌的地理学书，而是探讨人生，探讨人的生活与“地”的关系，探讨自己所处的自然环境与生活之间的关系的一本书，具有引人深思的哲学思想，从中可以窥视牧口早期的思想。

学界对书名的不解牧口早已预料到，牧口也是经过长时间的思索之后最后将书名确定为《人生地理学》。关于这一点，牧口也写道：“关于该书的题目，未曾见过前例，人们会感到很奇特。”人类地理学研究人类在地表上的分布及生活，人文地理学研究地表与人类文化、生活现象。当时已确立的地理学研究还有政治地理学、数理地理学、物理地理学、地志学、经济地理学等。牧口并没有采用上述地理学概念，对此熊谷一乘（2000）① 认为，这些地理学概念不足以表达牧口对人生与地理学的认识和把握。熊谷认为，《人生地理学》中的“人生”所指的是“人的生活与人类的生活现象，在这个意义上的人生包括政治、经济、军事、学问、教育、宗教、艺术，不仅包括人类的衣食住行等物质生活，还包括所有的精神生活。而《人生地理学》中的‘地理’，所指的是人类赖以生存的自然环境，简称‘地’”。如此庞大的研究对象，无论从哪个角度研究，都不是那么简单的一件事情，而牧口把目光投放在“地与人”的关系上，研究“地”与人的生活、“地”与人的自我成长、“地”与自我教育等，把“地”与实实在在的生

---

* 张昌玉，中国人民大学外国语学院日语系副教授，研究方向为日语教育和跨文化传播。

① 熊谷一乘：《牧口常三郎》，东京：第三文明社，2000年，第111页。

活实践活动联系起来去分析。

《人生地理学》是一部巨著，内容丰富，涉及面庞大，不是可以用一篇论文或文章可以概述的著作。本文试图通过《人生地理学》中牧口对“地”的理解或对“地”的阐述，来分析他对“地”的把握，并从中了解他的“地”观。这里的“地”指的是人类赖以生存的自然环境。

二、牧口的求学之路

要了解牧口对“地”的理解，首先需要简单回顾他的生长环境及历史、社会背景来佐证牧口的思想及他的“地”观并不是偶然形成，而是与他的成长环境有着必然的联系。

牧口常三郎于明治四年（1871年）6月6日出生在新潟县柏崎县（现在是柏崎市）刈羽郡荒滨村。当地土地贫瘠，耕地面积少，人们主要靠渔业生活。明治四年正值维新政府刚刚成立，江户改名为东京，废除蕃制完成了府县制度，东京大阪之间开通了邮政业务，同年7月设立了中央教育行政机关——文部省，次年日本发布了日本历史上第一个“学制”，这时的日本正站在迈向现代化的起跑线上。牧口诞生在这样的历史时期，他在社会发展的动荡中度过了波澜壮阔的一生。他的《人生地理学》与他的生平尤其是早期的经历有着直接的关系。

明治五年（1872年）8月2日日本颁布的“学制”，目标是“全民学文化”。但是由于当时日本社会还比较落后，家长对学文化的认识不足，以及家庭经济困难等原因，人们学文化的热情并不高，尽管政府出台了各种政策或强制性制度，以确保学童就学，但明治14年，各类小学包括男女学童就学率仅占41.3%，有半数以上学童没有上学，“全民学文化”的政府目标难以实现。政府认识到时机尚未成熟，因此1879年不得不废除“学制”，并模仿美国自由主义的教育制度，颁布了“自由教育令”，小学采取了弹性的运营模式，小学学习年限设为八年，可根据个人的情况就读。牧口小学读了四年，之后在14岁时移居北海道。在北海道的生活很是艰苦，牧口白天在警察署打杂，晚上继续学习高年级的课程。通过刻苦努力学习，1890年牧口考上了北海道寻常师范学校（现北海道教育大学的前身）。当时能考上师范学校的人可以说都是精英，一个学年只有十个人。选拔形式是先由郡长推荐入学，入学三个月后，经过严格的选拔考试，合格者正式成为师范学校的学生，通常近半数学生在考试中被淘汰，可以说千军万马过独木桥。明治政府认识到教育的重要性，并将普及、发展教育作为社会发展、国富民强的当务之急，因此将培养优质的教师当作国策来抓。于是，1872年明治政府决定在东京设师范学校，当年8月公开招收54名学生，之后在爱知县、广岛县、长崎县、新潟县等地设师范学校，师范学校在全国迅速普及，师范学校的学生可谓社会的佼佼者，也是肩负着国家未来的栋梁。当时，日本第一任文部大臣森有礼（1847—1889年）以强烈的教育富国之志，狠抓师资的培养。师范学校一律实行军事化管理，实行全寮制，免学费，免食宿费，还免费提供服装、生活用品，另外还提供零用钱。但学生要接受严酷的军队式管理，经常半夜紧急集合，每天傍晚在操场列队边跑步边高唱军歌，稍有差错，就要接受严厉的惩罚，高年级学生经常对低年级同学进行无理惩罚。牧口在这样的环境中完成了师范学校的学业，毕业后被分配到北海道师范学校附属小学任教，从此开始了他教书育人、思考探索的人生。

三、牧口的教师生涯

1894年，牧口在他23岁时到小学就任，当时日本政府大力鼓吹“国粹主义”“国权主义”。以三宅雪岭（1860—1945年）、井上圆了（1858—1919年）、杉浦重刚（1855—1924年）为首的文化界名人创办的杂志《日本人》，大肆赞美日本文化，鼓吹“日本主义”，宣扬国家主义，这些思潮给社会带来了强烈的民族意识和国粹意识，在教育界也深受其影响。明治二十二年（1890年）政府颁布了日本帝国宪法，并在宪法中规定“万世一系的天皇”作为日本的统帅。1892年颁布了“小学校祝日大祭日仪式规程”，规定了纪元节（2月21日，现在的建国纪念日）、天皇生日作为国家的节假日，当天要求校长、教师、学生聚集在一起，举行仪式，向天皇、皇后致以最高礼仪的敬礼，并高呼万岁，这是全国小学必须遵照执行的政治任务，教师必须大声诵读“教育敕语”，发表一番对天皇歌功颂德的演说，教育学生要忠君爱国。随着形势的发展，这种爱国主义教育愈演愈烈，渗透到学校的教科书中，整个日本几乎完全沉浸在爱国、忠于天皇的国粹主义氛围中。而值得庆幸的是牧口所在的北海道，由于在地理位置上离本土遥远，那里又是新开辟的开拓地，没有浓重的政治气氛，处于比较自由的环境。牧口在这样的环境中度过青年时期，这对他具有非常重要的意义。熊谷一乘指出：“比起国家，他更加重视社会，能够以世界的视角看日本，把人的幸福放在首位，牧口的这种自由进步思想，很大程度上归功于年轻时他在北海道艰苦奋斗的经历。”[①] 在北海道从事教师工作并不是一件简单的事情，由于当地人口稀少，生源不足不能形成一个年级，因此一个班里有几十个不同年龄的学生，一个教师同时要应对这么多参差不齐的学生，这种叫“单级班”。在这样的情况下，牧口对教育投入了心血，潜心研究教学法与教学理论。牧口的努力不是仅停留在

① 熊谷一乘：《牧口常三郎——人与思想》，东京：第三文明社，1971年，第40页。

教学方法上，更是从教育的目的和教育的意义上去思考，因此他的教学法、教学理论总是与众不同。他注重开发学生的潜能，发展心智，他认为教育的目的应该是提高人格与品德，实现自我价值，获得幸福，而不是大谈国家主义、民族主义。牧口对当时的灌输式教育深感忧虑，他认为这会阻碍孩童的身心发展。正是这种忧虑，使他不断地探索教育、教学模式和教学内容，不断进行深度的思考，发表了多篇具有影响力的论文。

四、地理与教育的思考

经过潜心钻研，牧口研究出一整套教学法，并在《北海道教育杂志》上连载了一年题为《单级教授讲习笔记大要》的文章，这对北海道普遍存在的单级班的教学难题提供了强有力的支持和解决方法。1897年1月，牧口在《北海道教育杂志》上发表了题为《观念类化作用》的论文，这是对教学法的探讨性论文，也是牧口一直在思考的课题。在这里他提出教育的目的不应该是灌输知识，而在于重视开发个人的潜能，提高精神层面，陶冶情操，培养审美意识，培养身心健全的人格，实现自我价值。这是牧口在教育实践中所观察并关注的问题，也是日后他著书《人生地理学》、建立《创价教育学体系》的思想雏形。牧口提出的“类化作用”是指将原有的观念和新的观念联系起来，把它们融合在一起，并同一化。1900年3月，牧口在《北海道教育杂志》上发表了题为《读书科教案一例》的论文，强调了观念的类化作用的教育意义。1902年又发表了《社会与教育学——社会的实战性》，关注了社会以及大自然对教育的意义。以下是牧口对自然与人的关系的阐述：

> 身边的自然，虽说是弹丸之地，但尽显天地间的大现象，大自然从各个方面呼唤着我们去融入她，这真是令人惊叹，我们的周围到处可见自然现象，大自然以其多姿多彩的形象，引起我们的兴致，开发我们的智力；我们的家人、朋友、乡人、学校及各种团体，也会引起我们的兴趣，滋养我们的心灵。
>
> 被山岭护佑的国民，他们对大山的感情如同父母望着自己的孩子一般。如果是这样，过去把山当作与自己无关的外界景象，如今如同自己成为这个世界的一部分，变成了跟自己有关系的存在，山便成了有情物体。如果是这样，我们与大自然的山成为一体，会产生与山荣辱与共的感觉。①

① 参见牧口常三郎：《人生地理学》第1卷，东京：第三文明社，1977年，第16、133—134页。

这就是牧口对“地”的情怀和深深的敬意之情，牧口并没有把自然当作与人类相对立的无情物，也没有把自然当作要征服的对象，没有将大自然或者外界的事物当作纯客观体来看待或去分析。他的着眼点是这些客观体与人之间的关系，自然环境给人的生活、人的智慧、人的情感、人的精神生活所带来的影响，人的生活的一切取决于外界环境，同时也取决于人对环境的态度。大自然的美丽与慷慨大度，无私奉献的气度，会激发人们美好的情感，净化人们的灵魂，善良的美德也会油然而生。从引文中可以捕捉到这样的信息：牧口认为人必须以友好的、谦虚的态度与自然进行交流，去体验和认识自然，视自然为无价之宝，是与人、与人生不可分割的、不可或缺的统一体。《船工之子与教育大师——牧口常三郎的教育活动》将牧口的这种见解归纳为：这对当今的生态文明教育具有多方面的启迪，它不仅可以让人们充分认识自然是人的生活世界的重要组成部分，而且可使人们学习大自然宽宏、公平、真诚和富有同情心等品质。同时也可以领悟生态文明教育的核心内容，超越自身物种的局限性，代表所有生命物种的利益，承担起地球生态环境的管理者。”①

这个分析与评价应该是合理的、理性的，20世纪初能够提出这样的观点，可以说是富有勇气的，而且是相当前卫的。尤其是对自己所处的生活环境，将其当作自我教育、自我成长或者作为社会教育的重要素材，予以肯定与重视，并且高度评价自然环境的教育意义，把“地”当作人生的导师，通过观察环境，除去外相了解真相，了解天地万物的内在和谐规律，以提升诚意与正直的心。对他来说自然是对人的心灵直接产生影响的生命体，牧口坚信自然具有巨大的教育意义。

牧口对自然表现出无比的温情和热爱。他说：“自古以来，诗人、画家和其他艺术家的无数艺术作品的灵感，都来自美丽的山河。这证实了山河对于人类审美发展的巨大作用。”又说：“正如高山深深地影响我们的思想和精神一样，河流也同样深深地影响着我们，高山给予我们崇高俊伟和坚韧不拔的感受，而河流向我们展现的则是忍耐持久和宽宏大量的画面。”②

基于对大自然如此深刻而独特的认识，牧口决定参加文部省的考试，并取得了地理教师资格，开始了牧口式的地理教学。他的地理教学并不是简单地讲地理风貌，而是讲与每一个人有关的人生，与以往的枯燥无味、死记硬背的地理课不同，学生受益无穷，教学效果显著，深受学生的欢迎，引起了教育界广泛的关注。

牧口对地理教育的着眼点不是政治方向，也不是社会思潮，而是就在脚

---

① 周洪宇、蔡幸福：《船工之子与教育大师——牧口常三郎的教育活动》，武汉：华中科技大学出版社，2011年，第38页。

② 同上书，第34页。

下。他指出："大地提供食物，滋养我们的身体，大地又是文化的素材。大地决定人的生活方式、语音语调，甚至决定人的性格，大地既是人们劳动的场地，也是劳动的对象，是人们生活与创造文化的根基，是生活的基础，死后亦葬身于大地。"这是"地人不离"的观点，与之前的吉田松阴（1830—1859年）"没有地就没有人"的观点是一致的。这也与佛教的"依正不二""二而不二""色心不二"的教义是一脉相承的。当然《人生地理学》并不是宗教教义，这个时期的牧口还没有成为一名佛法信徒，但可以看出牧口的早期思想，是其日后宗教思想的雏形。

五、观察乡土的教育意义

再来看牧口对乡土的认识。他认为，故土、乡土最具有教育人的作用。这里的乡土概念，并不是狭隘的故乡之意，而是可以扩展到自身学习、工作和生活的地方。从地球的角度、世界的角度来看，乡土的确是弹丸之地，但是牧口认为，通过对自己的生活所在地——乡土的风景、乡土的气候、乡土山川的观察，可以获得或了解很多的知识和智慧，也可以陶冶情操，培养审美意识，是了解世界、通往世界、以小见大的非常重要且关键的教育活动。他把观察作为教育的重要手段，坚决反对忽视观察的填鸭式教育。经过多年的刻苦钻研，1912年（大正元年）11月，牧口出版了教育著作——《作为教育统合的重点——乡土科的研究》，这是牧口对当时的灌输式教育感到忧虑而写的书，其目的也是通过观察身边的自然和社会现象，观察"地"与人的生活、自然与社会的复杂关系，来了解社会。牧口认为通过这些教育所获得的知识，将成为判断事物的基础和依据，并以如下言论强调观察的重要性：

> 贤士能够用慧眼观察外界，并能够把握事物的重点，去除枝叶与末节，认识事物的真相，能够看到天地万物之间内在的和谐之音，从粗犷的自然表象中了解它所隐藏的不可莫测的灵力与意义，并以真诚的心和正确的态度去接触自然，来揭开自然的真谛，而愚钝者用无明的眼光旁观外界，不能分辨事物的真相与假象，无法判断重点与非重点，对来自外界的事物，漫不经心地应对，只能忙于应付杂事。他放弃了与自然的真诚相处，无奈只好通过书籍，间接了解自然，间接接触自然，最终成为书虫。这样即便是读破了万卷书，也不会了解大自然的真谛，跟没读书没什么两样。[①]

① 参见牧口常三郎：《人生地理学》第1卷，东京：第三文明社，1977年，第16页。

牧口将用心观察自然者称为贤士，不观察者称为愚钝者，可见牧口对观察自然的重视程度，牧口坚信自然是教育与自我教育的最好素材。

六、牧口对地理教育的信念

牧口坚信最好的天然教材就是自己生长的地方的山和水、土地与气候，如果忽视这样的自然环境的价值，教育就会失去意义，自我发展也会偏离真正的目的。通过对自然的观察，学习人生，发现价值，创造价值，发展美德，获得幸福，这是他对教育的期待和目标。他从未间断过对“地”的思考和研究，凭借30多年的教育实践经验以及研究成果，执笔撰写了《创价教育学体系》，并于昭和五年（1930年）11月出版第一卷，次年3月出版第二卷，7月出版第三卷，1934年6月出版第四卷。这是一部系统的教育学体系，是牧口对人生、对教育的思考与实践的集大成之作，引领了当时的教育方向和教育理念，学界给予了高度评价。

纵观牧口一生的著作，从早期的大作《人生地理学》到《价值论》《创价教育学体系》的出版，他的中心思想就是教育、创造价值、人生的幸福，认为教育应该始于脚下，始于当下自己的生活环境中，如果忽视这一点，就无法分辨事物的真假，无法把握真相，就不能发展智慧，发展高尚的人格，不能成为社会的栋梁。而忽视身边的事物，不去观察学习，即便读万卷书也只是纸上谈兵。

牧口的著作，每一部都受到了社会的广泛关注，尤其是《人生地理学》自明治36年10月出版以来，在短短的五年间重印了八次。尽管日后他成为一名宗教家，但我认为牧口一生的探索和追求就是人的教育和自我教育，自我教育的另一种说法就是自我修炼、明心、悟道。从这个意义上来说，牧口日后成为宗教家绝非是偶然的，而是必然的。

结　语

综上所述，在《人生地理学》中，牧口把自然当作鲜活的活体来把握和分析，并给自然赋予了生命，赋予了思想，赋予了文化含义，自始至终把自然和人紧紧地联系在一起去思考，他赋予自然的思想具有哲学的、宗教的含义，对自然的视线和思考从未离开过哲学角度、教育的角度和价值的角度。之后的著书《价值论》《创价教育学体系》，都是牧口深度思考的结晶，不仅具有很高的学术价值，而且具备高度的参考价值和实用价值，至今仍然不失其权威性。在长期的思考与追求中，最终他走向了哲学与宗教的深度，成为一代教育大师、思想家、哲学家，引领成千上万的民众，走向了与自然和谐相处，从自然中学习、领悟、反思自我，进而自我教育、自我修炼的道路，给日本社会带来了无穷的正能量。

近代日本日莲主义的形态及其特征研究

陈毅立　文　东*

一、日莲与《立正安国论》

丸山真男曾指出，日本文化是在和外国文化不断接触、交流、碰撞中逐渐形成并发展起来的，不断接纳外来文明的同时又不断修正与演变的历史才是真正的日本历史。[①]

众所周知，发祥于印度的佛教，在经历了汉化后，又马不停蹄地东传到日本，从此便开启了崭新的旅程。经日本化再生后的佛教，其主要特色之一体现在积极入世这一层面。

尤其是镰仓时期，日本国内涌现出许多特色鲜明的佛教宗派。其中，既有"厌离秽土，欣求净土"的净土宗，也有提出"恶人正机"说这样极具震撼力论调的净土真宗，同样不乏主张"只管打坐"的曹洞宗与倡导"兴禅护国论"的临济宗，更不能忘记强调"立正安国论"的日莲宗。

日莲（1222—1282年），出生于位于房总半岛的安房小凑（现千叶县南部）的渔民家庭，是一个真正的庶民。他并未因自身出生贫贱低微而烦恼，反而坦荡地自称为旃陀罗。[②]青年时期，日莲在当时的佛教圣地比睿山学习。当时正值法然净土教全盛期，口称念佛的教义已在日本全国相当普及。然而日莲却坚决抵制净土宗，他认为，当时社会"天变地夭，饥馑疫病，遍满天下，广进地上，牛马毙巷，骸骨充路"[③]，造成天灾人祸的根源皆因人们未寻找到正法，故曰"念佛无间、禅天魔、真言亡国、律国贼"。他对风靡一时的净土宗创始人法然的攻击尤为猛烈。他表示，"后鸟羽院御宇，有法然，作选择集矣，则破一代之圣教，遍迷十方之众生。……上自国王，下至土民，皆谓经者无净土三部之外经，佛者

* 陈毅立，同济大学外国语学院、国际文化交流学院副教授，专业领域为日本文化、日本思想史；文东，同济大学外国语学院硕士研究生。

① 参见饭田泰三：《丸山真男的文化接触论、古层论探析》，陈毅立译，《日本学刊》2018年第1期。

② 所谓旃陀罗，在印度被认为是极恶卑贱的种族，古来最被轻视。《法华经》卷五《安乐行品》云："不亲近旃陀罗及畜猪羊鸡狗、畋猎渔捕诸恶律仪。"

③ 日莲：《立正安国论》，载《亲鸾集 日莲集》，东京：岩波书店，1964年，第319页。

弥陀三尊之外佛”[①]。从此可知日莲认为现实世界中的灾难全由法然的净土宗导致，因为他们崇尚净土三部经而抛弃众经。

那么，究竟何为正法？日莲表示不论从“教”“机”“时”“国”“序”哪一个方面看，《法华经》都是人们应当追寻并依靠的正法。具体而言：从“教”思之，《法华经》的28章可分为迹门（前14章）与本门（后14章）两部分，本门才是末法时期人们应该倚重的正法；从“机”处观之，《法华经》通俗易懂，非常适合末法时期根机低下的人们；从“时”言之，末法时期，在所有经书中《法华经》排名第一；从“国”言之，日本拥有传播《法华经》的合适的风土人情；从“序”考之，其他教义都已登场，但对改变现状徒劳无功，现在正是轮到《法华经》本门的教义登场亮相的时候。从此足见日莲将《法华经》视为绝对真理的决心。

文应元年（1260年），时值39岁的日莲向北条时赖敬献《立正安国论》。该书由主客之间的十段问答组成。主人是僧侣身份，象征着日莲自己，主张“立正”。客人暗指当时的掌权者北条时赖。其中提及：“天下太平，国土安稳，君臣所乐，土民之所思也。夫国依法而昌，法因人而贵。国亡人灭，佛谁可崇，法谁可信哉。先祈国家、须立佛法，若，消灾止难，有术欲闻。”[②]此处，除去“国依法而昌”的表述外，其他内容貌似表达了国家高于佛法的“国主法从”思想。明治以后，为迎合天皇制，日莲宗门下的众多弟子将此句奉为格言，以示日莲宗尊皇的传统。

书中主人（日莲）所言“汝早改信仰之寸心，速归实乘之一善。然则三界皆佛国也。十方悉宝土也”[③]是为政者对于正法（即《法华经》）的皈依，是实现理想安国的大前提。这与该书标题“立正安国”完全吻合。所谓“立正安国”简而言之即树立正法、安定国家之意。“立正”在前，“安国”在后，应当是“法主国从”。这不禁令人想起矢内原忠雄曾说过：“国家的本质在于正义，国家的理想也是正义。现实中，即使国家的政策违背正义，但也不能否认正义是国家的本质和理想。反而应该参照作为国家理想的正义，对现实中的国家的错误进行批判。国家无法指定正义，而正义可以指导国家。”（《国家的理想》）作为基督教徒的矢内原之所以对日莲钦佩有加，归根结底是因为对日莲思想中体现出来的“正法为本”产生了共鸣。

日莲虽然将幕府权力置于王法的主体位置之上，但在宗教层面并不承认幕府

① 日莲：《立正安国论》，载《亲鸾集 日莲集》，东京：岩波书店，1964年，第321—322页。

② 同上书，第323页。

③ 同上书，第326页。

权力的绝对性，充分体现了“依法而不依人”的思想。正如丸山真男所言：“日莲将《法华经》的真理作为唯一的行动准则，不受现实社会中的人际关系、势力关系所左右。”[①] 与此同时，日莲将佛法与王法（政治）喻为身体和影子的关系，他表示：“佛法如体，王法如影。体曲则影斜。”“身正不怕影子歪”，只要坚持正确的佛法，王法（政治）势必将会行之有序。在被视为《立正安国论》草案的《守护国家论》中，日莲引用《仁王经》的经文，“居王位之君，治国之臣，必先以佛法为先而后治国”。

此外，日莲主张的安国的“国”究竟包含哪些内涵也值得深入探讨。“国”不仅是政治权力机构，而且包括由山川河流、花草树木构成的自然环境，也包括经济、文化、民俗、风土等要素。在《立正安国论》的结尾部分，日莲借助主人之口表示：“国无衰微，土无破坏，身是安全，心是禅定。”[②] 在《教机时国钞》中，日莲将国分为寒国、热国、贫国、富国、中国、边国、大国、小国等，这些表述更多地强调了风土、环境之意。另外，从他1271年写给平赖纲的书信中“方今世悉归入关东，人皆贵风土。日莲生于此土，岂不思国哉”的表述，可知日莲所谓的“国土”更侧重承载着人文精神生活的环境，而非作为政治权力机构的国家。在《南条兵卫七郎殿御书》中，日莲进一步强调，国土之变，人心不定，如橘生淮南则为橘，生于淮北则为枳，草木尚且如此，更何况人乎。弘法必先思国，彼国之法于此国未必适用也。

可见，日莲思国的动机源于对乡土的热爱，这与日本近代政府强加于国民身上的对天皇绝对服从的爱国心大相径庭。退一步而言，如果“国主法从”的说法成立，那么日莲倡导的“国主”亦非为显示国家权力的重要性，而是为了表达弘法需考虑不同的风土人情、因地制宜之意。

当然，日莲清楚地体会到佛教和政治关系的密切性，从呈递《立正安国论》开始，经镰仓、佐渡两个时期，直到隐退身延，他对政治始终饱含热情。从他对佛法和王法的关系来看，人们要实现理想的国家和社会，必须要有一个公正、为民的政府和一个正常运转的政治体制，政治的良否，正如《仁王经》中“国土乱时先鬼神乱，鬼神乱则万民乱”的表述那样，与宗教密不可分。优秀的宗教必须兼具拯救、解决现实问题，促进政治、社会有序运转的功能，变娑婆为寂光。较之传统的镇护国家论，日莲以《法华经》为正法，对现实政治中存在的诸多问题展开了激烈的批判，这种批判精神与其他各宗相比表现得尤为显著。因此，单纯

① 丸山真男：《丸山真男讲义录》第四册，东京：东京大学出版会，1998年，第266页。

② 日莲：《立正安国论》，载《亲鸾集 日莲集》，东京：岩波书店，1964年，第326页。

地将日莲思想等同于近代在日本出现的国家主义的主张不符合客观实际，这是田中智学、本多日生、北一辉、石原莞尔等右翼分子为迎合天皇制国家的需要而牵强附会导出的理论。

二、近代日莲信仰的特征

明治维新不仅在政治、经济、文化界掀起了巨大的波澜，而且对于日本人的宗教生活同样产生了不可忽视的影响。幕藩体制下一度受到保护的佛教在迈入近代后突然失去了保护伞，成了众矢之的。席卷全国各地的“废佛毁释” 运动实际上拉开了神道国教化的序幕。

1872年教部省颁布了《三条教则》，其核心内容便是要求民众以敬神爱国为主体，明天理人道，同时奉戴天皇，遵守朝旨。政府在东京设立大教院，地方上中小教院层出不穷。与单纯的神佛分离主张不同，教部省的创设是有组织、有系统的排佛手段。在当时的教部省中担任教导职务的人员总体分为14个等级，教导职东部管长由伊势神宫祭主近卫忠房担任，而出云大社的千家尊福则出任西部管长。像西本愿寺法主大谷光尊、东本愿寺法主大谷光胜等真宗派系僧侣也在教部省中担任职务。依照教部省规定，教导职负责向国民宣扬敬神爱国、天理人道以及天皇诏谕等教化工作，佛教僧侣只准进行神道教说，佛教言论受到限制。大教院虽设在增上寺，但增上寺的本尊阿弥陀佛却被换成了天之御中主神、高皇产灵神、神皇产灵神、天照大神，于是出现了僧侣身穿神装与神官一起祷念祝词的奇妙景象。

为谋求自身的生存空间，佛教界开始走上了漫长而艰巨的自我复权之路。其中，以净土真宗和日莲宗的活动最具特色。限于篇幅，本文只讨论日莲信仰在近代日本的发展及其主要特征。近代日本的日莲信仰衍生出三种不同类型。

（一）以国家主义为核心的日莲信仰

田中智学（1861—1939年）是其中的主要代表性人物。田中出生在江户的一个医生家庭，父亲是一位忠实的日莲信仰者。田中继承父亲的遗志，10岁入日莲宗僧籍，19岁还俗，将日莲思想与皇国主义相结合，开始了日莲信仰传教。1880年，田中和一批志同道合的朋友在横滨成立了“莲华会”。1884年他又在东京成立“立正安国会”，鼓吹日莲主义，主张废除檀家制，建立教会制，把僧侣的宗门改为信徒的宗门，改寺院的本山为信徒的本山。1887年田中发表《立正安国会创业大纲领》，强调把宗教作为经国济世的根本事业。

甲午战争爆发后，田中在大阪樱岛天保山设立国祷会，将天皇视为天照大神的化身，祈祷日本天皇能打败“主张邪法的清国”。随后在1907年撰写论著《宗门之维新》《本化摄折论》等，言辞激烈、斗志昂扬，主张日本应统一世界宗教，并在国内设立大戒坛，供世界各国民众前来顶礼膜拜。对于那些抵抗者，应运用强力的折服方式，以日莲为统帅，以《法华经》为利剑，破邪显正。他甚至狂妄地表示，日本具有正当的统一宇内的灵的天职。必须让日本去统一宇内，让日本最终地永远地成为宇宙人类的灵的巨镇。① 1909年《日莲主义》创刊，次年出版《日莲圣人的教义》，鼓吹用大道征服不道，建立天职国家。

1910 年5月，日本长野县明科锯木厂的一个工人携带炸弹到厂，被查出。政府即以此为借口镇压日本的社会主义运动。同年6月，当局开始对全国的社会主义者进行大肆逮捕，并封闭了所有的工会，禁止出版一切进步书刊。从1910年底到1911年1月，对被捕的数百名社会主义者进行秘密审判，诬陷日本社会主义先驱幸德秋水等26人“大逆不道，图谋暗杀天皇，制造暴乱，犯了暗杀天皇未遂罪”。史上将此事件称为幸德秋水大逆事件。对于此事件，田中认为：（1）这次事件是反真理、反道德而导致的“人心恶”“时代恶”；（2）天皇陛下的圣明使这次人弊和时弊的潜在威胁暴露无遗；（3）这次事件是天照大神之旨意，是促使普通民众对国体观念进行反思的警告。

田中对天皇、皇室崇敬的理由，与把天皇视为日本创始者的福泽谕吉不同，在田中看来，皇室不仅是日本最古老的家族，而且是“自古以来道义的守护者”。换而言之，这种站在道德高度的国体论，不仅使个人内心得以宁静，而且这种内心的平静与国家主义思想相结合，酝酿出要布道义于四海的雄心。他自大地宣告：“若救世圣人与日本国体毫无关涉，则也只能视其为空壳。”②

大逆事件发生之前，在日俄战争爆发之际，田中刊行了《世界统一的天业》，并将此杂志寄赠海陆军。文中首先批评了俄国扩张领土的不纯动机，指出俄国的扩张不具备道义性。他冷静地看到，当时世界存在四种不同的统一方式：一曰工商业营利主义膨胀带来的统一，二曰领土扩张吞并主义的统一，三曰人种扩张强者的统一。此三种都是基于权欲的目的。第四种是宗教的传播和道义的弘扬两者相结合的统一。在此基础上，田中宣称世界必须统一，这种统一必须是道义上的统一。而实现此统一天业的具体执行者是神武天皇，指导者是日莲上人，显示了王法冥合论的特色。③

1914年田中成立“国柱会”，刊发《天业民报》，发表了《日本国体之研

① 参见杨曾文主编《日本近现代佛教史》，杭州：浙江人民出版社，1996年，第104页。

② 田中智学：《日莲主义教学大观》第一卷，东京：真世界社，1993年，第56页。

③ 田中智学：《狮子王国体篇》，狮子王全集刊行会，1932年，第79页。

究》一文，再次强调在尊皇护国的基础上，必须通过王法冥和的方式去建立以日本为主导的世界秩序。

田中构想的日莲主义，将日本视为拥有正法——《法华经》的唯一存在，并以此作为日本优越性的依据，进而希望日本通过“折服”的方式将正法普及于世。全然不顾他国的文化多样性，伤害了他国的国民情感。正因为其在传教时的激烈言辞，田中的日莲主义思想得到了北一辉、石原莞尔等军国主义者的拥护和支持。例如，北一辉就是“八纮一宇”理论的鼓吹者。他在所著《日本改造法案大纲》中说：“没有我们的保护和领导，印度和中国的7亿兄弟绝不能取得独立”，“东方和西方的历史，不外是封建国家经过一个时代的内战后取得统一的记录。唯一可能的国际和平就是经过这个时代的国际战争后取得的封建式的和平。这种和平将由于出现一个可以统治世界各国的强大国家而实现”。[①]

在1936年发生的“二·二六事件”中，发动叛乱的少壮派法西斯军人发表宣言声称：“神国日本之国体，体现于天皇陛下下万世一系之统帅，其目的系使日本天赋之类，传遍八纮一宇，使普天下之人类，尽享其生活之幸福”，“祈皇祖宗神保佑我辈成功”。可见，日莲创造的立正安国思想在近代摇身变成了日本对外扩张的理论武器。

（二）超越国家主义，寻求自我的日莲信仰

这以明治文豪高山樗牛（1871—1902年）为代表。高山在中日甲午战争后与木村鹰太郎、井上哲次郎等人设立了大日本协会，并创办杂志《日本主义》。由此，高山樗牛进入他思想上的新阶段——宣扬日本主义时期，从明治30年到明治33年整整三年的思想摸索的过程。对此，樗牛称：“何谓日本主义，以国民特性中的自主独立的精神为基础，以发挥建国当初的抱负为目的的道德的原理，即为日本主义。国家的真正发达基于国民的自觉心，国民的自觉心则是客观地认识了国民特性后才产生的，而且这种国民特性是只有依靠精确的、历史的，且比较性的考察才能认识到的。”[②] 由此可见，樗牛的日本主义之实质主要以国民的特性、国民的精神以及日本建国当初的抱负为着眼点，他坚持“君民一体”“忠孝一致”“对外扩张”的信念，追求合理的国家主义，故而被称为“年轻的帝国主义旗手”。

有学者指出，高山所提倡的日本主义也可以说是在他的浪漫主义时期，在

① 北一辉：《日本改造法案大纲》，东京：筑摩书房，1964年，第293页。

② 松本三之介编《明治思想集2》，东京：筑摩书房，1977年，第392页。

主张于国家与社会的和谐关系中实现自我的理想论时发生偏移，从而形成的一种以国家为中心的世界观。在中日甲午战争中，日本以少胜多取得胜利，自此日本开始走上帝国主义发展的道路。从日本当时的情势来看，一方面，日本国内的民族情绪迅速高涨，另一方面，面对欧美帝国主义虎视眈眈的排挤，努力争取在新构成的世界新秩序中找到自己的位置也成为日本统治者的一大要务。[1]高山就是在这种政治背景下，积极倡导日本主义，唤醒国民意识的觉醒，强调国家道德的重要性。同时应注意到，高山的日本主义与明治20年代的国粹主义“其眼界，囿于国内”不同，不满足于单纯抗拒西方思想的“排外主义”，希望通过同化外来一切势力，来实现对内相亲、对外弘扬国威的目标。这种情况直到其30岁时迎来了转折。

30岁那年，高山突然肺病发作至咯血，不得不住院治疗。此时的高山对人生挫折的无奈苦闷愈加表面化、白热化。出院后的静养生活给了高山反思内心与现实、理性与感性的机会。他逐渐将目光聚焦到超越国家、民族的自我意识层面，进而又将视线置于超越世俗世界的神圣宗教世界中。此时，高山偶然接触到了田中智学的《宗门之维新》一书，对日莲在佐渡遭受法难的经历感同身受，为了更好地研究日莲思想，高山毅然移居到镰仓，他结合日莲的遗文写下了《况后录》。“况后”取自《法华经》法师品第十，“如来现在，尤多怨嫉，况灭度后”[2]。明治35年，高山撰写《镰仓之话》不仅对日莲殉教进行了深切哀悼，同时称之为“日本宗教家中的第一等人物”“日本历史上前所未有的大英雄”，每当想起日莲，心中就会越发坚定。同年，在完稿的《日莲上人究竟为何人》中，高山将日莲视为佛教的使者上行菩萨，并详细解释说明了日莲开展殉难舍命的传教活动的全过程，特别是对日莲将国主、国神称为“小神”“弹丸小岛的主人”等说法尤为敬佩。

在《日莲上人与日本国》中，高山修正了将日莲视为国家主义者的谬误，宣称日莲是为真理而承认国家，而非为国家而承认真理。为了真理，国家即使灭亡也能再生。从这个角度看日莲甚至可被视为“大不忠汉也”。鉴于当时日莲已被抬高到国家主义者的谬论，高山不无感慨地表示这是“在国家主义的影响下，为实现自家宗门繁荣的僧侣而导致的灾祸，对日莲本人而言是大不敬”[3]。

高山虽然师从于田中智学，但对田中将日莲主义导向国家主义的做法提出了

① 参见刘小珊、樊敏丽：《日本明治汉学家高山樗牛思想转变之深层原因考》，《广东外语外贸大学学报》2013年第1期。

② 李利安、谢志斌：《法华经鉴赏辞典》，上海：上海辞书出版社，2014年，第233页。

③ 高山樗牛：《日莲上人与日本国》，东京：博文馆，1904年，第132页。

质疑，他在给田中的信中写道：“关于日莲上人国家观，在下凡夫拜读、拜闻您的高见，但依然如未融之冰，疑团重重。”友人姊崎正治留学英国，因日莲是国家主义者且教义具有强烈的排他性而对其思想敬而远之。对此，高山明确表示：“有关你对日莲的批判，尤其是在国家与宗教关系的观点上我实在不敢苟同。我认为日莲是为了信念而能牺牲国家的人。”在高山的感化下，姊崎随后也成了日莲信仰者，不仅在东京大学给学生讲授日莲思想，而且还著述了《法华经的行者日莲》一书。

高山在读了《立正安国论》后，将“先祈国家、须立佛法”一句简单地归结为日莲“寻常一般的辞令而已”，根本不值得大书特写。或许高山并未完全理解该句乃客人之言，或许因为其无法苟同国家主义的观点，使得他把此句视作社交辞令，淡化了日莲最终寄希望通过立正来实现安国的这一宏愿。

从高山晚年发表的《论美的生活》中，不难看出他将美的生活定义为 “满足人性的本能要求”的生活，把追求绝对有价值的努力看作是美好的，而本能的满足则是美的价值中最为纯真最为真实的部分。高山甚至断言人生的最大幸福在于本能的满足，尤其是性欲的满足，满足人的本能要求，以及人性的本性要求，即可以称得上美的生活。[①] 可见，高山的最大问题在于从国家、社会中抽身而出，过于追求自我存在的意义，以致到后来，其自身追求的美的生活其实已经变成一种只确信自我存在的方式，日莲信仰走向了与国家、社会毫无关涉的另一个极端方向。

（三）以民众为核心的日莲信仰

其中以新兴宗教团体的活动最具特色。新兴宗教团体可以追溯到江户末期，主要分为神道系和日莲系两类。例如神道系较为有名的是以山岳崇拜为宗旨而组建的富士讲，日莲系则是由出生于京都商人家庭的长松清风（1817—1890年）组织创立的佛立讲。

作为新兴宗教团体，其活动的主要特色有三：第一，注重现世利益；第二，重视祖先崇拜；第三，强调社会改革。特别是第三点“强调社会改革”在新兴宗教团体的活动中体现得尤为突出。其中，由牧口常三郎（1871—1944年）、户田城圣（1900—1958年）始建，池田大作（1928— ）发展并壮大的创价学会作为日莲宗系的新兴教团备受世人关注。

创价学会的首任会长牧口常三郎便是日莲正宗的信徒。日莲正宗其实是日莲宗的一个分支，日莲圆寂后，其六位高徒日昭、日朗、日兴、日向、日顶、日持

① 参见高山樗牛：《论美的生活》，东京：筑摩书房，1977年，第400页。

开始分别弘扬先师的遗志，形成了不同的流派。日兴以富士的大石寺为本山的一派称为日莲正宗。

作为创价学会的特色之一，日莲及《法华经》对学会的影响巨大。学会积极尊崇日莲，认为佛教经过正法、像法到末法时，已丧失了摄众的力量，唯有日莲才是拯救末世的本佛，日莲对《法华经》的阐述，被学会认为是“末法时代为众生种下的成佛种子法门”。同时学会称“南无妙法莲华经”是日莲思想的灵魂、佛法的最高境界，把唱念这七字纳入学会会员最基本的信仰实践中。

池田在担任创价学会第三任会长后，曾多次访华并与中国佛教界人士进行交流，他不仅认同中国佛教协会赵朴初先生将《法华经》视为经中之王的说法，而且进一步表示：“《法华经》是大乘佛教的真髓。它的根本精神是在于觉知民众（即自己）心中所具有的终极的实相，从而开发无限的英知，创造真正幸福的人生。这一点不论过去或现在乃至将来的任何时代，都具有不变的普遍的准确性。重要的是不要脱离这一根本精神，经常学习天台的三大部，并参照佛法3000年来圣哲对《法华经》的理解，使佛教在现代复活起来。”[①] 这足以见得《法华经》的教义既是池田的宗教思想源泉，也是其实际行动的具体指南。而《法华经》的精髓便在于唤起人的内心世界的感知，从而让人们体会到一种由生命的跃动所带来的幸福感，并将这种幸福感在人们的日常生活中、社会活动中充分地展现出来。池田称之为“绝对的幸福”。[②] 这种自内而外、由个人到社会的幸福的扩充，恰恰符合池田对于宗教与政治关系的构想。

对于中国文化及佛教的东传，池田大作曾给予高度评价：“中国的确是日本文化和佛教的源头，是大恩人。我们日本人必须在心灵深处重新认识这一不言自明的事实，并且要不断地付诸行动，为报答恩情的有诚意的行动。”[③]

池田本人亦是身先垂范，作为一名佛教界人士多次访华，与中国各界的领导人、文化人、学者进行了广泛而行之有效的交流，为中日两国的睦邻友好作出了巨大的贡献，向我们完美诠释了佛教在政治、外交、文化层面的非凡意义。诚如池田指出：“佛教往往被解释为属于形而上的思想性层次，是有别于

---

① 池田大作：《续・我的佛教观》，成都：四川人民出版社，2003年，第134页。

② 池田认为，人生的幸福分为两类：一种是由欲望得到满足后产生的幸福感，往往受到外界的影响；另一种是来源于生命本身的跃动、充实而产生的幸福感，不受外力所左右。前者称为相对的幸福，后者称为绝对的幸福。

③ 池田大作：《我的佛教观》，成都：四川人民出版社，2003年，第5页。

形而下的政治、经济等的另一层次的世界。然而，真实的佛法并不是与时时进步、变化的社会相脱离的。毋宁说是与政治、经济等不可分的，具有重要的社会性使命，即经常给这些行为以生气勃勃的活力，将其引向赋有价值的方向。"[①]

那么我们又应该如何解读新兴宗教团体——创价学会的代表人物池田大作的政教关系呢？

三、池田大作的政教关系论

（一）"自利利他"思想与社会参与

池田坚信，佛法是"希望的心理学"也是"希望的生命学"。每个人都应该掌控并发挥内心的不可思议之力。天台宗对于《法华经》"一念三千"之观法为池田提供了极有价值的参考。所谓"一念"，亦称"一心"，指心念活动的最短时刻。"三千"，表示世间和出世间一切事物的总和。盖世界包括有情众生及无情之物，此有情无情之物的构成成分，乃是色、受、想、行、识别。此三千浑然具足于一念心中，一念心外，别无三千。"六凡""四圣"以至整个宇宙，均皆介尔一念心之产物，若无此介尔一念之心，就没有一切。[②]在此基础上，池田高声呐喊道："一个人的内心变革，可以改变社会、改造国土。"[③]实现内心的变革，首先需要克服每个人与生俱来的利己主义的本性。由于"江山易改，本性难移"，所以池田试图通过强调自我与社会的联动性来解决这一棘手问题。他提出了"提高自我等同于改良社会，贡献社会相当于保护自我"的自利利他论。[④]

究其背后的原理，首先源自大乘佛教的根本宗旨。不同于小乘佛教只重视自我解脱的独善其身主义，大乘佛教不仅停留在自身成佛的阶段，而且更关注济度众生之疾苦，为众生寻找往生之良策。从日莲曾立下的"人不成佛，我不成佛。人成佛，我成佛。凡夫往生，我亦往生"誓言中，我们可以清楚地看出大乘佛教的普及确实是一场自利利他的运动。因此，池田也毫不犹豫地表示："仅仅获得佛法，这还不是目的。只有以这种佛法为指导，开展济度众生的实践，才是佛教的根本大事。"[⑤]

---

① 池田大作：《我的佛教观》，成都：四川人民出版社，2003年，第6页。

② 参见刘保金：《中国佛典通论》，石家庄：河北教育出版社，1997年，第289页。

③ 池田大作：《幸福抄》，东京：主妇与生活社，2003年，第179页。

④ 同上书，第179、210页。

⑤ 池田大作：《我的释尊观》，成都：四川人民出版社，1993年，第115页。

其次，自利利他的论调亦基于佛教的业报观，即佛教相信众生有三世因果，认为过去世所做的善恶业因，可以产生今生的苦乐果报。在有些人看来，为他人、社会作贡献其实等同于牺牲自我。池田认为这种思想大错特错。追求利己主义的人，最终将会自吞苦果；乐于奉献的人，反而能够自身受益。故而，池田提倡人们应该加强社会、政治参与，“自利利他”的圆满可以在具体的现实生活的实践中得以实现。比如志愿者活动就是一个有效的途径。因为志愿者活动是集“自主性”“社会性”“无偿性”“先驱性”于一体的典范。正所谓“佛法即社会，社会即佛法”[①]。

在池田看来，当前日本的民众缺乏一种主动参与社会、涉足政治的主人公精神。这是由于民众长期以来受到日本传统公私观念的束缚所致。这也是日本政治萎靡不振、停滞不前的根源所在。日本传统社会中的“公”并不是伦理上的善恶正邪，而是与权力上的大小强弱关系有关，所谓的“奉公”是自下而上的行为。诚如渡边浩所指出的那样，在日本“公”不具备与“全体人民”相关的某种具体性。[②] 对此，池田号召民众应当尽快转变意识，将自身作为“公”的主体，最大限度地发挥民间力量。池田感慨：“政治、经济方面的往来也是重要的，但若想维持更长久的友好交流，还得靠民间的联系。政治、经济之船，需要人民这大海才能航行。”[③] 池田本人更是身体力行，自1974年起多次访华，并受到周恩来、邓小平等历代国家领导人接见，民间外交的硕果累累。

（二）佛教与政治家

在《我的佛教观》中，池田将阿育王誉为古印度最伟大的帝王。不仅由于其皈依佛教，积极地在全国各地造像起塔，组织高僧集结，更是因为其主动宣布放弃战争，坚决主张绝对和平主义的缘故。池田表示，古今东西的统治者总是对民众强制行使自己的权力，自上而下的强权统治成为通例。而自己对民众承担义务的政治家却几乎屈指可数。阿育王却能认为自己对一切众生负有债务。尤其是对于尚未归顺的边境地区的民众，阿育王依然能将他们作为子民来对待，并告知他们若能奉行佛法，就能获得此生和来世的安乐。这是与主张四姓平等的理念一脉相承的。[④]

其实，“一切众生皆有佛性”的道理，也是《法华经》所强调的核心内容。正如：“诸佛世尊。唯以一大事因缘故出现于世。欲令众生开佛知见使

① 池田大作：《法华经的智慧》，香港：明报出版社，1997年，第93页。

② 参见佐佐木毅、金泰昌：《公与私的思想史》，北京：人民出版社，2009年，第159页。

③ 池田大作：《我的中国观》，成都：四川人民出版社，2009年，第97页。

④ 参见池田大作：《我的佛教观》，成都：四川人民出版社，2003年，第45页。

得清净故，出现于世。欲示众生佛之知见故，出现于世。欲令众生悟佛知见故，出现于世。欲令众生入佛知见道故，出现于世。”这样，不论是过去、现在还是未来，一切人，无论其身份贵贱、地位高低、经济贫富、根机上下，谁都具备了平等地成佛的资格与可能。不难推测，池田断定正因为这种人本主义、慈悲为怀的精神激发了阿育王内心潜在的佛性，才让他体认到一切生命所应具有的尊严。佛教对于消除战争、实现持久的和平有着重大而积极的意义。

另外，令人瞩目的是阿育王虽然是热心的佛教徒，但他并没有将佛教国教化，从而排斥佛教以外的其他宗教。事实上，在宫廷内就有婆罗门信徒，在阿育王的诏敕中，也列举了作为当时主要教团的佛教、婆罗门教、正命论者、耆那教。①

对此，池田不仅给予了高度评价，同时也针对宗教与政治的关系给出了自身的解释。政治家以慈悲精神为基调，把它反映于具体的政治中，这是件大事。佛教的理念并未作为专断的教义强制人们接受，而是被作为人类应有的“法”，因而它绝不是什么狭隘的东西。阿育王遵照绝对和平主义和尊重生命的理念所代表的这一普遍的“法”来推行统治，当然也就不会排斥佛教以外的宗教。……虽说政治和宗教的立场不同，但作为政治家和帝王，最终必须站在公正的立场上平等地看待宗教。政治家并非不能信仰宗教。与其说政治家并不全然有信教自由，还不如说是失去信念的政治如同没有罗盘的航船，船上的乘客不知会被带往何处，内心不安难以忍受。问题在于，对宗教持有特定观点的政治家，有时会借助公众的权力介入宗教世界。那时，民众从遵守信教自由的立场出发，就应当团结一致排除政治的介入。② 池田的这番话意味深长。

1. 政治不仅是保障国家安全、尊重个人独立、维护经济自由、监督市场环境、提高国民福祉的外部事物，而且是与“人生意义”“人生目的”等息息相关的内心事物。极端的例子首推战争。以战争为核心的生死观一旦通过政府的宣传、教化等方式渗透到普通国民中时，民众就会自然而然地将自身的人生意义或价值逐渐朝着为战争、为国家鞠躬尽瘁的方向移动，进而形成“本国的政治制度、政治理念是至高无上的，为弘扬本国的理念就会追随、遵信政治家的战争指导”③ 的模式。这也成为一切爱国主义、国家主义、民族主义、国粹主义诞生的源头。因此，为确保民主政治不偏离应有的轨道，需要所有的政治家

① 参见池田大作：《我的佛教观》，成都：四川人民出版社，2003年，第49页。

② 同上书，第50页。

③ 京极纯一：《日本的政治》，东京：东京大学出版会，1983年，第20页。

拥有一颗大慈大悲的内心，而佛教的教义无疑在这方面可以为政治家们提供宝贵的思想资源。

2. 就有关政治家是否可以有信仰的疑问，池田在给出肯定回答的同时，特别强调了政治家不能因为拥护某一特定宗教而干涉民众的宗教信仰自由的大原则。日本宪法第20条对“政教分离”精神作出以下规定：（1）对任何人的信教自由都给予保障，任何宗教团体都不得从国家接受特权或行使政治上的权利；（2）对任何人都不得强制其参加宗教上的行为、庆祝典礼、仪式或活动；（3）国家及其机关都不得进行宗教教育以及其他任何宗教活动。[①] 回顾历史，1964年公明党的成立的确是以创价学会为母体，然而建党的目的及初衷并非在于将日莲正宗国教化，而是寄希望将佛教的慈悲精神、生命尊严、救济弱者、平等公正的理念运用到政治领域。当然，为了澄清人们对于公明党是宗教团体的拥护者这一误解，在1970年公明党的议员与创价学会正式划清界限。直到今天，公明党与创价学会的关系，其实就是政党与其中一个支持团体而已。事实上，“政教分离”的规定主要是针对战前国家神道的反省而制定的，从这个意义上说“靖国神社”，才是应当深入讨论并亟待解决的核心问题。

3. 宗教与政治的距离问题。从上述日本宪法第20条可知，宪法并没有规定宗教团体在政治上就只能保持中立，也没有禁止宗教团体提出政治主张的权利。对于有人批评天台宗智者大师过于接近政治世界，池田给出了这样的解释：“第一，并不是天台大师积极地去接近政治的世界。尽管杨广方面有着世俗的野心，但智者大师方面根本没有希望从政治方面来提高宗教权威的想法。第二，尽管对方是政治世界的当权者，智者大师还是毫无顾虑地说出了该说的话。对于施加于江南佛教徒身上不正当的政治压迫，他也代表了佛教界，该诤谏的事都进行了诤谏。”[②] 由此观之，作为佛教界的政治主张首先应基于大乘佛教普度众生的宗旨，而不是以提升各自宗派地位的一己私利为目标，只有这样才能保证自身信仰的主体性，不被权力世界所吞没。其次，面对政治、社会上出现的诸多疑难杂症，宗教界应该努力寻找解决或改善这些问题的良方，通过报刊、网络等多种媒体向国家、政府积极建言献策，为国家的富强、国民的幸福作出应有的贡献。最后，作为国家与政府，应在宗教上保持一个中立的原则，以确保国民的信教自由，同时也要通过各种途径和手段鼓励宗教界大胆地献计献策，以博采众长。

---

① 参见宪法会议编《日本国宪法》，东京：书泉社，1999年，第40页。

② 池田大作：《续·我的佛教观》，成都：四川人民出版社，2003年，第136页。

四、结论：近代日本佛教的课题

毋庸赘言，日本宪法第20条确实从法律的层面保障了个人宗教信仰的自由。然而，真正的信仰自由绝非来自法律保障，而是源于个人在精神层面上对于信仰的主体意识的确立与强化。近代日本的佛教徒是否真正具备了这样的主体意识呢？

伴随着“王政复古”大旗的明治维新不仅在政治、经济、文化界掀起了巨大的波澜，而且对于日本人的宗教生活同样产生了不可忽视的影响。在幕藩体制下一度受到保护的佛教在进入明治维新后，突然失去了保护伞，成了众矢之的。席卷全国各地的“废佛毁释” 运动便是印证。这场运动实际上拉开了神道国教化的序幕。

眼看着佛教的布教权旁落，以岛地默雷为首的真宗僧侣高举信仰自由的旗帜，联合以东西本愿寺为首的四大真宗派系，掀起了一股退出大教院的反抗运动。值得一提的是，这场运动的目的仅在于从国家神道的手中夺回佛教的传教权，并没有出现显著的批判、对抗明治政府神道国教化做法的言论。佛教界试图通过依附政治权力的方式来实现自身利益的最大化，缺乏大乘佛教所倡导的自我主体意识，即大信心的确立。

此外，由于日本佛教自古以来就有神佛习合的传统，如在日本天台宗提出的“山王神道”、真言宗主张的“两部神道”中，就出现了以佛为本，以神为迹，基本上每个神都有与其相对应的佛、菩萨匹配，形成了佛主神从的本地垂迹说。随着神道对佛教思想的吸收和自身理论的成熟，又出现了诸如以伊势神道为代表的神本佛迹说。故而面对明治时期佛教再度被神道吸收的“神主佛从”危机时，除了真宗四派及“不受不施”派等少数教派反应相对激烈外，多数选择了顺从政府的宗教政策，对国家神道采取了妥协的态度。佛教最终演变成政治权力的工具，僧侣的使命最终只剩下出席葬式、祭祀等活动了。

近代日本佛教的走向已经完全违背了之前佛教的正统以及信教自由的传统。无论是奈良时期行基的佛教运动，还是曾受到镰仓幕府所镇压的法然、亲鸾的专修念佛运动，对于国家权力的批判和对抗构成了信教自由运动的实质。明治时期僧侣对于恢复佛教传教权的斗争虽然也可认为是信教自由的一种表现，但从其顺从并追随政府权力的绝对化，自欺欺人地将国家神道排除在宗教之外的做法中，我们可以得出结论：当时的佛教已经丧失了对个人尊严的敬畏。与其说是政府的压力所致，毋宁说是佛教本身的一种堕落。

福泽谕吉对于日本佛教的评价可谓一针见血。他认为："日本的宗教也是无宗教权之宗教。宗教是支配人类心灵的东西，本来应该是最自由、最独立的。但是，在日本则不然。……佛教从一开始就站在统治者的一边，并依靠了他们的力量。虽然出现了不少所谓名僧，有的到中国取经，有的在国内创立新派，建立佛寺，教化人民，但大部分都是想博得天子或将军的恩宠，假借他们的势力，甚至有的以接受政府的爵位为荣耀。因此宗教没有独立的教权。……佛教虽盛，却完全被收罗在政权之下，普照一方的，不是佛光，而是俗权。"①

宗教主体意识的丧失，在日本侵略战争期间表现得越发明显，佛教逐渐沦为大日本帝国对外扩张的工具。各派僧侣都清醒地意识到宗教教理如果不能与政治相结合，便无法获得当局者真正的支持。倘若没有政府的支持，振兴佛教自然无从谈起，甚至可能再次遭受废佛毁释的悲惨命运。这种情况加速推动了"政教一体""军教合一"的步伐。在"利剑即是佛陀"的指引下，日本法西斯给东亚各国人民带来了不可磨灭的巨大痛苦。历史不能忘记，前车之鉴，令人深思。②

① 福泽谕吉：《文明论之概略》，东京：岩波书店，1995年，第244页。

② 参见陈毅立：《论日本净土真宗与战争责任》，《社会科学论坛》2017年第1期，第246页。

浅析池田大作先生的佛性生态思想

李昌英*

池田先生以佛法为理论源泉，对人与自然的关系，生态危机的本质、根源问题、解决路径等进行了佛性层面的解读，其智慧之言逐渐勾勒出其佛性生态哲学思想的理论框架：从佛教“缘起论”哲学基础理解人与自然，认为宇宙万物均有必然因缘而非独立存在，人与自然处于“依正不二”的相互依存关系；从佛教心性论出发，认为生态环境恶化在于人内心的贪、嗔、痴三毒诱发欲望过度膨胀，萌生了征服和破坏自然的魔性欲望；尊崇佛教的德性论、平等观、慈悲观，主张攻克生态危机难题须从人的内部心灵、道德修养着手，实行“人的革命”，树立人与自然平等相处的自然观、伦理观、价值观和人生观。上述超越人类本位立场而诠释的佛性生态思想，为我国生态文明建设提供了一种新的视域——寻求人类精神变革的突破。

一、人与自然关系探究

（一）生态系统的整体观——缘起论

池田先生从佛教“缘起论”的生态哲学基石出发，认为世间万物皆处于依缘而生的网络体系中，整个宇宙就是一个普遍联系、互为因果的整体。人类面临的关系无非有以下三类：人与自身精神层面的关系、自我与他人的关系、人类与自然的关系。环境问题看似只涉及“人与自然”的问题，即人类活动超出了自然所能承受的净化复原能力而引发的生态系统崩溃，实则不然。以上三个层面的问题相互关联，不可割裂思考。如若人生命深处涌动的爱、慈悲、智慧、理性、感情、欲望、冲动等心理能量调和，生命就会迸发出极大的积极正面的创造性力量；如若内部环境失去调和，人类精神层面将出现沙漠化，贪欲、利己主义等邪恶力量侵蚀人的内心，人类自身的异化将导致外部世界的异化。异化在面对自然时，表现为征服与支配，自然在很大程度上沦为毫无生命力的工具。即使在面对

* 李昌英，中山大学南方学院马克思主义学院助教、中山大学南方学院国际通识与池田大作研究所研究员，研究方向为马克思主义基本原理。

他人生命的时候，也注定被无限膨胀的金钱欲、权力欲所支配，无休止的战争、恐怖和霸凌在人与人、群体与群体、国家与国家之间上演。因此，“人类与自然”的问题同“自己与自己”“自己与他人”的问题密切相连、互为因果，须从因缘性、全局性、整体性视域加以把握和理解。正如池田先生所说：“把自然、人和社会所构成的整个世界视为一个辩证发展的整体，在整体主义的理论框架中重新审视自然的价值，使自然获得应有的权利和道德关怀。”①

（二）生态系统的共生观——依正不二

在人与自然的关系上，池田先生首先肯定了自然相对于人而言所具有的基础性地位。牧口常三郎在《人生地理学》一书中多次提及，大自然对于人类的生存是唯一不二的母体，是人类物质生活、精神文化生活的基础。如果自然遭受破坏，任其发展下去，则会把人类置于衰退和毁灭的危险境地。反之，保护尊重大自然，与自然和谐共处，人类才能走向永久繁荣。人与自然的相互作用同样适用于佛教的因果报应法则。鉴于此，人的生存发展始终无法逃离自然的限制。当然，人类在与自然环境打交道的过程中，按照自身的需要、利益和目的改造自然，创造了独特的文化与社会环境，是影响、改变环境的主体性历史存在。

那么，人与自然的关系究竟如何？池田先生用佛教宣扬的“依正不二”思想来回答众生与自然环境须臾难离的辩证关系。“依正不二”中的“依”就是依报，指生命主体所依存的客观环境，“正”即“正报”，指生命主体（主要指人）。“不二”即外部环境与内部环境两者一体不二 、唇齿相依、圆融共生。简言之，生命主体的人与生命客体的自然环境虽有殊分，却内外呼应、互为因果、互相依存。如他在《展望二十一世纪——汤因比与池田大作对话录》中所说：“生命主体与其环境，在客观世界的现象中，虽然可以作为两个不同的东西来认识，但在其存在中是融合为不可分的一体来运动的。”② 池田先生认为，只有坚持“依正不二”的思维方式，才能把握住生命的真谛，才能打破长此以往人与自然间“支配—服从”的单方通行路线，使人主动倾听自然的声音，创造出人与自然和谐共生的文化和精神。其关于人与自然“依正不二”原理的阐述，与我国“天人合一”“道法自然”原理，以及马克思、恩格斯主张的人与自然辩证关系原理有异曲同工之处。

二、生态问题产生的根源

提及生态环境遭受破坏，人们首当其冲想到的是近代以来大规模的工业生

① 何劲松编选《池田大作集》，上海：上海远东出版社，2003年。

② 池田大作、汤因比：《展望二十一世纪：汤因比与池田大作对话录》，荀春生等译，北京：国际文化出版公司，1985年，第12页。

产、现代科学技术、人口剧增、城市化等，池田先生对此不以为然。依照佛教“缘起论”和“依正不二”哲理的思维路径，他认为战争是破坏环境的重要原因，战争的本源在于人心灵世界的破坏，人们内心世界的失和是人与人、人与自然之间产生矛盾的关键所在，“外在环境的破坏”和人“内在环境破坏”互为因果，密不可分。

第一，生态问题根源于人性的自私贪婪和利己主义的欲望。我们现在所面临的各种人为问题，包括生态危机，均来源于人的贪欲。运用佛教法理“十界论”，池田先生指出“欲望”确为物质文明发展的原动力，但是在今天的发达国家乃至全世界其负面作用更为深刻。在恶性欲望驱使下，支配他人生命与自然的企图会变得毫无节制，最后造成对自我及他人生命的毁灭。正是从这一意义上说，生态危机是“以天灾形式出现的人祸”。外在生活环境所出现的恶性状态，源于人们内部心灵世界出现了问题。因为人内部本身蕴藏无穷的欲望，当这种欲望被过度释放，就会演变为一种极端利己主义的“魔性的欲望”，诱发人类做出各种损人利己的事情。池田先生对此解释道:“内部环境被污染，出现沙漠化的人的内心深处喷发而出的利己主义变成对文化、社会环境及自然环境所构成的外部环境的支配、掠夺和破坏。”[①] 从本源上说，生态的失衡乃是人类心灵失衡的表现，人们精神的颓废才是始作俑者。池田先生进而得出结论，人的贪欲不除，人类无以安宁，自然无以安全。

第二，生态危机源于人类长期受到“利己主义”错误价值观和伦理观的误导。文艺复兴以来以欧洲诸国为中心而发展起来的科学技术，主导了近代文明以来的主流价值观。而由于价值观不同，生存方式千差万别，人类文明走到这一步，“可以肯定地说，在现代科学文明的深层，有一种把人与自然对立，为了人的利益要征服自然、利用自然的自以为是的思想动机”[②]，这种思想动机就是“人类中心主义”的价值观。尊崇以人为中心的价值牵引，人类被置于上帝的位置，人们狂妄地以为自然万物皆是为了服务人类需要而存在，大肆倡导人类对自然的征服和掠夺，逐渐忘却自然也是保持一定韵律并与人类生命相互联系的“生命存在”。漠视人与自然的平等关系，向自然开战，遭受创伤的自然回击人类以资源枯竭、物种锐减、粮食短缺、环境污染等报复。人类的灵魂挣扎于在现代社会中蔓延的利己主义、享乐主义、绝望与虚无主义的价值深渊，“分裂”的悲剧在自然与人、民族和民族以及人与人之间拉开帷幕。鉴于这些事实，池田先生认为改

① 池田大作、汤因比：《展望二十一世纪：汤因比与池田大作对话录》，荀春生等译，北京：国际文化出版公司，1985年，第261页。

② 池田大作、B. 威尔逊：《社会与宗教》，梁鸿飞等译，成都：四川人民出版社，1991年，第464页。

变人们内心的思想观念才是根本，力图从道德价值、宗教伦理层面去寻求答案。

人类的“诗心”与佛性的缺失是造成生态问题的一个重要原因。现代科学技术的飞速发展、物质文明的进步，把人类的理性推到无所不能的位置，“机械的支配力被有效地组织起来，物质的生产被放到优先地位，人失去了本真状态，这种无节制的物质文明就像茂密的热带丛林那样把人封闭于其中”[①]。在物质主义的浪潮中，技术规则及物质逻辑渗透到人类生活的各个领域，人类的主动性、积极性、道德、精神、感性等鲜活生命的感觉遭到科技和合理性逻辑的排挤，人类的精神世界出现殖民化。沉迷于“物化”世界的人，疏于构筑自己丰富健康的精神世界，“诗心”逐渐丧失，目光所及之处都是物质利益，而对他人的痛苦、忧伤视而不见。人类自甘堕落地蜕变为市场需要的工具，冷漠与无情遮蔽了人类的“诗心”。“诗心”被池田先生看作是人类想象力和创造力的不竭源泉。他认为，要在21世纪恢复人的权利，必须培育人类发现生命、珍爱生命的慈爱之心与感动之心，唯有如此，方能打破冰冷的“物”的奴役，感受到自身与自然之间圆融无碍的亲和关系。

三、生态危机的化解路径——从“人的革命”到“社会革命”

池田大作将生态危机归结为人性的贪婪、错误观念的误导以及人类诗心和佛性的丧失，多次批判主客二分思维下的西方自然观，认为此种思维逻辑一味强调征服自然满足人无穷的欲望，是致使人与自然关系崩溃的罪魁祸首。变革现代文明，最迫在眉睫的就是跳脱出人类中心主义的价值束缚，断贪欲，树立一种人与自然“依正不二”的自然观，并在实践上诉诸“人的革命”，通过教育，将生命至上、众生平等的理念根植于人们心中，达成不仅对人类而且对生态系统也充满同情和道德的共识，在价值观、伦理观和人生观三个层面摆正自然的位置，并自觉将该理念融入具体的“社会实践革命”中，才能筑起一道抵御生态危机的根本防线。

（一）重塑“生命的尊严”的普遍价值观

“对待生命的态度”是贯穿池田先生依正不二、宇宙即生命、万物平等、慈悲众生等思想的中心主题，其生命尊严的概念建立在对近现代人类社会众多价值观的理性批判基础上。池田先生指出，在现代社会，人类被自己所创造的物质所吞噬，人类主体价值日渐丧失，生命自身的价值被贬低，人类总体异化为毫无自由和尊严的物的存在，正如人们总是习惯依据个人财富的多寡来评判个人价值的

① 何劲松编选《池田大作集》，上海：上海远东出版社，2003年，第232页。

大小。鉴于此，池田先生认为重塑“生命的尊严”价值观十分必要。一方面，生命的尊严具有至上性，任何其他利己主义的价值准则都不能超越它。池田先生强调，“必须把生命的尊严看作最高价值，作为普遍的价值基准”①，除此之外，都会招致对人性的压迫。另一方面，生命的尊严具有广泛性。在其看来，自然界的花鸟虫鱼、山川草木以及无机物等同人一样，皆是有尊严有灵性的生命存在，而非呆板的物质堆，生命存在具有普适性。万物因生命而平等，只有将生命看成至高无上的，才能唤起对生命的敬畏感。

（二）树立“众生平等”的环境伦理观

实现扬善抑恶，仅靠社会强制性力量是行不通的，还应从道德、伦理以至宗教方面寻求良方。转变传统伦理观，树立人与自然和谐共生的伦理观成为他救赎环境问题的重点策略。服从“生命的尊严”普遍性价值观引导，进一步将道德关怀延伸到自然环境，“生命伦理”的范围进一步从“有情之人”扩展到“无情之物”。秉承佛教慈悲为怀的理念，坚持生命尊严没有等级差别，主张对待自然万物应像对待人类自身一样。“众生平等”的生态伦理观，打破了作为生命主体“人”的优越感，从意识层面消解了主客、物我的二元对立，使整个宇宙呈现为荣辱与共的整体，是对“自我中心论”伦理观的有力批判。人类利己主义价值论认为只有人才有生命尊严，这是极为有害的，容易滑入只尊重特定阶层、民族、宗教者生命尊严的狭隘深渊。目前出现的系列环境问题，正是人类没有平等对待自然界，以征服者自居、漠视自然规律导致的。因此，唯有回到生而平等的普适性视点，树立“自然—人—社会”有机整体的、非功利主义的生态友好型伦理观，各种淡视生命、掠夺环境的现象才能在思想源头上得以遏制。

（三）端正“心灵财富为第一位”的人生观

池田先生批判了文艺复兴以来的世界观和思维方式，认为它们将人的占有欲、金钱欲、权力欲等魔性欲望无限制地引诱出来。永无止境的欲望放纵会引发战争、自然破坏等。面对人类欲望的洪荒之力，池田先生劝导人们尊崇佛法朴素节俭、清心寡欲、回归自然的生活方式，努力提升自身修养境界，将人与自然和谐共生信念上升为一种人生追求，奉为人生目的并努力自我完成。正如其与威尔逊对谈时所提到的，“不仅绝不为了自身的欲望和利益而伤害大自然，还要使全人类永远树立与大自然和谐发展、共存共亡的自然观和人生观”②。可见，池田

① 池田大作、汤因比：《展望二十一世纪——汤因比与池田大作对话录》，荀春生等译，北京：国际文化出版公司，1985年，第414页。

② 池田大作、B. 威尔逊：《社会与宗教》，梁鸿飞等译，成都：四川人民出版社，1991年，第463—464页。

先生认为自然观和人生观密切相关，要改变人类对自然的态度和做法，首要得改变对人自身的态度。要“从利己主义的人生态度转变为对全社会的人和一切生物施加慈爱的人生态度”①，将“爱的对象指向全人类，向地球全部生命扩展，良心树立在对生命尊严的无限敬畏上”②。唯有超越孤独，净化心灵，方可察觉到自己生命中所存在的“佛性”，由人类欲望泛滥引发的生态危机才能从根本上消解。可见，保持内心的平衡是多么重要的事情。那么，如何恢复这种平衡呢？在池田先生看来，答案是开掘“心中的资源”，引导人们从“物”到“心”，从“物质主义至上”到“生命至上主义”的转移。当心灵财富第一的价值观在人们心中扎下根的时候，人的生态良心变得敏锐起来，关爱生命、保护环境就会成为人类自愿自觉的行为。

四、关于池田先生佛性生态观的思考

（一）与西方生态学马克思主义的差异

池田先生的佛教生态思想与西方生态文化思潮中衍生出的生态学马克思主义、社会生态学等流派都是在生态危机的时代背景中应运而生，二者均反对人类中心主义的价值体系，但二者也存在本质的区别。第一，二者在思想理论的出发点上不同。池田先生的佛性生态思想受“缘起论”影响，相信“因果报应、六道轮回”，认为宇宙众生皆有因缘，联系普遍存在，众生皆合存于世间，应从普遍联系和整体性的视角观察世界万物，人与自然在池田先生那里从一开始就具有一体性。在人与自然的有机统一整体关系基础上，池田先生进一步从人的德性修养出发论证人对其他生命应有的态度和化解生态危机的方式。而西方生态学马克思主义的哲学基础是自然价值论，即从生命价值普遍存在出发论证其他生命道德权利的合理性，以及人们对自然万物所负有的道德义务和责任。第二，二者化解生态危机的路径有较大差别。池田先生注重提升人自身的德性修养，强调主体本身的生态自觉和道德自律，认为把握住“人心”，即可有效避免人性的异化，避免自我中心价值立场导致的生态问题。推行“人的革命”是其针对生态危机提出的解决措施。池田先生诉诸转变人类意识形态的革命，以有利于提升民众保护自然环境的自觉性和内驱力。但生态环境保护毕竟是一个庞大又复杂的系统工程，需要发挥经济、文化、科技、教育、道德、政治、精神等多方面的合力，仅仅诉诸

① 池田大作、奥锐里欧·贝恰：《二十一世纪的警钟》，卞立强译，北京：中国国际广播出版社，1988年，第182页。

② 池田大作、汤因比：《展望二十一世纪——汤因比与池田大作对话录》，荀春生等译，北京：国际文化出版公司，1985年，第415页。

自然观、伦理观、价值观、人生观等上层建筑的转变未免显得过于薄弱。在这方面，西方生态学马克思主义流派诉诸变革社会生产方式、社会制度的化解路径，对池田大作的佛教生态思想具有补充作用。

（二）与马克思主义生态哲学思想的差异

第一，二者在人与自然关系的认识上颇为接近。池田先生的生态哲学自然观含有浓烈的佛法精神和东方“天人合一”韵味。他对人与自然关系的认识，同马克思、恩格斯的认识较为相似。池田大作从缘起论出发，认为人与自然是一个有机统一整体，人作为自然界十分特殊的一部分，具有积极性、能动性和创造性，虽然能改造自然界，但不能随心所欲，必须时刻保持对自然的敬畏和尊重，人与自然的良性状态应该是“依正不二”。他曾说道：“佛法……认为关于环境与人类的关系不可分割，主张生命主体与环境……浑然一体，相互关联。”① 马克思认为“人—自然—社会”是不可分割的、相互作用的整体，是辩证统一、互为对象性的关系。一方面，人是作为自然界的产物而存在，生存和发展都离不开自然，可以说自然界是人的无机身体；另一方面，自然环境是人类改造的对象，自人类出现原始意义的自然就不复存在，如今的自然都是人化自然，人与自然共荣共生。马克思认为在理解人与自然关系时，必须超越主客二分思维方式，从系统的、整体的角度处理和调节二者关系。从人与自然关系的角度来说，池田先生的生态哲学自然观与马克思主义生态哲学思想虽然依托的原理和手段各不相同，但对于人与自然关系的认知基本达成共识。

第二，在生态危机的归因和解决路径上二者出现了分歧。池田大作把生态危机的实质归因于精神和人性的问题，寄希望于“人的革命”以求化解生态危机，此乃“思想变革先行”的思维路径，也是池田大作宗教思想逻辑的必然结果。但是，对人类欲望、意识和精神的过度关注，导致其对生态危机根源、本质和化解路径的认识带有某种程度的唯心主义倾向。如他认为人的贪欲、错误价值观、伦理观和诗心的丧失是生态危机的根源，故生态危机的终极属于道德和伦理的范畴，在解决路径上诉诸人的精神和心灵之变革。池田先生将生态危机归结于人的贪欲并求助人类价值观、伦理观、人生观等意识形态的变革，这种“精神—实践”的思维路径是存在一些争议的，带有一定程度的形而上色彩。因为我们熟知，人的头脑意识无论怎么变化，都无法逃离现实的藩篱，现实世界出了问题，应该最根本地从现实世界去分析，人类与自然界的物质能量关系、社会制度、生

① 池田大作：《我的人学》下，铭九、潘金生、庞春兰译，北京：北京大学出版社，1990年，第278页。

产方式、生产关系等对人类处理人与自然的关系起着决定性作用。当然，人类的生态价值理念和意识在这个过程中也发挥着不可忽视的作用，但只能起到强化或弱化生态危机的作用。马克思主义生态哲学主张必须把人与自然的关系问题放到人类社会制度、政治、经济、文化等社会内容中去认识，生态革命和社会革命缺一不可，并主张只有通过改变社会制度，变革资本主义生产方式，消除资本对人与自然的异化统治，才能真正在社会实践活动中实现人与自然的和解。

综上所述，虽然池田先生的佛性生态哲学思想带有一定程度的形而上色彩，但我们也不能就此断定其为“乌托邦”主义者。作为现实的改革家和佛法的践行者，他“依正不二”的自然观、生命尊严的价值观、众生平等的生态伦理观以及注重培养内部精神力量的人生观等思想，有助于唤醒人类对于生态环境的生命意识，对丰富和发展环境教育理念具有积极的借鉴意义。当然，如果仅仅阐述池田先生的佛性生态思想，而不结合人类社会实践和社会革命加以尝试，将失去其佛教生态思想的现实意义。

“池田鲁迅”对鲁迅当代价值重估的启示意义

卓光平*

自第二次世界大战以后，鲁迅在日本形成了一股传播热。日本对鲁迅的接受与传播，主要发生在思想文化层面的学术研究和社会实践层面的文化价值传播两个相互关联的层面。长期以来，日本学界对鲁迅的研究主要聚焦于竹内好、丸山升、伊藤虎丸和木山英雄等日本学术体制、教育体制内致力于鲁迅研究的学者们对鲁迅的纯学术性研究，却对非学院的池田大作、大江健三郎等著名文化人士以及其他民间的鲁迅作品热爱者对鲁迅的传播缺乏足够关注。

因此，有学者在探讨鲁迅研究未来新空间的时候就指出，在鲁迅与外国文学文化的比较方面，虽然已经取得了许多重要成果，“但还有些空白，有些同鲁迅发生关系的外国作家还未涉及，研究还可以向同鲁迅发生关系的外国思想家、政治家拓展，特别应指出的是，应注重鲁迅对当代外国文学文化的影响研究，鲁迅对日本作家大江健三郎、社会活动家池田大作的影响”[①]。

作为日本创价学会的第三任会长和国际创价学会的会长，池田大作与鲁迅之间到底有什么样的联系？他在哪些方面受到过鲁迅的影响？他又是如何传播和践行鲁迅文化价值的？他对鲁迅的接受与传播的独特意义何在？探究这些问题，显然对我们充分认识鲁迅的世界性影响及其当代价值是非常有意义的。

一、“池田大作与鲁迅”话题的兴起

早在青年时期，池田大作就读过鲁迅的文学作品，并深深为之折服。自20世纪60—70年代以来，他就一直致力于鲁迅思想价值的践行与传播，并产生了广泛而深远的影响。鉴于池田大作对鲁迅在日本乃至世界范围内进行传播的重要贡献和影响，北京鲁迅博物馆、上海鲁迅纪念馆和绍兴鲁迅纪念馆分别授予其“名誉

* 卓光平，绍兴文理学院人文学院副教授，绍兴文理学院鲁迅与池田大作研究所研究员，中文系主任，兼任中国鲁迅研究会理事、浙江省鲁迅研究会常务理事兼秘书长，专业方向为鲁迅研究。

① 王吉鹏：《关于当下鲁迅研究的若干思考》，《上海鲁迅研究》2008年第1期，第147—148页。

顾问”称号。作为鲁迅故乡的大学，绍兴文理学院也在2010年4月授予池田大作绍兴文理学院“名誉教授”称号，并在2012年3月与日本创价大学联合成立了鲁迅与池田大作研究所，专门组织力量收集池田大作的各种著述，发掘和整理池田大作传播鲁迅的资料文献，探讨池田大作对鲁迅文学的解读和对鲁迅教育思想价值的发掘，以及对鲁迅的思想与精神的承传。正如鲁迅与池田大作研究所首任所长王晓初教授在接受日本创价学会所属杂志《潮》的采访时所说：“中国的池田大作思想研究在扩大，地处鲁迅故乡的绍兴文理学院设立了‘鲁迅与池田大作研究所’，这件事为促进中日友好与世界和平具有重要意义。”[①] 深入研究池田大作对鲁迅的接受与传播，探究他们之间的精神联系，将两位东方文化巨人的思想与精神发扬下去正是设立鲁迅与池田大作研究所的初衷。

事实上，就池田大作对鲁迅进行传播的价值内涵和世界影响来看，其对鲁迅的独特认识和价值传播具有深厚的价值内涵和重要的现实意义。鲁迅长孙周令飞在香港SGI鲁迅展开幕式上的贺词中就曾指出，池田大作探讨鲁迅的重要文章《谈革命作家鲁迅》，“是继20世纪竹内好之后，在日本掀起的传播鲁迅精神、研究鲁迅思想的第二次高潮，固然两者传播的范围和形式不尽相同，但是我们相信这次高潮影响的层面和意义十分深远，为中日两国文化交流和友好往来，为‘人’的精神淬炼起到了极为重要的推动作用”。

不过，需要指出的是，由于过去学界对“日本鲁迅”的关注主要集中在“学院鲁迅”方面，同时也受研究资料零散等因素制约，池田大作对鲁迅的接受与传播在过去相当长的时期内并未能引起研究界的充分重视。无论在中国还是在日本，针对“池田大作与鲁迅”的研究仅限于一些零星发表的随笔、论文和讲座报告。就目前中日两国文化界、学术界所揭示的池田大作与鲁迅相互关联的资料文献和研究成果来看，可从平行比较和影响研究等角度将其分成两类：

（一）从比较研究的角度来探讨池田大作与鲁迅在思想、精神上的相通性和共同性

陈漱渝在《鲁迅的人学与池田大作的人学》一文中指出池田大作与鲁迅在“人学”思想上有许多相通之处，“鲁迅和池田大作先生的人学思想都是从现实出发，有着很强的现实针对性”[②]。他们都以民众作为思考问题的尺度，既表现出对民众的挚爱，也有着对恶势力的憎恨。王锡荣在《鲁迅与池田大作——东亚两位伟大思想家的共同点》一文中指出：“只要深入地研究池田大作先生

① 王晓初：《在池田会长和鲁迅身上涌动的“人间主义”思想》，日本《潮》2015年第1期。

② 陈漱渝：《鲁迅的人学与池田大作的人学》，《上海鲁迅研究》2004年第1期，第316页。

的著作和言行，就不难发现，池田大作先生与鲁迅一样，是一个伟大的东方圣哲。他们都有强烈的人格魅力、高尚的人性、博大的胸怀、深湛的学养、热烈的爱憎，都有等身的著作，都引领着时代精神的前进方向。”[①] 该文从爱国爱民的情怀、疾恶如仇的性格、洞幽烛微的深邃思想、著作等身的艺术成就、引领时代的世界性眼光、鞠躬尽瘁的献身精神和博大精深的东方圣哲七个方面，系统梳理了鲁迅与池田大作这两位东亚伟大思想家的共同点。傅红英在《生命的尊严：鲁迅和池田大作的人学思想研究》一文中指出，鲁迅的“立人”思想和池田大作的“人性革命”理论有着多方面的一致性，具体表现在：“生存权是生命尊严的前提，话语权是生命尊严的表现形式，而抗争是生命尊严获得的必要途径。”[②] 李红霞的《鲁迅与池田大作女性观比较》一文揭示了鲁迅与池田大作在女性观方面同中有异，互相映衬。具体表现在：一是他们分别从愚弱无声与角色紊乱的角度对女性生存状态进行反思，二是两者分别又通过启蒙理性与佛法妙音来对女性的主体性进行热情倡导。他们的女性观“体现出由不同生活阅历、民族心理、时代背景、思想资源等交织熔铸而成的文化情境的复杂影响，同中有异，互相映衬，触发人们诸多相关思考，并与20世纪中日作家的女性主义文本形成了潜在对话关系”[③]。

从这些将池田大作与鲁迅进行横向比较的研究文章中明显可以看到，池田大作与鲁迅在心灵上是相通的，在思想上更是有许多共同之处。不仅如此，池田大作还受到鲁迅的深刻影响，他在价值思想方面对鲁迅有着许多相承续的地方，因而深入系统地探究池田大作与鲁迅在思想体系上的联系是非常必要的。

（二）从影响研究的角度探讨池田大作在文学创作、革命精神以及教育思想等方面对鲁迅思想的接受与借鉴

香港学者孙立川在《跨越过国界与时代的理解——池田大作的鲁迅观》一文中，从接受影响的角度探讨了池田大作对鲁迅思想、文学以及青年观的理解与阐释，并指出池田大作“与鲁迅相遇在文学的世界，文心相通，引为知交”，“他对鲁迅文学的理解可以称为是其异国知音”。[④] 谭桂林教授在《池田大作的鲁迅观》一文中专门探究了池田大作与鲁迅产生精神遇合的机缘，池田大作对鲁迅作为革命作家、教育家和不屈斗士三位一体形象的体认，以及池田大作对鲁迅文学

---

① 王锡荣：《鲁迅与池田大作》，《上海鲁迅研究》2012年第4期，第2页。

② 傅红英：《生命的尊严：鲁迅和池田大作的人学思想研究》，《绍兴文理学院学报》2013年第1期，第22页。

③ 李红霞：《鲁迅与池田大作女性观比较》，《绍兴文理学院学报》2013年第1期，第26页。

④ 孙立川：《跨越过国界与时代的理解——池田大作的鲁迅观》，载《西还集》，香港：天地图书有限公司，2001年，第152页。

的真切感受和富有创建性的解读。他指出，对鲁迅作品的广泛阅读，“无疑使池田大作能够从不同的侧面，既有比较又有联系地看待鲁迅，从而对鲁迅的文学创作形成了一种整体性的认识，并给予高度的评价”[①]。陈红旗的《论池田大作对鲁迅革命精神的异域接受》一文，从对鲁迅“以笔为武器”斗士人格的尊崇、对鲁迅“人性革命”文学思想的认同以及对鲁迅“以青年为本”价值观的体认三个方面，阐释了池田大作对鲁迅“永远进击”革命精神的接受。该文还指出：“依据池田早年对鲁迅的阅读和接受情况来推断，他所提倡的‘人性改良’主张与鲁迅的‘改造国民性’思想有一定的师承关系。”[②] 日本创价大学教授高桥强的《池田大作心目中的教育家鲁迅》一文，则聚焦了池田大作对教育家鲁迅的教育思想的体认和继承。文章指出，在创价教育的实践中，池田大作在人格精神和教育理念等方面与鲁迅有着深深的共鸣。“以人本教育作为目标的池田先生，作为创价大学的创立者在大学的毕业典礼上举行文化讲座《谈革命作家鲁迅先生》，透过鲁迅先生的一生，学习了有关人本教育的内容：（1）与恶搏斗并消灭恶，实现产生善行的正义；（2）确立人创造‘第三时代’；（3）对于人的善性给予绝对信任，持续保有希望；（4）不忘恩师，持续沸腾无限的勇气。”[③] 可以说，无论是对鲁迅精神人格的尊崇、对鲁迅“精神革命”思想的认同、对鲁迅“以青年为本”价值观的体认，还是对鲁迅“人学”思想的接受、对鲁迅教育思想的承续，都显示出池田大作与鲁迅有着千丝万缕的联系。也正因如此，池田大作对鲁迅的思想阐释与价值践行非常值得进行深入探究。

综上，从对“池田大作与鲁迅”研究现状的分析可知，池田大作对鲁迅的接受与传播直到21世纪初才逐渐被学界所关注，而且目前针对“池田大作与鲁迅”的研究主要是一些零星的论文，无论是从数量上还是从质量上来看，研究都还显得比较贫乏。这些研究成果或停留在表象化、平面化的叙述上，或从感性认知的角度去认识池田大作对鲁迅的接受与传播，缺乏系统的阐释与深入的分析，研究对象的重要意义与价值尚待进一步挖掘。可以说，目前该课题的研究现状与池田大作致力于鲁迅传播的丰富内涵及深远影响是不相称的，因而开展此课题的研究是非常必要的。而且，该课题的研究既需要关注池田大作对鲁迅的认识、探究和传播等“可视”层面的考察，更要深入探究池田大作对鲁迅人格精神、价值思想的内化和承续以及他在对鲁迅价值进行重估过程中的“创造”和“发现”。

① 谭桂林：《池田大作的鲁迅观》，《鲁迅研究月刊》2006年第6期，第69页。

② 陈红旗：《论池田大作对鲁迅革命精神的异域接受》，《中国比较文学》2012年第1期，第128页。

③ 高桥强：《池田大作心目中的教育家鲁迅》，载谭桂林等主编《文化经典和精神象征》，南京：南京师范大学出版社，2013年，第302页。

二、“池田鲁迅”的现实指向与价值体认

在战后以来的半个多世纪里，池田大作一直保持着对鲁迅的关注热情，但是他对鲁迅思想资源的发掘又是随着时代的发展而与时俱进的。具体而言，在战后日本社会运动高涨期，鲁迅在当时的日本社会也有着广泛的影响，池田大作便立足于当时的日本现实，在推行“人性革命”的过程中非常注重发扬鲁迅的思想与精神在民众运动中的作用。在20世纪80年代以后，日本的时代语境发生重大转变，人们关注鲁迅的热度也开始锐减，池田大作便开始注重发掘鲁迅的教育思想价值和文化交流意义，从而更全面地认识和把握鲁迅的价值内涵。

自第二次世界大战结束至20世纪70年代，鲁迅在日本社会精英和普通民众间的影响一直都非常大。考察池田大作对鲁迅的接受与传播可以发现，他早年眼中的鲁迅形象主要是作为思想家和斗士的形象而存在的，因此他非常注重发扬鲁迅的“精神革命”思想和不屈斗士精神在日本民众运动和社会变革中的积极作用。战后初期，日本社会运动高涨，池田大作立足于日本的社会现实和改变日本“岛国根性”的需要，积极推行以佛学为基础的“人性革命”，而作为池田大作所崇敬的思想家和文学斗士，鲁迅对池田大作带领日本创价学会进行“人性革命”的社会实践自然有着重要影响和启示。因此，自战后初期至20世纪70年代末，池田大作从重视民众、关心民众、唤醒民众以及发动民众的角度出发，非常注重对鲁迅的思想与精神的内化和发扬。

在进入20世纪80年代以后，过去被作为“国民作家”来看待的鲁迅，对日本青年来说变得越来越陌生了，日本对鲁迅的接受开始向大学中的专业研究收缩。面对20世纪80年代日本变化了的时代语境，池田大作一方面仍然非常重视鲁迅的“精神革命”思想，同时也越来越注意发掘鲁迅的文化交流意义和教育思想价值，并以鲁迅为媒介，推进东亚乃至世界文化的交流与沟通。尤其是在1979年，池田大作辞去创价学会会长，成为名誉会长之后，他开始利用国际创价学会和日本创价大学等平台积极地传播和宣扬鲁迅的文化交流意义和教育思想价值。

可以说，在20世纪80年代以后的日本，池田大作对鲁迅的接受与传播总是跟自己的人生事业以及社会处境相结合，积极有效地推动鲁迅在日本乃至世界范围的传播。事实上，池田大作对鲁迅的传播在日本乃至世界范围内所产生的越来越大的影响也主要是在20世纪80年代以后。正如鲁迅的长孙周令飞所指出的，池田大作在日本创价大学面向广大师生和社会民众发表的关于探讨鲁迅的长篇讲稿所

产生的重大影响，不啻为继20世纪竹内好之后，在日本掀起的传播鲁迅精神、研究鲁迅思想的又一次高潮。而池田大作对鲁迅价值的深入发掘和传播践行既是对竹内好等20世纪80年代以前日本的鲁迅研究者“学鲁迅”精神的继承和延伸，也是对20世纪80年代以后在日本鲁迅研究界所建构的经院化、知识化和玄学化“鲁迅学”的一种反驳。正如他在2002年被上海鲁迅纪念馆授予名誉顾问时所说：“我今后还要更加努力弘扬鲁迅，鲁迅也是我们整个人类的宝贵财富。”[①] 在20世纪80年代以后的日本，池田大作注重发掘鲁迅的世界意义和现实价值，并创造性地融合在社会活动、文化交流和教育事业中，这对我们今天发掘和利用鲁迅资源也提供了重要参照和借鉴。

作为著名的宗教思想家，池田大作非常注重从“人性革命”的视域来探究鲁迅的思想价值。在他的著作中，就有一些针对鲁迅的文学作品、教育思想和“人学”思想专门进行探讨的文章。《鲁迅的烦恼与勇气》一文指出，鲁迅是“笔的斗士”和“凝视内在精神的哲学家”两种形象的化身，偏重任何一面都是错误的。《“民众时代”的曙光——读鲁迅著〈阿Q正传〉》一文指出，鲁迅是在灵魂深处唤醒民众的作家，阿Q正是鲁迅基于“爱民众”的立场而刻画民众的“原像”。《培育人——教育家的鲁迅》和《鲁迅：首在立“人”——通过阿Q来教育与鼓舞青年》等文章也透过对鲁迅教育思想的探讨，指出鲁迅是践行“立人”的教育家，其教育思想至今仍有着重要的现实价值。

作为著作宏富的文学家和世界著名桂冠诗人，池田大作在诗歌、小说和随笔等文学创作中也曾聚焦过鲁迅。他要么在作品中书写鲁迅的故事和赞颂鲁迅的事迹，要么在鲁迅精神的影响下进行文学创作，宣扬鲁迅的精神价值。作为诗人，池田大作在多首诗歌中赞颂过鲁迅。长诗《文学界的巨人 精神界的先驱——为纪念伟大的鲁迅先生》赞颂了鲁迅伟大的人格，称其为以笔为武器的战士和精神界的先驱。在给上海鲁迅纪念馆王锡荣馆长、绍兴鲁迅纪念馆陈勤馆长的赠诗中，以及写给北京大学的《北大之歌》中，都有他对鲁迅的思想与精神的传扬。在《人与人的亲密无间的纽带——鲁迅和他的朋友》等随笔中，池田大作更是多次谈到他与鲁迅的精神遇合，特别是鲁迅的人格魅力让他深为折服，因而称鲁迅是哲人与战士的融合体。另外，鲁迅的精神人格和思想价值也明显影响了池田大作的文学创作。在多卷本自传小说《新人间革命》中，池田大作多次描述了鲁迅精神对他所追求的人间革命事业的深刻影响，鲁迅在其人生中留下了深深的印记。在对自己所创作的童话故事《两个王子》的解析中，池田大作还曾阐述了自

① 王锡荣：《心与心的交流——访问日本创价学会》，《上海文博论丛》2002年第1期，第89页。

己在作品中对鲁迅精神与思想的理解和传承。

在与世界著名人士的对话中，池田大作也不断聚焦鲁迅话题。他与世界近200位著名人士开展过对谈或对话，其中在与金庸、顾明远、王蒙和章开沅等作家和文化人士的对谈录中都曾聚焦过鲁迅话题，在与季羡林、饶宗颐、常书鸿、杜维明和高占祥等文化名人的对谈录中也都提到过鲁迅。在《探求一个灿烂的世纪：金庸、池田大作对话录》中，池田大作与作家金庸专门聚焦了作为唤醒民众灵魂的作家鲁迅，并探讨了其作品所揭示的民众的精神痼疾。在与著名教育家顾明远的对谈录《和平之桥——畅谈"人间教育"》中，池田大作聚焦了鲁迅教育思想的现代价值，并将其称为"人间教育"思想。另外，在池田大作与王蒙、章开沅和季羡林等人的对谈中，他们从鲁迅作为人生导师的角度探讨了鲁迅的人生事迹，以及鲁迅对他们各自人生成长的精神影响。

作为著名的社会活动家，池田大作非常重视在社会活动中去宣扬和传播鲁迅的精神和价值。池田大作对鲁迅进行实用性探讨研究的目的，就在于践行鲁迅的文化价值。他在许多社会活动中不断发掘鲁迅的精神意义。首先，在鲁迅的纪念活动和相关学术活动中，池田大作发表过许多致辞和发言，不仅系统地阐述了他的鲁迅观，而且立足于现实需要，探究了鲁迅对促进今天社会发展的价值与意义。其次，在访华期间，池田大作在许多讲演中以开阔的世界视野开掘鲁迅思想的世界性意义，重点凸显了鲁迅对中日文化交流的重要意义。最后，在日本创价学园和创价大学的教育活动中，池田大作更是不断通过讲演等方式来宣扬和传播鲁迅文化价值。作为日本创价学会的会长和创价大学的创办者，池田大作一直给予青年殷切的关怀与期望。他不顾年事已高，在百忙之中仍不忘为即将走向社会的创价大学毕业生开展以西方文化巨人歌德和东方伟人鲁迅为主题的人生讲座。在《谈革命作家鲁迅》的长篇文化讲座稿中，他就汲取了鲁迅许多有价值的思想，并融入创价教育的理念中向青年学生进行宣扬和传播。

也正是由于池田大作对鲁迅的崇敬和宣扬，在他影响下的日本创价大学、日本创价学会和国际创价学会也展开了对鲁迅的宣扬和传播活动。这些传播活动主要表现在三个方面：一是以日本创价大学为载体开展了鲁迅研究、鲁迅讲座、鲁迅展览等，促进了鲁迅在日本青年中的传播与被接纳；二是以日本创价学会为载体，近半个世纪以来不断开展鲁迅文化的交流，促进了鲁迅在日本民众间的传播；三是以香港国际创价学会、澳门国际创价学会和马来西亚国际创价学会等国际创价学会机构为载体，多次组织有关鲁迅的主题展览和文化讲座等，促进了鲁迅在世界范围内的传播。

对池田大作而言，他和鲁迅显然有着许多共同点和相通性。他们同是具有世界性眼光的文学家，又都是疾恶如仇的斗士，而且又都对各自的民族和民众充满了挚爱，这些自然使池田大作对鲁迅产生了深深的灵魂共鸣和精神联系。在池田大作看来，鲁迅的精神、人格、思想和文学具有多重价值意义：一是思想、精神价值。作为思想家，池田大作一直积极地开掘鲁迅的思想和精神价值，并进行深入的阐释。他认为鲁迅是“哲学性格与战士性格的融合体”，哲思的精辟与精神品质的高尚完美地融合在他身上，尤其是鲁迅的“立人”“立国”思想和“改造国民性”思想对实现由个人到国家再到全人类的“人性革命”具有普泛性借鉴意义。二是文学创造价值。作为世界著名的桂冠诗人和作家，池田大作对作为文学家的鲁迅十分钦敬与仰慕，他对鲁迅文学价值的创造性阐释见诸各种著述和讲演录中。在对鲁迅文学进行深入解读阐释的同时，池田大作也在文学创作中不断汲取鲁迅文学的精神营养。他不仅写了礼赞鲁迅的长诗，还创作了承续鲁迅思想和精神的长篇多卷本小说《人间革命》和《新人间革命》等。三是社会践行价值。作为宗教家和社会活动家，池田大作在基于日本创价学会的宗教主张来重塑战后日本价值追求的过程中，非常注重将鲁迅的精神、思想运用于“人性革命”的民众运动和创价教育的教育实践以及日中之间的文化交流等各种社会活动中。他不断将鲁迅的思想、精神进行内化，并将其价值精神运用于社会活动和价值实践中，从而开掘了鲁迅对战后日本的社会变革与思想发展以及日中文化交流的重要资源价值。

池田大作对鲁迅的阐释具有深刻的内涵，他对鲁迅的传播也有着重要的现实价值，并且在战后日本乃至世界范围产生了广泛影响。他对鲁迅的认识有着综合价值的考量，既包括鲁迅的思想实践价值和文学艺术价值，也包括文化交流价值和教育实践价值等，这为今天我们对鲁迅资源的开掘提供了宝贵经验，值得我们进行认真探讨。有鉴于此，笔者提出“池田鲁迅”这一概念，目的自然是希望以此来涵盖池田大作在接受与传播鲁迅过程中的思想认识和价值实践等方面的内容。而作为池田大作在接受与传播鲁迅过程中所建构的一种“鲁迅像”，“池田鲁迅”是鲁迅以及池田大作共同创造的思想文化遗产，同时也将鲁迅与中日乃至世界文化的交流相联系，构建了鲁迅的世界性。因而，对“池田鲁迅”价值内涵的探讨，一方面是一种比较研究，包含了对池田大作与鲁迅两位东方文化巨人心灵、思想和精神相通性的探讨，另一方面又是一种影响研究，即探究鲁迅对池田大作的影响以及池田大作对鲁迅思想价值的承续和传播。而对“池田鲁迅”的本质内涵和现实指向进行深入探讨，无疑可以从一个重要侧面来展现鲁迅在日本社会层面所产生的影响，这对我们更进一步认识和把握鲁迅之于东亚乃至世界的当代价值具有重要意义。

三、“池田鲁迅”研究的当代价值与启示意义

自20世纪五六十年代以来，池田大作一直非常敬重鲁迅的精神人格，推崇鲁迅的文学思想，他不断开掘鲁迅的思想文化资源，并积极践行和宣传鲁迅的价值理念。池田大作对鲁迅的思想探究和价值实践，在国际上产生了巨大影响，彰显了鲁迅在当今世界的影响力。作为“日本鲁迅”这一新的鲁迅形象，“池田鲁迅”以其深刻内涵和突出成就，使得鲁迅的域外传播显示出强劲的活力。因而，深入探究“池田鲁迅”的价值内涵，对于我们进一步认识鲁迅的世界影响和当代价值有着重要的意义。

第一，对“池田鲁迅”进行系统深入的研究对域外的鲁迅研究与传播的空间具有拓展意义。作为域外鲁迅研究与传播的重镇，战后70年来日本在鲁迅研究方面取得了丰硕的成果，其中许多成果也被译介到中国，并促进了20世纪80—90年代以来中国鲁迅研究的深入发展。然而，需要指出的是，从竹内好到丸山升、伊藤虎丸、木山英雄，再到丸尾常喜，日本的鲁迅研究越来越显示出学问化和玄学化的倾向。因缺乏通俗性，日本“学院鲁迅”的影响也越来越局限于学术界内部。池田大作有着宗教思想家、社会活动家、文学家和教育家等多重身份，他对鲁迅的接受与传播自然也是从多方面着眼的。诞生于战后日本特定时代语境中的“池田鲁迅”，自然与池田大作致力于日本创价学会的价值追求息息相关，不仅包含了丰富的价值内涵，也流露出明显的现实气息。与纯学术性的鲁迅研究不同，池田大作更加注重对鲁迅思想、精神的继承和内化，在与鲁迅相遇的过程中，他不断地从鲁迅那里发掘新的精神源泉，汲取新的思想动力，进而从鲁迅身上无限地生发出新的自我。此外，相对于日本“学院鲁迅”的学问化和玄学化，“池田鲁迅”既注重对鲁迅“人性革命”“精神革命”的思想进行通俗化的解读与阐释，又致力于发掘其社会实践价值。池田大作对鲁迅文学思想的解读和价值精神的践行，无疑更容易被普通民众接受，这也正是“池田鲁迅”在当代语境中仍然具有旺盛生命力的原因所在。显然，在战后日本的鲁迅传播史上，“池田鲁迅”既是日本鲁迅传播中实用性研究范式的典型代表，也是对日本“学院鲁迅”的补充。它一方面延续了日本战后初期鲁迅研究的传统，另一方面也对20世纪70—80年代以后日本的鲁迅传播现状起到一定的促进作用。因而，对“池田鲁迅”进行深入探讨，既是对“日本鲁迅”研究的深化和拓展，也有助于对日本等域外鲁迅研究和传播空间的拓展。

第二，池田大作非常注重发挥鲁迅在中日文化交流中的媒介作用，对“池田

鲁迅”进行深入探究，对深化中日文化交流和促进当前中日关系发展具有重要意义。池田大作长期致力于中日友好与世界和平，他对鲁迅作品的人性意识和人类情怀的深刻理解与传播，也在战后日本产生了深刻影响。在20世纪70—80年代以后，池田大作从创价学会的价值追求出发，发掘鲁迅的文化沟通意义，并以鲁迅为媒介推进中日乃至世界文化的交流与沟通。在致力于中日友好和世界和平的过程中，池田大作注重发挥鲁迅的文化桥梁与传播载体作用。他既以鲁迅为文化媒介开展中日文化交流活动，又以鲁迅为文化桥梁将自己的价值理念向全世界进行广泛传播，从文化交流和民间交往层面促进了中日友好交往。对“池田鲁迅”进行深入阐释，显然可以更进一步认识鲁迅的“世界性”意涵。在异域日本的文化与时代背景中，池田大作以有别于中国人的眼光来看待鲁迅，他对鲁迅的理解、接受与传播，反映了一个生活在日本的著名文化人士内心的真实思想和真挚情感，能够加深中日两国人民的相互理解和相互尊重。同时，随着中国综合国力不断增强，中国的文化软实力在世界的影响越来越受到重视，要想实现中国文化（文学）“走出去”战略，可从池田大作对鲁迅的接受与传播中汲取有益经验。

第三，池田大作注重发掘鲁迅思想的现实价值，并最终创造性地融合在民众运动、文化交流和教育事业中，这在域外鲁迅传播的内容和方式上最具现实性，因而深入探讨“池田鲁迅”对鲁迅文化资源的开发和利用具有重要的借鉴意义。在时代语境发生变化的今天，虽然鲁迅已经逝世80多年了，但是他的精神、思想和文化资源显然是不能轻易被遗忘的。特别是在接受鲁迅的过程中，池田大作注意将日本自身的问题与鲁迅的文学思想发生关联，通过开掘鲁迅的思想文化价值，来审视并改造自身的思路非常具有启示性。正是在此意义上，开展“池田鲁迅”的研究对于我们进一步认识鲁迅的当代价值有着重要的启示意义，同时也为我们今天发掘和利用鲁迅资源提供了重要的参照。

作为在不同于中国本民族历史语境之下构筑的鲁迅形象，“池田鲁迅”使鲁迅在跨文化传播中获得了另一种特殊价值。它为我们提供了一个在不同文化语境中重视和发掘鲁迅文化资源，把握鲁迅思想的精髓，实践鲁迅的思想价值，并进而致力于“人性革命”和现实变革的典型个案。然而，无论在中国学界，还是在日本学界，当代鲁迅研究越来越侧重于以史料挖掘为主的历史性研究和以知识阐释和审美评价为主的学问化研究，对以追求思想的当下意义与价值为主的当代性研究则越来越不以为意，自然研究者们对鲁迅在当代社会实践层面的传播也一直缺乏应有的重视。其实，正如有学者所指出的，将鲁迅“与当下中国思想文化、社会现实相链接时，就会发现鲁迅的思想仍然是如此切合中国社会，也会由此真正地接近鲁迅思想的本体，发现其历史命题后面的当代价值”[①]。而池田大作就非常注重发掘鲁迅思想的现实价值，并创造性地将其融合在社会活动、文化交流和教育事业中。“池田鲁迅”在日本社会的活跃和影响，可以说是一个立足于现实而激活鲁迅当代价值的鲜活例子。“池田鲁迅”既包含了池田大作对鲁迅文学思想的阐释和精神价值的承传，同时也包含了对鲁迅现代价值的重估，其深刻内涵和突出成就彰显出鲁迅精神在异域日本的显扬，这对我国的鲁迅研究尤有启示意义，它为我们充分认识鲁迅的世界性影响、当代价值以及鲁迅在中日文化交流方面的重要作用无疑是大有裨益的。

当然，需要指出的是，近年来，作为方法的“日本鲁迅”也开始引起学界的反思。以竹内好为例，他对鲁迅的接受、翻译和阐释就带有很强的自我主体性。一方面，他对鲁迅的翻译是按照现代日本人的习惯进行意译，带有明显的日本化和本土化的倾向；另一方面，他以研究鲁迅为切入点，解剖与中国同一文化圈的日本民族的文学和思想，从而对日本的近代主义进行无情的鞭挞和批判。日本学者沟口雄三在反思竹内好以鲁迅研究为核心的中国论时就指出：“‘互为表里’的竹内好的中国论，其目的、动机也在于批判日本的‘近代’，对中国近代化过程的实际情况其实也并不关心。从这一点来看，他的中国论也就是日本论，并且在以自我为中心这一意义上是主体性的。”[②]竹内好这种对鲁迅进行本土化、日本化翻译和研究的方式，显然无法真实地传达出生活在剧变时代的鲁迅的深刻苦恼，在一定程度上存在偏离真实鲁迅的倾向。

同样，池田大作立足于现实社会来阅读、理解和接受鲁迅，他的阅读出发点、接收方式和传播目的也明显受到现实因素的影响和制约，同时他为改造日本现实和推行“人性革命”价值而传播鲁迅的动机和目的也是比较明显的，因而他对鲁迅的接受和阐释自然也就带有明显的自我主体性。另外，池田大作一直十分关注中国的社会发展，他总是本着日中友好的立场和努力理解中国的心情来看待中华人民共和国成立以后中国社会发生的一切，这就使得他在对我国思想界一段时期中“左”的中国论、鲁迅论某些方面的认识和接受上没有作出进一步的细致甄别。显然，这些都是我们在探究“池田鲁迅”价值内涵的过程中需要仔细甄别和细心拿捏的地方。

总之，“池田鲁迅”的诞生源于“鲁迅本体”，是“鲁迅本体”影响力的证明，也是接近“鲁迅本体”的重要途径。“池田鲁迅”中的鲁迅之“影”与

---

① 张福贵：《鲁迅“世界人”概念的构成及其当代思想价值》，《文学评论》2013年第2期，第138页。
② 沟口雄三：《作为方法的中国》，孙军悦译，北京：生活·读书·新知三联书店，2011年，第31页。

“鲁迅本体”之“形”两者之间是一种共生的关系。因此，我们需要立足于当前的时代语境，进一步融通“鲁迅本体”与“池田鲁迅”的区隔，为科学地继承鲁迅的精神遗产提供理论依据和参照借鉴。同时，正如有学者所指出的，鲁迅的“‘影’未必以与‘形’相同的形状存在，因此另有特殊的存在价值”[①]。池田大作不仅仅是鲁迅的研究者，更是鲁迅文学的爱好者和推崇者，还是鲁迅精神价值的践行者与宣扬者，他对鲁迅的认识和理解往往是出于自己与鲁迅的生命感应。在对鲁迅文学的解读、思想的阐释以及对鲁迅价值重估的过程中，池田大作都有着自己的“发现”和“创造”，他所建构的“鲁迅像”也更具鲜活性。因此，无疑也可以把“池田鲁迅”理解为一种新的精神资源，它是鲁迅和池田大作共同创造的思想文化遗产，同样也非常值得我们来珍视和探讨。

① 董炳月：《后记　形与影的辩证法》，载《鲁迅形影》，北京：生活·读书·新知三联书店，2016年，第350页。

中日佛教在家居士领袖间的交流：池田大作眼中的赵朴初

松森秀幸*

2018年是创价大学的创办人——池田大作发表《日中邦交正常化倡言》50周年。关于这份倡言的意义，已有很多学者探讨过，此处不赘。不过，在1996年9月8日《日中邦交正常化倡言》发表纪念日这天，池田大作赋诗一首，并赠予一位中国友人，他就是池田大作初次访问中国时就与其结下深厚友谊的赵朴初（1907—2000年）。赵朴初不但是著名的社会活动家、诗人、书法家，而且作为新中国佛教界的领导者，为中国佛教的发展作出过巨大贡献。赵朴初和池田大作有以下两个共同点：（1）二位都在通过民间外交推进中日友好方面作出过极为重要的贡献。（2）二位都是在家居士且同为佛教界的领导者。赵朴初作为在家居士，担任了中国佛教界的最高组织——中国佛教协会的会长。同样，池田大作是日本最大的在家佛教团体——创价学会的会长。

本文试图回顾推进中日两国友好的两位佛教领导者之间的交流，并重点对池田大作如何理解赵朴初的思想做一考察。

一、赵朴初的生平与中日交流

赵朴初作为著名社会活动家、宗教领袖，历任中国人民政治协商会议第九届全国委员会副主席、中国民主促进会中央名誉主席、中国佛教协会会长。本文首先梳理其生平，尤其是以他的贡献之一，即推动中日民间外交为线索来展开。

赵朴初于1907年11月5日出生在中国安徽省，早年于苏州东吴大学学习。虽然赵朴初的母亲原本就是虔诚的佛教徒，但据说直至东吴大学时期，赵朴初才接触佛学并开始对其进行研究。[①] 1928年，从东吴大学毕业之后，赵朴初就任上海

---

* 松森秀幸，日本创价大学比较文化研究所准教授，主要研究方向为中国佛教研究。

① 参见池田大作：《弘扬〈人间佛教〉：中国佛教协会赵朴初会长》，载《我的中国观》，成都：四川人民出版社，2009年，第175页。

江浙佛教联合会秘书、上海佛教协会秘书等，成为当时上海佛教界的领导之一。

赵朴初除了在当时的上海佛教界活动，还积极参与一般的社会活动。1938年之后，他出任上海慈联救济战区难民委员会常务委员、上海净业流浪儿童教养院副院长、上海少年村村长等，1945年参与创建中国民主促进会。1949年之后，他在上海政府历任要职，1953年之后，任中国佛教协会副会长兼秘书长、中国作家协会理事、中日友好协会副会长等，自1980年开始，就任中国佛教协会会长、中国佛学院院长等。

另外，赵朴初曾任上海市政治协商会议委员、常委，上海市人大代表，并且是第一届到第五届的全国人大代表。而且他作为宗教界的代表参加了中国人民政治协商会议第一届全体会议，历任第一届到第三届的全国政协委员、第四届和第五届的全国政协常务委员、第六届到第八届的全国政协副主席。

赵朴初于2000年5月21日在北京逝世，享年93岁。①

赵朴初从很早就开始积极参与促进中日友好的系列活动。1952年10月，"亚洲太平洋地区和平会议"在北京召开。虽然日本佛教界没有参加这次会议，但是赵朴初利用这一机会，代表中国佛教界向日本佛教界赠送了一尊药师如来像。赵朴初的这一举动，在日本佛教界友好人士之间引起了强烈反响。1953年1月，日本佛教界友好人士给中国佛教协会回信，对日本发动的侵华战争表示忏悔，热切希望构建两国佛教界的友好关系。并且，他们在1953年到1955年三年多的时间里，将在战争期间被掳到日本的三千名中国被害劳工的遗骨送还中国，并提交了四万多人的劳工名单。② 对于日本佛教界一系列的回应，杨曾文指出："此后这一活动虽停止下来，但日本佛教界友好人士继续广泛推进两国佛教徒友好的活动，促进日本人民对新中国的了解，为以后进一步展开两国佛教文化交流打下了基础。"③

此后，赵朴初也一如既往地推进着中日友好事业。由于他在中国接待日本客人的事例实在不胜枚举，本文权且略去，而更为关注赵朴初的访日活动。据笔者调查，赵朴初一共16次访问日本。他访日的具体时间及主题活动如下：

（1）1955年8月：作为中国访日代表团成员之一（中国佛教协会副会长、中日友好协会副会长、中国人民争取和平与裁军协会副会长）访问日本，参加在长

---

① 参见《赵朴初同志生平》，《佛教文化》2000年第3—4期，第4页。

② 参见杨曾文：《赵朴初先生和新中国的中日佛教文化交流》，《佛教文化》2000年第3—4期，第18页；祝中侠：《赵朴初与中日佛教文化交流活动纪略》，《池州学院学报》2007年第6期，第61页。

③ 杨曾文：《赵朴初先生和新中国的中日佛教文化交流》，《佛教文化》2000年第3—4期，第18—19页。

崎、大阪、东京召开的“禁止原子弹、氢弹世界大会”。①

（2）1957年8月：作为中国代表团副团长（中国佛教协会副会长）参加“第三届禁止原子弹、氢弹世界大会”（在会上表明了中国红十字会、民主妇女联合会、总工会等六个团体为广岛、长崎、比基尼岛等原子弹受害者捐款五万元的意愿）。②

（3）1960年8月：作为中国代表团副团长（中国佛教协会副会长），参加“第六届禁止原子弹、氢弹世界大会”（东京）。③

（4）1961年7月：作为中国宗教代表团团长，参加世界宗教者和平会议（京都）。④

（5）1964年5月：作为中国佛教访日友好代表团团长（中国佛教协会副会长），参加鉴真和尚圆寂1200周年纪念活动。⑤

（6）1964年5月：作为中国佛教访日友好代表团团长（中国佛教协会副会长），参加“第二届世界宗教者和平会议”（东京）⑥、“玄奘三藏圆寂1300年纪念法会”（东京）⑦。

（7）1973年：作为“中日友好佛教访日团”团长访日。⑧

（8）1978年4月：作为中国佛教协会友好访问团团长访日（应日中友好宗教恳话会以及日中友好佛教协会的邀请）。

（9）1979年4月：随邓颖超率领的中国全国人民代表大会访日代表团访日。

（10）1982年3月：接受日本佛教传道协会授予的第16届佛教传道功劳奖、日本佛教大学赠予的名誉博士学位。⑨

---

① 中国政府原来表明希望派遣代表团前往广岛，参加“第一届禁止原子弹、氢弹世界大会”，然而当时日本政府以中日两国未缔结邦交之由不予发放签证。因为赵朴初是代表团成员之一，所以日本佛教界在政界积极运作，最终实现了代表团访日，只是他们已经来不及参加在广岛召开的世界大会。坂井田夕起子「中華人民共和国の対外工作と仏教（1952—1966年）」、『現代中国文化の深層構造』、京都大学人文科学研究所、2015年6月、243頁。

② 参见《读卖新闻》1957年8月12日早报。

③ 参见《读卖新闻》1960年7月28日早报、1969年7月28日早报、1960年8月2日晚报。

④ 参见祝中侠：《赵朴初与中日佛教文化交流活动纪略》，《池州学院学报》2007年第6期，第62页。坂井田夕起子『中華人民共和国の対外工作と仏教（1952—1966年）』、243頁。

⑤ 参见祝中侠：《赵朴初与中日佛教文化交流活动纪略》，《池州学院学报》2007年第6期，第62页。

⑥ 参见祝中侠：《赵朴初与中日佛教文化交流活动纪略》，《池州学院学报》2007年第6期，第62页。坂井田夕起子『中華人民共和国の対外工作と仏教（1952—1966年）』、250頁。

⑦ 参见《中日佛教友好交流》，中国佛教协会官方网站，http://www.chinabuddhism.com.cn/special/zhrhy19/zrjl/2016-09-30/11621.html。

⑧ 参见祝中侠：《赵朴初与中日佛教文化交流活动纪略》，《池州学院学报》2007年第6期，第63页。

⑨ 参见《读卖新闻》1982年1月27日早报。

（11）1985年4月：接受第三届庭野和平奖（庭野和平财团）[①]，参加日中友好佛教协会成立十周年纪念活动[②]，会见中曾根康弘首相[③]。

（12）1987年8月：参加比睿山宗教峰会（日本宗教者代表会议主办，16个国家的24位宗教界领导人参加）、比睿山开创1200年典礼。[④]

（13）1990年5月：接受日本龙谷大学授予的名誉文学博士学位。[⑤]

（14）1992年5月：参加奈良县药师寺的玄奘三藏院匾额揭幕式、日中友好宗教者恳话会成立25周年纪念活动。[⑥]会见宫泽喜一首相。[⑦]

（15）1993年9月：参加庆祝中国佛教协会成立40周年的日中佛教友好交流会（京都）（赵朴初在此会上提出了中日韩三国佛教“黄金纽带”关系的构想）。[⑧]

（16）1997年10月：参加中日韩佛教友好交流会议（京都、奈良）。[⑨]

如上所述，赵朴初主要通过推进世界和平和中日佛教界交流的方式，为促进中日两国的友好作出了巨大贡献。通过这些交流，赵朴初与很多日本宗教界人士建立并加强了友好关系。池田大作即是这些人士中的一位。除了池田，赵朴初还跟当时的宗教界代表人士进行了广泛交流，如时任京都清水寺（法相宗）贯主的大西良庆（1875—1983年）、时任日本众议院议员（净土真宗僧人）大谷莹润（1890—1973年）、时任天台座主的山田惠谛（1895—1994年）、时任唐招提寺（律宗）的长老（住持）的森本孝顺（1902—1995年），以及立正佼成会的首任会长庭野日敬（1906—1999年）、日中友好宗教者恳话会会长大谷武（1923—2016年）、奈良药师寺（法相宗）管主高田好胤（1924—1998年），等等。

《佛教常识问答》（1983年）是赵朴初的代表性著作。一些与赵朴初关系密切的日本佛教学者将此书翻译成日语，以《佛教入门》为书名由老字号的佛教出版社法藏馆出版。[⑩]池田大作也在著作中经常提到这本书。

赵朴初对中日友好的贡献在日本国内也受到很高评价。比如，赵朴初获得了

① 庭野和平财团官方网站，http://www.npf.or.jp/peace_prize/3.html。

② 参见《中日佛教友好交流》，中国佛教协会官方网站，http://www.chinabuddhism.com.cn/special/zhrhy19/zrjl/2016-09-30/11621.html。

③ 参见《朝日新闻》1985年4月9日早报。

④ 参见《朝日新闻》1989年2月2日早报。

⑤ 参见《朝日新闻》1990年5月12日早报。

⑥ 参见《朝日新闻》1992年5月21日晚报。

⑦ 参见《朝日新闻》1992年5月26日早报。

⑧ 参见祝中侠：《赵朴初与中日佛教文化交流活动纪略》，《池州学院学报》第2007年第6期，第65页。

⑨ 同上。

⑩ 参见《朝日新闻》（京都版）1992年9月11日早报。

1982年的佛教传道功劳奖与1985年的庭野和平奖，还曾被佛教大学与龙谷大学授予名誉博士学位。另外，他跟中曾根（1985年）和宫泽（1992年）两位日本首相在首相官邸会晤，并在1992年的日本秋季授勋时，被日本政府授予“勋一等瑞宝章”，以表彰其对中日友好作出的贡献。① 这意味着日本政府对赵朴初为促进中日友好所做的贡献也有极高的评价。

二、赵朴初与池田大作的交流

接下来，本文将对池田大作与赵朴初之间的交流进行简单的梳理。

池田大作与赵朴初初次相见于1974年5月，也就是池田大作第一次访华的时候。之后，两位继续保持着交流。据《圣教新闻》记载，池田大作与赵朴初曾有四次会晤。② 但据池田大作本人回忆，除以上四次外，他好像还有几次与赵朴初有直接的交流。比如，在1996年赠予赵朴初的诗（《伟大的和平诗人、中国之至宝》）中，池田大作提到了如下六个内容：

（1）池田大作第一次访华（1974年5—6月）：池田到北京机场时，在欢迎池田大作一行的中方人士中看到了赵朴初。池田对赵朴初有了“和颜爱语之人，仁者不忧之士”的印象。在北京颐和园里，两位曾谈论“天台法理和《法华经》”。

（2）赵朴初访日（1978年4月）：在东京，谈论“为人民服务是佛教本来的精神”。

（3）池田大作第四次访华（1978年 9 月）：赵朴初陪同其在北京十三陵参观，并讨论“鸠摩罗什的妙法莲华经”。

（4）池田大作第五次访华（1980年4月）：和邓颖超、赵朴初一起怀念“人民的总理”。

（5）池田大作第六次访华（1984年6月）：在人民大会堂，王震（中日友好协会名誉会长）向池田赠送《妙法莲华经》时，赵朴初在旁对此经典著作加以说明。

（6）池田大作第七次访华（1990年5月）：池田大作在北京举办摄影作品展时，赵朴初曾赋诗赠予池田大作。

以上就是池田大作在诗中回忆其和赵朴初的数次相见的过程。但其实，上述

---

① “勋一等瑞宝章”是日本的勋章之一，而且是“瑞宝章”当中等级最高的勋章。“瑞宝章”用以表彰对国家或者公益作出过长久贡献的人士。

② 2000年5月23日的《圣教新闻》报道了池田大作听闻赵朴初去世，发唁电说：“赵先生与名誉会长（即池田大作——笔者注），自初次访华（1974年）以外，曾有四次会见，以‘信义之交流’深化了中日两国的万代友谊。”

最后一次并非池田大作与赵朴初的直接会面。因为那是赵朴初为了纪念在北京举办的池田大作摄影展，赋诗赠给他。当时，二人没有直接见面。那么，实际上池田大作与赵朴初到底见过几次面呢？经过笔者基于《创价学会三代会长年谱》和《圣教新闻》等资料的调查，两者直接会晤的机会一共有10次（其中，如果有同一天数次会面的情形，只计算一次）。其具体时间和地点如下：

（1）1974年5月30日，在北京机场迎接。

（2）1974年6月4日，在颐和园参观并座谈。

（3）1975年4月14日，中日友好协会主办的欢迎宴会（北京饭店）。

（4）1978年4月12日，在圣教新闻社（东京）座谈。

（5）1978年9月16日，在北京机场迎接。

（6）1978年9月17日，在十三陵参观并座谈，中日友好协会主办的欢迎宴会（人民大会堂）。

（7）1978年9月18日，在北京座谈。

（8）1980年4月22日，中日友好协会主办的欢迎宴会（人民大会堂）。

（9）1980年4月24日，池田大作主办的答谢宴会。

（10）1984年6月5日，和邓颖超会见（赵朴初也参加了这次会见），中日友好协会主办的欢迎宴会（人民大会堂）。

“（1）”是1974年池田大作第一次访华的时候。5月30日，池田大作于晚上9时左右抵达北京机场。赵朴初和廖承志、张香山等一起在北京机场迎接了池田大作一行。①

“（2）”是池田大作第二次访华的时候。6月4日，赵朴初在颐和园门口欢迎池田大作，二人一起参观颐和园。②并且，他们还以笔谈的方式讨论天台宗教理。③

“（3）”是1975年池田大作第三次访华的时候。4月14日，在中日友好协会主办的欢迎宴会上，池田大作跟赵朴初再次相见，谈论《法华经》。④

“（4）”是1978年赵朴初率领中国佛教协会友好访问团访日的时候。4月12日，他们在东京的圣教新闻本社会见。池田大作在随感中提到如下故事，即在

① 創価学会『創価学会三代会長年譜』中卷、2005年、703頁。

② 池田大作「清秋の思い出を分かち合う　趙樸初氏」『心に残る人びと』、角川書店、1981年、12頁（「心に残る人びと——清秋の思い出　趙樸初氏との出会い」、『潮』3月号、1979年3月）。

③《圣教新闻》（1995年11月18日）记载了1995年11月16日池田大作与金庸在香港进行了座谈。其中池田提道：“我以前与赵朴初先生谈论过天台佛法。对于‘十界互具’‘一念三千’等的教理，我们还曾通过笔谈的方式做了交流。”

④『創価学会三代会長年譜』中卷、2005年、769頁。

1974年6月颐和园的会面行将结束的时候，池田说：“将来您访问日本的时候，一定要来我这里坐坐。”赵朴初说：“一定一定。”因此，池田大作对赵朴初的评价为“如其所言，坚守信义”。① 这次会见包括晚餐共三个半小时，其中谈到了友谊、和平、佛教等内容。② 当天，池田大作和赵朴初在信浓町的圣教新闻本社前移栽了一株樱花，命名为“赵朴初樱”。③

“（5）”是1978年池田大作第四次访华的时候。9月16日，池田大作在晚上7点半左右抵达北京机场。赵朴初跟张香山、经普椿等一起在机场迎接。④ 那时候，池田大作将提前准备的、他以前所赋的一首诗《月之祈愿》（お月さまの願い）的中文版赠予了赵朴初。

“（6）”也是池田大作第四次访华的时候。9月17日上午，赵朴初陪同池田大作参观十三陵，并谈论了“一大事因缘”“五味”“开示悟入”等佛教教理以及鸠摩罗什的汉译。在下午的欢迎宴会中，作为对前一天池田所赠诗的回礼，赵朴初以“赋小诗三章”赠予池田大作。⑤

“（7）”也是池田大作第四次访华的时候。9月18日下午，池田大作拜访赵朴初，并谈到了中国的宗教状况。⑥ 几天后，这次会谈的部分内容以《赵朴初先生所言之中国宗教》（趙樸初氏、中国の宗教事情について語る）为题刊登于《圣教新闻》。⑦

“（8）”是池田大作第五次访华的时候。4月22日上午，邓颖超邀请池田大作访问她家，下午池田大作参加在人民大会堂召开的中日友好协会主办的欢迎宴会。赵朴初和邓颖超、孙平化、黄甘英、季羡林等一起欢迎池田大作访华。⑧ 4月24日的《圣教新闻》刊登了在这次欢迎宴会上池田大作和赵朴初畅谈时的合影。⑨

“（9）”也是池田大作第五次访华的时候。4月24日中午，赵朴初和邓颖超、孙平化、黄甘英、季羡林等一起参加了池田大作主办的答谢宴会。⑩

“（10）”是池田大作第六次访华的时候。6月5日下午五点半左右，池田大作在人民大会堂会见了邓颖超。王震、赵朴初、王兆国等也一起参加这次会

---

① 池田大作「清秋の思い出を分かち合う　趙樸初氏」、14頁。
② 『聖教新聞』1978年4月13日。
③ 『聖教新聞』1997年5月29日。
④ 『創価学会三代会長年譜』中巻、975頁。
⑤ 『聖教新聞』1978年9月19日、池田大作「清秋の思い出を分かち合う　趙樸初氏」、8頁。
⑥ 『創価学会三代会長年譜』中巻、976頁。
⑦ 『聖教新聞』1978年9月21日。
⑧ 『聖教新聞』1980年4月23日，創価学会『創価学会三代会長年譜』下巻（一）、2011年、64頁。
⑨ 『聖教新聞』1980年4月24日。
⑩ 『創価学会三代会長年譜』下巻（一）、68頁。

谈。[①] 在会谈中，王震（中日友好协会名誉会长）向池田大作赠送了一套北京民族文化宫图书馆所藏梵文《法华经》写本的影印本。这时候，由赵朴初说明这套写本的价值与意义。[②] 随后赵朴初和王震等一起参加了由中日友好协会主办的欢迎宴会。[③]

按照笔者的调查，尚未发现1984年之后赵朴初和池田大作直接见面的记录。然而，两者的友谊以互赠自己的著作或者作品的方式继续延续。下面简单举几个例子。

首先，如前所述，1990年池田大作第七次访华的时候，在北京举办了“池田大作摄影展——自然与和平之对话”，赵朴初赋诗“万象森罗收眼底，五洲忧乐在心头”赠予池田大作。另外，5月27日在人民大会堂召开的中日友好协会主办的欢迎宴会上，王震向池田大作赠予一面“和平使者”的匾额，此匾额上的笔迹正是赵朴初的。[④]

其次，1994年9月，创价学会访华友好交流团访问北京的时候，访问团的代表曾会见赵朴初。[⑤]

再次，如上所述，1996年9月，池田大作向“我尊敬的老朋友赵朴初先生”，献诗《伟大的和平诗人、中国之至宝》。在这首诗中，池田大作回忆了他和赵朴初之间的点点滴滴。

最后，1997年春天，池田大作拍摄了盛开的“赵朴初樱”，并将照片赠予赵朴初。当时，赵朴初虽然病重住院，但是依然赋诗一首“英雄花比朝雾艳，二十年前树友情。以我名花花教我，同心致力两邦亲”作为回礼。[⑥] 而且，赵朴初还将池田大作拍摄的“赵朴初樱”的照片用于中国佛教文化研究所的杂志《佛教文化》1997年第3期的封面中，并在杂志上刊登了自己赠送给池田大作的诗。之后，他把这本杂志也赠送了池田大作。[⑦]

如上可见，池田大作与赵朴初之间的交流直到赵朴初的晚年都一直延续着。

---

① 『創価学会三代会長年譜』下卷（一）、366—367頁。

② 关于这个情况，松冈（跟池田大作一起访问中国的《圣教新闻》记者）说：“中国佛教协会的赵朴初会长说明：‘这是用古代梵语写就的《妙法莲华经》。’先生（即池田大作——笔者注）衷心表达感谢说：‘贵国是把佛教传到日本的恩人之国’‘这份恩情我一生都不会忘记的’。”松冈资「トインビー対談から世界へ向けての創立者の歩み —取材同行記者からの視点—」（《从汤因比对谈到迈向世界——随行记者眼中的创立者的步履》）、『通信教育学部論集』（創価大学）第19号、2016年8月、13頁。

③ 『創価学会三代会長年譜』下卷（一）、366頁。

④ 『聖教新聞』1990年5月29日。

⑤ 『聖教新聞』1994年9月13日。

⑥ 『聖教新聞』1997年5月29日。

⑦ 『聖教新聞』1997年6月28日。

三、池田大作著作中的赵朴初

下面，本文将参考池田大作的自传体小说《新人间革命》，来回顾池田大作与赵朴初之间的交流。

在《新人间革命》中出现的赵朴初与小说的主人公山本伸一有多次交流，即第二十卷第一章的“友谊之道”、第二十一卷第二章的“人性外交”、第二十八卷第三章的“革心”这三章。各章对应于山本伸一的第一次访华（1974年5月）、第三次访华（1975年4月）、第四次访华（1978年9月）。因为这些内容的原型，可以认为是来自池田大作的第一次访华、第三次访华、第四次访华，所以通过这些小说的内容，我们可以大致理解池田大作主观上是如何看待赵朴初的。

首先，在“友谊之道”这一章中，赵朴初出现在第一次访华的第七天，山本伸一在北京郊外颐和园参观的时候。这里描述山本伸一和赵朴初一起参观颐和园并边走边谈。《新人间革命》将这次谈论的内容综述为“畅谈佛法”①。基于《新人间革命》，这次谈论中有两个观点：一是关于佛教的精神，二人意见一致，即在小说中所提到的“关于佛教的精神，赵朴初和伸一意见完全一致，意气相投”②。二是赵朴初对池田大作的佛教理解的评价。

关于第一点——池田大作与赵朴初两者意见相一致的“佛教精神”，到底是什么精神？池田大作在小说里介绍了赵朴初在第二次世界大战期间拯救人民的经验后，接着如下说道：

> 佛教界也腐败堕落，反而使人民大众受苦受难。
>
> 他加重语气说：
>
> “本来佛教精神在于为人民服务，人民在受苦，却什么也不做，怎么能允许这种事！”
>
> 伸一目光一闪，瞬即说：
>
> “说得对。为人民，为社会，挺身奋斗，这才是菩萨，才是佛，才是佛教徒的生活方式。没有这种行动的佛教是骗人的宗教。”
>
> ……阐说把人从苦恼中彻底解放的是佛法。其实践的基本精神，借用赵朴初副会长的话来说，就是为人民服务。③

---

① 池田大作：《新·人间革命》第20卷，香港：天地图书有限公司，2010年，第47页。

② 同上书，第49页。

③ 同上书，第48—49页。

池田大作对赵朴初的“为人民服务”这一发言有深刻的共鸣，并同意把这一看法视为佛教精神。

第二点是关于赵朴初对山本伸一（池田大作）的佛教理解的评价，如下所述：

> 赵朴初谈“《华严经》‘普贤行愿品’”，伸一回应：
>
> “‘普’是普遍，就是社会，‘贤’可以理解为具有信念哲学的人。而‘行’是实践，‘愿’是希望人民大众幸福，对不对？”
>
> “啊，解释得好！”
>
> 结合现实谈佛法，展开以人为本的佛法，赵朴初副会长频频颔首，目光炯炯。[①]

在这里，山本伸一对“普贤行愿”这一句提出了新颖的解释。他的解释虽然与传统的佛教解释并不一致，然而赵朴初对于年轻的山本伸一所提出的新解释不但不否定，而且看起来是积极地接受。但要注意的是，这里的表达并不意味着赵朴初完全赞同池田大作的佛教理解。我们现在已无法获知当时的赵朴初对池田思想的具体评价，但是至少可见对当时的池田大作来说，初次的会谈给他留下了如上的印象。

其次，在“人性外交”一章中，描写了山本伸一到达北京的这一天，中日友好协会举办了欢迎宴会，赵朴初也参与其中。这里的原型可以认为是池田大作的第三次访华。此时，池田大作与赵朴初再次相见，谈论了《法华经》。据“人性外交”说：“第一次访华时，他们在北京颐和园已就《法华经》的义理畅谈过，现在可说是接着交流。……二人谈及‘本门’与‘迹门’‘方便品’与‘寿量品’的意义以及‘十界’等。”[②] 但是，《新人间革命》没有提到他们对有关《法华经》的谈论内容。它提到的这次会谈的具体内容如下：

> 伸一说：
>
> “可以说，《法华经》是阐明人的生命的法理。我的恩师户田城圣先生遭到军政府镇压，在狱中矢志通读《法华经》，反复唱题、思索，觉知了‘佛就是生命’。
>
> “由此，佛法这超越时代的普遍生命哲学在现代得到了重生。今天

① 池田大作：《新·人间革命》第20卷，香港：天地图书有限公司，2010年，第49页。

② 池田大作：《新·人间革命》第21卷，香港：天地图书有限公司，2010年，第100页。

我们创价学会有所发展，就是拜恩师的觉悟所赐。”

赵朴初瞪大眼睛饶有兴味地倾听，说：

“我认为，身为弟子的山本会长把佛法变得更通俗更现代化，是创价学会得以发展的一大原因。我本人听了山本会长的话，茅塞顿开，原来佛法可以这样来把握。佛法不单训诂注释，没有新的发展，就不能成为支撑人生的教义。”

“发展的确很重要。《法华经》的奥义在贵国已经体系化，我决心把它的精髓推向全世界。”

“那太好了！”

赵朴初注视着伸一说道。[①]

这里，赵朴初将以山本（池田大作）的佛教理解视为“现代化地发展”或者“新的发展”，是相当高的评价。其中的内容，虽然与赵朴初在“友谊之道”一章中对山本伸一的新颖的解释所做的评价基本一样，但是由于比以前谈话时，二者都更加了解对方的思想，因此赵朴初对山本的评价也变得更高。

最后，在“革心”一章中，赵朴初出现在山本伸一第四次访华时，参观北京明十三陵中定陵的过程中。相关内容的原型可以认为是池田大作的第四次访华（1978年9月）。山本伸一和赵朴初在这里也谈论到了佛教，其主要话题是佛教经典的翻译问题以及赵朴初对创价学会的评价。具体内容如下：

赵朴初说：“在翻译佛法的过程中，我认为只把语言作为语言来传达的翻译是‘理’的翻译，而通过自身的生活方式、行动亲身显示并传达的，才可说是‘事’的翻译吧。

“关键是知道佛法教义之心，并将其正确传达。翻译只拘泥于语言的表层的话，就可能误传佛法的法理。崇高的教义经过翻译，可能变成药，也可能变成毒。”

伸一对赵朴初副会长的话点头称是。

“确实如您说的，不知道佛的真意就会招致混乱。”

赵朴初微笑着说：“这一点，创价学会的各位对佛法有正确的理解。因为可以看到你们在民众中弘扬佛法，使教法扎根于人们的生活方

① 池田大作：《新·人间革命》第21卷，香港：天地图书有限公司，2017年，第101页。

式中。”[①]

如此，在“革心”一章里，没有赵朴初对山本伸一（池田大作）本人的评价，但有了赵朴初对池田大作领导的创价学会的高度评价。这次会见发生在1978年9月。赵朴初在这年4月访问了位于东京的圣教新闻社本社，并会见了池田大作。通过这些交往，池田更进一步了解了赵朴初本人是如何看待创价学会的，这在“革心”章中的如下内容里也有明确的表述：

> 赵朴初深深忧虑佛教变成了单纯的学问，或者逐渐仪式化，仅仅成为一种习惯。
>
> 大概正因为如此，他从充溢着民众能量的创价学会运动中感受到了真实的、鲜活的佛法的存在。[②]

由此可见，池田大作将赵朴初的核心思想视为“为人民服务是佛教的根本精神”，并认为这一命题和创价学会的活动理念相一致，所以赵朴初也一定会赞同并高度评价创价学会这一日本的在家佛教团体所展开的民众运动。

结　语

本文回顾了推进中日两国友好的两位佛教在家居士领导者之间的交流，并重点对池田大作如何理解赵朴初的思想做了考察。赵朴初通过中日佛教界的交流，以民间外交的方式推进了中日友好。在这一过程中，他结交了很多日本朋友，池田大作便是其中之一。池田大作与赵朴初的共同点在于两者都是在家居士的佛教协会领导者。池田大作与赵朴初之间的交流，不仅有直接的会见，而且还有赠诗、交流摄影作品等间接手段，这样的交流从池田大作第一次访华开始，到赵朴初的晚年一直延续着。通过这些交往，池田大作对赵朴初的思想产生了深刻的共鸣，同时认为赵朴初也理解了池田本人的思想。恰恰由于二位的友好关系直到赵朴初晚年仍然保持着，所以我们并不能将池田大作对赵朴初的这些理解简单视为池田单方面的主张。

另外，本文尚未论及池田大作如何理解赵朴初的“人间佛教”思想这一问题。对此，笔者拟于日后继续加以探讨。

---

① 池田大作：《新·人间革命》第28卷，香港：天地图书有限公司，2017年，第276—277页。

② 同上书，第277页。

教育主义

池田大作以人为本教育思想管窥

曹 婷 常 娜*

大学既是培养本国创新人才的基地，也是培养人类进步事业积极参与者的摇篮，既是人类面临重大难题解决方案的提供者，也是服务国家重大战略和服务全球治理的思想库，既是各国经典文化与本民族优秀文化交融互汇的平台，也是国与国之间开展国际交流与合作的前沿阵地。因此，一国教育思想的发展不仅关系着本国的前途，也影响着世界的发展方向。习近平主席创造性地提出了构建人类命运共同体的思想，客观反映了当代中国以及人类共同发展的现实需要和愿景。用“人类命运共同体”的理念来建设世界一流大学，既是中国大学理性的选择，更是中国大学的时代担当。①

无独有偶，“人类命运共同体”的理念与池田大作的教育思想有着许多相同或相似的内涵。池田大作教育思想内容丰富，他认为培育人始终是人类最重要的课题，人间主义是其教育思想的显著特征。其教育思想高度宣扬佛教和儒教所主张的以人为焦点，并开发人本身内在所具有的善性。池田大作将其称为“人间主义”。同时，他提倡人间主义将人和生命的尊严作为一切事物的坐标。池田大作认为，如果将这种以开发人的无限善性为目标的“人间主义”作为教育的根本，就必定能够超越民族，超越意识形态，创造出丰富多彩的智慧，创造出真正的文化与文明。

对于池田大作教育思想的研究，一方面能够丰富我国的教育理念的内涵，另一方面可以为习近平主席提出的“人类命运共同体”理念提供参考和借鉴。

因此，本文拟以池田大作以人为本教育思想实践为着眼点，通过对创价教育人本思想、创价教育体系以及其实践成果的梳理，尝试探索人类命运共同体理念指导下的教育发展及交流合作的方法和途径。

一、人间主义的教育理念

池田大作分别在1968年、1971年创办了创价学园和创价大学。在1970年池田

* 曹婷，陕西师范大学外国语学院日语系副教授；常娜，陕西师范大学外国语学院日语语言文学专业2014级硕士研究生。

① 参见汪明义：《以人类命运共同体视野看世界一流大学建设》，《光明日报》2018年8月14日。

大作先生已经提出希望能够培养超越国家框架、考虑人类利益的人才，并在创价大学创立之初提出了“教育联合国”的构想。创价教育一直秉承这种教育理念培养富有创造力的有着世界眼光的国际人才。2012—2017年，创价大学被日本文部省选为可获高额资助的“全球化人才培养推进事业”大学。这是依据各大学实际作出的成果，在日本全国770所大学中选出的42所之一。可以说，这是对池田大作先生“培养全球化人才”“培养地球公民”的教育理念实践成果的认可。

池田始终将培养人作为创价大学与创价学园的重要使命。作为创价学园的校训之一，池田大作强调创价教育的目的，是要培养具有创造价值能力的人，同时，池田大作将 “成为人本主义最高学府”作为建校精神的第一项，并告诫人们“大学不只是做最高学问与研究的地方，更应该是最高的做人本教育的地方，教育不应该只停滞在专业知识的教授层面而不研究知识的作用，因为大学首先应该是思考人存在的意义、学习作为人应该如何生活的地方。一切学问和教育本来都应该是以人为出发点和归宿的，我将其作为建校精神的第一项”[①]，强调了创价教育以人为出发点与落脚点，教育的根本在于培养人的人间主义特征。

同时，创价大学始终坚持以学生为中心，贯彻以学生为主的教育理念。池田大作提出，大学应该以学生为中心，没有学生，大学将没有生命。在创价大学的第四届入学典礼上，他这样说：“正是因为有了学生对知识的渴望，才有了教师，从而产生了大学。学生才是富有生机的大学的创造者。”在1969年第32届“创价学会本部总会”上，池田大作提出大学的运营要坚持学生参加的原则，这成为创价大学以及创价学园的重要办学理念。而且，在1973年的“第二届泷山祭”上，池田大作再次重申了这一原则。[②] 由此可以看出，池田大作主张让学生与教师等一起作为学校的创立者，来参与学校的运营。

此外，池田大作还指出，教育的交流、青年的交流是未来的焦点。通过教育的交流可以促进人类的相互理解与和平，反过来要实现世界持久和平，关键在于教育。[③] 他说：“教育能启发人的无限潜力，在人与人之间系结平等与共鸣的纽带。要通过教育来促进世界和平，促进人类的幸福。”[④]“人的生命中有善也有恶，所以人通过教育可以变善，也可以变恶。日本军国主义教育就是如此，它引导出恶，走上战争的道路。所以必须要贯彻人的教育，人的幸福、和平与自由的

① 创价大学学生自治会『創立者の語らい（第1巻）』、1995年、35頁。

② 同上书，第86页。

③ 聖教新聞社『教育ルネサンス——池田名誉会長の指針から—』、1995年、208頁。

④ 何劲松编选《池田大作集》，上海：上海远东出版社，2003年，第269页。

教育。”① 因此，池田将“成为守护人类和平的要塞”作为创价大学的建校精神之一，将人类的和平作为创价大学教育的重要内容。而且，池田提出创价学园和创价大学要致力于培育为世界和平作贡献的领袖。因此，他主张通过创价教育培养世界市民。② 因为真正的教育早已超越国境，超越种族。创价教育主张培养学生不只学习本国的文化，更要学习世界各国的文化，超越自身狭隘的认识，促进学生对全人类的认识，以有利于世界和平。

二、创价教育体系的创设

创价教育拥有从幼儿园到大学的一整套完整的教育体系，此外，还拥有各种各样的教育文化机构。这一整套体系是由创价学会第三代会长池田大作践行恩师牧口常三郎以及户田城圣的遗志而创立的。池田大作在世界各地成立了创价学园、创价大学，并在日本成立了许多教育机构。创价教育始终坚持以人为本的人间主义教育理念，致力于培养每个学生的创造性和可能性，使学生具备创造价值的能力。这也是池田大作继承恩师遗志创办创价教育体系一贯坚持的教育理念。

池田大作创立的大学主要有：日本创价大学、创价女子短期大学和美国创价大学。日本创价大学位于东京八王子市，创办于1971年4月。学校开设有八个学部和四个研究生院，并设有远程教育学科、本科课程教育机构、世界语言中心、日语及日本文化教育中心，以及四个研究所（和平问题研究所、比较文化研究所、国际佛教高等研究所、创价教育研究所）。③ 创价女子短期大学与创价大学一样位于东京八王子市，于1985年建校，主要是面向女性的短期大学。学校主要设立了两个学科，分别是地球市民教育学科（地球市民育成科目）和实践性英语学习学科。④ 此外，还成立了一所专门培养女性的学校，由此可以看出池田大作对女性及其社会地位的重视。美国创价大学位于美国加利福尼亚州，学校简称“SUA”，它是日本创价大学的姊妹校，以和平、人权、生命尊严这些人类的根本课题为教学理念，创立于2001年。

池田大作还在日本创立了创价学园。日本的创价学园包括东京和关西两个校区。创价学园包括小学教育、中学教育和高中教育三个部分。东京创价小学、中

① 池田大作：《孩子是未来的宝贝》，北京：中国文联出版社，2005年，第130页。

② 創価学会教育部『教育ルネサンス　池田名誉会長の指針から一』、東京：聖教新聞社、1995年3月、287頁、191頁。

③ 日本创价大学官网，http://www.soka.ac.jp/department/。

④ 创价女子短期大学官网，http://www.soka.ac.jp/swc/department/。

学、高中均位于东京小平市，关西创价小学位于大阪玫方市，中学以及高中均位于大阪交野市。创价学园以为日本和世界的和平输送优秀人才作为教育理想。正如池田大作在1968年创价学园建校之际所说的那样："创价学园归根到底是以不断培养肩负日本未来，为世界文化作出卓越贡献的有为之士为目标的。"① 1968年4月创价中学和创价高中的男校成立，1978年东京创价小学开校，1982年关西创价小学成立，同年创价学园开始实行男女同校，一直延续至今。

池田大作在世界各地成立了创价幼稚园，主要包括：中国香港创价幼稚园、马来西亚创价幼稚园、日本札幌创价幼稚园、新加坡创价幼稚园、韩国幸福幼稚园以及巴西创价幼稚园。日本札幌创价幼稚园位于札幌市丰平区，创办于1976年；中国香港创价幼稚园创办于1992年9月；新加坡创价幼稚园创办于1994年；马来西亚创价幼稚园创办于1995年，位于吉隆坡；巴西创价幼稚园成立于2001年；韩国的幸福幼稚园创办于2008年。② 所有的海外创价幼稚园与日本本土的创价幼稚园一样，采用相同的校训、教育理念等，将创价教育理念在全世界发扬光大。

创价教育在日本也成立了许多教育文化机构，主要有：东洋哲学研究所、东京富士美术馆、民主音乐协会。其中，东洋哲学研究所成立于1962年，位于东京八王子市，研究所主张通过对话来达到学术交流的目的，"作为世界文明的对话中心，通过国际学术交流将东方的智慧推广至世界"③。因此，研究所会举办各种演讲会、国际学术交流会议以及发行学术刊物以增进各国间的学术交流，促进文明对话。东京富士美术馆成立于1983年，位于东京八王子市，馆中收集了大量世界珍贵艺术品，常年对外开放，并会定期针对幼儿、小学生、中学生、高中生和大学生举办各种活动。例如，以对话形式对正在举办的画展进行说明，举办制作体验和美术欣赏游戏等活动以促进学生对作品的了解与欣赏，并要求大学生参与美术馆的实际业务，通过参与美术馆举办的活动对收藏的作品进行更深入的研究，同时还为学生毕业论文的设计提供相关资料。④ 通过这些教育文化机构与学校之间的有效配合，开阔学生视野，增长知识，为日本社会以及世界培养优秀的人才。

创价教育体系始终坚持以人为本，以人类幸福和世界和平为目标，不断为日本以及世界培养优秀人才，使他们在国际舞台上发挥创造力并实现人生价值。

---

① 创价学园官网，http://www.soka.ed.jp/introduce/index.html。

② 创价学园官网，http://www.soka.ed.jp/sapporo/foreign/index.html。

③ 东洋哲学研究所官网，http://www.totetu.org/。

④ 东京富士美术馆官网，http://www.fujibi.or.jp/cn/index.html。

三、促进交流与和平、致力于培养世界市民的人间主义教育实践

要进行培养世界市民的教育实践，首先必须要培养学生热爱世界和平，促进国际交流。在创价教育以人为本的教育实践中，池田一直鼓励学生将目光投向世界。到2008年为止，创价学园东京校区建校41年，关西校区建校36年，东西校区的毕业生共2.4万人，其中有些身赴海外，为46个国家或地区做社会贡献的人超过500人，遍布全球五大洲。① 池田也积极与世界各国的优秀人才进行交流，着眼于国际教育，“截止到2008年8月，池田作为创价学园的创立者，接受世界各地著名大学授予的学术称号已达242项，还获得了全世界565个荣誉市民的称号”②。池田以自身的行动，致力于促进世界和平，为学园的人间主义教育实践提供了典范。同时，世界各地的学者被邀请去日本参观创价学园和札幌创价幼稚园，就人间主义的创价理念和实践进行交流，以此促进世界的和平教育交流。

创价大学更是致力于和世界各国大学之间的学术交流，极为注重国际交流。池田大作访问世界各国，到美国的哈佛大学、加利福尼亚大学，俄罗斯的莫斯科大学，意大利的博洛尼亚大学，中国的北京大学等世界著名的28所学术机构作了31次演讲，促进了创价大学与各国学术机关之间的交流。③ 同时不少世界各国的大学都成立了池田大作研究中心，例如，2008年8月陕西师范大学成立了“池田大作与池田香峰子研究中心”。关于该中心成立的原因，萧正洪这样说道：“因为池田先生的思想基点从未离开过人，在不断追求个人幸福这一点上从未动摇过。这是我们考虑成立中心的主要理由。”④

另外，在中国，每两年会举办一次“池田大作思想国际学术研讨会”，由创价大学和中国的大学共同举办，促进两国之间的学术文化交流，促进两国之间的相互理解，这也可以认为是和平教育的方式之一。通过这些交流活动我们可以感受到创价和平教育实践的力量和为世界和平作出的贡献。

与此同时，创价大学为进一步推进培养世界市民和致力于为世界和平与发

① 池田大作『創立者とともに——創立精神を学ぶ——』、創立者とともに編集委員会、2004年、142頁。

② 奥田真纪子：《创价学园的人性教育——激发人类内在的多元可能性的人性教育理念》，载高益民主编《和平与教育——池田大作思想研究》，北京：教育科学出版社，2010年，第261页。

③ 参见王丽荣：《池田大作德育理论及其实践》，哈尔滨：黑龙江教育出版社，2012年，第237页。

④ 萧正洪、拜根兴主编《池田大作香峰子思想的新探索：和平对话、家庭教育与和谐幸福》，北京：社会科学文献出版社，2014年，第2—3页。

展作出贡献的人才，自2010年开始学校设置了“创价地球公民课程”（SOKA Global Citizenship Program，SGCP）。该课程以每年的新生为对象，从将来想在国际组织、NGO、外企、国外一流大学等地方就业或学习的学生中选拔30人，要求他们在学习各自的专业课程之外，另外学习SGCP课程（36学分）。[①] 创价大学注重培养学生的国际化，以更利于培养致力于世界和平的优秀人才。这也是对其建校精神“成为守护人类和平的要塞”的积极实践。

四、创价教育接受者的评价调查

通过在以人为本的创价教育理念基础上进行实践活动，创价教育取得了显著成果。这主要体现在接受过创价教育的学生对以人为本创价教育理念的认同，以及创价教育在对学生创造性的培养和世界市民的培养上获得了很大的成功。

由于条件有限，笔者对四位接受过创价教育的老师和学生进行了采访，就创价教育的人间主义的教育理念及其实践所取得的成效，以及在世界市民培养方面取得的成效进行了访问调查。采访的对象分别是创价大学的现任校长马场先生、大连海事大学森下老师、西安交通大学竹下老师、创价大学的四年级中国留学生。马场校长和竹下老师从幼儿园一直到大学都接受了创价的一贯教育，森下老师在创价大学接受了大学教育，正上大四的创价大学中国留学生正在接受创价大学教育。

日　期	地　点	采访对象
2016年10月22日	南开大学	创价大学马场校长 大连海事大学森下老师
2016年12月13日	西安交通大学	西安交通大学竹下老师
2016年12月26日	以通信方式	创价大学四年级中国留学生

通过采访，四位受访者一致认为，池田大作以人为本的教育思想对其目前所从事的教育实践提供了宝贵的经验，并且池田先生常常通过演讲、对话等教育实践对学生贯彻以人为本的创价教育理念。

同时，受访者一致认为，池田大作主张的培养世界市民的教育理念对自身具

① 参见王丽荣：《池田大作德育理论及其实践》，哈尔滨：黑龙江教育出版社，2012年，第239页。

有重要的影响，培养世界市民的教育理念是创价教育的重要指针。三位受访老师将其作为培养学生的重要教育理念，并运用于自己现在所从事的教育实践中。森下老师认为，正是具备了这样的教育理念，自己才能活跃于世界各国的日语教育舞台。在创价大学学习的中国留学生也认为，池田所主张的培养世界市民的教育理念，使自己渐渐具有了国际视野，认识到要超越国家、语言、文化等因素，平等地对待每一个人，尊重每一个人，尊重个性与差异，共同为人类的繁荣发展而努力。

接受过创价教育的学生现在正活跃于世界各地的各个舞台，创价教育的人间主义教育理念及其实践所取得的成效也是有目共睹。

日本与国际社会对池田大作和创价学会评价的隔阂

崔学森*

自1960年出任日本创价学会第三任会长至2010年退居二线、逐渐消失在创价学会会员视野中的50年间，池田大作以卡里斯玛式的领袖魅力领导日本创价学会取得了重大发展，使日本创价学会会员规模发展到空前的700余万户；池田大作还一手创办了国际创价学会，在短短的50年内将其发展成一个具有重要国际影响力的组织。在池田大作的统合之下，以日本创价学会和国际创价学会为主干，形成了创价体系，在日本国内和国际社会拥有重要的影响力。

池田大作通过与汤因比、曼德拉、戈尔巴乔夫、金庸、季羡林和饶宗颐等中外知名人物对谈，以及以民间人士的身份致力于调解国际纠纷、维护世界和平的活动，其思想和行动受到了国际社会广泛的认可。鉴于他的卓越贡献，国际社会纷纷对池田大作予以表彰。目前已经有350余所世界教学科研机构为其颁发名誉教授、名誉博士等荣誉称号。

不过，与享誉海外的殊荣相比，日本国内除创价学会会员之外，池田大作并未受到日本社会的广泛认可。池田大作与日本其他宗教人士，尤其是与佛教其他宗派的交流并不多见；日本政府机构、高等院校、研究机构也很少表彰池田大作，出现了“灯下黑”的现象。日本创价学会也是如此，与世界多个国家和地区高度认同创价学会的理念，表彰其为地域社会作出的贡献所不同的是，日本社会对创价学会的评价并不高。

自20世纪60年代以来，随着池田大作知名度的提高以及创价学会的社会影响力不断增大，在日本社会还出现了一些批判的声音。显然，日本社会对池田大作和创价学会的认识与国际社会的认识之间存在巨大差距。这种巨大的认识差距是如何形成的？日本社会为何会对池田大作和创价学会发起批判？探讨这些问题，实际上是将池田大作思想和创价学会置于其产生的具体历史、社会背景中，还原池田思想产生和创价学会发展过程中对日本社会问题的思考，因而有助于从另一

* 崔学森，大连外国语大学日本语学院副教授，池田大作研究所所长，主要研究方向为近现代中日关系史。

个角度深入理解池田大作思想和创价学会的崛起。

需要声明的是，笔者虽然长期从事对池田大作及其相关机构的研究，并且认同池田大作思想的价值和创价学会的贡献，但一直不敢忘记学术立场，坚持用“天下之公器”客观公正地对待研究对象，不希望也没有必要去为研究对象辩护，更没有必要袒护和美化研究对象。拙文尝试对上一届“池田大作思想国际学术研讨会”（南开大学，2016年10月）上中国某些学者提出的问题作出回答。

一、生命尊严：池田思想的超越性与批判色彩

在第二次世界大战后日本经济腾飞时期，池田大作继承前两任会长的佛法思想，参照古今中外各种优秀思想，完成了池田思想的构建，其内核是尊重生命，表现出人本主义及和平主义等特色，也具有强烈的现实主义批判色彩。

池田大作作为宗教领袖，在19世纪以来物质主义和宗教世俗化的潮流令宗教不断异化的情况下，重新探讨了宗教的本质，将人与人的生命尊严确定为一切宗教的出发点和前提，也是目的和归宿，还将其作为衡量宗教、制度和组织合理性的唯一标准。

池田大作以大乘佛教生命论为依托，对个体生命与宇宙生命的关联性做了现代阐释。就人类生命而言，每一个个人的生命都无比尊贵，与其他人的生命等价，任何宗教、制度和组织的存在均不能背离服务于人和维护人的生命尊严的大前提。但在长期的历史发展过程中，背离这一出发点的现象屡见不鲜。在中世纪的欧洲出现的天主教教会通过发行“救赎券”维护教会经济以及日本佛教僵化的“檀家”制度，均是极好的例证。

池田大作没有依靠既有的宗教、制度和组织来强调生命的尊严，而是将“自我教育”，即东方式的“内省”作为找寻生命尊严的最直接方式。他强调信仰的重要性，同时鼓励信众自我学习，自我教育，认识自身生命潜在的巨大力量，并且将其发挥出来。

池田大作强调人的生命尊严。威胁人的生命的最大因素便是战争，因此池田大作积极活跃于国际政治舞台上，以一己民间人士之力，致力于制止和消除战争的活动。20世纪70年代，池田大作奔走于中苏两国之间，积极化解中苏边境冲突，同样是站在了维护生命尊严的立场上，而不是为了哪个国家。可以看出，池田大作的思想具有彻底（绝对）和平主义的特点，它反对一切否定和剥夺生命权利的行为，主张通过对话来解决人类的一切争端。

具有绝对和平主义和现实主义批判色彩的池田大作思想，既是对明治维新

以来日本民族主义、国家主义和军国主义的反思，也是对第二次世界大战后在日本经济飞速发展过程中出现的人和制度等的异化的批判，因此除创价学会会员之外，难以被其他日本人所容受也在情理之中。

二、与政府立场背离的民间立场

明治维新后，日本形成了以天皇权力为核心的国家主义体制，尤其是在第二次世界大战对外侵略期间形成的举国一致的“总力战”将其推到了顶点，天皇、国家和政府的权力作为最高的权力，不容任何个人和社会团体的挑战。战败投降后日本虽然在美国的占领下迅速实现了政治体制的转换，成为所谓自由民主主义国家，但是在战后初期国家（政府）依然占据政治、外交的核心位置。民间外交或者由民间主导的外交仍然是一个新鲜事物，未被日本政府和日本社会所广泛接受。

池田大作作为迅速崛起的宗教团体创价学会的领袖，从基本的人性主义出发，放眼世界，提出了自己的见解和主张。其思想和行动经常会出现背离日本国家和政府的结果，被指责为“不识时务”，遭到抨击。最为明显的实例，是1968年9月池田大作公开发表的《日中邦交正常化倡言》。

倡言建议日本承认中国在联合国的合法席位，恢复邦交，加强友好往来。这些建议与当时日本政府的对华外交方针格格不入。当时日本追随美国，敌视中国，中日之间仅有有限的民间贸易关系。池田大作的建议与政府外交方针相反，自然会引起政府的不满。战后的日本，很少有宗教团体或其领袖敢于对国家外交方针说“不”，池田大作可谓开了民间人士“高调”否定国家外交方针的先河，其勇气着实可嘉。而随之而来的，自然少不了来自政界和日本社会的批判，有人指责池田大作“越俎代庖”，有人指责池田大作“卖国”。池田大作和创价学会一时间成为日本政府的“眼中钉”。

这种不讨好日本政府和主流舆论的“重大举措”并非孤例。1989年至1990年，日本追随美国等西方国家制裁中国。一贯主张中日友好的池田大作于1990年再一次挺身而出，率领庞大的访华团访问中国，为中日关系的改善和发展作出了贡献。这一对中国非常有利的举动，显然是对日本对华方针的反抗。

20世纪60—90年代，是池田大作思想和行动最为活跃和激进的40年。这40年间几乎与自民党一党长期把持政权（1955—1993年）的时期相重叠。池田大作以一己民间人士的力量，与其说其思想和行动从结果上多次站在了日本政府的对立面上，莫如说是与自民党政权的对抗。进入21世纪之后，随着池田大作年事已高，加之日本政治由一党单独执政向联合政权转变（尤其是公明党成为执政党之一），池田大作和创价学会的“非政府立场”已经不是非常明显。但无论如何，池田大作长期以来的非政府立场，是其遭到批判、中伤的重要因素之一。

三、创价学会崛起中的问题

创价学会在战后发展过程中，打破了传统宗教尤其是佛教体系的格局。其他宗教从维护自身利益和遏制创价学会发展的角度，恶意诋毁、中伤创价学会，最为典型的是利用“政教分离”攻击创价学会违反宪法和法律。当然，创价学会在快速发展过程中，也出现过个别会员的不妥言行，如强行“蛰伏”等问题，这些问题不断被新闻媒体放大，严重影响了创价学会的形象。

（一）利益之争下的恶意中伤

第二次世界大战之后的日本实行自由宗教政策，在百废待兴的战后以及经济高速发展的20世纪50—70年代，涌现出了众多的宗教团体。池田大作领导的创价学会从中脱颖而出，成为战后新兴宗教团体中发展最快、规模最大的宗派。创价学会的迅速发展，改变了日本宗教的格局，尤其是对以大乘佛教为信仰核心的宗派构成了挑战。随着创价学会规模的壮大，越来越多的佛教其他宗派的信徒转而加入创价学会，使其他宗派的宗教信徒人数减少，依靠信徒供养的寺庙甚至因信徒的减少而出现了生存危机。

面对日益壮大的创价学会，其他宗派并没有在调整自己僵化的传教方针上多下功夫，反而联合起来将矛头指向了创价学会，恶意中伤、诋毁创价学会。20世纪90年代之前，池田大作领导创价学会在日莲正宗的“庇护”之下，小心翼翼地处理与日莲正宗和其他宗派的关系，当时还具有跟其他宗派保持正当交流的渠道。但是，1990年创价学会最终从日莲正宗中独立出来，摆脱了日莲正宗的束缚，成为完全独立的宗教团体，基本上闭锁了与其他宗派的交流渠道。由此，我们也可以解释为何池田大作与外国宗教人士的交流多于与国内其他宗派的交流了。

其他宗派利用新闻媒体对创价学会的批判和中伤，严重影响了创价学会作为一个新兴宗教团体的声誉。因此，需要特别注意这种批判和中伤背后存在宗教（宗派）之间互相竞争的利益关系。

（二）日本社会对“政教分离”的误读

最影响创价学会在日本社会形象的是创价学会参与政治的问题。1962年创价学会开始参与政治，1964年组建公明党，正式向政治领域进军，开了战后日本宗教团体参与政治的先河。其他政党借创价学会参与政治而大肆宣称其违反“政教分离”的国策。

战后日本推行自由民主政治。由于结社自由，由宗教作为支持母体，支持某政党的竞选活动或者直接组建政党，属于法律允许的范围，也不违反“政教分离”的国策。“政教分离”，本质上是指国家不指定某宗教为国教，或者不以国家权力庇护或限制宗教的发展。换言之，国家并未通过法律规定禁止宗教团体和个人参与政治。“政教分离”的关键是国家与宗教的完全分离，而不是政治与宗教的分离。欧美国家具有宗教色彩的政党不在少数，最为典型的是基督教民主党，它是欧美国家的一股重要的政治力量，将基督教关于社会和经济公正的观点同关于政治民主的自由主义观点结合起来，主张维护有关教会和家庭的传统价值。显然，宗教团体参与政治与“政教分离”不可以画等号。

确实，在公明党草创时期，党纲中出现了宗教色彩较为浓厚的“王佛冥合”之类的字眼，公明党的人事组织也多与创价学会交叉重叠。这在无形中增加了其他政党批评创价学会的“口实”。为此，1970年公明党对党纲做了修改，删除了具有宗教色彩的内容，在组织人事方面也与创价学会划清了界限。但是，正如池田大作所言，这种调整只是为了避免日本社会的误解，而不是违反了法律。

自创价学会支持公明党参政以来，以违反“政教分离”国策为借口的批判旷日持久。笔者认为，除了战后日本社会不熟悉“政教分离”的基本原则外，更主要的是日本社会借题发挥，诋毁创价学会。其用心何在，无须笔者多言。其实，时至今日，战后日本新兴宗教势力公开支持某政党或者直接推出国会或地方议会候选人已并不鲜见。比如灵友会、立正佼成会和幸福实现党（幸福之科学）支持自民党，PL教团（教会）公开支持民主党，天理教支持社民党，甚至某些宗教团体也直接推出自己的候选人，参加地方和国会议员的选举。

（三）自身发展带来的问题

创价学会招致日本社会的批评，除其他宗派的恶意诋毁、中伤之外，也有必要从其内部寻找原因。

创价学会在20世纪50—70年代随着战后日本经济的腾飞而迎来了发展高峰，人数由50年代的几万户一跃而为70年代的700多万户，快速发展难免会因缺乏管理经验、会员素质参差不齐而出现管理不善的问题。例如，在高速经济增长期发展的会员多以从农村到城市务工的人员为主，他们在城市里生活较为艰难，未受到良好的教育，加入创价学会之后，在精神上得到了慰藉，生活条件有所改善，为了回报创价学会，有些人采取了积极甚至是极端的“蛰伏”（发展会员）手段，从而给社会留下了不好的印象。

创价学会在发展过程中，如何保证经济来源是一个新兴宗教组织所面临的重大问题。第二代会长户田城圣在经营管理方面天赋异禀，确保了战后创价学会腾飞时期的财政来源。第三代会长池田大作也非常注重确保组织资金。除了会员的“献纳”之外，创价学会还通过经营报刊、著作获得经济来源，使得创价学会成为一个颇具经济实力的宗教团体。在确保经济收入时，某些地区曾经出现强行要求会员认购刊物的现象，给日本社会造成了创价学会通过宗教来谋取经济利益的不良印象，尤其是信仰大乘佛教的创价学会经常遭到“大乘非佛论”的质疑，被批判为谋取经济利益的世俗团体。

当然，此处值得注意的是，日本社会对创价学会的批判不能完全等同于对池田大作的批判。但是，池田大作作为创价学会的实际领袖或精神领袖，作为最终责任者，始终是被批判的焦点。

如今，随着池田大作年事已高，他作为民间人士的国际活动已经日益减少。创价学会历经战后几十年的洗礼，已经发展成一个成熟的宗教团体，加之它所支撑的公明党转换政党的角色成为执政党，来自日本政府和社会对池田大作和创价学会的批判已不多见。但是，自战后以来长期累积的批判难以在短期内完全消失。日本与国际社会对池田大作和创价学会评价的落差依旧存在，但会随着时间的推移而不断缩小。

池田大作对人类命运共同体构建路径的探索

蔡瑞燕*

2013年3月，习近平在莫斯科国际关系学院发表演讲，首次提出了人类命运共同体理念。此后他在多个国际场合中重申，并且通过"一带一路"倡议等加以落实，使"构建人类命运共同体"得到了国际社会的广泛认可和赞誉，这是一位政治家胸怀世界和平与可持续性发展前景的睿智与韬略。而要真正实现构建人类命运共同体的愿景，仍然需要全人类的更多共识、更为切实的行动。

池田大作以"人本主义"为思想基础，通过多方面的实践，反映出他对于构建人类命运共同体具有独特的智慧。从他接触恩师，走进"户田大学"接受教育，关注生命尊严、世界和平开始，他在"人间革命"上下功夫，用"爱"与"慈悲"全力以赴传播生命尊严、万物平等的理念。他创建学校和音乐、美术机构，着力培养、教育青年，奔走于不同的文化之间进行对话，在促进人类共识和文化包容性上，开辟了从人类到自然，从人性到哲学、宗教，从实践到理性多层次、极富张力的现实路径。

一、基于生命尊严，人类没有高低贵贱之别

池田大作主张万物都有生命，生命具有平等性、独特性、尊严性，这是人类存在的基石，也是构建人类命运共同体的理念基石。

池田大作说："生命是尊严的。就是说，它没有任何等价物。任何东西都不能代替它。"人类是万物中的一员，人与万物之间是整体共生的关系，拥有同样的生命尊严。人又是世界上最强大的、世界的主宰，人的思想有着独一无二的巨大力量，因而应该更悲悯、更仁慈地对待别的生命，把人的尺度辐射到周遭世界和万物之中，提高维护生命尊严的自觉性。"只要承认生命本身真正的尊严"，那么，放弃一切"威胁或侵害人的尊严和生命安全"的特权，就是

* 蔡瑞燕，仲恺农业工程学院廖承志与池田大作研究中心副主任、研究员。

理所当然的。[①] 这样，自然可以为实现人的生命尊严、生命平等开辟出顺畅的道路了。

更进一步，从生命没有高低贵贱之别的观念出发，人们便能够由此及彼、由己及人，“保持对任何人都怀有人类的同情心，并努力去深入理解”，坚决地反对残酷的战争，维护世界的和平、协调与秩序。“所谓爱，不是夺取而是给予的一种精神冲动。爱还是把自我和全宇宙调和的冲动”。[②] 坚持从生命尊严出发，注意到万物是平等的，还要以彻底的爱与慈悲去认识不同的人和对待世间万物。

在与池田大作对谈时，汤因比说过他不相信人格神的存在。如果说上帝的爱是万能的，上帝只会爱不会恨，只有善不会恶，这太不合理了。但是，他却坚信爱具有至高无上的价值，他认为爱就是“终极的精神存在”。向来坚信佛陀、菩萨的大爱与慈悲的池田大作说，如果爱是“终极的精神实在”的话，而爱是原本存在于人们心中的东西，那么，可以得出“‘终极实在’，它存在于宇宙中，同时也存在于人们心中”这样的结论。池田大作还进一步论述说，它就是蕴含在宇宙生命之中的“法”——使宇宙中各种各样现象得以产生并使各种现象之间保持森然的秩序和互相调和的关系。

由此，池田大作肯定爱的终极价值，主张去爱，他说“爱”是能调和宇宙秩序的“法”，这样的“爱”既“远”又“近”。“远”是指爱要“顺从宇宙的调和”，是对宇宙和谐、人类共生的一种祈愿和把握；“近”则是指当人们追求精神上的最高实在、“终极实在”，爱他人并能克制自我的时候，“这一‘实在’就会在这个人身上体现出来”，“换句话说，蕴藏在宇宙生命之中的‘法’同时也极有可能蕴藏在作为宇宙一分子的人类身上”。他进一步明确说：“并不是这一‘实在’有意识地想把人的命运怎样怎样，而是由每个人对待‘终极实在’的态度和行为来决定人的命运。而人的这种态度和行为就形成了人的宿业（因果报应）。”从这个意义上说，“正是在佛法中才蕴藏了使人能够确立本来意义上的责任感与主动性”。[③]

无疑，池田大作通过这种思想的阐发，结合他在实践中推行“人间革命”，而把“远在天边”的宇宙法则、人们看不见摸不着的人类命运共同体赋予了“生命形态”，并将其寄托在每个人追求终极实在、去爱的过程中。即每个人都可以“内求”、修炼、向善，“确立本来意义上的责任感与主动性”，用克制自我的“态度和行为”达至“终极的精神实在”，这样不仅能改变自己的命运，而且最

① 汤因比、池田大作：《选择生命——汤因比与池田大作对谈录》，北京：商务印书馆，2017年，第203页。
② 同上书，第279页。
③ 同上书，第496页。

终必能对宇宙保持“森然的秩序”和“调和的关系”有所贡献，助力实现“天下大同”。

另外，池田大作还坚持必须克服天生以自我为中心的人类本性，体现出他对构建人类命运共同体必要性的深入认识，即必须建立在人类“主动有为”“生命平等”的基础上。

人的个体命运和人类命运都与自然界存在着不可分割的关联性，“人类是一个身心统一体”，一起生存于地球这颗行星上。地球就是几十亿人的共同家园，每一个人都是“地球号太空船”的乘客，是一荣俱荣、一损俱损的命运共同体。池田大作在思考生命存在的真实状态时，坚持“任何生命都不是孤立地只靠自己生存”的观点，他以他的生命观认识到，就终极、整体而言，所有生命、物种，彼此之间都是通过“生命网络”联系在一起，依靠互相帮助，才得以生存下来，由此，地球“在总体上，俨然维持着和谐与秩序”， 山水林田湖草是一个生命共同体。这些都表明，“地球是一个奇异的统一体，其内部存在着奇迹般的协调与联结关系”。[①] 虽然其中必定还有太多奥秘是人类并不了解的，但这并不影响这个结论的客观性。因而任何唯我独尊、不顾他人死活的做法都将导致人类共同的灾难。

也就是说，我们虽然对于人类赖以存在的宇宙还有许多未知之处，但都要抱着对生命共同体的敬畏，尊重宇宙的秩序，设定人类活动的边界。人类不能过分自负，人类终归是自然界的一部分，不允许存在只有自己“伟大”的霸道，而要发挥人类精神上具有的自我约束力，发挥人类特有的道德、法律等规则的作用。池田大作强调“人间革命”，人对“终极存在”的敬畏之心就是宗教。他在宗教层面上实践内修、向善，也具有更重要的现实启示：一个人努力，就可能产生改善世界、促进和谐与秩序的价值。相反，一个人作恶，也会导致人类处境的恶化……从个体方面讲，就会形成决定个人命运的“宿业”。菩萨在人的心中，人人都可以成为菩萨，生命平等，没有高低贵贱之别。

二、正视人性欲望，实践由慈悲而“利他”的路径

池田大作是一位佛教家，致力于研究人、探索人的精神修炼、向善，指引他的信徒挣脱尘世间种种“宿业”，根除人本性中的“内在之恶”，走向人性净化之旅，这是维护宇宙秩序与和谐的路径。

何以可能?

① 池田大作：《我的人学》，北京：北京大学出版社，2010年，第324页。

首先要正视人类精神活动的复杂性，突破思想框框，认识到人在主观上努力改变自己“宿业”的可能性。他说：“过去，一提到宿命或者业障，一般主流的观点认为那是命里注定的、是不可转换的。但是，一种革命性的宗教理念打破了这一概念。那就是凝结了东方睿智的日莲大圣人的佛法理念。这种佛法正面回答了人的本性这一问题，明确指出了转变人的宿命、破解业障的方法。并且，阐明了只有通过转换宿命、打破宿业，才能确立真正的人的尊严。”并且相信“以此为出发点可以重建社会体制以及学术体系，甚至可能建立新的秩序”。[1]

其次，池田大作通过深入研究人类的精神活动，非常可贵地认识到其实际情况比人所表现出来的意识部分要复杂得多。他说，“人类的意识只不过是人类精神的一个组成部分而已”，因此，要认真研究“人类行动、思考及欲望深层次中存在的无意识领域”，才能把握“人类生命的全貌”。[2] 而潜意识这部分又跟人的“理性直觉”“艺术灵感”这些重要部分密切相关，是人的本性的一部分。

最后，他通过事实说明现实世界中存在的种种问题都与人的本性欲望有关，甚至可以说正是人性使然，是潜意识中“恶”的放任。这样，“向善”导引的精神修炼并不是单纯的玄想，而能切实地改善世界。正视问题的根由，是找到解决之道的第一步。他说，21世纪人类面临的环境问题、战争等灾难都与人性中欲望膨胀的“内在之恶”相关。所以，解决之道，就要正视人性欲望和个人逐利的本性，并进行修炼和向善的引导。“自我意识就是生命本来的特性。”[3] 池田大作认为，对意识与潜意识之间关系的正视，认识到潜意识层面的存在，将人心理深层的情绪与冲动置于意识层面的支配之下，对于人类福祉来说是很有价值的。通过“意识性的控制抑制了我们判断为恶的东西，而培育了判断为善的东西”，即人类意识可以有意识地对人性中存在的“恶”进行向善引导。[4] 而从这个精神层面来探讨，是不分种族、文化与地域的，是人类共性的问题。

池田大作在跟汤因比的对谈中，就此进行了深入的探讨，以区分人类精神与人类本能欲望、意识与潜意识，肯定了人性中都有着“佛”与“希特勒”、善与恶并存的复杂性。虽然他们并不是第一个对这个层面的问题进行讨论的人，但是他们结合人类在科技革命后展望未来时面临的种种实际问题，着眼于生命向善的价值导向，根据这种复杂性而提出自我修炼的具体路径，则具有特殊的现

① 汤因比、池田大作：《选择生命——汤因比与池田大作对谈录》，北京：商务印书馆，2017年，第203页。
② 同上书，第26—27页。
③ 同上书，第482页。
④ 同上书，第27页。

实意义。

正是因为人性具有复杂性、多面性，人在面对“宿业”时就有弱小、脆弱的时候，所以会感受到种种痛苦，从而提出了人类通过主动修炼、提升的实践路径，即“拔苦与乐”。“拔苦与乐”是佛法的“慈悲”，即除掉潜藏于人生命中的苦难根源，以“同苦”之心去感受，并以此为共同基础；“与乐”即意味着对生命本身发自内心的、纯洁的“生之欢喜”，赋之予实质性的内涵。佛教具有“指出如何使每个人从自身内部产生出普遍爱”[①]的力量，释尊就是其人格化身，与单纯说教的哲学理论不同，“宗教家的伟大与强大之处是体现在亲力亲为、亲身实践的过程中的”[②]。池田大作本人就是这种佛教家的典范。

他认识到人的欲望存在于人的潜意识之中，人人都有，因而人人都有利益诉求，这是人类共通的、不容抹杀的，这就为现实世界中许多的利益竞争冲突找到了根源。进而他用大乘佛教进行了终极层面的解释，以佛教的理性开悟洞悉世界与人间的问题。他说：“大乘佛教并不提倡‘无我论’以及追求欲望的断绝，而是提倡自我与宇宙或其他一切生命之间的协调与融合，主张在这里才有人生的理想与幸福。为实现这种幸福，其实践就表现在由慈悲而产生的‘利他’之念，通过对这一高尚理念的实践，欲望则自然而然地被克服、控制并且超越了。”他还身体力行地要求“人们不要用自身生命所发挥的作用去做损害别人的丑恶行径，而是要去怜惜一切生命，使自身生命绽放出美丽的姿态。只有这样，人们才能在事实上重新找回人类生命的尊严”。[③]

换句话说，要正视别人的利益，做损害别人利益、别人生命的事情是丑恶行径。如果完全无视不同国家、不同人民的利益立场及其生命尊严，只强调一己之私，以一己之利代替天下之利，只有追求自身利益的霸道，构建人类命运共同体就会成为一句空话。

三、文化多元，促进文化交流与包容性增长的路径

池田大作一直活跃在不同文化之间，与国际上不同国家、不同民族、不同宗教、不同领域的领袖进行文化对话，精力充沛地展开旨在增进共识与情感的交流，促进和平相处的民间交流活动，通过文化、教育等不同项目来展开。他从不预先拒斥谁，不断奔走于不同文化间进行平等的对话和深入的交流。他创办从幼儿教育到大学的创价教育体系，创办音乐、哲学、宗教、美术等各种文化机构，

① 汤因比、池田大作：《选择生命——汤因比与池田大作对谈录》，北京：商务印书馆，2017年，第522页。
② 同上。
③ 同上书，第482、527页。

从不同层面传播和实践“创造价值”的教育理念，令人敬佩。

池田大作突破民族主义者的褊狭，能够认识到多元文化相互融合、取长补短的意义，具有文化包容性，形成全面客观地评价异质文化价值的积极态度。作为佛教领袖，即使面对不同宗教的讨论与反思时，他也以追求共识的严谨冷静的理性态度，显示出其对人类面临危机时的使命感，而不是简单地强调佛教的优越性。相反，他时时感叹不同文化之间冥冥之中的“缘分”，文化视野开阔，对人很有启发。

千百年来，不同文化之所以不同，本来就因为不同文化具有在它自己的“地盘”上生长起来的个性，是受到自然地理条件、生产方式、历史、人种基因、民族、宗教、习俗文化、人际互动方式等因素影响的结果。文化代表文明积累的成果，内部构成相当复杂，有它自身发展的规律，具有鲜明的实践性特点，是在各种影响因素作用下不断培育自我、建立独到见解的过程，既是优胜劣汰的结果，也是相互包容、彼此促进、共同进步、新陈代谢的过程。“人类文明多样性是世界的基本特征，也是人类进步的源泉”，世界的文化百花开放，应该是地球最美丽的风景。每种文化体，都应该体现出宽容平和又自得其乐的文化特点，发自己的光就好，不能动不动就想着去灭别人的灯。

在池田大作与汤因比的对话中，他们讨论了这样的问题：世界在过去500年因为西欧国家的活动扩大到了全世界，达到技术层面的统合，并一致预言且期待“人类在历史的下一阶段将成功地进行政治与精神层面的统合。但是，这一巨大的变革将以人类整体的平等为前提，即不是一部分人继续统治他人，而是以自主的方式去实现”①。

池田大作推动文化交流的实践活动，也体现在有力地推动“池田大作思想国际研讨会”的召开上。在这里，他的思想成为学者们的研究对象，同时他以自己的方式不断增添新的思想元素，保持应时代主题而与时俱进的姿态，继续实践他所坚持的从教育着眼、推动文化对话交流的理念。他对历届会议的贺词、他每年发表的倡言、他2018年9月告一段落的《新人间革命》系列著作的出版，都是他思想与实践的总结。他在《中日和平友好条约》缔结40年之际，特发表了《培育友好之树　建设和平世界》一文，重申并进一步阐发了他坚持日中友好、人民交往、青年教育和反对战争的核心理念，并且就新的政治、经济和自然环境的变化进行了深入分析，表达了他对构建人类命运共同体的殷切祝愿。池田大作在文章中指出：为了实现日中世代友好，要日日培育新的友好之树；为了实现世界和

① 汤因比、池田大作：《选择生命——汤因比与池田大作对谈录》，北京：商务印书馆，2017年，第2页。

平，要以作为“命运共同体”的日本和中国的合作为基础，为地球的利益、为人类的利益携起手来共同行动。这些新的认识又使我们今天的研讨，不论是主题还是思考方向，都有了更为切合实际的意义。

有着悠久和平文化的中国，坚持世界和平发展的外交理念没有变。和平文化观主张价值评价从二元对立转为“多元主体”，尊重文化多样性和文化差异，彼此借鉴，和谐共存，化繁为简，倡导回归人类生命最初的本真，人与自然和谐，人与人之间命运与共，实现目的性与规律性的统一，在共同追求人类进步的过程中画出同心圆，通过不同民族、国家、文化和区域间的对话协商，培养共识，实现合作共赢，在实践中致力于促进不同文化能够基于自身特色地生长与发展，达到各美其美、美美与共。

总之，池田大作通过文化对话、教育项目而在促进人类共识上开辟了具体路径。他从自然、人类、人性的现实层面，到哲学、宗教层面进行广泛探讨，不断把思想上的“开悟”付诸实践，在教育、文化、对话、青年等项目中结出硕果。他对多元文化价值的尊重，在不同国家、不同民族、不同宗教、不同文化、不同领域之间的不断奔走，既汲取了各种文明资源，扩大了自身文化的生存与发展空间，也促进了多元文化之间的交融，体现了文化的包容性，增进了基于人类层面的共识和情感交流。池田大作对于推进构建人类命运共同体的路径，从思想到行动，从宗教、哲学层面到现实的环境问题，从人间革命到学校教育等方面，非常广泛地体现了他思想的极大张力，极具现实意义和启发作用。

论池田大作人本主义教育思想中教师的职业关心及意义

蒋 菊*

人本主义教育的理念是时代发展的产物。它主张把人放在第一位，以人作为教育教学的出发点，顺应人的禀赋，提升人的潜能，完整而全面地关照人的发展。以人为本的基本内涵是:“人类社会的任何活动都要以满足人的生存和发展为目的，它强调人是自然、社会、自身的主体，人是价值形态中的最高主体。”因此，要注重学生的主体性，尊重每一个学生。这就要求教师应该在课内外体现与时俱进的教学思想，把上课当作与人的交往，而不单纯是劳作，是艺术创造，而不仅仅是教授，是生命活动和自我实现的方式，而不是无谓的牺牲和时光的耗费，是自我发现和探索真理的过程，而不是简单地展示结论。只有坚持从学生的发展需要出发，立足学生实际情况，充分发挥学生的主体作用，通过转变观念，合理组织教学过程，进行师生关系、教学内容、教学方法等方面的改革与创新，才能实现以人为本的教学。

中日友好的和平使者、21世纪全球文明的倡导者、著名的教育思想与实践家池田大作先生，特别强调了教师在教育教学改革与进程变革中的主体能动性，即教师自身对职业的热切关注以及因此而影响教育功能的事半功倍作用。

一、教师的职业关心

职业关心一般是在长期从事某种职业活动的过程中，对该职业活动的性质、内容、社会价值和个人意义，甚至对职业用语、工作方法、职业习惯与职业环境等都极为熟悉和认可的情况下形成的。教师的职业关心指作为教师的个体从内心认为自己从事的职业有价值、有意义，并能从中找到乐趣，不断提升自我，促进教育发展。这种职业的关心源自教师自身，是教师从事教育教学等活动的源泉。

池田大作认为“教育是人生至高至难的技术，是艺术，若非最优最良的人才则不能成功”。教育取决于教师。“为了开发人生命中的智慧，教师应以全面的人

* 蒋菊，肇庆学院教育科学学院教育学系主任、副教授，主要研究专业和方向为教师教育及比较教育。

格去关怀学生。”[1] 教师是一个以指导和关怀为职责的职业。在这条关怀的探索与践行的道路上，教师付出关怀，也收获心灵的丰盈和成长。教育是一种关怀。这种关怀是一种普遍的关怀，它渗透在与学生所有的交往中，发生在每一个不经意的瞬间。教育关怀，是一种对生命状态和生命尊严的尊重，是关注学生的命运，关心学生当下的幸福。这种关怀，需要欣赏学生的每一种个性，倾听和尊重他们的需要和向往，给予他们选择的权利，不标准化、模式化地造就学生。

教育关怀，要求教师自觉自发地对学生实施关怀，实施“互惠式的平等的交往和真理的共享”的教育关怀。加拿大著名的后现代教育学家大卫·杰弗里·史密斯以这样的理想境界来实现教学相长：“爱世界、爱他人、爱自己的学生，意味着与他们保持这样一种交往关系：不是事先决定好怎样让他们成为我希望的样子，而是以这种方式接受他们——接受我们对于彼此的局限性，而不是只是想象中的可能性。教育关怀应在以下动态系统中表达出来：既拥抱世界，又放任世界，在这种拥抱世界和放任世界的状态中重新发现自我。这样，师生之间相互引导，臻于成熟，在贡献中显示各自的才干。”

从人格的训育到知识的传授，再到对生命和发展的关怀。找寻到了这种心中的意境，教育就成了实现自我心中关怀之梦、探问教育的自由实践。以下这些方面都源于教师对自身职业的热切关注：从常规教育到捕捉意外的教育时机；从课堂的互动，到“课堂体验”中与学生真诚的交往对话；从关注学生的“情商”发展、主体性发展，到开启学生的体验观省能力，观照内心，关心自我；从追求知识讲好知识，到关注学生的生命体验和幸福；从菜单式的教学设计，到非线性的课堂教学的探索。教师努力使自己拥有关怀学生的胸怀，在平常的教学中不断发现涌现的教育契机，在平凡中追逐伟大的教育理想，从而实现赋予教师职业本身的崇高历史使命。

二、人本主义教育与全球文明

“在今日的世界，……地球村的每一个公民不应因肤色、贫富差别而有尊卑之分，也不存在被治者与治人者的从属附庸关系。所以，以诉诸教育的手段去达成培养地球村村民的目的也就刻不容缓。不能让轻视生命、利用青年、敌视异文化的褊狭教育重演。重视生命、关爱青年、尊重异文化的教育才是把人类史从黑暗转向光明的关键，我确信这一点，并为之付诸行动。”池田大作说，“现代世界所要求的‘好市民’，是一种同时拥有‘世界公民’自觉的人。他们除了

① 池田大作：《和平与教育：池田大作国际学术研讨会献辞》，北京师范大学，2008年。

深深扎根于自己的乡土、国家，为社区、社会作贡献的同时，还作为这美丽的蓝色行星——地球上的一员，努力从各自的角度保护环境，建构和平，为未来作贡献。”①

1992年在巴西里约热内卢召开的联合国环境与发展大会通过的《21世纪议程》指出：“人类应与自然和谐一致，可持续地发展并为后代提供良好的生存发展空间；人类应珍惜共有的资源环境，有偿地向大自然索取……人类为此应变革现有的生活和消费方式，建立新的全球伙伴关系——人与自然的和谐统一，人类之间的和平共处。”“一切教育活动都是为了学生的成长和发展，为了孩子一生的幸福。”这是联合国教科文组织环境人口与可持续发展教育委员会提出的口号。

1996年，“国际21世纪教育委员会”明确提出，面对未来社会的发展，教育必须围绕四种基本学习来重新组织，即“学会认知、学会做事、学会共同生活、学会生存”。21世纪新文明时期，人类社会的发展寄希望并重托于教育，社会关心教育，教育重视教师，教师职业任重而道远。

“要有良好的社会，必先有良好的个人；要有良好的个人，就要先有良好的教育。”② 实现全球文明，就必须进行“地球市民教育”。而这种教育又是人本主义与和平共生思想、达成人类幸福的关键。池田大作认为“地球市民” 的含义有三点：第一，是深刻认识生命相关性的“智慧之人”；第二，是对种族、民族、文化的差异不畏惧、不排斥，予以尊重、理解，并视这些差异为自我成长重要资源的“勇敢的人”；第三，是对受苦受难的人，无论远近，都会给予关怀与提携的“慈悲的人”。他认为这种教育就是生命的变革，强调只有彻底变革现代人的自然观、生命观、价值观，才能改变个体，创造更有价值的生命，走向人类幸福。而要开发人生命中的“内在智慧”与“人格”，教育者的人格至关重要。因为教育者不只影响一名学生，而且能影响全体社会之发展。

三、实现以人为本，教师的职业关心是关键

教育家朱永新先生这样定义教师：“教师是一个冒险甚至是危险的职业，伟人与罪人都可能在他的手中形成，因此教师必须如履薄冰，尽最大的努力让自己和自己的学生走向崇高。”教师的教育能力，是一种心灵生活的能力。一个优秀的教师，其优秀之根本，并不在于华丽的教育技术，而在于心智的优秀。

（一）教师作用：教师的职业关心与人生幸福

“教育事业是人类最崇高的事业，教师是太阳下最光辉的职业。教师不仅

---

① 池田大作：《和平与教育：池田大作国际学术研讨会献辞》，北京师范大学，2008年。

② 同上。

可以影响一个学校的孩子，还可以影响整个社会。”① 未来的社会需要教师真正享有智慧之光、仁爱之美，并德才兼备。创价教育理念源自创价学会第一任会长牧口常三郎。他认为教育应以谋求幸福的人生为目的。谋求幸福的人生就是要创造有价值的人生。而人生中的价值就是“美、利、善”。牧口提倡的创价教育，就是要让每个人都能认识到生命和社会的关系，使人们能发挥创造力，充实自己的美好人生，为社会带来最大的利益。创新精神作为一种态度、一种个性倾向，不是一种可以直接教会的东西，它的形成是一个潜移默化的长期积累过程，是以积极主动性、独立自主性为基础的。只要人们能为儿童提供一个宽松的环境，支持、鼓励儿童的探索和创造活动，创新精神就可以在其中孕育、萌芽，并逐渐形成新时代所需要的人格特征。“为了孩子的幸福，我们能做些什么？大家应极力创造一个重视孩子教育的社会，使其真的发出生命的光辉！”②

“人的完成是一切事情的起始。假如这一根本被等闲视之，就不能有本该由此成长的枝干以及芬芳的花果。”③ 人的成长必须接受教育。教育通过知识的传授，教人“求真”“向善”“尚美”，促进人的知情意和德智体的全面发展，从而造就一种自由的人格。受过教育的人，是自由之人，也是幸福之人。幸福是完美人性的展示和表现，这种人性融智慧、情感、道德于一体，教育通过使受教育者人格的提升和完善，使他们体验到精神上的幸福。

（二）教师素养：经师与人师的统一

“学校的优劣，不在于校舍或设备的精良，重要的是教师。教师的热情和教育方式，才是教育的灵魂。”④ 关注人的情感发展是教育中的一个本源性、根基性的问题，因为只有情感才是真正属于个体的。它是内在的、独特的，是人类真实意向的表达。从这一意义上说，人的本质正是其情感的质量及其表达。我们确信，一个人对某种价值认同、遵循，乃至于形成人格，虽然需要以一定的认知为基础，但根本上是内在情感品质与外在情感能力提升和增长的过程。池田认为教师要有“三心”：爱心、耐心和美丽的心——这正是教师的人格魅力对学生的潜移默化、润物细无声的情感影响。只有重视学生的情感层面，只有爱学生的教师，才可能教育好学生。我们应该坚信，只有教不得法的教师，没有教育不好的学生。师爱是一种伟大而神奇的力量，它是学生智力、道德、个性发展的风帆。一位老教师曾意味深长地说：“假如你厌恶学生，那么，当你的教育工作刚开始

① 蒋菊：《以人为本与人类发展》，第五届“池田大作思想国际学术研讨会”论文集，2009年，第83页。

② 池田大作：《孩子！我们爱你》，香港：天地图书有限公司，2003年，第302页。

③ 池田大作：《和平与教育：池田大作国际学术研讨会献辞》，北京师范大学，2008年。

④ 池田大作：《孩子！我们爱你》，香港：天地图书有限公司，2003年，第79页。

时，就已经失败了。”我国著名的教育家陶行知先生说过：“真的教育是心心相印的活动，唯独从心里发出来的，才能达到心灵的深处。”从陶行知先生的话中，我们不难领会：离开了情感，一切教育都无从谈起。怎样才能使教育的过程成为师生情感互动的愉快过程，进而收到良好的育人效果呢？

（三）师生关系：“教育交流是最稳妥、最坚实、最永久的创造和平的推进力”①

池田大作引用佛典的四摄事来述说教师应该怎样接触学生。第一是“布施”，即施与他人东西。可解释为赠以鼓励或哲学，去除不安与恐惧。第二是“爱语”，即说出关爱的话语。可解释为通过对话共同发掘更好的价值观。第三是“利行”，即为他人而行动。第四是“同事”，即合力从事各种活动。通过实践共同的作业，可以孕育出切实可靠的和平友好观念，也是培育世界公民最可靠的途径。师生之间的这种因情感的交往和交流而形成的朋友关系，不仅能够促使教学过程和教学结果的良性发展，而且会促进师生间情感关系更加融洽和谐，继而对学生世界观、价值观的形成产生很大的影响。池田大作这样说：“我早就抱有一个信念，即‘教育是我毕生的大事业’。可以说，开拓未来，维护未来，其主体在于‘人’，而造就‘人’的事业正是教育。启发、锻炼‘人’内在的无限潜能，把它导向创造价值的方向，就是教育。教育是建设社会、决定时代的最根本的力量。”“教育能启发人的无限潜力，在人与人之间系结‘平等’与‘共鸣’的纽带。”②

另外，我们今天的教育教学组织形式主要以班级授课制为主。为了加强师生间的交流与沟通，有人就提出了实行一对一的个别教学组织形式。也有教育家提出了“一对一”是虚指的问题。所谓是虚指还是实指的问题，我们完全可以这样理解：所谓虚指主要是讲教师关心每一位学生，这是教师对学生的爱，是师生之间形成良师益友的和谐关系的体现。我们在教学中讲的有关一对一和班级授课的教学组织形式是实指的。就算是条件允许，我们在实际教学中真正实现了一对一的教学组织形式，但是如果没有教师对于学生的爱和关心，如果只有教书而没有育人，只是经师而不是人师，只求某种形式上的一对一其实是没有任何实际意义的，正所谓教学永远具有教育性就是这个意思。这也从另一个侧面体现了教师的职业关心。

教师的职业关心是一种内驱力，是实现以人为本的关键，是教育教学得以良性发展、实现21世纪全球文明的首要和决定性因素。

---

① 池田大作：《和平与教育：池田大作国际学术研讨会献辞》，北京师范大学，2008年。

② 何劲松编选《池田大作集》，上海：上海远东出版社，2003年，第266、269页。

实现以孩子为中心的教育：青年教师实践池田大作教育主义

谢忠玮 *

台湾当前的教育现状，正面临转折。2019年施行的《108课纲》，尝试为台湾的教育改革找到新方向，但基层老师面临的备课量增加、学生自学能力的落差及课纲精神希望转换教师在教学现场的角色等诸多问题，[①] 整个社会迎接这样的巨变，是否能够跟上，仍有待讨论。

本文将以文献探讨方式，从牧口常三郎的创价教育学中提取论点，来支持池田大作的教育主义理念，特别是从“学生”“教师”“学习环境”三个方面，为台湾目前的教育改革提供一帖解方。

池田大作依循创价教育学倡导者牧口常三郎所说的“教育的目的，是要让儿童获得幸福的生活”，让教育本质回到“以人为本”，并思考孩子所需的教育是什么。教学过程并非填鸭知识，而是发挥孩子潜力，让孩子找到自我学习的方式。同时，老师要发挥教师专长，不只是教授者，更要成为孩子学习过程中的“引导者”“陪伴者”，也是与孩子一起的“学习者”，让生活与学习接轨，走进社区与社会。

2019年台湾施行《108课纲》，这套新课纲，要将过去的“考试导向”教学目标转向“素养”教学目标，以学生为学习主体。

池田大作的教育主义，为台湾社会的教育改革提供了一套新哲学。作为青年教师的笔者，在实践池田的教育主义过程中，也期盼能为支持台湾的教育改革提供一个实例。

---

* 谢忠玮，任职于台北市无界塾实验学校。

① 曾清旗：《谈推动 12 年国教新课程纲要理念、目标、核心素养及其面临之挑战——以技术型高级中等学校为例》，《台湾教育评论月刊》2017年7（3），第146—154页。

一、教育改革的瓶颈

（一）改变考试导向的教育模式

在填鸭式教学中，学生按课程样板一致化、机械化地练习、背诵，以提升考试能力及分数为目标，同时以升学主义挂帅的课程也被诟病学习内容与社会脱节，使学习动机降低，也让教师失去教学热情。以考试为导向的教育模式营造了一种社会氛围，即唯有通过考试才能决定学生的未来，甚至考试决定一切。

在这样的背景下，台湾开始有老师提倡改变这种教育现状。几年前以台湾大学电机系叶丙成教授及时任台北市中山女高张辉诚老师为首，台湾第一次举办教师自主的“翻转教学工作坊”，期待找到创新的教学模式，改变教育困境。[①] 虽然这并非台湾首次举办教师研习，然而却是第一次台湾教师大规模自主发起改变课堂现状的工作坊。此后台湾开始大量出现各式跳脱考试导向的教师研习，都是希望能在教育夹缝中找到改变契机。

同时，政策端也开始推动《108课纲》，相较于过去的“以知识为主”的教学目标，新课纲强调培养学生的核心素养，“素养教学”开始被重视。素养教学关键有三：以学习者为中心、注重个别差异化、生活中的实践与运用。[②] 近年来整个台湾社会都期待，这股由下而上发起的教育改革，能再通过新课纲的颁布，从上而下地普及台湾社会，借此一改以考试为导向的教育环境，然而过程却是相当的困难。

（二）教育现状改革的困境

叶丙成教授指出，目前教育改革的困境在于“学生、家长及现场老师只知道要改变，但不知道为什么要改变”[③]。

这波从上而下的改革，仍无法有效通达第一线教育现场。在旧有的教学体制未改变下，要求教学第一线教育工作者全盘将过去的“知识考试导向教学”转成“素养教学”，略显不切实际。因此，部分教师在彷徨不知所措之际，仍旧选择维持过去的教学模式。老师、学校维持原状，家长与学生也就不会改变。纵使有一套理念创新的新课纲，整个社会氛围仍旧无法摆脱以考试为导向

---

① 参见《自由时报》2014年9月29日。

② 参见刘政辉：《学校最该教什么？直击12种非典型教育现场》（初版），台北：时报文化，2018年，第24页。

③ 叶丙成：《改变教育的真正关键——帮助老师了解新的世界》，2018年10月10日，https://flipedu.parenting.com.tw/article/4916。

的教育思考模式。

长期协助台湾基层教师课程改革的蓝伟莹老师认为:“要帮助孩子，就得先帮助老师改变。”[①] 教育政策必须重视近年来由下而上的基层教师改革动能，才能上下一气地改变教育环境，但很显然目前改革上下的联结还有一大块未予补足，其中真正最缺乏的就是实践“素养教学”的范例。

二、改革教学现状的新哲学：池田大作教育主义

美国心理学家马斯洛（Abraham Harold Maslow，1908—1970年）曾提出:“帮助个人将深藏的潜能显现于现实中，是教育的使命。”池田大作提倡的教育主义是“以人为本的教育哲学”，相较于“考试导向教育”，更着眼于学生的完整发展，通过教育使人发挥人的价值。

创价教育学倡导者牧口常三郎认为，以人为本的教育目的应该是“追求幸福”。“也就是说受教者的成长发展，必须始终包含在幸福生活中。”[②] 牧口始终相信教育是要以“受教者为中心”。

师承牧口的池田大作认为，以人为本的教育将影响个人及社会，要能让这样的教育理念发挥作用，必须让学生丰富自己的内心，同时让学生理解自己与他人、自己与环境的相互依存关系。池田同时也认为，教育的目标应该是与人生目标相一致，[③] 是获得“幸福”，这点正是根基于牧口倡导的创价教育学。

本文将从“学生”“教师”及“教育环境”三方面来论述池田大作的教育主义。

（一）学生：培养能创造价值的人才

池田对于培养学生的理想图像与牧口倡导的创价教育学相一致，即通过老师的引导，学生能找出自身的可能性，创造自身价值。

池田认为:“老师所扮演的角色文化精神传递者，与孩子进行深层的心与心的交流后，孩子就能发掘自身潜能，积极参与活动。”[④] 重视培养受教者人格的完整性，学生能获得追求知识的能力，这是池田教育主义的核心。

---

① 蓝伟莹：《帮助孩子，得先帮助老师改变》，2017年9月22日，翻转教育网，https://flipedu.parenting.com.tw/article/3922。

② 牧口常三郎：《创价教育学体系〔1〕》（初版），刘焜辉编译，台北：正因文化事业有限公司，2004年，第153页。

③ 同上书，第139页。

④ 池田大作等：《人本教育新潮流：杜威与创价教育》（初版），刘焜辉编译，台北：正因文化事业有限公司，2016年，第119页。

《创价教育学体系》也指出，教育者面对受教者应是“非传授知识而是指导方法，使其了解如何研究，而不是知识的零售或灌输，要使其能凭自己的力量追求知识，给予打开知识宝库的钥匙”，“只要有打开知识宝库的钥匙，即使没有背诵万卷书籍，也可以得到生活上需要的知识，只要有理解能力即可找出必要的知识”。[①]

综合分析以上观点，创价教育学及池田教育主义都是主张由老师从旁协助“能使学生培养人格，并拥有自我学习能力”。在教育传授过程中，教育人员并非填鸭式地传递知识，而是让学生创造自我价值。

（二）教师

池田教育主义认为，教师在教育学生的历程中，扮演着关键的角色，相较于以考试为导向的教育形式，以人为本的教育形态大幅转变了教师角色。以下从两个方面分析其角色的改变：

1. 教育方法论从教师实践纪录中获取

为达成“教育的目的是追求幸福”这一主张，《创价教育学》指出，教育的方法学，是从老师的生活中、教学现场产生的，而非完全来自专家学者。

在池田的教育主义中，每个孩子都是独立的个体，因此教育无法找到规格化的设计，教师在“以人为本”的教育设计中，记录每个孩子的特质就相当重要。由池田所领导的创价学会，其中教师所属的单位——教师部，就抱持上述理念持续推动教育实践纪录。教育实践纪录就是去记录第一线的教育工作者的教学过程，包含教学上的创意或是辅导个案。池田期待，实践纪录的核心在于“相信孩子的潜能”，成人所扮演的角色在于帮助孩童自立，主动解决问题。[②]

2. 教师是诱导、助产、辅导者角色

池田曾提道：“老师和孩童一起学习、成长，加以活用其教育成果，并将在教育现场累积的宝贵经验与智慧传承给下一代，这点非常重要。”[③] 在池田教育主义中，老师所扮演的角色是一同与学生“学习”，协助“引导”学生，陪伴学生“成长”。

《创价教育学》说明老师角色的革新是教育改革中相当重要的一环。让教师成为指导学生学习及生活的精神技术人员，教师也要不断进修，引导学生向理想迈进。教师要成为学生追求知识的辅助者 。因此可以分析出，池田教育主义

① 牧口常三郎：《创价教育学体系〔4〕》（初版），刘焜辉编译，台北：正因文化事业有限公司，2010年，第73—74页。

② 参见池田大作等：《人本教育新潮流：杜威与创价教育》（初版），刘焜辉编译，台北：正因文化事业有限公司，2016年，第112页。

③ 同上书，第114页。

要求教师必须从过去的单纯知识灌注人员，转换成“诱导者”“助产士”“辅导者”，去帮助受教者本身学习。[①]

（三）教育环境：通过教育学习社会

池田认为，现今学校传授的知识与实际生活脱节，这也是许多人诟病学校教育的原因。要让教育环境成为培养人格价值、追求幸福的场域，要让学生学习实际的社会运作。

池田大作在与吉姆·加里森，也就是杜威协会前会长对谈时，加里森提到杜威的教育主张并非为了工作，而是通过工作学习，因为工作本质在于运用工具，从事社会行为。池田相当认同加里森的观点，并补充认为通过工作学习社会，会比学校所学的获得更多。[②] 因此检视创价教育学说，可以分析牧口常三郎主张的“半日学校制”，目的也是为生活做准备，从实际社会中学习。

三、从下而上的行动实例：青年教师实践池田教育主义

为改变台湾以考试为导向的教育模式，笔者与一群老师，以台湾大学叶丙成教授为中心人物创立了一间实验学校“无界塾”，其中的学生从小学五年级到高中三年级不等。办学的核心，就是希望创造一个能以孩子为中心的教育形态，我们期待通过实验对照，为台湾的教育改革找到出路。无界塾的核心教师群，包括笔者，平均不到30岁，皆为青年教师。

在笔者的教育改革实例中，全盘贯彻“引导”“陪伴”“学习”三要素，也以池田大作教育主义为教学哲学，实践在教育现场。

（一）重视每一个孩子：导师制度

1. 导师制度设计概念

心理学家艾瑞克森认为，青少年阶段最重要的“发展任务”就是“自我认同”。因此我们在无界塾规划了“导师制度”，期待导师所扮演的角色能够引导青少年在此阶段完整地建立自我认同。

导师制度发祥于师徒制，通过老师带领较少人数的学生，稳定地引导讨论学习，同时老师也扮演初级辅导角色，让学生的生活需求能即时被了解和解决。“导师制度”取代过去大班级的“班导师制度”，可以近距离且高频率地观察学生，与学生建立如同朋友般的关系。

---

① 牧口常三郎：《创价教育学体系〔3〕》（初版），刘焜辉编译，台北：正因文化事业有限公司，2010年，第77页。

② 参见池田大作等：《人本教育新潮流：杜威与创价教育》（初版），刘焜辉编译，台北：正因文化事业有限公司，2016年，第128—129页。

2. 实践导师制度

笔者是10位学生的导师，除平常授课外，作为导师，笔者也需要在课堂以外的时间与学生谈话。一位学生，每周每次谈话约一小时，所谈的范畴包含该周课堂学习状况、学校以外的活动、生活上的烦恼和人际互动，以及未来展望等，内容皆围绕以学生为中心的相关议题。

池田曾谈到青春期的特质：“自我意识及感受性增强，对周遭环境极为敏感，用严格不容犯错的眼光批评大人，对父母抱持失望与不满，不太愿意敞开心扉。”[①] 在笔者的教学现场也确实验证了此特质，青少年阶段的孩子与家庭及制度会有许多冲突。然而诚如池田所说，老师与学生进行深层心与心的交流，会开启学生的潜力。在实践导师制度过程中，确实见到学生愿意敞开心胸对谈，进而可以协助他们找到许多问题的解决之道。能有如此差异，总结经验有以下几点：

（1）改变上对下的不平等姿态。池田在谈话中，时常能让学生感受到“我永远是你的朋友”[②]，其中关键在于被关心的学生与池田处于平等的位置。作为教师的笔者，在进行导师谈话过程中，首先也是放下“教师符码”，扮演学生的朋友。例如，重新安排互动方式，包括坐一样高的椅子、尝试向前倾凑近学生、眼神直视对方眼睛，让学生感受到“我被重视”。同时改变使用语汇，减少使用“我”与“你”的词汇，用“我们”来取代，让学生了解作为“你的朋友”，我想要与你一起找出问题的解决之道。

（2）老师扮演的角色由“聆听分析”取代“做决定”。池田认为，教育要培养学生完整的人格，笔者认为“尊重学生的决定”是培养学生人格的重要过程。在导师对谈过程中，笔者鲜少表达作为老师的建议，甚至也不为学生做决定。让学生感受到“想法被尊重”，是通过倾听及梳理目前学生的问题，也抱持着学生必须学习为自己的决定负责的态度，就算是不成熟的决定，也是一种学习过程。让学生在每次谈话最后告诉我他的选择，作为老师仅表达对学生的决定给予最大支持及尊重。

担任导师角色时我发现，学生碰到问题时，第一时间会告知老师的比例提高了，老师能够介入进阶辅导，辅导也更加及时。

池田主张的教育主义，其中的关键就是让孩子发掘自己的能力，相信自己的可能性，也培养孩子创造价值的能力。导师通过使“老师与学生的角色平等”，创造一个让孩子敞开心灵分享的平台。“聆听及分析”，就是引导孩子发掘自我

---

① 池田大作：《谈新世纪人本教育》（二版），创价学会编译，台北：正因文化事业有限公司，2005年，第195页。

② 同上书，第202页。

的过程。池田曾说："唯有教师深厚的爱，才能开启学生封闭的心扉。"[①]

（二）履行人间革命的教师

传统的"尊师重道"塑造出老师在上的权威感，学生不得忤逆老师，老师似乎也是教育传递的唯一权威者。然而，池田教育主义认为，教育绝不是虚有其表，一定要抛开形式。[②]通过实践池田理念，笔者打破了老师的权威感，重塑师生关系为平等关系，从对话中能找出共识，也与学生创造双向学习的契机，同时记录下所有实践过程，找出改革教育的可能性。老师成为贯彻人间革命的动态主体，下面分成以下三点进行讨论：

1. 对话找出共识。老师并非全知全能，也非"至圣先师"，老师就是一般人，纵使准备的课程内容周全，也难免会有不足之处。笔者让自己面对学生的课堂质疑时，不以强硬的态度回应，而是放下情绪，与学生讨论，一起找出解答问题的方法。

2. 与学生共学。知识不再只是单向的，老师也可以与学生一同学习。在笔者的课堂设计中，有开放给学生提出建议的空间，学生常提供给我意想不到的答案，这是笔者在教育实践过程中最惊艳的部分，它创造了一个师生共学的契机。

3. 从课程设计找出改变教育的可能性。通过教育实践纪录，反思自己的课堂设计，并找出台湾目前教育改革的可能性。笔者经营自己的网志（博客），分享自己的教学内容，同时也在校外参与教师研习，分享自己的教学经验。

教育工作者在池田的教育主义中扮演着极重要的角色，能不停地自我成长是关键要素。教师自觉自己必须先好好努力，也是池田对教师的期待。同时将实践过程完整地予以记录，也是池田主张为改革教育找出方法的途径。笔者重塑过去作为权威者的教师角色，让教师贴近学生一起学习并引导陪伴，同时记录下自己的教学历程，公开分享自己的实践纪录。

（三）落实与社会接轨的课程设计：课程培养带得走的能力

池田在与吉姆·加里森及拉里·希克曼的对谈中提到"填鸭式"教学造成学生有死背和被动学习的情况。同时，在网络普及的时代，有的学生不知道怎么善用自己的时间，并产生了网瘾。[③]

笔者在课程设计上相当重视与社会接轨，课程中除了让学生安排自己的学习课程，进行时间规划，也大多能走入社会，从社会中学习。下面用以下几点来说明施行状况：

---

① 池田大作：《谈新世纪人本教育》（二版），创价学会编译，台北：正因文化事业有限公司，2005年，第44页。

② 同上书，第203页。

③ 同上书，第126页。

1. 自我安排课程。无界塾在设计课程时，安排了一周至少八小时时间让学生自行规划自学内容。学生在与笔者讨论后，对于自己的学习有架构规划，每周亦会与笔者探讨，在这样的实践下，学生明显能达到自学效果，对于时间的把控度也更高。

2. 田野课程。课堂只停留在教室是无法让学生认识社会的，因此笔者在课堂设计中，将课堂扩展到社会，使学生增加了许多户外学习的机会，同时也了解了社会脉动。

创价教育学中提到的理想课纲设计，就是让受教者与自然界及人类社会相调和，最后被引导到创造价值的生活。[①] 与创价教育学理念相一致，池田也主张，要让孩童走到社会中学习。笔者在课程实践中，发现学生的主动性明显提升，也落实了学校教育应让学生认识社会的理念。

结　论

作为青年教师的笔者，仍在持续为了教育改革而努力，以池田的教育主义作为教育哲学基础，联结学生与教育工作者，使笔者明显感受到自己与“以孩子为中心”的教育改革方向是一致的。

池田大作把教育视为整个社会的基础。他曾说：“不仅限于学校教育，包括家庭及社会之广泛含义的人性教育，是人类人格形成不可缺少的要件，即使说‘没有教育，人就不能成为人。’也并非言过其实。”他更说道：“只要是一个成长的人，无论其立场或环境如何，都可以带给别人教育上的触发。”[②]

或许透过实践池田大作教育主义的实例，能提供给台湾社会一个可能成功的方式，形成由下而上的改革动能，弥补教育改革上下联结的缺口。从更宏观的层面上来说，池田大作提倡的教育主义，不只是教师，也是人人都可以践行的社会变革。

---

① 参见牧口常三郎：《创价教育学体系〔4〕》（初版），刘焜辉编译，台北：正因文化事业有限公司，2010年，第155页。

② 池田大作等：《学是光：文明与教育的未来》（初版），刘焜辉编译，台北：正因文化事业有限公司，2009年，第84—86页。

人本主义

池田大作“民众外交”思想探析

——兼论“池田倡言”的历史意义与现实启迪

黄顺力 *

2018年是《中日和平友好条约》缔结40周年，也是池田大作先生发表石破天惊的《日中邦交正常化倡言》，即著名的“池田倡言”50周年。这一倡言的重要意义不仅在于它是第二次世界大战后日本国内在民众公开集会上提出日中邦交正常化的第一个建议，对1972年正式实现中日两国邦交正常化具有积极的推动作用和深远的影响，而且还在于自此后的半个世纪以来，池田大作及其领导的创价学会、创价大学沿“倡言”的思路对中日友好和世界和平所作出的令世人瞩目的丰功伟绩。

本文拟以池田大作的“民众外交”思想理念为研究对象，探讨其民众外交思想的内涵特征，并兼论“池田倡言”发表的历史意义及其对当下中日关系发展的现实启迪。

一、“民间外交”与“民众外交”释义

迄今为止，学界同人在研究讨论池田大作的外交思想时，大多均概言以“民间外交”思想。① 2016年10月22日，由中国南开大学与日本创价大学联合举办的第九届“池田大作思想国际学术研讨会”，即以“民间外交与文明融合”为大会研讨主题。围绕这一主题，与会学者贡献了许多真知灼见，令人受益匪浅。此外，值得一提的是，南开大学马克思主义教育学院博士生马明冲在2013年《井冈

* 黄顺力，厦门大学人文学院历史系教授、博士生导师，主要研究专业和方向为中国近现代史、思想文化史、海洋文明史。

① 此方面有分量的相关论述很多，作为池田大作思想研究重镇的南开大学学者对此贡献尤大。参见孔繁丰、纪亚光：《周恩来、池田大作与中日友好》，北京：中央文献出版社，2006年；王永祥、纪亚光：《周恩来和池田大作》，北京：中央文献出版社，2001年；纪亚光：《论池田大作民间外交思想与实践对日中友好的历史贡献》，载《和谐社会与和谐世界——“池田大作思想国际学术研讨会”论文集》，武汉：华中师范大学出版社，2007年；纪亚光：《民间外交与和谐世界——试论中日邦交正常化对构建和谐世界的启示》，载《多元文化与世界和谐——池田大作思想研究》，北京：人民出版社，2008年。成立于2006年的南开大学“周池会”，也是专门研究周恩来与池田大作民间外交思想与实践的青年学生学术团体，对研究和传播池田大作民间外交思想做了大量有益的工作。

山大学学报》上发表论文，提出池田大作“人间外交”思想的观点，也令人耳目一新。[①] 可以说，“民间外交”或“人间外交”，尤其是“民间外交”这一提法是迄今学界对池田大作外交思想的基本表述。[②] 毋庸置疑，“民间外交”这种表述对于我们学习和理解池田大作先生的外交思想是有益处的。

然而，若从学理或学术意义上进行深入探究，笔者则以为，若能以“民众外交”来表述池田大作先生的外交思想理念，似应更为恰当，也更加符合池田先生整个思想体系的核心价值和基本主张。这主要基于如下三点理由：

（一）从学理或学术层面上看，“民间外交”这一概念或提法有其特定的含义和范畴

我们知道，新中国成立之初面对的国际环境相当严峻，当时的西方国家对新中国实行敌视和遏制政策，在国际事务上对新中国进行打压，经济上实施禁运和封锁，甚至后来同为社会主义阵营的苏联与新中国的关系也出现裂痕。新中国与许多国家间的外交工作受到严重阻遏。在这种情况下，为了打开外交局面，中国政府提出了官民并举、以民促官的外交工作基本思路，以民间先行的方式去推动官方外交的开拓与发展。在这方面，最为典型的事例就是对日关系的开展。

早在20世纪50年代初，周恩来总理在对日工作中就非常强调“民间先行”的积极作用。他说：“过去一年来，中日两国人民之间的来往较前频繁，经过两国人民团体之间的友好协商，在渔业和贸易方面也都取得了积极的成果。”[③] 周总理认为在中日两国政府间的官方外交难以进行之前，两国民间团体之间前期的频繁来往，将有利于之后政府关系的改善。因为日本朋友来得越多，“就越能为中日两国的友好和建立外交关系铺平道路”[④]。先行推进民间交流，缔结民间协定，并努力“将其作为政府间协定以求解决实际问题”，将能够“以这种‘积累’的方式打通邦交”。[⑤]

很明显，周总理是将民间交流和缔结民间协定这种“积累的方式”或“过渡的办法”，作为推展中日政府间官方外交的重要组成部分，民间先行，以民促官，为中日两国的友好和建立外交关系铺平道路。[⑥]

① 参见马明冲：《池田大作人间外交思想初探》，《井冈山大学学报（社会科学版）》2013年第2期。

② 另外，有些论者还有诸如“亲善外交”“公民外交”等表述，但因未进行专题探讨，故这里暂不列入讨论。

③ 田桓主编《战后中日关系文献集（1945—1970）》，北京：中国社会科学出版社，1996年，第212页。

④ 同上书，第291页。

⑤ 同上书，第294页。

⑥ 周总理还在多种场合说明中日间这种“积累的方式”，实际上也是官方关系正常化之前的“过渡的办法”，而且希望“日本政府目前至少要和中国政府一样，找些积极过渡的办法，以便将来建交”。参见田桓主编《战后中日关系文献集（1945—1970）》，北京：中国社会科学出版社，1996年，第295页。

1957年，周总理还将中日之间的民间交流和缔结民间协定方式称为“国民外交”①，抑或可称为“人民外交”②，认为要打破中日邦交关系的困难局面，必须“先从中日两国人民进行国民外交，再从国民外交发展到半官方外交”。他还说：“中日两国人民团体的来往，已经创造了新的纪录，这就是两国人民团体彼此达成了许多协议，而且由两国人民团体来执行。”“在两国政府尚未来往和签订协议的时候，直接办起外交，解决了许多问题。”③长此以往，水到渠成，中日邦交正常化必将到来。

对于这种以民间往来的“国民外交”方式，周总理还特意强调指出：“我们这样的做法，可以说是在国际关系史上创造了新的范例。我们是抱着这样愉快的有希望的心情来进行国民外交的，我们把国民外交看成我们外交的重要组成部分。”④与此同时，他还多次对中国政府的整体外交有过基本的界定：中国的外交是官方的、半官方的和民间的三者结合起来的外交。⑤

很显然，周总理所说的（民间的）“国民外交”即有着新中国独创的、鲜明的“民间外交”的含义。这正如后来曾任国务院副总理兼外交部部长的陈毅所指出的：“中国的人民外交，是通过政府外交和民间外交两种形式来实现的。这两种形式的密切结合和灵活运用，构成了我们人民外交的体系，成为我们对外工作的最大特色。”⑥

由上可见，“民间外交”这一概念或提法实际上有其特定的含义和范畴，它作为新中国官方外交的重要组成部分而发挥其独特的历史作用，为新中国的整体外交构建和谐的国际条件和稳固的民意基础，是新中国面对严峻的国际形势而在现代国际关系史上创造出的新的范例。基于此，既然“民间外交”这一概念或提

---

① “国民外交”一词最初大约出现于清末民初，大意是要以“新国民”的特质开展以官方和民间相结合的外交活动来争取国家应有的国际地位。后来因一战结束后中国政府在巴黎和会和华盛顿会议上的外交失败，以及此后爆发的五卅运动和废除不平等条约运动等，使“国民外交”理念在社会上得到较为普遍的反响。周总理在这里引用“国民外交”一词主要是从民间先行、以民促官的角度来说明中日关系的发展趋势，有明显的“民间外交”的含义。

② 新中国成立后也有过“人民外交”的提法，这一提法大约源自苏联时期提出的“人民外交”的概念。其主要含义在于：（1）不同于以往只代表统治阶级或某个集团利益的外交活动，而是由人民政府代表全体人民的根本利益去开展“人民外交”的外交活动；（2）在人民政府主导下组成的人民团体开展相较政府间更为灵活多样的“人民外交”活动。但显而易见，无论是“国民外交”还是“人民外交”，都不同程度含有“民间外交”的色彩，其虽与官方外交有所区别，但又紧密结合，尤其在性质上都是由官方主导，只是在活动形式上有所区别而已。

③ 田桓主编《战后中日关系文献集（1945—1970）》，北京：中国社会科学出版社，1996年，第282页。

④ 同上书，第313页。

⑤ 参见陈昊苏：《民间外交论》，2004年5月3日，http://www.cpaffc.org.cn。

⑥ 转引自张胜军：《民间外交的内涵与特征——以新中国的基本经验为考察》，《当代世界》2017年第4期。

法有着特定的含义和范畴，那么，我们在运用这一概念或提法时也应比较谨慎。

（二）从具体实践上看，“民间外交”活动的主体并非完全意义的、非官方指向的“民间”团体或“民间”组织

由于“民间外交”有其特定含义和范畴，其活动主体从一开始就难以从性质上区分究竟是“官方”的抑或“非官方”的。例如，我们从事“民间外交”活动的行为主体最主要的是“中国人民对外友好协会”（简称“全国对外友协”或“对外友协”）。[①] 除全国对外友协之外，各省、自治区、直辖市及部分市、区、县还设立有地方友协。还有诸如1949年10月5日新中国成立的第一个国别友协“中苏友好协会全国总会”（1992年改称“中俄友协”）、20世纪60年代开始先后成立的“中国非洲友好协会”和“中国拉丁美洲友好协会”、21世纪初成立的“中国欧盟协会”和“中国阿拉伯国家友好协会”等大洲或准大洲友协，以及1963年10月4日为适应对日本开展民间友好工作的需要而成立的“中日友协”，还包括各种层次的“贸易促进会”“文化体育交流协会”，等等，这些都是从事各种各样的民间外交活动的主体，但其官方背景是显而易见的。

这种情况与我们一般理解的“民间外交”——其活动主体也应为纯民间的社会团体和民间组织——显然有所不同。而且，更重要的是，这种“民间外交”主体所开展的各种活动，政府（官方）在其中始终是主导，社会团体、民间组织是执行和辅助，只不过在活动的形式上、沟通上更加灵活多样，较具亲和力和广泛性，且有更高的群众参与度罢了。正如中日邦交正常化之前，中日两国通过民间组织签订的各项经济、贸易、渔业、文化交流等协议，在日本方面或可能民间色彩较为浓厚些，而在中国方面则显然是政府主导下的“民间外交”，当时包括松村谦三、高碕达之助等日本友好人士多次率企业家代表团访华，高碕达之助还与廖承志签订《中日长期综合贸易备忘录》等，“民间外交”活动的背后实际上已具备“半官方外交”的性质。周恩来总理就明确说过：“高碕达之助先生是日本执政党自由民主党的人士，能说他同日本官方没有关系吗？廖承志是共产党员，怎么能说他同我没有关系？”[②]

因此，有比较就有鉴别。对比同为中日邦交正常化之前的1968年，池田大作所领导的创价学会纯粹是日本民间的社会民众组织，也没有什么官方背景，他

① 全国对外友协成立于1954年5月，最初使用的名称是“中国人民对外文化协会”，由楚图南担任首任会长，1969年改为现名。宋庆龄、邓颖超先后担任过对外友协的名誉会长，王国权、柴泽民、王炳南、章文晋、韩叙、齐怀远、陈昊苏、李小林等先后担任会长，现任会长为林松添。其官方背景是不言而喻的。

② 李锦坤、刘玉珊、王贵书编著《中日关系中的周恩来与池田大作》，北京：中央文献出版社，2006年，第181页。

公开发表“倡言”，大声呼吁要实现日中邦交正常化，恢复中国在联合国的合法席位，显然也不是其时日本政府的官方意愿，更不是官方主导的“民间外交”活动，而是与广大日本民众要求日中友好的心声相呼应的、真正的“民众外交”行为。因此，从“民间外交”活动主体的具体实践上看，如果笼统简单地将池田先生的外交思想理念也表述成为我们一般所理解的、约定俗成的“民间外交”应是可以商榷的。

（三）从对象、目的和作用来看，“民间外交”有着明确的服务对象，其为国家（官方）整体外交服务的目的和作用也是相一致的

由于“民间外交”是中华人民共和国因应当时特殊、严峻的国际形势而创造出的新的外交范例，因此，作为国家整体外交的组成部分，“民间外交”自然有配合官方外交目标的责任和义务，其服务于国家整体外交这一对象始终很明确，也是毫无疑义的。

而且，虽然中华人民共和国整体外交的根本任务统而言之是通过增进中国人民与世界各国人民之间的友谊推动国家关系的发展，但毫无疑问的是，它所开展的民间对外交往和交流活动，始终与中国政府所从事的官方外交是相对应的，其活动的目的和作用也是一致的。[①] 中日邦交正常化之前，我们开展的各种“民间外交”活动都是如此。20世纪70年代初，中美两国乒乓球队互邀访问，开启中美友好交往大门的“乒乓外交”也是如此，我们都将其称为“民间外交”，但很显然，这并非普通语义上的“民间”外交，而是有其特定的含义和范畴。故此，有外交学学者曾将“民间外交”定义为：“（在）中国共产党领导下，通过增进人民之间的友谊，推动国家关系发展的对外交往和交流活动。”[②] 我认为，这一定义虽然比较简洁，但基本含义和运用范畴却是准确的。

由此相较亦可清楚地了解，50年前，池田大作发表《日中邦交正常化倡言》，是在日中两国关系“冷到极点的1968年”[③]，冒着与当时日本政府（官方）外交政策相悖的极大风险而公开呼吁恢复日中邦交，这里显然没有“官方”行为或“官方”主导的影子。而且，更重要的是，池田大作从一开始就主张在两

---

① 2009年12月19日，时任对外友协副会长的李小林在清华大学举办的中美关系研讨会上明确提出：“我们所开展的民间外交，并不是中国民众与国外民众普通的往来，而是在各级政府的组织和支持下，由特定的机构和人士以民间形式出现，有针对性地与国外组织和个人开展合作。通过这些交流合作，使国外的组织和个人了解中国、热爱中国，进而借重这些组织和个人在本国的影响力，逐步在该国形成对华友好的积极气氛和舆论环境，推动该国对华关系的发展深化。民间外交可以以更直接、更具亲和力的形式做好外国公众和主流社会人士的友好工作，可以更有效地展示本国的文化吸引力和政治影响力，改善国际舆论环境，维护国家利益。”

② 张胜军：《民间外交的内涵与特征——以新中国的基本经验为考察》，《当代世界》2017年第4期。

③ 何劲松编选《池田大作集》，上海：上海远东出版社，2003年，第271页。

国邦交关系正常化问题上，要把视野和落脚点放在“民众与民众”的互相理解和交流上，才能突破“国家与国家”之间僵化的现状。为此，他非常明确地指出：“一般所谓的邦交正常化，是彼此的国民之间能互相理解和交流以增进彼此的利益，乃至能为推进世界和平作出贡献，才具有意义。因而就日中邦交来说，其对象的实体也应当是中国七亿一千万民众。无视这一点，死抱住单纯条约上的‘大义名分’[①]，不管怎样自称合乎情理，也毫无意义。”[②] 他还无所畏惧地表示：“我之所以敢于呼吁恢复日中邦交，也是由于我认为，没有同人类1/5的中国广大民众的友好，任何和平论、未来发展归根结底都是空想。”[③]

50年来，池田大作先生及其领导的创价学会、国际创价学会就是这样始终坚定不移地通过开展日中两国民众之间，以及世界各国民众之间的友好与交流，构筑起日中友好、亚洲与世界和平的基石，这种以亿万普罗“民众”为实体对象，且扎根于“民众”的外交活动，正是我们之所以将池田大作外交思想称为“民众外交”思想的理由和意义所在。[④]

二、池田大作“民众外交”思想的内涵特征

那么，我们应如何认识和理解池田大作“民众外交”思想主要的内涵特征呢？

我认为，池田大作民众外交思想主要的内涵特征表现在如下三个方面：

（一）坚信民众（草根）力量是外交的基石，也即“民众外交”的行为主体始终是民众本身

一般而言，国家间的外交事务，主要是政府层面或政治家们基于各自国家的利益而展开的各种博弈，普通民众所能做的事似乎并不多，但池田先生始终坚定地认为：民众的力量能够成为改变国家关系，包括日中两国关系的决定性因素。在日中邦交正常化之前，两国关系的基本状况是“政冷经热”，在政府层面上因所谓的“大义名分”而互不往来，但在民间经济层面上，却保持着密切的互动关系。这种情况实际上反映了民间民众力量在日中关系发展中所扮演的重要角色，也是后来日中邦交关系得以恢复的最重要因素。池田先生虽然认为，两国邦交的

---

① 指1952年日本政府与台湾当局签订了“日华条约”，具有所谓的“邦交关系”。

② 池田大作：《中国问题正是实现世界和平的关键》，载《我的中国观》，卞立强等译，成都：四川人民出版社，2009年，第8页。

③ 卞立强编译《日中恢复邦交秘话》，北京：经济日报出版社，1998年，第79页。

④ 笔者以为，严格意义上讲，“民间”无外交，只有“民间”的交流，但可以有“民众”外交，即以民促官，以民众的力量推动官方外交活动的进展。“池田倡言”的目标取向非常明显，不同于一般的民众交流活动，它的目标是以民众的力量促进日中两国国家邦交关系的正常化，因而也能迅速得到日中两国有识之士的赞赏和回应。一句话，民间外交“以民促官”的“民”，是“民间先行”之意，而民众外交“以民促官”的“民”，则是“民众力量”之体现。

恢复需要由“两国的总理、最高负责人对话，确认对待和平的基本的共识，从大局、基本方针路线来落实，然后才涉及细节问题，按照这种演绎的方法来进行，我认为是解决问题的捷径”。但当时的日本政府“既不承认中国政府，也不想恢复邦交，就连微弱的贸易往来也在逐年减少”，在这种情况下，以民众的力量来促进政府外交方向的改变就显得非常重要。① 正是基于这种“以民促官”的民众外交理念，池田大作以大无畏的精神和勇气发表“池田倡言”，以民间广大民众的力量“督促官方与中国恢复外交关系”②。

笔者认为，在这个意义上，池田大作坚信民众（草根）力量是外交的基石实际上具有两层含义：

一是民心所向，即如中国古语所说的“国之交在于民相亲”。日中邦交关系正常化只有建立在“彼此的国民之间能互相理解和交流以增进彼此的利益”③的基础上才是牢固的，有意义的。如果日中两国之间的民众友谊牢不可破，彼此间存在着互信和共识，那么，所谓的国家邦交关系想不正常化也都是难事，因为，国与国的关系最终要落实到人，通过人的交往表现出来，而良好的国家邦交关系正是政府和民众共同努力、积少成多、积沙成塔的结果。同样道理，邦交正常化的长久维护，关键也在于“民众的心”，政治、经济方面的往来虽然是重要的，“但维持更长久的友好交流的，还得是连接人民与人民的‘心的纽带’。如果缺少人民之间的信赖关系，那么就算在政治、经济上有什么样的关系也是等于空中楼阁。政治、经济之‘船’，是需要有‘人民’这大海，才能够航行的”④。

二是民众团结，即日中邦交关系正常化需要全体民众，“包括公明党在内的在野党能团结起来，承担起这个任务”⑤，才能顺利解决这个本属于国家层面的外交难题，这也正是“民众外交”的力量所在！此后，在开展日中友好与促进世界和平的各种民众外交活动中，池田先生都不断地强调，在当今这个大动荡的时代，“不单是个人，所有的民众都不应再成为历史的配角”。“在纵的一面，我们应确立起自立的形象；在横的一面，人与人之间，世界的市民与市民之间，应该互相团结起来，并且把团结广泛地推广开去，使之成为一股声势浩大的

---

① 池田大作：《中国问题正是实现世界和平的关键》，载《我的中国观》，卞立强等译，成都：四川人民出版社，2009年，第8、5页。

② 李锦坤、刘玉珊、王贵书编著《中日关系中的周恩来与池田大作》，北京：中央文献出版社，2006年，第277页。

③ 池田大作：《中国问题正是实现世界和平的关键》，载《我的中国观》，卞立强等译，成都：四川人民出版社，2009年，第8页。

④ 池田大作：《教育之道，文化之桥》，在北京大学的演讲，1990年5月28日。

⑤ 池田大作：《中国问题正是实现世界和平的关键》，载《我的中国观》，卞立强等译，成都：四川人民出版社，2009年，第8页。

浪潮。”[①] 因此，他对日中邦交关系发展的展望是：“现在日中邦交的大门打开了，但是，只靠政府方面的交往达不到真正的正常化。重要的是架起友情之桥、信赖之桥，把民众的心牢固地连在一起。民众是海，开放民众交流的大海，交流的航船才能来来往往，还有文化、教育的交流，人的交流，要架起永远不会垮掉的日中友好的金桥！”[②]

事实也的确如此，中日友好事业需要两国广大民众的共同参与和努力，两国关系的友好，只有两国民众间的友好才是真正的友好。“人民和人民间的心的纽带是眼睛看不见的，正因为看不见，所以才牢固。正因为无形，所以才是普遍的、永久的纽带。”[③] 日中邦交关系的发展，需要“一个人一个人地努力，即使就像水滴那样微小，但终究会穿透石头，而无数的水滴将会汇成能掀动并冲走岩石的大河”[④]。这“无数的水滴”所汇成的“大河”就是民众的力量！

从这里，我们可以由衷地体会到池田大作先生为何数十年如一日地致力于推进日中民众间“和平”“文化”“教育”交流的良苦用心，也可以更加深刻地理解他对“使日中人民间的纽带永远牢固的根本力量”，即民众的力量，充满期待和信赖的意义所在。

从坚信民众（草根）力量是外交的基石，具体落实到学理或学术意义上的“民众外交”活动的行为主体上，很显然，池田大作民众外交的行为主体始终就是纯粹意义的包括在野党在内的民间组织、民间团体，以及芸芸众生中的每一个国民民众个体，是由这些“无数的水滴”所汇成的民众“大河”，这就是其“民众外交”思想的第一个最主要的内涵特征。

（二）以日中友好、亚洲与世界和平为外交的整体目标，确立广大民众所向往的人类和平友好事业始终是“民众外交”的服务对象

致力于日中邦交关系正常化，维护日中友好，促进亚洲与世界和平是池田大作民众外交思想所追求的整体目标，也自始至终都是其民众外交的服务对象。

早在1968年，池田大作在论述“中国问题正是实现世界和平的关键”这一观点时，已明确指出：“（当时）中国在国际社会中的处境，是既未参加联合国，同其他国家也仅仅是结成极其不稳定的外交关系，实际上是被包在所谓的‘竹幕’之中……如果不让这个被当作国际社会异端似的中国处于同其他国家一样平等、公正地交往的状态，那就永远不可能实现亚洲和世界的和平。”但其时的

---

① 池田大作：《人才是创造历史的主角》，在上海复旦大学的演讲，1984年6月9日。

② 池田大作：《新人间革命》第13卷，《国际创价学会通讯》第5389号。

③ 池田大作：《教育之道，文化之桥》，在北京大学的演讲，1990年5月28日。

④ 池田大作：《走向和平之康庄大道》，在北京大学的演讲，1984年6月5日。

日本政府却“无视中国大陆七亿一千万民众，好像他们根本不存在似的”，不仅“在日中两国之间，以前战争的伤痕至今还没有消失”，而且由于“日本（当时）已纳入中国最厌恶的美国的核保护伞之下，既不承认中国政府，也不想恢复邦交”。如果再这样原封不动地安心于现在的体制，不采取任何前进的措施，不仅会日益加深战争的危机，而且日本目前的繁荣很快也会成为一场梦幻。[①]

正是出于这种深深的忧虑，池田先生公开呼吁日本要重视中国问题的存在，要与中国实现邦交关系正常化，要求恢复中国在联合国的合法席位：“第一，要正式承认中国政府的存在；第二，要为中国准备在联合国的合法席位，让其具有参加国际讨论的场所；第三，要广泛推进经济和文化的交流。”主张日中邦交的对象实体是中国的七亿一千万民众，邦交正常化的目标是“彼此的国民之间能互相理解和交流以增进彼此的利益，乃至能为推进世界和平作出贡献，才具有意义”[②]。可以说，池田大作从提出《日中邦交关系正常化》倡言伊始，就将日中友好、亚洲与世界和平作为其民众外交的整体目标，并数十年如一日地为之进行不懈的奋斗和努力。

从其思想与行动（实践）的高度统一上看也是如此。我们知道，和平、教育和文化是池田大作思想体系的三大支柱。1971年4月，池田大作亲手创办的创价大学，确定其办学宗旨和办学精神是：成为人本教育的最高学府，成为建设伟大的新文化的摇篮，成为维护人类和平的堡垒。后来，他在不同场合也多次强调：“创价大学的办学宗旨是：‘保护人类和平的堡垒’，这也寄托了我满腔的热情。”[③] 创价大学创办数十年来的发展历程已完全证明了这一点！

池田先生始终坚信日中邦交关系正常化、日中两国要世代友好下去，关键在于发展两国人民之间的友好关系，尤其是青年一代的相互友好，“当诸位很快将成为社会中坚的时候，日本青年和中国青年应当能够携起手来，含着微笑，为建设光明的世界而努力。只有以日中友好为基础，全体亚洲人民互相帮助、共同合作，才能驱散笼罩在今日亚洲大地上的战争的残酷与贫困的乌云，希望与幸福的阳光才会普照大地”[④]。

---

① 参见池田大作：《中国问题正是实现世界和平的关键》，载《我的中国观》，卞立强等译，成都：四川人民出版社，2009年，第5、15页。

② 同上书，第5页。

③ 池田大作、戈尔巴乔夫：《20世纪的精神教训》，孙立川译，北京：社会科学文献出版社，2005年，第343页。

④ 池田大作：《中国问题正是实现世界和平的关键》，载《我的中国观》，卞立强等译，成都：四川人民出版社，2009年，第5页。

上述这些均表明池田大作开展民众外交的目的就是为了促进日中邦交关系正常化，服务于日中两国友好，实现亚洲与世界和平这一整体性目标，它也真实地反映出日中两国，也包括亚洲和世界各国广大民众厌恶战争、向往和平的内在心声，并鲜明地体现出池田大作民众外交思想的第二个重要内涵特征。

（三）坚持全方位的、心灵沟通的平等对话作为外交活动的基本途径，这是池田大作民众外交思想的第三个内涵特征

外交事务作为国家层面的政治博弈，形式上当然主要是政府首脑、政治家们之间的对话。池田先生在“倡言”中呼吁“日本政府一定要同北京的中国政府对话”，也希望用“一开始就由两国的总理、最高负责人对话，确认对待和平的基本的共识，从大局、基本方针路线来落实，然后才涉及细节问题”这种演绎的方法来解决邦交问题。[①] 但值得我们注意的是，他主张的这种外交“对话”途径，并不是仅局限于国家层面的政府首脑、政治家之间，而是要扩展为国家间广大民众的一种全方位的、注重人与人之间心灵沟通的平等对话。

他认为，如果政府间的“对话”顺利，“日中两国首脑能够不屈不挠、反复多次进行向前看的谈判，不管有多大困难，一定会发现解决问题的光明前景”。但问题是，当时的日本没有与中国恢复邦交关系的诚意，中国因此也不会理睬敌视自己的日本当局，政府间的“对话”显然难以进行。“为了顺利解决这个难题，我希望包括公明党在内的在野党能团结起来，承担起这个任务。”[②] 而且，池田先生还强调指出，面向未来，是青年的特权。为了未来亚洲的繁荣和世界的和平，同中国的邦交正常化和支持中国恢复联合国合法席位是其中最重要的关键，要引导青年们为此大力开展活动，展开全部的努力，这正是为政者和领导者的责任。[③] 这就把原本属于国家层面的“外交”对话途径，扩大到在野的政党组织、民间团体和广大民众，尤其是青年一代的对话上，因为，“同中国的邦交正常化对于亚洲和平来讲是非常重要的。我们不能把战争的创伤留到与战争无直接关系的年轻人身上；为了年轻一代，为了21世纪，应该尽一切力量把友好留给他们”[④]。

在《日中邦交正常化倡言》发表后的数十年间，池田先生身体力行，不仅在日中关系发展问题上，而且在全世界范围内践行其全方位的、带有浓厚民众色彩

---

① 参见池田大作：《中国问题正是实现世界和平的关键》，载《我的中国观》，卞立强等译，成都：四川人民出版社，2009年，第8页。

② 同上。

③ 同上书，第11页。

④ 何劲松编选《池田大作集》，上海：上海远东出版社，2003年，第271页。

的平等对话[①]，对日中友好、亚洲与世界和平作出了巨大的贡献。

概言之，“‘只有对话才是和平的王道’——只要人类历史不停止前进，人类就不得不永远肩负这一命题”[②]。在现代国际关系错综复杂的外交事务和纷繁多彩的各种交流中，不论是国家层面，还是民间层面，的的确确只有本着和平、文明、平等的精神，通过有诚意的对话和会谈，才能使双方真正而透彻地理解对方在想什么，为什么这么想，双方能够在什么范围、在何种程度上求同存异、求同化异，从而在互信的基础上产生大胆的思想和行动，打破双方所面临的僵局，为进一步的勇敢抉择铺平道路。[③]

数十年来的“民众外交”实践证明，池田大作极力倡导的和平、文明、平等的“对话”，已经成为当今世界避免冲突、化解分歧、扩大共识而走向和平的有效途径和极其宝贵的思想财富。当然，这也是其民众外交思想理念中第三个重要的内涵特征。

池田先生在表明自己冀望以民众的力量来促进日中邦交关系正常化时曾说：“在督促官方与中国恢复外交关系的时候，我考虑的是整个亚洲的和平和稳定，考虑的是中国和日本在人类所取得的成就中所起的巨大作用。我处理这一问题的方法是这样的：首先中国和日本必须建立持久的友好关系，此后两国必须在亚洲建立和平的事业中充当先锋，并期望每一个亚洲国家都参与这一事业。因为这是我在这一问题上的基本哲学，虽然听起来这一想法过于大胆，但我很早就是日中恢复邦交事业的举旗之人。”[④]

半个世纪之前就倡言“以民促官”，以民众的力量来促进恢复日中邦交事业，池田大作先生是当之无愧且实至名归的举旗之人！

由此，我们可以简要论之，如果说，“民间外交”是新中国面对严峻的国际形势而在现代国际关系史上创造出的新的外交范例，那么与此相似，“民众外交”可以说是池田大作在促进日中邦交正常化的特殊时期创造出现代国际关系史上另一新的外交范例，其在中日关系发展史，乃至整个现代国际关系史上的重要意义都同样不可低估。

---

① 众所周知，池田大作先生是世界上开展全方位的、和平文明平等“对话”最多的思想家、宗教家和社会活动家。据有学者不完全的统计，数十年来池田大作先生与世界各国以及日本国内的各类人物的对话、对谈已有数千场，有记录的有1700多次，出版了40余本对谈集。对话的对象既有各国贤哲和著名人士，包括哲学家、科学家、作家、诗人、政治家、国家领导人、宗教研究家、企业家、大学校长、艺术家、历史学家等，也有一般的医生、教师、和平主义者、宗教信徒、青年学生和普通市民，等等。可以说，池田先生是一位当代最伟大的和平、文明、平等“对话”之路的开拓者和实践者。

② 池田大作：《面向新世纪——人本主义的对话》，国际创价学会编，2005年，第5页。

③ 参见何劲松编选《池田大作集》，上海：上海远东出版社，2003年，第157页。

④ 同上书，第149页。

三、结语:“池田倡言”的历史意义及其现代启迪

前文用了较大的篇幅讨论了新中国的“民间外交”与池田大作的“民众外交”的相似与不同之处，也论及了池田大作民众外交思想的内涵特征问题，这里简述池田先生在50年前发表“池田倡言”的历史意义及其现代启迪，以作为本文的结语。

笔者认为，“池田倡言”发表的历史意义及其给我们的现代启迪在于：

首先是“勇气”。在半个世纪前日中两国之间没有邦交关系，甚至连战争状态也没有在真正意义上结束的险恶形势下，“只要说一声‘要同中国交往’，就会受到人们白眼相看。能在这样的时代堂堂正正地呼吁‘日中友好’，那确实是‘豁出性命的战斗’，可以看作是日中关系历史上的‘转折点’”①，这需要何等的勇气！

光阴似箭，日月如梭。如今虽然中日恢复邦交已近半个世纪，两国签订和平友好条约业已40余年，但毋庸讳言，当今中日关系的发展并不尽如人意，在某种程度上仍然还处在敏感的非常时期。因而，在非常时期更需要有非凡的勇气，要冲破当前中日关系发展的障碍，中日双方的所有有识之士都应该可以从“池田倡言”所蕴含的非凡勇气中汲取“战斗的力量”！

其次是“胸襟”。这里的胸襟，不仅是指政府首脑、国家领导人、精英人士要有胸襟，而且指中日两国的广大民众也要有胸襟。正如“池田倡言”所呼吁的:“国家和民族在国际社会中不能是像过去那样唯利是图的集团。只有立足于广阔的国际视野，主动地为和平和繁荣以及文化的发展和进步不断地作出贡献，才能称得上新世纪的有价值的民族。”② 在冲破中日关系发展障碍的问题上，中日双方是否都能立足于为亚洲的繁荣和世界的和平这样广阔的国际视野，这不仅发人深省，而且至关重要。

再次是“情绪”。这里所说的“情绪”，是指狭隘的民族主义情绪，中日双方都要管理好自己的民族主义情绪。要牢记：狭隘的、过激的民族主义情绪是一把双刃剑，它所产生的敌意会使国家间的关系变得复杂而难以收拾。外交不是零和游戏，而应是追求双赢的结果。池田先生当年在“倡言”中就提出以世界

---

① 西园寺一晃：《周总理一定要会见的人》，《创价》1997年9月号，转引自卞立强编译《日中恢复邦交秘话》，北京：经济日报出版社，1998年，第116页。

② 池田大作：《中国问题正是实现世界和平的关键》，载《我的中国观》，成都：四川人民出版社，2009年，第15页。

民族主义的理念和广阔的国际视野，来解决狭隘的民族主义问题。此后，作为对历史发展趋势和维护人类和平的深层思考，他在《和平世纪的倡言》中进一步提议：“把迈向21世纪所不可避免的思想改革归纳为三点：第一，‘从知识转向智能’；第二，‘从单元化转向多元化’；第三，‘从国家主权转向人的主权’。”① 这三点改革设想都是为了树立起世界民族主义的基本理念，培养出尽可能多的持有“人类利益”这种具有广阔视野的世界市民。

最后是“对话”。平等对话始终是实现国家外交正常化的有效途径。“由人引起的问题，始终要由人来解决。”② 要通过平等对话打开“历史问题”的僵局，也要通过平等对话开创解决“现实问题”的途径。当年，池田先生以真诚的“对话”为途径促进日中邦交正常化的努力已展现出独特的价值魅力。正如其时日本时政评论员阿部光弘所指出的：“外交是建立在信赖的积累上。语言、思想、思维、社会制度不同的民族、国家不会突然一下子互相握手。如果背负着过去的某种包袱，那就会更加困难。……（但）尽管如此，我还是深深感到历史是由人创造的。”③ 当今，为了要把全世界所有民族都能够共存的和平的地球赠给下一代人，同样需要中日两国，包括广大民众的真诚对话，才能产生出人与人之间的信赖，恢复一度崩溃了的国与国之间的信赖。

“德不孤，仁人虽稀，并非天下全无。”④ 在任何时候与任何情况下，只要愿意开展真诚的对话，和解、共存、和平的道路总是可以走得通的。

问题是我们要有勇气、有胸襟……

① 池田大作：《和平世纪的倡言》，香港创价学会译，香港：天地图书有限公司，1997年，第95页。
② 池田大作：《面向新世纪——人本主义的对话》，国际创价学会编，2005年，第5页。
③ 卞立强编译：《日中恢复邦交秘话》，北京：经济日报出版社，1998年，第126页。
④ 同上书，第89页。

“池田倡言”与池田大作的“中国足迹”

——纪念《中日和平友好条约》40周年和“池田倡言”50周年

林 昶*

40年前的1978年10月23日，《中日和平友好条约》批准书互换仪式在东京日本首相官邸隆重举行。中日签署“互换《中华人民共和国和日本国和平友好条约》批准书的证书”，互换批准书正本，条约从此生效。

一、条约与“中日关系掘井人”

《中日和平友好条约》是中日关系史上的一座丰碑。条约由序文和五条协议构成，文本高度凝练，全文不足800字。今天看似极为平凡的文字，在当年却意义非凡，于今亦具现实意味。

《中日和平友好条约》的缔结，在政治上进一步肯定了中日友好关系，是1972年两国政府联合声明和邦交正常化的继续和发展。它为中日睦邻友好关系奠定了更加稳固的基础，也对维护亚洲和太平洋地区的和平与稳定产生了积极影响。

虽然从字面上看，条约延续了《中日联合声明》的各项原则，但作为国际长期有效的政治协议，却是中日关系有史以来两国第一次以法律形式规定了和平友好的大方向。条约载明：“缔约双方应在互相尊重主权和领土完整、互不侵犯、互不干涉内政、平等互利、和平共处各项原则的基础上，发展两国间持久的和平友好关系。”“缔约双方确认，在相互关系中，用和平手段解决一切争端，而不诉诸武力和武力威胁。”“缔约双方将本着睦邻友好的精神，按照平等互利和互不干涉内政的原则，为进一步发展两国之间的经济关系和文化关系，促进两国人民的往来而努力。”①

回顾《中日和平友好条约》的缔结过程，中日因条约第二条而颇费周折——围绕“反霸条款”，双方展开了旷日持久的谈判。日本领导人认为，这一条款矛头是指苏联的威胁，势将影响日苏关系。中国领导人则认为，这一条款不仅是针

* 林昶，中华日本学会编辑出版部前主任，中国社会科学院日本研究所《日本学刊》编辑部前主任、编审，研究方向为新中国对日外交。

① 《中华人民共和国和日本国和平友好条约》，《人民日报》1978年8月13日，第3版。

对当时的苏联霸权主义行径，也是中日两国政府和领导人面对世界错综复杂形势的一种庄严承诺。事实证明，中国领导人认识更具远见卓识——尽管当今国际局势发生了深刻变化，但条约的“永不称霸”精神没有变，对于中日两国这一对经济总量位居亚洲第一、第二，世界第二、第三的大国来说，仍然是一种自我约束，对其他国际行为体也仍有着鲜明指向，因而其意义亦颇为现实和深远。历时六载、经过中日双方克服障碍最终达成的条款郑重宣示：“缔约双方表明：任何一方都不应在亚洲和太平洋地区或其他任何地区谋求霸权，并反对任何其他国家或国家集团建立这种霸权的努力。”①

《中日和平友好条约》是中日两国前辈辛勤耕耘、播洒汗水的硕果，两国政治家和有识之士为之呕心沥血、殚精竭虑。他们是中日友好关系的“掘井人”。在条约缔结40周年的今天，中日关系的密切程度达到史上空前的广度和深度，各个领域的交流与合作取得了长足进展。特别重要的是，条约精神在中日两国深入人心，“持久和平友好”成为两国政府和人民的共识。

周恩来总理曾经在多个场合说过“饮水不忘掘井人”。抚今追昔，饮水思源，每当人们看到中日两国人民享受着双边关系深入发展带来的丰硕果实和清醇甘露的时候，每当中日关系的航船栉风沐雨和破浪前行的时候，人们都不能不对为推动中日友好关系的发展作出贡献的“掘井人”充满深深的敬意！

“掘井人”的历史功绩，彪炳中日关系史册而为后人所铭记——毛泽东、周恩来、邓小平、廖承志、田中角荣、大平正芳、松村谦三、高碕达之助、冈崎嘉平太……人们也不会忘记日本创价学会名誉会长，著名思想家、教育家和宗教领袖池田大作先生为中日邦交正常化和缔结《中日和平友好条约》所作出的贡献，而他身体力行为中日友好奔走所留下的“中国足迹”，也值得我们追寻。

二、“池田倡言”的内涵

50年前，即1968年的9月8日，池田先生在17000名学生面前，发表了历时1小时17分钟的著名演讲——《光荣属于奋斗的学生部》。这一著名演讲，后来发表在日本《亚洲》杂志上，题为《日中关系正常化倡言》，即“池田倡言”。

在“池田倡言”中，池田先生明确提出了解决日中关系问题的三项建议：第一，正式承认中华人民共和国政府，实现日中邦交正常化；第二，恢复中国在联合国的合法席位；第三，发展日中两国的经济、文化交流。② 池田先生面对青年

① 参见《中华人民共和国和日本国和平友好条约》，《人民日报》1978年8月13日，第3版。

② 参见池田大作：《日中邦交正常化倡言》，香港：香港国际创价学会，2013年，第19页。

学生发出倡言，敦促日本佐藤政府，在日中邦交正常化、承认中华人民共和国政府的存在而非台湾当局、恢复中华人民共和国在联合国的合法席位而驱逐台湾当局，以及广泛推进日中经济和文化交流等重大问题上，审时度势，改弦易辙。

唯物辩证法认为，一切事物以地点、时间、条件为转移。我们重读“池田倡言”，不能脱离当时的时代背景。1945年，在世界反法西斯战争重要组成部分的东方主战场，中国人民取得了抗日战争的伟大胜利，日本军国主义彻底覆灭，第二次世界大战结束。自战后至中华人民共和国成立初期，中日两国关系发展迟滞。以佐藤荣作为代表的右翼势力组成的日本政府，顽固执行追随美国、敌视中国的对华政策，不顾中国政府和中国人民的强烈反对，与台湾当局保持外交关系而不承认中华人民共和国政府。虽然其时中日两国民间交往乃至“半官半民”交流风起云涌，日本民众实现日中邦交正常化的呼声此起彼伏，然而在真正改变对华关系的关键事项上，日本政府依然一路向黑。因此，在中日关系发展的艰难时期、中日两国还未结束敌对状态的年代，“池田倡言”犹如昏暗世界中的一缕阳光，显示出池田先生非凡的政治勇气和高度的远见卓识。

回望“池田倡言”，池田先生在日中关系问题的三项建议之后，进一步对日本在国际社会中的位置、日中关系和日中青年提出了精辟的观点。[①] 我们从中可以捕捉到三个核心观念：

一是世界中的日本——国际观。“倡言”强调，身为国际社会的一分子，一个国家、一个民族是不能作为唯利是图的群体存在的。只有立足于广阔的国际视野，为和平、为繁荣、为文化的发展和进步不断地作出贡献，才配成为21世纪有存在价值的民族。要认识到日本在现代国际社会中的位置，考虑到未来的亚洲和世界和平的理想。日本应当立足于这样的国际视野，为亚洲的繁荣和世界和平而倾注全力。

二是日中关系——友好观。“倡言”提出，要认识到同中国过去两千年的密切关系。日本无论如何要改变过去那种背离半个亚洲的态度，积极地为亚洲的繁荣尽最大的努力。只要日本带头同中国建立友好关系，那么亚洲的东西方对立格局，必定会缓和，最终甚至会完全和解。而唯有建立在两国人民互相理解和交流、增进彼此利益、为世界和平作出贡献的基础上，日中邦交正常化才有其意义。所以，日中邦交的实际对象应当是两国的人民。从历史传统、地理位置、民族的亲近性来说，日本与中国友好，别无他途。

三是日中未来——青年观。“倡言”指出，日本青年和中国青年应当能够携

① 参见池田大作：《日中邦交正常化倡言》，香港：香港国际创价学会，2013年，第20—23页。

起手来，含着微笑，为建设光明的世界而努力，而所有亚洲人民便能够以这样的日本和中国为基础守望相助，唯有如此才能驱散笼罩在今日亚洲区域上的残酷战争与贫困的乌云，让希望与幸福的阳光普照大地。“时代每时每刻都在变动，注视着未来向前跃进是青年的特权。”

当时光的脚步走过半个世纪，我们重读“池田倡言”，按照当下流行的所谓“三观正确”，“倡言”的“三观”可谓崇高。归结到一点，正是基于世界繁荣的“和平友好观”。这一“和平友好观”与当今的习近平新时代中国特色社会主义思想颇为契合，与习近平主席提出的、已写入联合国决议和2018年《中华人民共和国宪法》[①]的“人类命运共同体”思想，有着异曲同工之妙。“人类命运共同体”思想的基本核心理念是和平发展、合作共赢，其实现方式是“结伴而不结盟”，而池田先生主张“和平友好观”，写下《人间革命》《新人间革命》等著作，阐述其和平思想，创造性地提出人间主义理念，倡导开展人间革命实践，二者均主张相互依存、超越民族国家和意识形态的人类共同利益和共同价值观。

三、践行“倡言”的“中国足迹”

中国古语有曰：“言必信，行必果。”典出《论语·子路》，意为说话要恪守信用，言而有信，做事要果断、彻底。这也是1972年9月28日中日邦交正常化前夜，周恩来总理送给田中首相的箴言。池田先生后来曾在不同场合多次说过，他牢记周总理的箴言和嘱托并不遗余力地加以实践，日中要“为给两国后代留下一个信义的历史而共同努力”。事实上，以“言信行果”用在池田先生的“倡言”与践行的10次“中国足迹”上，十分恰当。

“池田倡言”发表之后的国际形势发展超乎人们预想，“池田倡言”与之深相契合，更似中日关系发展的先验预言：三年后，1971年中国恢复在联合国的合法席位；四年后，1972年中日邦交正常化；六年后，1974年池田先生身体力行，“广泛推进经济和文化的交流”，迈开了他奔走中国大地的脚步。

1974年，池田先生开始了他的“言信行果”的访华之旅。是年5月30日，池田先生跨过罗湖桥，他访问北京、西安、上海、杭州、广州，考察工厂、农村、学校，参观故宫、长城、兵马俑等名胜古迹，全方位地感知中国，目的是为建立永远伫立的日中友好“金桥”。归国后，他在报刊上长达数月发表了大量感言，宣传他的“中国观”，也为他后来的中国之行做好了诠释。

---

① 2018年《中华人民共和国宪法》中的相关文字为：“发展同各国的外交关系和经济、文化交流，推动构建人类命运共同体。”

池田先生的第二次中国之行，也是在一年内对中国的第二次访问。是什么因素促使池田先生如此急切地再访中国？应该是这次访问中的一次重要安排，即对他一生有着重大影响的会见——与周恩来总理的会见。在这次会见中，周总理充分肯定了池田先生为中日两国人民之间的友好关系所作出的重要贡献。周总理说："20世纪最后的25年，对世界是最重要的时期。彼此要站在平等的立场上，互相合作，共同努力。"池田先生把周总理的话当作托付给他的遗言铭刻在心，从自己的立场出发使之付诸实现，并成为他倾力推动日中友好的原动力。

不消说，池田先生的足迹遍及世界，他访问过50多个国家和地区，与各国领导人、各界人士展开对话，为世界和平及文化教育交流而不懈努力，曾获得联合国和平奖、巴西南十字国家勋章、法国艺术文化勋章、中国艺术贡献奖等诸多荣誉。

然而，池田先生的足迹最为集中的是中国，其"中国足迹"的出发点，始自对中国这样一个对日本的"文化大恩之国"的感恩之情。这一观点，反映在《21世纪文明与东亚》的演讲中。在这次对中国社会科学院的访问中，池田先生与全国政协副主席、社科院院长、中共党史研究专家胡绳亲切会见，并被授予社科院"名誉研究教授"称号。

池田先生在演讲中指出，在风云变幻的世界形势下，东亚地区正逐渐演变为21世纪世界的极其重要的区域。人们不仅关注东亚地区的经济发展，而且越来越关注其文化因素。东亚地区的"共生性道德气质"是取调和而舍对立、取结合而舍分裂、取"大我"而舍"小我"，人与人之间、人与自然之间共同生存，相互支撑，一道繁荣。这种气质的重要源头是儒教，当然它绝不限定于儒教的"三纲五常"。在佛教的精髓思想中也包含这种气质。①

池田先生在演讲中，感佩周恩来总理崇高而珍贵的榜样。他指出，在20世纪末期的现代，人际关系病入膏肓，这种伟大的人格，正是人们迫切需要的。而东亚这种精神气质的特征，在于它不止于人类社会，甚至囊括自然，显示出宇宙般无边无际的广阔。与自然"共生"的思想，一定会随着环境破坏、资源、能源等问题的深刻化而日益重要。而基于国际视野的"共生"，当21世纪宣告黎明时，东亚不仅在经济层面，而且在精神领域，定会为世人瞩目，成为导引人类历史的动力，被寄予极大的期待。②

池田先生的"中国足迹"，最为集中的是北京，达到八次。池田先生高度重视与中国党和政府领导人的交往。他与周恩来、邓颖超、邓小平、胡耀邦、江泽

① 参见池田大作：《二十一世纪与东亚文明》，《中国社会科学》1993第1期。

② 同上。

民、胡锦涛、李克强等中国几代党和国家领导人建立了深厚友情和信赖关系，并广泛开展了民间友好交流。

如前所述，“池田倡言”体现出其“青年观”，池田先生的一个重要思想，就是着眼于青年。他的“中国足迹”，最能体现其青年观的，是遍访中国的大学，身体力行地大力推动中日两国青年交流。池田先生访问中国的大学，最多的是北京大学——在中国这一著名文科学府，留下了七次足迹。他还在复旦大学、上海大学、深圳大学等高校发表过五次演讲。“引导青年往未来发展的，正是为政者和领导者的责任。”[①]池田先生如是说。

四、中日交流的“使者”

池田先生的10次“中国足迹”，其中有两次实际上是担当了中日两国之间的“使者”角色，在沟通两国关系上发挥了独特的作用。而且，难能可贵的是，这两次访华都是重要的时刻，即中国和中日关系遇到了困难的艰难时刻。中国人说“危难时刻见真情”，正淋漓尽致地体现于此。

一次是各种中外公开出版物，包括很多著作、论文和资料都提到的——北京政治风波以后，在国际上西方国家对华封锁、“黑云压城城欲摧”的困难局面之下，池田先生冲破阻力，于1990年5月毅然率领创价学会第七次代表团和创价学会友好交流团并且是创价学会有史以来最大规模的代表团（281人）访华。

对于池田先生的义举，中国领导人高度重视，予以极高规格礼遇回应：江泽民总书记会见池田先生及创价学会访华团的主要成员，并参观在北京民族文化宫举办的“池田大作摄影展”；国家副主席、中日友好协会名誉会长王震在人民大会堂举行宴会，欢迎创价学会访华团；国务院总理李鹏和创价学会代表团、创价学会友好交流团的全体成员亲切会见并合影留念；前全国政协主席邓颖超在中南海西花厅会见池田先生和代表团成员……

上述中方高规格的会见，在历史同期绝无仅有。据笔者统计，1989年6月北京政治风波之后至1990年5月的一年时间里，中国领导人会见外宾（不含港澳地区人士和外籍华人）数量锐减，如江泽民总书记在这一年时间里的会见，见诸《人民日报》报道的，仅为64起，且集中于亚非国家，西方发达国家仅占1/4。而会见的“西方”国家的日本人士中，几乎都有官方背景，只有池田先生是“民间人士”。

而另一次，则所见讨论不多，却是和我们今天纪念缔结和平友好条约相关。那

① 池田大作：《日中邦交正常化倡言》，香港：香港国际创价学会，2013年，第22页。

是1975年4月14日池田先生的第三次访华。同样是一种困难的情况——中日复交已近三年、《中日和平友好条约》谈判陷入僵局之际，池田先生率团访华。时任国务院副总理、实际主持中央工作的邓小平在池田先生到访北京的第三天会见了他。

据《邓小平年谱》记载，邓小平在同池田先生的谈话中，着重就前文提到的关于《中日和平友好条约》中要写“反霸权主义”条款问题发表意见。邓小平特别说明了其中的两点含义：中国和日本都不在亚洲和太平洋地区谋求霸权；反对任何国家、任何国家集团在这个地区谋求霸权的努力。关于第一点，邓小平说，我们中国愿意用这点来限制我们自己，中国承担了义务，不在亚太地区谋求霸权。日本承担在亚洲地区不谋求霸权的责任，这是经过两次世界大战和近百年的历史总结出来的经验。由于长期的历史渊源，日本在亚太地区的形象是受了影响的。写上这一条，对日本改善同亚太地区国家的关系，不但是有益的，而且是必要的。关于第二点，邓小平说，现在确实有超级大国在这个地区谋求霸权。写上这一条不是干涉谁的内政，而是干涉它们的行动。要侵略、奴役、控制、欺负人家，这是应该干涉的。邓小平特别说明，这两点不应该成为中日签订和平友好条约的障碍。并指出，中日友好要建立在良好的政治基础上。中日之间只是贸易和人员往来还不够，还要有政治基础。反霸条款是政治基础。希望日本政府拿出勇气，作出决断。①

邓小平的谈话十分坦诚，显然出于对池田先生的信赖，委托池田先生作为中日之间的“使者”，实际上是代表中国方面委托他向日本政府“交底”。而池田先生面对这份托付，郑重地向邓小平承诺：“一定将副总理的意见转告日本有关方面。”②

那么，是否可以推测，池田先生作为《中日和平友好条约》谈判非常时期的“使者”的访华，虽然由于其宗教领袖和民间人士的身份，不会像某些著作所说“转达了日本政府的意见”③，但对于上述邓小平的重要谈话和郑重委托，池田先生似应有像当年中日邦交正常化谈判期间的载有中方意见的、与日本公明党笔记④ 相似的“池田笔记”，并在回到日本后带给或据此转达给了当时的三木武夫首相。

---

① 参见《邓小平年谱》（上），北京：中央文献出版社，2004年，第34—35页。

② 『圣教新聞』1997年11月1日。

③ 孔繁丰、纪亚光：《周恩来、池田大作与中日友好》，北京：中央文献出版社，2006年，第137页。

④ 1972年7月，以创价学会为母体的日本公明党委员长率团访华。这次访问并没有日本政府的委托和授权，而是接受中国方面的紧急邀请。1972年7月27—29日，周恩来三次会见，向日方提出了关于中日邦交正常化的基本构想和两国政府联合声明的主要内容。竹入认真记录了中方的要点，将这些内容作成笔记，并与中方反复核对，史称“竹入笔记”。“竹入笔记”是一份促成犹豫不决的田中内阁决定迅速访华的历史性文书，使日本政府在了解中方立场的基础上，最终作出了实现中日邦交正常化的决断。

这样，尽管和平友好条约的谈判又历经三年，中日双方反复磋商，山重水复，柳暗花明，池田先生当年的居间作用同样应该载入史册。如此，公明党之于中日邦交正常化、池田大作之于《中日和平友好条约》，创价学会对于中日关系关键时期的“使者”作用和杰出贡献就非常之大了，值得史家特别书写。

事实上，池田先生还曾担当过中苏之间的“使者”角色。20世纪60年代，中苏分裂，继而爆发边境冲突。当时中国对国际局势的判断是战争与革命，是“苏联亡我之心不死”，要“深挖洞，广积粮，不称霸”。池田先生访苏得到苏联总理柯西金的“苏联没有进攻中国的打算”的话语并当面传话给邓小平，就是在1975年的这次会见中。而三年后中国改革开放的基本点，正是基于国际形势作出的和平与发展的新的判断。因此，池田先生“使者”的贡献，应上升到关涉国家重大战略问题的层面。

五、友好的传承

从1974年5月到1997年5月，长达23年间的10次访华之旅，是池田先生践行“倡言”的心灵之旅。

1997年以后，由于池田先生年事已高，再未访华，但他始终心系中国。其中日友好思想，通过创价学会和公明党的友华实践得以延续，而“池田倡言”的精神，亦通过它们与中日执政党、政府机构、民间团体等的交流得以传承。

进入21世纪以来，创价学会与中国的友好交流在六大领域逐渐形成定式，即与中国人民对外友协的友好交流、通过创价大学与中国各高校的师生交流、与中国全国青联的青年交流、与中国全国妇联的妇女交流、与中国社科院和中华日本学会的学者交流，以及通过池田先生创办的民主音乐协会和东京富士美术馆的中日艺术交流……其中，很多保持了长期的合作关系，无疑有力地促进了中日人文社会科学和民间文化交流的开展。

（一）草根交流的新华章

2018年，笔者曾与中华日本学会和创价学会策划过一场活动。从这场由人民网报道①、中国多家主流媒体转载的活动，可以窥见中日草根交流之一斑：

为纪念《中日和平友好条约》缔结40周年和池田先生发表《日中邦交正常化倡言》50周年，在日本东京创价学会中野文化会馆举行了“周恩来总理留日时期住所——东京中野华洲园模型”复制品回赠仪式。中国方面的全国政协委员、中

① 参见《周恩来总理留日时期住所——“东京中野华洲园模型”复制品回赠仪式举行》，2018年9月11日，人民网，http://world.people.com.cn/n1/2018/0911/c1002-30286711.html。

华日本学会代表，以及创价学会及东京都中野总区青年部、妇女部等300多名会员出席了仪式。

报道说，随着覆盖在“周恩来总理留日时期住所——东京中野华洲园模型”复制品模型上的幕布被徐徐掀开，现场气氛达到了高潮。许多人从外地赶来，簇拥着模型合影；一位坐着轮椅的老人，凝视着模型泪流满面……

1917年秋，19岁的周恩来从天津南开中学毕业后东渡日本求学。到东京后住在中野华洲园的一家农户的厢房。当年的华洲园远离城市的喧嚣，只有几栋房子，周围是农民种植的鲜花，街道两旁全是樱树。1972年在恢复中日邦交的签字仪式上，周恩来总理对日本记者说：“中野大概已经发生了很大变化，年轻时我曾经住在中野。”

1992年5月，为纪念中日邦交正常化20周年，缅怀为中日友好事业作出贡献的先辈，日本创价学会东京都中野区青年部的新闻工作者，通过寻访史料，分析出在距离现在中野文化会馆很近的地方，即东中野5街的“华洲园”旧址的居民家中，曾住宿过许多留学生。

时光荏苒，物是人非。70多年过去了，“华洲园”周边环境发生了翻天覆地的变化，但创价学会中野区青年部的新闻工作者怀着对先辈的景仰，克服重重困难，经过不懈努力，最终确认“华洲园”就是周恩来到日本后曾居住的地方。他们根据史料还原了旧貌，并手工精心制作出了“周恩来总理留日时期住所——东京中野华洲园模型”。

1992年，在日本创价学会纪念中日邦交正常化20周年的活动中，创价学会东京都中野区男子部举办了“日中友好庆祝活动”，中野区有关负责人、国际交流协会官员、中国留学生以及许多市民参加了活动。在闭幕式上，创价女子短期大学板坂副校长和中国留学生发表了纪念演讲，他们以周恩来总理在日本留学时的住宿地为中心，比较完整地还原了周恩来当年在中野区的活动足迹。1995年，创价学会东京都中野区青年部代表专程访问天津，将他们精心制作的“周恩来总理留日时期住所——东京中野华洲园模型”赠送给“周恩来同志青年时代在津革命活动纪念馆”（原南开中学纪念馆）。

2017年，中华日本学会日本研究刊物代表团访日时，创价学会的代表讲述了这段佳话，并对赠送模型没有留下纪念十分遗憾。但是20多年过去了，模型还在吗？为追寻这段珍贵的历史记忆，适逢中日缔约40周年、“池田倡言”50周年，中华日本学会决定委托天津社科院寻找模型的下落。

天津不仅是周恩来总理的第二故乡，创价学会名誉会长池田大作还在2007年被天津社科院授予名誉教授称号。天津社科院东北亚研究所、日本研究所的研究人员接受委托，在院领导的大力支持下，多次奔波寻访模型。结果发现，该模型并不在原赠送地的“周恩来同志青年时代在津革命活动纪念馆”。

模型去哪儿了呢？他们把目光转向天津“周恩来邓颖超纪念馆”。但在馆藏陈列中，也没有找到该模型。“功夫不负有心人”，在多方寻找下，终于发现了模型珍藏于周恩来邓颖超纪念馆文保部。经过反复沟通协调，天津社科院在纪念馆文保部的密切配合下，利用3D打印技术，终于按照原模型1:1制作出了十分精美逼真的复制品。

在回赠仪式上，当年寻访周恩来住所并制作模型的青年，如今不少已满头白发，回忆起当年往事仍激动不已、热泪潸然：近田善嗣，当年模型的制作者之一，从青岛专程赶来；川崎一彦，当年将模型护送到天津；押木千代乃，那位坐轮椅的老人，也是当年模型的制作者，执意要起身与模型和中方代表合影……在这中日友好象征与传承的模型前，人们纷纷摄影留念，站在高处的记者俯拍下了一张300人的大合影。

…………

从以上笔者转录的人民网的报道中，可以感受到，通过这样一个具有象征意义的活动，人们感怀中日和平友好掘井人之一的周恩来总理，续写两国民间友好交流的新的华章，而其时恰逢中日关系积极改善的关键时期，因而增添了特殊的现实意义和美丽的注脚。

（二）领导人和学术界的新佳话

2018年，在纪念《中日和平友好条约》缔结40周年和“池田倡言”发表50周年之际，日本创价学会与中方互动频繁。

5月10日，日本创价学会会长原田稔出席了欢迎中国国务院总理李克强访日的招待会，并向李克强转达了名誉会长池田大作的欢迎之意。李克强说：“我清楚地记得33年前与池田先生的见面。衷心祝愿先生身体健康。”原田还转交了池田先生给李克强的一首汉诗，以表友谊之情。池田先生以李克强的名字入诗，描述喜见其承担国家未来的活跃英姿。诗文如下：

> 无限春光在桃李，几番克捷雪霜寒。
> 强肩一任强国梦，犹记当年握手欢。

李克强说：“非常感谢池田先生作了这么好的诗句送我。请代转达我对先生的问候。”李克强曾于1985年3月应日本外务省的邀请，作为中国青年代表团副团长访问日本。与时任全国青联主席兼访日团团长的胡锦涛一起访问了东京信浓町的圣教新闻社总部，并与池田先生会面。[①] 2018年6月，李克强书写“金桥永固，风范长存”回赠池田先生。[②]

7月10日，中国的日本研究权威刊物《日本学刊》发表池田先生的《培育友好之树 建设和平世界》文章，纵论日中友好关系，指出“对日本来说，中国是难能可贵的文化大恩之国。日本若不珍惜这份因缘，就会偏离正途。……为了实现日中世代友好，要日日培育新的友好之树，为了建设和平世界，要以作为命运共同体的日本和中国的合作为基础，为地球的利益，为人类的利益携起手来共同行动”。在文中，池田先生“向推动和引领人文社会科学学术振兴、培养肩负21世纪重任的英才和长年来通过日本研究、学术交流为日中两国人民的相互理解、友好关系的发展作出重大贡献的中国人文社会科学领域的专家学者，表示深深的敬意，并寄予莫大的期待”。[③]

8月10日，中国权威媒体人民网刊登了《池田大作：培育友好之树，建设和平世界》的摘编文章。[④]

9月25日，中国国家副主席王岐山在中南海会见日本创价学会会长原田稔一行时表示，中日和平友好符合两国人民根本利益，是经过实践和时间检验得出的理性选择，是两国关系健康稳定发展的必由之路。创价学会秉持和平反战精神，为增进中日人民的理解和友谊作出了长期努力。2018年中日关系保持改善势头，希望以两国领导人达成共识和《中日和平友好条约》缔结40周年为契机，中日各层面、各领域加强往来、加深了解、增进互信、促进合作，夯实两国政治关系基础，为推进中日睦邻友好发挥积极作用。[⑤]

9月25日，中国人民对外友好协会授予池田大作“中日友好贡献奖”。中国人民对外友协会长李小林在致辞中指出，池田大作先生是中国人民的老朋友、好朋友，长期以来领导创价学会和公明党坚定致力于中日友好，为中日关系恢复、改善和发展作出了重要贡献。特别是早在1968年，池田大作先生提出中日邦交正常化倡议，表现出超凡的勇气和远见卓识，这一功绩彪炳中日关系史册。……正是由于池田大作先生的领导和推动，创价学会在文化、教育等领域，大力开展对

---

① 参见《池田大作赠诗予李克强总理，以表达友谊之情》，2018年5月15日，搜狐网，http://www.sohu.com/a/231716840_570249。

② 『聖教新聞』2018年6月30日。

③ 参见池田大作：《培育友好之树 建设和平世界》，《日本学刊》2018年第4期。笔者有幸成为这篇文章的责任编辑。在编辑过程中，笔者仿佛是在和池田先生进行一场隔海的心灵对话，感受他的深邃思想和炽热情感。

④ 参见《池田大作：培育友好之树，建设和平世界》，2018年8月10日，人民网，http://world.people.com.cn/n1/2018/0810/c1002-30222296.html。

⑤ 参见《王岐山会见日本创价学会会长》，《人民日报》（海外版）2018年9月26日。

华交流活动，为增进两国人民相互了解和友好感情作出了不懈努力，成为维护和推动中日友好的一支重要力量。①

9月26日，中国社会科学院副院长蔡昉会见到访的日本创价学会会长原田稔一行。蔡昉指出，长期以来创价学会坚定不移致力于中日和平友好，这种努力值得肯定。中国社会科学院作为国家级综合性高端智库，与日本学术界长期保持友好交往。我们希望未来能够进一步加深与创价学会的交流合作，在促进经济转型发展、维护自由贸易、深化民间交流、开展大学合作等领域发掘更多合作议题，为推进中日睦邻友好发挥积极作用。②

10月，中国著名文摘刊物《新华文摘》网刊，将池田先生的《培育友好之树建设和平世界》的摘编，作为“纪念《中日和平友好条约》缔结40周年”专栏的首篇文章推出。③

6—10月，中日双方学术界举办系列研讨活动。④ 研讨议题宏阔，涉及人类命运共同体的愿景与实践、构建新型国家关系和面向新时代的中日关系，等等。其中复旦大学举办的“人类命运共同体的愿景与实践”国际学术研讨会，也是在中国境内召开的第十届池田大作思想国际研讨会。

以上仅是列举了2018年一年官方报道的部分情况，体现了中国领导人和学术界对池田先生及创价学会的高度评价。

50年前，犹如空谷足音，“池田倡言”发表；40年前，《中日和平友好条约》缔结，确立了中日两国持久和平友好关系发展的大方向。在这一值得纪念的重要时间节点，我们向池田先生这位耄耋老人致敬，向创价学会致力中日和平友好致敬，并共同推动新时代的中日友好关系健康稳定向前发展！

---

① 参见《授予池田大作“中日友好贡献奖”仪式在北京举行》，2018年9月26日，人民网，http://japan.people.com.cn/n1/2018/0926/c35421-30314831.html。

② 参见《蔡昉会见日本创价学会会长》，2018年10月9日，中国社会科学院网，http://www.cass.cn/yaowen/201810/t20181009_4666406.html。

③ 参见《新华文摘》网络版2018年第20期，http://www.xinhuawz.com/Page/netJournalDetail.aspx?doi=dbab6fb4-e877-4664-896d-0c1f482c827d。

④ 中日两国学术界举办的纪念活动，包括“推动构筑新型国家关系与人类命运共同体——纪念《中日和平友好条约》缔结40周年国际研讨会”“人类命运共同体的愿景与实践——纪念《中日和平友好条约》缔结40周年暨‘池田倡言’50周年国际学术研讨会”“日中新时代论坛——纪念《日中和平友好条约》缔结40周年暨‘池田倡言’50周年”，等等。

池田大作“人本主义”视域下的人类命运共同体研究

王丽荣　洪美玲*

“人类命运共同体”是在21世纪崭新的时代条件下，马克思主义中国化进程中习近平主席提出的适应社会发展的新名词，“人类命运共同体”是一种全新的发展模式，是每个国家甚至是每个人都应该为之奋斗的目标。池田大作的“人本主义”从个体的差异性出发，阐述在培育智慧、勇敢、慈悲的“地球公民”过程中最终实现对个体的“人性革命”，从而来充分挖掘个人内在潜力。对于人类赖以生存的国家而言，长治久安的发展也同样离不开对各国文化差异性和独立性的尊重，离不开对国际社会“命运与共”的现实关切，更离不开国际竞争力的提高和国家间文明对话的开展。

一、“人类命运共同体”的必要前提——尊重各国的文化差异性和独立性

“人类命运共同体”是在21世纪崭新时代的条件下，马克思主义中国化进程中中国国家领导人提出来的适应国际社会长久发展的新名词。首先，邓小平为人类命运共同体思想的形成奠定了新时代的基础，他创造性地提出了和平与发展是当今世界的两大主题的科学论断，并指出：“应当把发展问题提到全人类的高度来认识，要从这个高度去观察问题和解决问题。”① 邓小平提出发展是全人类进步的前提和基础。紧随这个思路，胡锦涛指出人类命运共同体即“在追求本国利益时兼顾他国合理关切，在谋求本国发展中促进各国共同发展，建立更加平等均衡的新型全球发展伙伴关系，同舟共济，权责共担，增进人类共同利益”②。这里的“人类命运共同体”主要表达的是一种立足国内、放眼世界的战略视野，它指出在国际体系中各个国家的基本行为逻辑，既是国家利益的延伸，也是国际

* 王丽荣，中山大学马克思主义学院、中山大学亚洲教育与池田大作研究所教授，博士生导师；洪美玲，中山大学马克思主义学院、中山大学亚洲教育与池田大作研究所博士研究生。

① 《邓小平文选》第三卷，北京：人民出版社，1993年，第282页。

② 中共中央文献研究室编《十八大以来重要文献选编（上）》，北京：中央文献出版社，2014年，第36—37页。

利益的延伸，分享、合作、共赢、包容这些都是“人类命运共同体”理念的内核。在党的几代领导人提出的对世界大趋势的科学分析与理性判断的理论基础之上，习近平把马列主义基本原理与当代中国的国情紧密结合起来，为构建国际政治经济秩序、缔造全人类的命运共同体作出了崭新的阐释：“要树立世界眼光，更好地把国内发展与对外开放统一起来，把中国发展与世界发展联系起来，把中国人民利益同各国人民共同利益结合起来。”① 借此，我们可以了解到一个国家的发展与整个世界、整个时代的发展都息息相关，一个国家在追求自身利益时必须兼顾他国的利益需求，在谋求自身发展中同时应着力促进人类社会的共同发展。人类只有一个地球，共处一个世界，应以人类命运共同体意识促进国家间、民族间、地区间、企业间、家庭间、个人间的和谐互助、共生共利共荣，以人类文明幸福发展的可持续为使命，建立起社会利益互惠国际机制。人类命运共同体是人们在共同条件下结成的最具同心力的集体，也是人类获得文明幸福及可持续发展的保障。这是对“人类命运共同体”的基本界定，同时对其建构层次、范围、机制、使命和意义均作出了具体概括。

人类命运共同体层次是广泛性的，是放之国际社会皆可的；人类命运共同体的辐射范围不仅包括各个国家、各个民族、各个地区、各个企业，甚至各个家庭和每个人，都关乎人类社会的共同命运；人类命运共同体的实现依赖于每一个人的努力，整个社会都是一个共生共荣的统一体。由于国际化水平的提高，国与国在交往的过程中越来越意识到“命运与共”的重要性，我们国家的这一理念也逐渐得到其他国家乃至整个国际社会的认可。而这些人类社会共同的美好愿景的实现都离不开一个必要前提，就是尊重各个国家的文化差异性和独立性。各个国家由于地域环境和历史条件的不同，形成了不同的文化风俗和传统，其经济发展水平和综合实力也不尽相同，在这样一种背景下，我们只有坚持求大同、存小异才能切实地保障全人类的幸福和整个国际社会的可持续发展。

对各国文化差异性和独立性的尊重，当然离不开对依赖一个国家生存的个人的差异性和独立性的尊重。著名学者池田大作同样非常尊重个体的差异性和独立性，其“人本主义”强调我们必须树立“把决定人的这一本质状态的生命尊严始终当作第一要义的思想，即认识到生命是没有任何替代物的至高无上的价值”②，尊重个人的生命和尊严。除此以外，他的“人本主义”强调重视人与生俱来的尊严，深信人拥有可以进行正面变革的潜能。近代以来的欧洲人本主义同

---

① 《十八届中央政治局就坚定不移走和平发展道路进行第三次集体学习的讲话》，《人民日报》2013年1月30日。

② 池田大作：《人生箴言》，卞立强译，北京：中国文联出版公司，1995年。

样肯定个人的价值和尊严，强调人类生命的意义，但极易陷入“极端个人主义”或者“超个人主义”的漩涡，最终将国家和个人对立起来，走上一条为了个人的生存和发展无视或损害国家利益的错误道路。而池田的“人本主义”是通过将对人的终极关怀和把握个人前途命运紧密结合起来，强调个人与他人、社会甚至整个宇宙的共生共荣，是一种和谐性的社会关系，这种思想克服了欧洲人本主义中可能出现的将个人和社会对立起来的错误倾向。池田大作的人本主义不仅强调尊重个体的差异性和独立性，也强调个人与他人、社会甚至整个宇宙的关联性。对于一个人赖以生存的国家而言，其国家交往的开展也离不开对他国文化差异性的尊重，虽然各个国家由于文化差异存在对立、冲突的一面，但它们之间的关系又不是绝对排斥的，而是相互作用、相互依存甚至是相互成就的，一个国家的发展深深地依赖着其他国家甚至整个国际社会的发展。在个人的发展交往中其必要前提就是尊重主体的差异性，同样，一个国家要长治久安地发展，同样离不开对各国文化差异性和独立性的尊重。人类命运共同体的最大特点就是在分析本国国情的同时，也考虑其他国家的具体发展现实，实现共生共荣的发展。这既是当前要采取的发展政策，同时也是对未来发展的合理思考，是对各国发展特色的揭示，也是在全球一体化的环境下达到平等互信、共同发展的必要前提。

二、“人类命运共同体”根本目标——实现人类社会的共同发展和进步

习近平指出，合作共赢，就是人类命运共同体的意识的体现，在达到本国利益的同时，也要关注其他国家和相应人员的利益是否得到了实现，在谋求本国快速发展的同时，也要关注其他国家的利益是否有所保证，要建立一个更加务实的新型外交合作关系，同舟共济地解决前进中的问题。[①] 他是从世界的角度看中国，又以提升中国实力为世界发展贡献心力的伟大胸怀，倡导共同建设人类命运共同体这一全新的国际关系。他认为，当前世界总体潮流是和平、发展、合作、共赢的，试图坚持殖民主义、霸权主义是违背世界发展潮流的行为，只有走和平发展道路才是增进世界人民的共同利益、整体利益和长远利益的正确选择。

“人类命运共同体”的根本目标就是实现各个国家的共同发展，当今整个人类社会处于“命运与共”的一个相互依存又相互竞争的现代国际社会体系中，有着共同生存的命运、共同安全的命运、共同利益和价值追求，等等。在国际社会的发展进程中，要警惕打着维护双边利益、多边利益的幌子，实则是为了实现本

① 参见习近平：《弘扬传统友好　共谱合作新篇——在巴西国会的演讲》，北京：人民出版社，2014 年。

国更大利益而积极配合推行某种国际主义政策的行为，应该推崇和鼓励将本国的利益与他国利益以及全球利益完全融合在一起的正确国际交往理念，最终实现国际社会的共同发展。

人类命运共同体的根本目标是实现人类社会的共同发展和进步，而国家发展和进步的首要前提是每个人的发展和进步。对于每个国家应该培育怎样的人，池田大作在其“人本主义”中指出每个国家培育的绝不仅仅是为一国经济政治服务的人才，而是超越种族、国家、民族和意识形态限制的“地球公民”[①]。地球公民应具有智慧、勇敢和慈悲三大特征。智慧是指各国人民都应该具备内在素质和运用知识的智慧，勇敢指各国人民都应该具备识别差异和勇于争取幸福的勇气，慈悲是指各国人民都应该具备悲天悯人和拔苦与乐的情怀。这三者是相互依存、相互作用的统一整体。智慧是前提和基础，有一定的睿智才能清楚地明白自己和他人的所需，这是开展一切行动的基石；勇敢是动力和关键，思想只有付诸行动并且在实践中不断地检验、优化才是实现目标的正确路径；慈悲是根源和目标，关心和体贴他人才能帮助自己真正地了解他人的需求，设身处地的思考是靠近他人最便捷的方法，拔苦与乐是指“通过自身的行动，拔除他人的痛苦，给予他人快乐”[②]。每个人都不是绝对独立的个体，其生存和发展最终是为了他人、社会和整个世界的生存发展，人类命运共同体也是一样，在尊重各国差异性的基础之上，其最终目标是实现各国的共同发展，使整个世界日益发展成为一个同呼吸、共命运的统一体。人类命运共同体强调在多样化社会制度中和平共存，各国虽然依然存在着利益竞争和不同的观念，但每一个国家在追求本国利益的同时都应该兼顾他国的利益和发展。每个国家在国际交往中都应该时刻坚持以“共生互助”作为合作发展的目标，这样才能实现国际社会的长治久安和持续发展。

三、“人类命运共同体”的有效路径——提高国际竞争力和开展文明对话

“人类命运共同体”强调国际社会各个国家的“命运与共”，这种特性不是人类自古以来就有的，它是近现代社会发展的产物，确切地说，是在资本主义生产和发展过程中，经济全球化背景下产生的一系列在人类历史上前所未有的国际体系上的“同命相连”，具有共同的潜在威胁，如核威胁、生态危机、能源危机、跨国瘟疫蔓延，等等。这些困境都具有广泛性、高频率性、超强度性等特

① 王丽荣：《池田大作德育理论及其实践》，哈尔滨：黑龙江教育出版社，2012年。

② 同上。

点，这些问题的解决已经超出了某个阶级或某类国家的能力范围，必须依靠世界各国人民同舟共济才能减缓和化解。国际困难的解决依赖于国家的经济实力，所以提高各国综合实力和增强国家核心竞争力成了刻不容缓的事情。人类命运共同体是一个基于双赢互利的共同体，而不是基于零和自利的共同体，各国的利益都关乎其他国家甚至整个国际社会的利益，各个国家的发展都关乎其他国家甚至是整个国际社会的发展。国际社会的发展正处于全球秩序转型发展的关键时期，世界各国的联系日趋紧密，社会、经济、文化、政治等各个方面的交往日趋频繁，“闭关锁国”的发展模式已经难行其道。从“命运共同体”出发，各国都应该遵循国际社会发展的准则，以国际社会共同发展为目标来切实提高各国的经济实力与国际竞争力。除了提高国际竞争力以外，全球化背景下开展国家间的文明对话也愈发成为国际社会交往的新趋势，文明对话具有和平性、公开性、时效性等特点，一方面通过文明对话各个国家能够了解他国的文化和价值取向，另一方面也能紧扣人类命运共同体理念开展广泛而有深度的交流。这是未来人类社会发展的必然方略，也是各国面对新时代挑战实现世界人民共同利益、整体利益和长远利益的有效路径。

人类命运共同体实现的有效路径是提高国际竞争力和开展文明对话，而依赖国家生存的个人人生价值的实现对国家的发展和进步同样具有举足轻重的地位。池田大作阐述的“人本主义”要求培养有智慧、有勇气、有慈悲的地球公民，这从根本上来说是实现个人价值的有效路径，也是开展“人性革命”[①]的必然要求。社会的发展提升了人民的物质生活水平，但随之而来的是精神和信仰的缺失和沦丧，最终导致了全球环境恶化、经济发展水平悬殊、精神病态增多、社会暴力不断等问题的出现。池田还尖锐地指出了这些社会问题产生的根源：“现代文明的根本性恶，归根结底是主观性领域的缩小，反之是客观性领域的增大，以及对质的轻视和对量的偏重，这是没有异议的。换言之，我认为带来这种弊病的根源在于人忘记了自我变革。”[②]因此，人们必须改变过去过于看重外在的僵化认知模式，而应该关注人性内在的小宇宙，着力于个人价值的实现。人本主义的主要任务是引导人们去发现和挖掘自身生命的潜在可能性和创造性，继而为自己、他人和社会创造最大的价值。从个体生命的角度而言，个人有生存、发展的内在需求，而“人性革命”就是将个人生存和发展的变革目光拉回到人的自身，在激发生命爆发力的同时，向内促使个人生命自身的成长，向外实现人与宇宙万物的

① 王丽荣：《池田大作德育理论及其实践》，哈尔滨：黑龙江教育出版社，2012年。

② 池田大作、路奈·尤伊古：《黑夜寻求黎明》，卞立强译，北京：中国国际广播出版社，2003年。

共生和融合，每个人都要重视自身价值的实现，为建设社会、国家甚至整个世界等外在环境贡献心力。人类命运共同体也是一样，其发展和最终实现同样依仗着挖掘各国人民的价值的实现，每个人都是国家的主人，都应该承担建设和发展社会的重任。在全球化的背景下，个人应该着眼于未来，学会充分利用一切可以利用的条件来发展和提升自我，而对于一个国家而言，其发展应该着眼于世界，除了利用本国的资源以外，也应该学习如何更充分地利用国际社会的资源来发展和提升自身。国际竞争力体现着一个国家在国际上的地位，也是一个国家综合国力的彰显；而文明对话则是国与国之间进行和平交流的窗口，也是符合时代发展潮流的新型交往方式。一个国家每个个体的发展最终成就了这个国家的繁荣和发展，而每个国家的繁荣和发展最终将推动整个国际社会的发展。我们处于一个共生共荣的世界，每个人的发展都应该着眼于世界着眼于未来，而每个国家的发展也应该着眼于国际和未来，着力于提高国际竞争力和开展文明对话来促进世界统一体的发展。

池田大作的人本主义是尊重个人的差异性和主体性，重视个人潜能和创造性的挖掘，最终的目标在于实现“人性革命”。而符合新时代的人类社会发展趋向的“人类命运共同体”理念也秉承着同样的思路，每个国家甚至整个宇宙都离不开对各个国家文化差异性和独立性的认同，离不开对人类社会共同发展和进步的追求，更离不开对国际竞争力的提高和文明对话的开展。我们学习池田大作“人本主义”的根本目标就是探索人类命运共同体的根本目标，学习“人本主义”的有效路径就是探寻人类命运共同体的有效路径。我们应该认识到个人的发展是与整个国家的发展息息相关的，国家的发展是个人发展的前提，而每个人的发展又反过来推动着整个国家的发展，所以学习和研究池田大作的人本主义对我们学习和开展人类命运共同体研究具有极其深刻和重要的借鉴意义。

创造“新地球社会”的主角

——从《创造新地球社会——畅谈和平文化与联合国》看池田大作的女性观及其和平思想

韦立新 余六一*

论及池田大作先生的女性观，我们自然会不由得联想到其“绚丽的21世纪，女性的世纪来临”的著名论断。[①] 他在《新女性抄》里，曾经表达过如是观点：“人类历史的转变，正寄托在保护与培育最宝贵生命的女性的智慧与慈悲的集结上。”[②] 他极力赞美女性的声音，认为“在现实的社会里，充满着痛苦的悲叹声、叫嚣嫉妒的谩骂声、傲慢的怒吼声等不和谐声音。到处都希望爽朗欢喜的声音、和睦快乐的声音、正义的声音，能盖过这些不和谐的声音。尤其是能给自己的朋友带来鼓励，用希望来团结自己的家庭、自己的地区的女性声音，是在自己身边缔造和平的、伟大的美妙声音”[③]。他主张通过“集结母亲的力量，争取和平与文化的世界”[④]。由此可见，他对女性身上特有的母性美德和母性力量对世界文明的发展、对和平社会的构建所具有的不可替代的重要性有着深刻而独到的理解和认识。他坚信：用女性的智慧，可以推动“环境革命”。用丰富的“女性力量”，可以切断地区纠纷、战争以及恐怖主义等暴力的恶性循环。[⑤]

我们知道，在潮出版社于2011年出版的池田大作与安瓦尔·K. 乔杜里（Anwarul K. Chowdhury）的对谈集《创造新地球社会——畅谈和平文化与联合国》[⑥] 当中，有他与乔杜里先生就“女性在和平创造中的作用”等问题进行专门

* 韦立新，广东外语外贸大学外国文学文化研究中心研究员、东亚文化研究中心主任、池田大作思想研究所所长、博士生导师，专业方向为日本思想文化；余六一，广东外语外贸大学日语语言文化学院副教授，专业方向为日语及日本文学的教学与研究。

① 关于其“女性的世纪”的提法及其有关思想，在《新女性抄》[商务印书馆（香港）有限公司，2006年]、《幸福的花束Ⅱ　奔向创造和平的女性的世纪》（圣教新闻社，2018年）等许多著作里均有所阐释和体现。

② 池田大作：《新女性抄》，香港：商务印书馆（香港）有限公司，2006年，第6页。

③ 同上书，第161页。

④ 同上书，第5页。

⑤ 同上书，第179、185页。

⑥ 参见安瓦尔·K. 乔杜里、池田大作：《创造新地球社会——畅谈和平文化与联合国》，东京：潮出版社，2011年。中文繁体字版于2015年由香港商务印书馆出版发行。

探讨的篇章。实际上我们不难从池田大作迄今为止生涯中的各种不同场合得以窥见他的女性观，而绝不仅仅局限于其某一两次对谈或讨论。笔者坚持认为，池田大作在思考和讨论如何更好地创造新地球社会、如何更好地构建世界和平的关键时刻，再一次提起该话题，并且加以强调和讨论，进一步阐明自己关于女性、母性及“和平文化”的鲜明思想和观点，这无疑应该促使我们给予更多的关注，并给以应有的、客观的看待和评价。尤其是我们在进一步深入探讨其和平观、女性观，进而加深对其一整套系统而完整的和平思想的认识和理解的时候，决不应该忽略此次重要的对话和讨论。有鉴于此，笔者有意通过解读其中的有关篇章，来进一步考察并加深对其女性观及其和平思想的认识和理解。

众所周知，池田大作先生与联合国前副秘书长安瓦尔·K. 乔杜里博士首次见面，是在2003年3月19日创价大学及创价女子短期大学的毕业典礼上。他对多年以来以联合国为舞台，鞠躬尽瘁地为创造“和平文化”而奋斗不已的乔杜里博士深表钦佩，并对联合国在构建世界和平文化方面所应发挥的作用提出了精辟的见解。以此为契机，两人又于2006年8月再次会面，就和平文化的构建与联合国的使命及作用进行了讨论和对话。此次对话的内容自2008年5月起开始在日本的月刊《潮》上连载，在当时的社会上引起了极大的反响。对谈集《创造新地球社会——畅谈和平文化与联合国》，就是在此基础上于2011年9月由潮出版社出版发行的。在该对谈集里，有两个专门的篇章（“第十一章 女性才是和平创造的‘主角’”和“第十二章 家庭是构筑未来希望之基础”）谈及了女性、母亲在世界和平文化创造、人类和平世界构建中的决定性作用。这无疑是池田大作女性观及其和平思想的又一重要阐释和体现。

一、“母亲之心”能使世界更宽容、更和平

池田大作先生经常提到佛法的如是教导：“正如母亲拼命保护孩子一样，对待世上的一切生灵，也应怀有无量的慈悲心。同时对待整个世界，也该存有无量的慈悲之意。”[①] 他明确地主张要“以母亲爱子之心看待一切众生，把无量的慈悲带给全世界”。

在对谈集的第十一章“女性才是和平创造的‘主角’”当中，他提到了深深印刻在自己心底里的诗圣泰戈尔的一句话，那就是：“女性的身体里蕴含着比男性更勇敢的生命力”，并指出“在女性那生机勃勃地跃动着的生命力当中，有着

① 安瓦尔·K. 乔杜里、池田大作：《创造新地球社会——畅谈和平文化与联合国》，东京：潮出版社，2011年，第322页。引文引自日文版原书，译文为笔者译，下同。

开启历史新篇章的钥匙”。[①] 当同样对女性这种特有的“热爱和平”之心、慈悲的“母性情怀”深表赞叹的乔杜里博士，在谈到女性时发表了诸如“女性生来就比不安稳、易发怒的男性更有自控力，更冷静。面对人生的艰辛和困苦，女性能够明智且冷静地接受，悠然地克服。这是许多男性所做不到的”“面对困难，女性往往以非暴力的、和谐的方法泰然处之，而男性则常常直接与之对立”等一系列独到见解时，池田大作深表理解和赞同。他同时也指出，我们的社会，应该更真挚地倾听女性和母亲们的声音。而且，为了创造更美好的社会，应该最大限度地尊重她们丰富的智慧和敏锐的感觉，以及其绵延不断的生命力。他认为：“如果能做到这一点，我确信世界会变得更有人情味，更和平，更适合人们生活。”[②]

在面临进入21世纪后当今世界依然存在的地区纠纷、战争以及恐怖主义等威胁，我们不得不冷静地思考和讨论如何有效地终止此类暴力的恶性循环时，池田大作尤其推崇的是圣雄甘地的一句名言：“通过建立女性的心灵和平来缔造社会的和平。这时，女性的和平力量会成为一股巨大的力量来改变社会。”同时，他格外赞赏的是“波士顿21世纪中心”第一任所长斯特劳斯女士所表达的“希望用女性的才智和精神力量，来缔造和平的新时代”这样一种清新而高尚的抱负。[③]

实际上，我们在考察其在每一年的“SGI日”的纪念倡言时就不难得知，池田大作先生每每都会论及并强调女性在实现和平创造过程中的极大作用，以及促进女性自身增强权能的重要性。

他曾于2011年1月，在美国创价大学以《女性对“可持续的和平”是必不可少的》为题进行了演讲，结尾时说了这样一句话：“请务必不要忘记，在女性被落下的地方，是没有真正意义上的和平的。”[④]

由此可见，在池田大作先生看来，如果没有美好而又充溢着慈爱的“母亲之心”，则构建和平和人道的世界将难以实现。“世界上许多提倡和平的领袖，之所以都对女性的力量抱有期待，可以说就在于女性具有丰饶的精神世界和坚忍不拔的意志。她们可以治愈荒芜的心灵，可以不丧失现实的感觉，可以回避暴力、慈爱生命，并天生怀有对和平的向往。如何更好地开发出女性的这

---

① 安瓦尔·K. 乔杜里、池田大作：《创造新地球社会——畅谈和平文化与联合国》，东京：潮出版社，2011年，第320页。

② 同上书，第325、322页。

③ 池田大作：《新女性抄》，香港：商务印书馆（香港）有限公司，2006年，第185—187页。

④ 安瓦尔·K. 乔杜里、池田大作：《创造新地球社会——畅谈和平文化与联合国》，东京：潮出版社，2011年，第340页。

种特质，建立起草根的团结合作，这一点就成了决定构筑‘和平文化’成败的关键所在。”[①]

可以说，正是在他所倡导的“女性的声音和行动能够改变世界”这样一种信念的指引下，成千上万创价学会的女性、母亲们，纷纷积极而忘我地投身到了各种有助于实现世界和平、人类幸福的草根运动当中。而且，她们往往都是在女性特有的、发自本能的宽容而慈爱的母性情怀驱动下，忘我而无私地为和平而奉献。

二、母子联结的纽带能使世界更团结

在对谈集里，池田大作先生提到了2008年在自己创立的东京富士美术馆举行的题为《快乐的母亲，快乐的孩子——微笑的太阳·母与子的诗篇》的特别展览。在那个展览上，以法国学院派绘画的继承者艾尔尼斯特·米歇尔[②]的名作《快乐的母亲》为首，展示了以“母与子”为主题的油画、日本画、雕刻、版画和照片等140多幅来自日本国内外的作品。一幅幅作品展现的大多是母亲温柔的目光，以及孩子们那天真无邪的笑脸。绘画作品所呈现出来的这种歌颂温暖的亲情交融的美好世界，在观众当中产生了极大的反响。有感于此，他深有感触地说道：“联结母子的纽带，无论是在东方还是西方，都会被认为比任何东西都要美。我期待21世纪，能是一个让母子的微笑更加灿烂的世纪。”[③]

另外，他还提到，第二任会长户田城圣有一次看到那些在炎夏里额头流淌着汗水仍来参加集会的女性会员时，流着眼泪动情地说：“没有这些人，我们根本无法推进所谓广宣流布的和平运动啊！”先师发出如此感慨时的情景，令他动容且至今难忘。[④]

在池田大作先生看来，比起男性，女性往往更会去考虑什么东西才是对社会、现在和未来的下一代最好的，她们总是会比男性更加操心，更加牵肠挂肚。他进而强调说，最应该关注的社会现实就是：世界各地的妇女们，总是为了担负起一个家庭而每天“汲水打柴”地辛勤操劳，为了解决家庭和地域的各种冲突、

---

① 安瓦尔·K. 乔杜里、池田大作：《创造新地球社会——畅谈和平文化与联合国》，东京：潮出版社，2011年，第332页。

② 艾尔尼斯特·米歇尔（1833—1902），法国画家，就学于巴黎的美术学校。主要创作历史画、神话画、肖像画等。曾多次在巴黎的沙龙展上展出作品并多次获奖。曾任美术馆馆长、美术学校教授等职。

③ 安瓦尔·K. 乔杜里、池田大作：《创造新地球社会——畅谈和平文化与联合国》，东京：潮出版社，2011年，第321页。

④ 同上书，329页。

争吵和对立，总是默默地在暗地里付出心血，作出奉献。[①] 的确，也正如乔杜里博士在对谈中所说的那样，女性天生而内在地拥有的母性，可以让女性更加稳重，让其内心世界更为丰富而又协调。对于女性来说，体贴和慈爱之心是自然而然地涌现出来的。她们从不惧辛劳，为了使家庭和孩子们得到更大的幸福而不断地劳作。人类社会，正是因为有了这些女性，才得以持续不断地发展。[②]

显然，世界上绝大多数的母亲都无例外：为了家庭的和睦和幸福，为了地区的安定与和谐，为了使各种矛盾、对立和纷争能够得以消融和化解，为了能更多地看到孩子们展现出天真无邪的笑脸，她们往往会不惜牺牲包括生命在内的一切。

正是由于女性、母亲们拥有这种与生俱来的天性，她们甘愿为了后代而奉献、付出一切，才促使世界变得更加和平，社会变得更加团结。

三、和平的基础在于家庭

大家知道，被誉为“和平研究之母”的埃莉斯·博尔丁博士曾强烈地表达过如是主张：“和平不仅仅只是应对危机，还在于日常的相互帮助。家庭、地区社会，才是最重要的和平的出发点。”对于她的这种观点，池田大作先生表示非常认同。他认为：和平的基础，在于家庭。而支撑起一个和睦、融洽的家庭的基础，无疑应该是夫妇的纽带。

家庭、家族的一个最重要、最不可或缺的作用，就在于父母和孩子共同培育起体谅他人之心，共同培育起相互爱惜、相互牵挂之情。在和睦相处、亲情交融的家庭里，在父母潜移默化的言传身教中，尤其是在慈母真挚的感召和熏陶下，家庭、家族成员之间自然而然地培育起来的这种源自血亲的、近乎本能的纽带和联系，一旦得以推而广之，则构筑“和平文化”、构建和谐社会将不再难以实现。

池田大作在2009年的“和平倡言”中，曾经再一次强调了“和平文化”的重要性。而对于家庭、家族在构建“和平文化”方面的重要作用，他始终非常关注并极力推崇。可以说，正是基于这样的理念，他领导下的创价学会，“作为一个理想的家庭形态，从户田会长以来，一直以建立‘一家和乐’的家庭作

① 参见安瓦尔·K. 乔杜里、池田大作：《创造新地球社会——畅谈和平文化与联合国》，东京：潮出版社，2011年，321页。

② 同上书，第322页。

为我们的共同目标”[①]。在创价学会这个大家庭里，长期以来一直保持着一个好的传统，那就是：同一地区居住的青年和大人们，会如同哥哥姐姐或者叔叔阿姨一样，亲如一家地照顾从小学到高中的孩子们。青年们会和他们一起商量、讨论各种烦恼和问题，并给予他们意见和鼓励。大家如同“兄弟姐妹”般的心灵结合，得以在地区里不断扩大。作为会员的主要活动之一，在每月召开的“座谈会”上，所有的人都如同一个大家庭一样聚集一堂，促膝谈心，相互交流自己的信仰和体验。大家通过这种交流方式，一边亲身感受和分享身边朋友的酸甜苦辣，一边加强彼此之间相互鼓励、互相扶持的纽带关系。

池田大作在对谈集里这样说道：“为了使‘和平文化’能在草根阶层里得以更好地推广，我想把焦点集中在社会最小、最根源的单位——‘家庭’上，就其作用来展开讨论。因为我认为，这样一来，将有更多的人能更贴近、更理解‘和平文化’。”[②]

另外，他非常欣赏乔杜里博士于2003年3月出席东京创价大学的毕业典礼时，在致辞当中的一句话：“作为人类历史上最古老的制度，毫无疑问，家族才是提升和平文化的核心。社会的年轻一代，只有在教给我们宽容、和谐、理解等道德的家庭里面，才能拥有孕育和平文化的正确价值观而不断成长。有一点我们必须牢记在心，那就是：和平建设是一项不间断的事业。我们当中的每一个人，都能够在其中将现实加以改变。”[③]

乔杜里博士在对谈中表达了这样的观点：由于拥有家庭是人类最基本的本能之一。而因文化的不同，家族的构成也会大不相同，会有相应的各种各样的状况和形式。但是，我们不能丧失这种基本的本能。我们必须让爱情和幸福，让慈爱和互相分享的心，永远地保持下去……正因如此，乔杜里博士总是不断地强调在构筑“和平文化”方面家族的作用。[④]对此，池田大作非常赞赏，认为他一语道破了令人不容忽视的“和平之要谛”。

四、女性的参与是实现世界和平成败的关键

在对谈集里，池田大作先生还提到了他初次访问中国时令他难以忘怀的一件趣事。在某个座谈会上，当中日友好协会会长廖承志请求池田大作夫人发言时，

① 安瓦尔·K. 乔杜里、池田大作：《创造新地球社会——畅谈和平文化与联合国》，东京：潮出版社，2011年，第358页。

② 同上书，第352页。

③ 同上书，第353页。

④ 同上。

香峰子夫人的开场白是："在日本，都说共产主义很可怕。所以，说实话，我对贵国一直抱有一种可怕的印象，曾让自己担心得大气都不敢出一口。"没想到廖承志听了之后却反而高兴地说："您说话很坦率，直来直去的。这样我们就可以成为朋友了。"当时现场就响起了一片掌声，场上气氛马上就变得融洽和轻松起来。他由此感慨道，像这样当场就能创造出"和平文化"氛围来的女性的力量，真是不容小觑呀。[①]

他不止一次地在各种场合强调，在推进"和平文化"建设方面，女性的作用是极其重要的。有了女性的参与，"和平文化"才能够扎下更加强韧的根。[②]

另外，他还提到，自己在同哥斯达黎加总统菲格雷斯以及总统的母亲费格雷斯财团总裁凯伦·何塞女士会面时，总裁曾经讲过如下一席话："我是'未来主义'者。所谓未来主义，是指怀揣着'梦想'，朝着未来不断前进，不断发展。所谓发展，绝不仅仅指技术和经济方面，还指'人类的幸福'的发展。它是以'尊重人的生命'为根本，为了向更美好的社会迈进而不断奋斗。"[③]这一番基于女性特有"视点"的独到见解，令他感到震撼且钦佩不已。也正因如此，他总是呼吁并强调，在探讨和决策事关健康、教育、权力等关键问题的时候，尤其是面对对日常生活和孩子们的未来产生重大影响的战争、军费、经济等一切重要课题时，绝对应该充分听取"女性的声音"，充分活用这种"来自未来的声音"。[④]要想有效地解决好全球性的各类问题，绝对有必要让"女性的视野"和"母亲的视野"得以充分地反映出来，唯有如此方能得以成就。

他始终认为，生育、怜爱生命，珍惜、不浪费物品，调和世间的一切，等等，是女性与生俱来的特有的智慧，而这种特有的女性智慧，正是推动"环境革命"的巨大动力。[⑤]他在对谈中提到了20世纪60年代，始于纽约的防治大气污染的市民运动，其原动力就源自以亨德森博士为首的、为"孩子们的未来"而担忧的"母亲的联合"。他还提到了在非洲大地上，种植了4000万棵树苗的"绿带运动"创始人旺加里·马塔伊博士，也是一位历经30年，怀着"不屈不挠之心"而不懈奋斗的勇敢母亲。这两位杰出女性的出发点，无疑都是为了保护孩子们的生活环境，保护美丽的地球。她们之所以能如此"不屈不挠"，正

① 参见安瓦尔·K. 乔杜里、池田大作：《创造新地球社会——畅谈和平文化与联合国》，东京：潮出版社，2011年，第363页。

② 同上书，第341页。

③ 同上。

④ 同上书，第343页。

⑤ 同上书，第179页。

是因为这种信念无论如何也无法停止。而始终驱使她们奋勇向前的力量源泉，既不是算计，也无所谓得失，完全是出于作为“母亲”的无私而深厚的爱和强烈的责任感。

综上可知，在池田大作先生看来，“没有女性的声音和力量，要想创造变革时代的‘和平文化’是不可能的。创造‘新地球社会’的主角是青年，是女性”[①]。池田大作先生的女性观及其和平思想，由此可见一斑。

① 安瓦尔·K. 乔杜里、池田大作：《创造新地球社会——畅谈和平文化与联合国》，东京：潮出版社，2011年。

池田大作女性伦理思想初探

李桂梅　柳　柳*

池田大作是世界文化名人，是一位主张和平的佛法哲学家、教育家、作家和诗人。他幼年经历第二次世界大战，目睹战争给人类带来的伤害，此后致力于追求和平、消弭人类冲突。他积极投身文化和教育交流，不知疲倦地奔波于世界各国，弘扬佛法教义，在倡导世界和平的舞台上大放异彩。

近代日本，在女性解放运动的盛行和男女平等思想的传播影响下，女性地位不断提升，但江户时期就深入日本社会的儒家伦理纲常，对日本当今社会仍有着深刻影响。池田大作关怀女性生活，支持女性运动，他的不少作品都展现了他对于女性问题的关注，比如《女性箴言》《365日给女性的赠言》《新妇女抄》《人生问答》《四季箴言》，等等。这些著作从各个角度分析女性的真正幸福以及女性的伟大，高度肯定了女性的地位与价值，推崇发挥女性的力量，促进世界和平，并提出"21世纪是女性的世纪"。

本文从女性的个人美德、家庭美德以及女性的社会道德三个方面，来探讨池田先生关于女性伦理思想的主要内容。

一、女性的个人美德

女性的个人美德，是女性实现自身完善、自身发展以及自身进化的积极道德成果，与社会道德是息息相关的，社会道德是个人美德的基础，而个人美德是社会道德个性化的体现。池田大作认为21世纪是女性的世纪，对女性的个人美德有更多的期待和要求。

（一）对独立自主人格的追求

第一，女性要以"人"的身份存在。在日本传统社会中，因受男权文化的束缚以及受到儒家思想"三从四德"的观念影响，女性往往是作为男性的"附属品"而存在，人格受到了异化和贬低。女性要破除男尊女卑的传统观念，就要克

* 李桂梅，湖南师范大学道德文化研究中心教授，博士生导师；柳柳，湖南师范大学公共管理学院博士研究生。

服对男性的依赖心理，做到自尊和自信，追求独立的人格，这也是现代女性个人美德的必然要求。池田先生认为，女性一生中有很多角色，但在成为各种角色之前必须要先确立她是作为人存在的，是一个独立的人。他说：“我一有机会就谈论现代女性‘作为妻子’‘作为母亲’的生活态度。不过，归根结底可以说，最后还是应该如何做人的问题。”① 池田先生关怀女性生活，鼓励她们排除对他人的依存，指引女性摆脱那种忘记自我、只以妻子或母亲的角色而存在的生活方式。女性所追求的绝对的、永恒的幸福，应建立在拥有独立自主的人格之上，若丧失独立自主的人格，就无法实现个人的全面发展，更不可能创造属于自我的幸福。作为女性要有完美、有价值的人生，就应该克服对他人的依赖，清楚作为一个人应当怎么生活，努力创造个人价值，实现个人的全面发展。

第二，女性要认清属于女性自己的特质。现代女性的个人美德是建立在男女平等的基础上，池田先生抛弃了日本传统的男尊女卑的男权立场，以佛教教义为基础认为人与人之间是平等的，但这种平等是有差别的，是建立在男女不同特质基础上的平等。池田先生认为，生命是平等的，但不应该否认女性和男性在生物学、肉体上的差异。在他的多本专著中均指出男女具备不同的机能，但这种差异，没有孰优孰劣。随着西方女权运动的发展，部分极端的女权主义者强烈要求男女平权，弱化了男性与女性生理上的差别，认为男性和女性应是无差别的，要求男女的权利与义务完全一样。池田先生指出这种忽略女性生理机制特质而盲目与男性比拼的想法是不正确的。他认为，应尊重男性与女性拥有不同生理机能的事实，并找到适合自我的生活方式。人类社会的和谐发展，不是要求男女无差别的平等，而是男女发挥各自的特质，并在此基础上协调合作。池田先生认为，女性拥有“温柔、美丽、细腻”这些男性所不具备的天赋，更应该认识自我并积极地发挥这些女性特质，力所能及地对家庭、对社会做贡献。他说：“所谓‘女性的世纪’，并不简单地仅仅指女性争取与男性平等的权利，而是指一个时代，即由于女性在各个领域里积极活跃，因而一种以前从来没有的清新的人性心声在社会中占据最优先的地位，并在现实中不断地变革社会。”②

（二）培养爱学习的美德，追求良、善的品格

池田先生认为，女性确立自我很重要的手段就是教养。第一，真正的教养，要通过不断的学习。他强调女性要多读书，读好书，吸收正确的知识、优秀的知识，树立正确的人生观、价值观。读书、学习不仅只是为了获取知识，更为重要

① 池田大作：《谈幸福》，卞立强、张彩虹译，北京：中国文联出版社，2007年，第110页。

② 池田大作：《四季箴言》，卞立强译，成都：四川人民出版社，2010年，第107页。

的是对女性思想的塑造。池田先生呼吁女性不要被家庭琐事困住，在完成家务事的同时，要创造闲暇时间来学习，并教导女性只有不断地学习，才能丰富自我内涵，才能跟得上时代的变化。同时，池田先生也强调，真正的教养应是追求符合自己身份的东西，这样才能把学习内容化作智慧运用于现实世界。在不断学习的过程中，女性还应发掘、培养自己的兴趣爱好，池田先生说："兴趣爱好也是人性的美丽的色彩。在平凡中闪耀着人性——我认为这里有着真正的美和高尚的气质。"[①] 兴趣爱好不仅为女性提供生活中休息的绿洲，更是属于女性自己的世界，能够帮助女性完善自我人格。

第二，追求良、善的品格。池田先生说："善与美是女性最大的愿望。"[②] 女性天生追求美丽，总是希望自己变得更美，她们通过妆容、服装、首饰等打扮自己的外表，追求外貌的美丽。他肯定女性为外貌美所作出的努力，同时也指出真正的美丽不是肤浅的追求外貌的青春靓丽，而是在于女性的品格。真正的美，是存在于女性内心深处的良、善。容貌的美丽不是女性应追求的真正的美，容貌会随着年龄、外在的环境等原因而发生改变，真正的美是女性内心对于良、善的追求，这种高尚的品格是永恒不变的，是女性真正的美。

二、女性的家庭美德

社会生活最基本的单位就是家庭，家庭具备其他组织所无法替代的功能。池田先生特别重视家庭对社会的影响，认为和平的世界是由一个个幸福稳定的家庭组成，而幸福的家庭生活离不开家庭美德。女性作为家庭美德建设的主要力量，在家庭生活中起到了极其巨大的作用。现代女性应自觉培养当代家庭美德，担负起家庭角色的责任，协调好家庭生活，促进自我发展，实现家庭幸福。

（一）婚姻以爱情为基础，慎重选择人生伴侣

池田先生在《新妇女抄》这本专著中，描写了他与夫人初遇的情景：写情诗赠给心中爱人的紧张、之后相恋的过程，以及最终步入婚姻殿堂。在池田先生的笔下，他的爱情是浪漫、美好的，也是严肃、认真的。池田先生认为，恋爱不应该是轻浮的，而是严肃、认真的，爱情应该是倾注所有，一辈子只恋爱一次。他反对现代社会年轻女性对爱情肤浅的态度，认为女性不应该在过于年轻的时候就选择恋爱对象。因为年轻女性生活阅历尚浅，往往缺乏识别男性的眼光，这个时候盲目陷入爱情可能会使自己受伤害。池田建议女性在有一定的生活阅历后，

① 池田大作：《新妇女抄——在胸中回荡的话语》，卞立强、张彩虹译，北京：中国文联出版社，2010年，第115页。

② 同上书，第101页。

再选择恋爱。爱情往往是具有冲动性的，女性更应该学会保护自我，在恋爱过程中要保持清醒，学会辨别什么是真正的爱情。如果这段爱情使女性与身边的他人相处变差，自身也变得懒散不上进，这样的关系就不是爱情，真正的爱情是会使恋爱双方充满正能量，向更好的方面发展。爱情不是放弃自我，也不是谁赐给谁的，而是能让女性完善自我，获得幸福。此外，女性应正确对待恋爱中的矛盾。因为每个人的成长环境各不相同，恋爱过程中必然会产生摩擦和争吵，这些摩擦和争吵是正常的，年轻女性不要把爱情看作两个人的秘密，在恋爱中发生疑惑时还需要向高明的局外人征求意见，客观地分析、解决矛盾。当爱情发展到一定程度时，结婚是水到渠成的，池田先生强烈反对现代把恋爱和结婚当成两个独立的事情看待的生活方式，恋爱的目标应该是婚姻，结婚是两个人爱情的结果。

池田先生认为，对女性而言，婚姻可以说是女性的"第二次人生"，要极为慎重地做决定。首先，婚姻是自由的，应以爱情为基础。女性拥有婚姻的自主权，结婚与否不应该由外界因素介入而决定，不要因为年龄大了或者家人的催促而选择结婚，而是需要综合各种因素，再决定是否该结婚了。他认为，结婚的决定性因素，就是男女双方坚韧的爱情。

其次，慎重选择人生伴侣。恋爱时，总是被对方的优点所吸引，男性英俊的外貌、高雅的谈吐等使爱情变得甜蜜而温馨。而婚姻是两人长久的相处，褪去恋爱的激情，对方的缺点和短处在相处中慢慢体现。在选择人生伴侣时，不要仅注重男性的外貌、学历以及财富等外在条件，更重要的是了解对方的品格，全面地认识对方。"看男性不去掉其一切虚饰，是不会了解其伟大的。凭头衔、财产、学历等来评价是愚蠢的……对于女性来说，重要的是，要全面认识对象的人格。"[①] 决定结婚前，女性要了解对方有什么缺点和短处，而自己是否能与对方的缺点相处或者能弥补这些缺点。当拥有了可以包容对方缺点的自信时，就可以选择结婚了。

最后，结婚是人生新的开始。女性应认识到结婚不是直接通往幸福的最后目标，婚后的生活也不会全是快乐幸福，也会经历苦难。在面对生活的苦难时，不应该逃避，而要有成为丈夫和孩子的庇护人的思想准备。结婚不应该是人生的终极目标，而是人生的全新开始，幸福或者不幸的人生都将是由夫妻共同创造的。

（二）女性为妻之德，应成为贤明的妻子

夫妻关系是家庭关系的核心，池田先生认为女性应成为贤明的妻子。他说：

---

① 池田大作：《新妇女抄——在胸中回荡的话语》，卞立强、张彩虹译，北京：中国文联出版社，2010年，第49页。

“有各种类型的主妇。总的来说，最强大的是贤明的妻子。因为她们……能把家庭缔造成温暖的最好的憩息的场所。”[1] 贤明的妻子，要持家有道，要有“献身的爱”，能够尊重理解、关心体贴、支持帮助丈夫。

首先，成为贤明的妻子，要安排好家庭事务。家庭生活最为重要的任务就是精心安排家庭的消费支出和家务事。池田先生说：“即便是只有自己与丈夫两人的小家庭生活，妻子也必须独立地掌管起家庭经济，做饭、扫除、盥洗这些活儿当然是非干不可的。”[2] 一方面，妻子要为家人付出真心的劳动。现代社会的发展，各种机器的发明制造，使得打扫卫生、洗涤衣服这样的体力劳动减少，把主妇从烦琐的家务劳动中解放出来，拥有更多的闲暇时间。池田先生认为，把主妇从沉重劳动中解放出来是件大好事，但随着主妇为家人做家务的时间减少，也使得丈夫对妻子的感激之情随之减少，夫妻感情变淡薄了。池田先生认为，虽然主妇做家务的时间减少了，但为家人付出的真心不应该减少，比如机器代替了妻子洗衣拖地而空出来的时间，妻子可以用于为家人设计更加精巧的食物，花心思使食物不但美味而且好看。另一方面，妻子要善于财务管理，合理安排消费支出。池田先生提出，妻子掌管家里的财务，应该要积极学习现代经济知识，合理地安排家庭中的经济支出，并在每个月的收入中留一点结余储蓄起来。在家庭开支方面，应该理性消费，合理安排好衣、食、住三个方面。如果家庭经济有所变化、需要节约开支时，减少食物花费是错误的选择，主妇应优先安排伙食费，保障家庭成员有充足的饮食。

其次，成为贤明的妻子，要有“献身的爱”。池田先生在他的多本著作中写过“献身的爱”，他解释道，“我认为爱起码有两种类型。一种是以自私的爱来爱，所以它始终要求对方的牺牲和服从。另一种爱与此正好相反，他愿意牺牲自己，为对方尽力”[3]。池田先生赞美这种“献身的爱”，同时他解释“献身的爱”不是利用周围的压力来强制女性做自我牺牲，而是女性从丈夫的事业、美满的家庭中看到自己的价值，从而主动地为家人付出。这种“献身的爱”是一种女性的“自我觉醒”，它不仅是对丈夫的情义，更是从成全丈夫事业中看到自我的价值，是女性人生的一种使命。但“献身的爱”，是把自我价值的实现依托在丈夫事业的成功上，家庭成为女性最为重要的阵地，这种定位抑制了女性社会作用

---

① 池田大作：《新妇女抄——在胸中回荡的话语》，卞立强、张彩虹译，北京：中国文联出版社，2010年，第72页。

② 池田大作：《女性箴言》，仁章译，长春：吉林人民出版社，1986年，第55页。

③ 池田大作：《新妇女抄——在胸中回荡的话语》，卞立强、张彩虹译，北京：中国文联出版社，2010年，第51页。

的发挥，从而影响了妇女社会地位的提高。

最后，成为贤明的妻子，要正确处理与丈夫的关系。

第一，相互尊重、互相理解。在与丈夫有不同意见或发生争吵时，要理解彼此的成长环境各有不同，要尊重丈夫的个性、习惯等，当矛盾激化时，不要说伤害对方的话，要多回忆当初决定结婚时的初衷，采用对话的方式解决矛盾。妻子要有包容心和积极向上的生活态度，对于家庭生活中的一些琐碎小事，不要急躁，不要轻易动怒，更不要发牢骚、说怨言。池田先生提醒主妇在家庭生活中不要总是抱怨，发牢骚不是解决问题的正确选择。他认为，发牢骚这种行为只能给主妇些许心理上的安慰，但并不能解决实际的问题，而且听到牢骚的人也会产生一种负面的情绪。主妇要认清楚最终能解决自己烦恼的只能是自己。

第二，关心体贴、支持帮助丈夫。日本社会男性是家庭的顶梁柱，他们为家庭幸福而努力工作，在工作中承受了巨大的压力，而妻子对丈夫深切的关爱，则能给予他们无穷的力量。池田先生认为，男人能在社会上作出多大贡献，归根到底是由妻子决定的，他“把妻子比作弓，把丈夫比做箭”①，认为丈夫能在社会上作出多大的贡献，都与妻子息息相关。妻子要理解丈夫在社会中的工作压力，体贴并关心丈夫的生活起居，成为丈夫的坚强后盾，把家庭事务打理妥当，使丈夫可以全心全意地投入工作，为社会作贡献。当丈夫遇到事业困境、生活挫折的时候，妻子不应该责怪丈夫，而应该关心理解他的苦楚，倾听他的烦恼，并支持和帮助他的事业，发挥女性特质，用温柔的话语，鼓励丈夫重新振作。

（三）女性为母之德，应关爱子女，有言传身教的责任

女性的一个重要的使命就是生育孩子，这是崇高而又自豪的任务，孩子的诞生使妻子朝着母亲这个伟大的角色转变。池田大作先生给母亲这个角色极高的评价。他说：“家庭中的这个太阳就是母亲。”② 母亲拥有强大的力量，母亲伟大而坚强，作为母亲应关爱子女、教育子女，并且注重自身成长，起到言传身教的责任。

第一，作为母亲，对子女要关心爱护并教育子女。母亲之爱体现在对孩子的照顾上。母亲在孩子的成长过程中，要照顾孩子的生活起居，安排他们的吃、住、行等生活问题，保证家人的身体健康。要经常关怀孩子的成长状况和需要，但坚决避免过分溺爱，因为父母的溺爱，会成为孩子成长的巨大障碍。母亲对孩子的爱是天性，没有不爱孩子的母亲，但如果爱的方式不正确，反而会给孩子人格的塑造带来负面的影响。此外，母亲之爱体现在对孩子的教育上。池田

---

① 池田大作：《新妇女抄——在胸中回荡的话语》，卞立强、张彩虹译，北京：中国文联出版社，2010年，第56页。

② 池田大作：《365日给女性的赠言》，卞立强译，成都：四川人民出版社，2008年，第175页。

先生认为母亲的教育是无可替代的，教育孩子是母亲的使命和天职。其一，母亲应该重视家庭教育，意识到家庭教育比学校教育更为重要。其二，塑造孩子健康的人格。孩子最初的教育来源于母亲的教育，母亲影响了孩子的品格、道德观等，而这些教育对于人而言是极其重要的。在家庭中母亲应教育孩子懂礼貌、关爱他人，培养孩子积极向上的态度，教导孩子诚实的生活作风，塑造孩子健康的人格。其三，尊重孩子的发展选择。要培养孩子的想象力和创造力，要把精力放在孩子发展的各种可能性上。要重视孩子的主体性，不要把孩子视为自己的附属品，强迫其实现自己未完成的愿望。孩子的成长有多种可能性，要相信他们，给予他们慈爱的关怀，不要压抑他们的自立。

第二，作为母亲，要追求自我完善，做到言传身教。池田先生教导所有母亲必须认识自身成长的重要性，母亲的言行举止对孩子的影响，就像空气一样重要。可以说孩子最初都是模仿母亲的形象，通过模仿母亲的行为举止来学习做人的样子。对孩子的成长影响最大的莫过于母亲，也就是说，母亲自身的品格是直接关系孩子健康成长的根本。从这个意义上说，母亲是孩子的人生范本，必须注意修身正己，时时刻刻要为自己的孩子作出榜样。作为母亲，要有善良的品行、积极向上的心态以及良好的礼仪修养，要不断超越自我，弥补自身的不足。池田先生告诫女性，在成为母亲之后不要整天忙于家务，要抽时间学习，加强自我素质的提高，给孩子起到示范作用，并带来潜移默化的积极影响。此外，他还寄语，母亲应保持神采奕奕、朝气蓬勃。他说："母亲要满怀信心、生气勃勃地在人生的道路上前进。要朝着希望，快乐地成长。这样一种光辉的形象，会给孩子带来生活的动力，成为开发孩子优秀潜能的大地。"①

三、女性的社会道德

池田先生是世界的和平使者，始终站在维护全人类利益和前途的位置，指引人类全面发展，寻找真正的幸福。女性参与社会活动，既是个人发展要求，更是社会发展的需要。和谐的社会，稳定的世界，离不开女性的参与。

（一）参加社会劳动，创造社会价值

人的一生有很多不同的角色，包括家庭角色和社会角色等，但在日本传统社会中，大部分女性婚后往往只担当着家庭角色，即仅作为妻子、母亲而存在。随着社会的发展，双职工夫妇成为现代家庭的发展趋势，池田先生希望女性能适应这样新的家庭模式，走出家庭，参与社会劳动，实现自我价值。他赞美认真工作

① 池田大作：《365日给女性的赠言》，卞立强译，成都：四川人民出版社，2008年，第386页。

的女性是最美的，并教导女性正确认识社会工作。一方面把工作当成磨炼自我、完善自我的一个过程，而不是满足经济欲望的手段。另一方面，他告诫女性应合理处理家庭与工作的矛盾。女性参与社会工作的前提是料理好家庭事务，即使参加工作，也绝不能忽略了家庭的经营。

（二）发挥女性特质，推进世界和平

池田先生热爱和平，希望建设一个和平、和谐、美好的幸福家园。当前世界各种矛盾不断，战争、冲突、宗教纠纷、民族矛盾等原因使得人类陷入不安全的恐惧之中。池田先生认为，“女性的特质是和平的”[①]，发挥女性特质能够为人类化解危机，为走向文明世界提供源源不断的力量。

首先，女性更尊重生命，懂得生命的可贵。20世纪，人类经历了两次世界大战，战争打断了人类社会前进的脚步，造成大量的物质财富损失。更令人难过的是，战争造成了大量的人员伤亡，多少家庭妻离子散，战争给无数人带来了无法言喻的伤痛。池田先生认为，女性孕育生命，她们经历了生产的疼痛，更加懂得生命的来之不易与珍贵。他说：“在轻视生命的潮流强大的现代，希望女性能取得更强大的主导权，积极活跃。”[②]

其次，女性有更宽容的品性，更注重和谐。男性具备“革新的、攻击性的性格”，而女性天生具备“温柔、细腻、优美、亲切”的气质，对于现代的文明社会，“最需要的是和谐”，而女性正具备和谐的性格。“在社会中，女性独特的思考方式和感情，对于收拾对立与混乱极其重要。”女性在处理各种社会关系时比男性更有自身的优势，她们往往比男性有更富有人性的品质，更合群，“为此必须要发挥女性的和谐的特质”。[③]

最后，池田鼓励女性在政界发展，发挥女性力量。在当前的日本政界，男性议员人数大大高于女性，在制定国家政策等方面，男性处于主导地位，女性往往处于失声状态。池田先生鼓励女性在政界发展，他认为男性主导的政界，是浮躁具有攻击性的，而女性在政界上的活跃，能发挥女性和平、向善的特质，纠正“傲慢的男性议员”，推动世界的和平。

池田先生高度肯定女性特质——尊重生命、爱好和平等所发挥的力量，他认为女性所具有的女性特质在社会上所释放的力量，在许多方面远远超过男性的社会贡献。他说：“要从一味地追求物质、效率的社会，回归到心灵相通、有人情

① 池田大作：《新妇女抄——在胸中回荡的话语》，卞立强、张彩虹译，北京：中国文联出版社，2010年，第107页。

② 同上书，第108—111页。

③ 同上书，第107、108—111页。

味的社会，女性的力量是不可缺少的。”[①]

结　语

池田大作高度肯定女性价值，其女性伦理思想的形成是东西方文化碰撞的结果，是在对日本传统伦理纲常的部分传承和对西方女权文化的借鉴中形成的。他不像西方女权主义对封建伦理思想一味地批评，追求男女的绝对平等，而是在参悟博大佛法教义的基础上，以“生命的尊严”为核心，提出男女有差别的平等。他对女性始终洋溢着真诚的赞美之情，指导女性如何为人、为妻、为母，教导女性如何认识自我，如何处理自我与家庭、自我与社会的关系，为女性的全面发展提供了良好的指引。

随着社会的发展，传统的家庭格局发生深刻的变化，根据日本总务省最新公布的数据，日本女性就业人数在2019年6月首次突破3000万。[②] 当代日本女性要求走出家门，参加社会劳动，传统的“男主外，女主内”的家庭两性分工模式发生了变化。同样是受儒家纲常伦理影响的中国，在新中国成立后开展了一系列的女性解放运动，打破了封建社会的男权制。当代中国的女性正逐步通过社会参与来实现自我价值、创造社会价值。她们共同面临的难题是如何平衡家庭与工作。池田先生不是男权主义者，但受到日本社会以及文化的影响，仍有以男性为本位的传统观念。因此，当女性面临工作与家庭矛盾时，他建议女性应以家庭为重。池田先生过度强调女性的家庭职能，客观上抑制了女性社会作用的发挥，影响了女性社会地位的提高。

当今中国处于社会转型期，各种思潮交锋，池田大作女性伦理思想对当代中国女性的美德建设有着积极的启示：第一，鼓励女性追求独立人格，有利于女性美德的完善。女性自身价值的实现，不仅需要树立自尊、自信，不再是盲目的依附与顺从，更需要通过自身的努力学习，不断完善自我，提升自我精神境界，实现全面发展。女性独立，不仅需要经济独立，更需要精神独立，这有利于中国女性地位的提升。第二，肯定家务劳动的价值，有利于幸福家庭的建立。我国女性道德历史悠久，传统社会侧重于男性挣钱养家，女性操持家务，这种传统家庭模式使得妇女必须依靠丈夫养活自己，女性家庭地位低下。随着社会的发展，女性自我意识增长，参加社会工作已经成为广大中国女性的要求。《中国妇女发展纲要（2011—2020年）》报告指出，2016年中国女性就业人员占全社会就业人员

---

① 池田大作：《365日给女性的赠言》，卞立强译，成都：四川人民出版社，2008年，第10页。

② 参见《日本女性就业人数首破3000万》，2019年7月30日，新浪网，https://news.sina.com.cn/w/2019-07-30/doc-ihytcitm5687187.shtml。

的43.1%。但“相夫教子”“助夫养家”等思想还被广泛视为女性的义务，女性在参加工作实现社会价值的同时，又必须承担起操持家务的责任，女性的责任由“主内”变为“既主内又主外”。与此同时，男性的家庭角色并未发生变化，他们不愿承担家务劳动责任，低估家务劳动的价值，这成为女性组建幸福家庭的障碍。家务劳动的价值不应该被低估，它应属于社会劳动的一部分。重新评估家务劳动的价值，尊重女性的劳动，有利于妇女家庭地位的提升。同时，要鼓励男性参与到家务劳动中，分担女性的双重责任，重构家庭性别分工模式。新的家庭性别分工模式，有助于女性幸福感的提升，对于幸福家庭的组建有着积极作用。

池田大作女性伦理思想能为我国女性追求更好的生活提供指引。同时，池田先生这种带有东方文化色彩的中庸观点，或许能给西方女权主义提供一种全新的视角和思路，提供某种有利于推动妇女解放的启示。

从时代的精神状况看池田大作幸福思想的三境界

丛晓波*

池田大作先生是现当代少有的著述丰厚、影响广泛的思想家和社会活动家。然而，长时间以来，人们对池田先生的思想不仅在态度上兼具崇拜和怀疑甚至批判，评价也莫衷一是。[①] 那么，应该如何从整体上了解和把握池田先生涉及社会、人生、信仰、自我、教育、和平、环境、艺术等诸多领域的思想呢？这是池田大作研究中的前提性问题。

亚里士多德和约翰·穆勒等人指出，幸福是人类一切活动的目的。每个人都追求幸福，每个人都有自己对幸福的理解。斯宾塞指出，“幸福的标准变化无常。我们发现在各个时代，在各个民族中间，就各个阶级来说，人们对它的看法都是不同的。流浪的吉卜赛人认为一个固定的家是令人厌倦的，而一个瑞士人如果没有家园就感到非常不幸。希伯来人的天堂是‘一座由黄金和宝石建造的城市，有着异常丰富的五谷和美酒’；土耳其人的天堂是‘充斥妖艳美女的闺房’；美洲印第安人的天堂则是一个‘快乐的猎场’。在挪威人的乐园里，每天都有对战争和创伤的神奇治疗；而澳大利亚人所希望的是在死后‘一跃而起变成一个白种人，拥有许许多多的六便士硬币’”，个人的情况更是各不相同，“我们发现路易十六把‘最大幸福’解释为‘建造水闸’，而他的继承者却把它解释为‘建造帝国’。商人和艺术家的雄心壮志绝不会是一个样的；如果我们能把庄稼汉和哲学家的空中楼阁比较一下，就会发现它们的建筑风格迥然不同”。[②]

虽然每个人对幸福的理解不尽相同，然而毫无疑问，每一个时代、每一个特定的环境里人们对于美好生活的想象和慕求却有着一致性。人类发展至今，创造了无数辉煌文明，却也经常表现出低级的不明智和显而易见的愚蠢。不仅如此，

---

* 丛晓波，日本创价大学创价教育研究所教授。

① 参见韩东育：《寻找池田哲学的原点》，载曲庆彪、寺西宏友主编《与池田大作对话文明重生》，北京：中国社会科学出版社，2011年，第3—4页。

② 赫伯特·斯宾塞：《社会静力学》，北京：商务印书馆，2012年，第4—5页。

自柏拉图、孔子以来漫长的思想史对人类社会和伦理的探索并没有在根本上有所超越，现代人的生活仍然面临诸多纠缠和困境。

池田大作的幸福思想既体现了他格调高远的人生理念，也反映了他对现代人生存境遇的深切关怀，其理论与实践无一例外都是基于现代人的生存境遇，从对人们当下生活的关注、省思和超越出发，通过包括对自我在内的现实世界的改善和创造，来实现现代人的幸福。池田先生的幸福思想，体现出生命的尊严与价值、生存的实践与德性及生活的和谐与美三个境界，启发我们更清晰地认识这个时代的精神状况，并加深对于“美好生活”的理解与实践。

一、现代人的生活与时代的精神状况

对于现代人的生活及其精神状况的反思是我们非常熟悉的话题。很多学者从各自不同的学科视野基于“人类更好地探求自身合宜发展模式”[①]和人们谋求更美好的生活方式来关注现代人的生活和精神状态。从未有过的社会变化，尤其是社会状态和社会体系的变化在各个层面深刻影响着人们，“在20世纪末的今天，许多人都已经意识到，我们正站在新世纪的门槛前，社会科学必须对这个即将到来的新时代作出自己的回应，这个新时代本身正引导我们超越现代性。如今，令人目眩的多样性术语与这种时代转变有关，某些这类术语（如信息社会或消费社会）明显地与一种新的社会体系的出现相关联，但是大多数这类术语，诸如‘后现代性’‘后现代主义’‘后工业社会’‘后资本主义’等，更确切地说实际上是表明了即将终结之前的事物所处的先前状态”[②]。很显然，“后”是有些学者对这种社会状态和变化特征的有意强调和突出，不管学者们使用什么术语，这里的现代人不仅仅是与传统相对，也不完全是西方意义上的工业化过程，而是指一种与现代相关联的人的“当下”生存状态，一般地，是对现代性的反思和批判。比如斯宾格勒从整体上阐述了“西方的没落”，弗洛姆则指出现代人与自身、自然及社会的“三种疏离”，丹尼尔·贝尔系统地反思了“资本主义文化矛盾”，马尔库塞更关注丧失丰富性追求的“单向度的人”。在论述现代人的心理特征时，迪尔凯姆使用了“失序感”，韦伯使用了“疏离指向”，弗洛伊德使用了“高度焦虑”，帕森斯使用了“情感中立”，弗洛姆使用了“市场取向”，理斯曼使用了“他人导向”等。[③]

然而，我们究竟应该如何理解现代人的生活和时代的精神状况？答案可能是

① 丘海雄、李敢：《国外多元视野“幸福”观研析》，《社会学研究》2012年第2期，第224—241页。

② 吉登斯：《现代性的后果》，南京：译林出版社，2016年，第1页。

③ 参见周晓虹：《现代社会心理学》，上海：上海人民出版社，2002年，第546页。

在现代人这个概念的界定里，我们在使用现代和现代人的概念时，是相对于传统而言的，我们骄傲地赋予现代人以独立、自由的主体性，我们把基于个体自主性的极大解放以及由此迸发对包括自身在内的人的关系世界的征服热情看成理所当然，冠之以“现代文明”的美名。事实上，这正是现代人自身无法克服和避免的劫难，也是现代人难以逃脱的宿命。[①] 因为从关系世界的角度，现代人面临着从未有过的纠葛和冲突。关系性也可以称作对象性，是人在实践活动中生成的同时又标志人的存在样式和存在特征的属人特性。人与人认识和实践的对象世界构成人现实的生活世界，并且人与人认识和实践的对象及其关系状态就是人现实的生活状态。人现实的生活世界由四种基本的对象性实践活动构成，所以，人的关系世界即现实的生活世界也由四个相应的关系构成：

（一）人与自然的关系

人与自然的关系是人的关系世界中最基本和基础的关系。人与自然的关系状态，决定着人对生活世界的物质占有状态。按照马克思的观点，人之为人的最重要前提是人的物质性肉体生命，即人得活着。为了维持肉体的自然性延续，就必须占有一定的物质能量以满足生命延续的生存需要。因此，现实生活世界中的人首先必须是拥有某种占有相当物质能量的可能性的人，他要能以自己的方式完成与自然界的物质与能量交换，才能够在社会中生存。从人与自然关系的角度，现代人面临着大气及水土污染、气候异常、灾害频繁等环境问题和生态危机的世界性难题，更重要的是，现代人已经在物质生活的便利与无所不有中耽于物质享受，对物质有极大依赖，这种日常的习惯性欲望的养成使既已存在的环境问题和生态危机很难得到控制。

（二）人与人的关系

人的本质实际是通过社会关系表现出来，因而在现实性上，人的本质是社会性。人与人的关系即人的社会关系。人是社会性动物，是社会性存在，这包括两层含义：从社会的角度来说，社会是人与人关系的过程与结果，人在与自己以外的他人互动过程中形成了社会；从个体的角度来说，社会始终先于个体而存在，社会及他人影响是个体行为的妥当性与合理性标准。因此，个体的生活状态实际上取决于人与社会及他人的关系状态，包括个体对社会的认知、态度，个体与他人的交往、互动，以及在认知和互动基础上形成合理有效的“主体间性”，比如健康的情感联系，良好的信誉度，适当的合作精神等。由于信

① 参见丛晓波：《自尊的本质——一个基于生命境界视域下的思考》，长春：东北师范大学出版社，2012年，第49—53页。

息化、电子化和网络化的迅猛发展，不直接交往也完全可以甚至更没有负担地打发日子，尤其是有些人越来越多地减少社会性活动，已逐渐失去面对面交流的兴趣和能力。

（三）人与自身的关系

人与自身的关系即作为主体的自我对客体自我状态的认知判断、情感体验与行动调控，其中个体对自我的认知和评价也称“自我意识”或“自我概念”。人与自我的关系状态是人在现实的生活世界中非常关键的部分。个体如何获得自然力，如何对待他人，在很大程度上取决于个体怎样认识和理解自我，取决于个体对自我的内在需要和自我在外显环境中的地位、责任等的意识。全球化把世界各国及每个人基于历史性和地理空间的距离大大缩短，但同时也使社会文化对个人日常生活规则的一致性要求大大降低，而没有界限的文化竞争和高效率的生产、生活也使个体对自我的认知体验和调控面临从未有过的挑战，因此英国社会学家安东尼·吉登斯认为现代性最重要的后果就是自我认同危机与自我意识重构。

（四）人与“神”即终极信仰的关系

自然决定人只能通过种的繁衍和信仰的方式实现人永生的愿望。现代人宣称“上帝死了”，在打破了传统社会稳定的心理禁锢和精神庇佑后，喜欢四海为家的现代人也就陷入了无家可归的流浪状态，科学和技术最终不能解决人“从哪里来，往哪里去”的困顿，与此相连的“存在意义”也遭受怀疑。“与科学技术的长足进步相反，人类内在世界的危机已悄然到来，人类固有的自我丰富和生命的火焰也在令人恐怖地消失。”①

二、池田大作关于幸福思想的三境界

细翻池田先生的著作，人们就会发现在池田先生的很多对谈和作品里，幸福思想贯穿在他所有的理论思考与实践逻辑中。那么，如何理解池田先生的幸福思想，幸福思想在池田先生的理论与实践中是什么地位，如何理解池田先生的幸福思想与其他诸思想的关系？纵观池田先生的理论与实践，我们可以认为，池田先生关于人的幸福的思想包含生命、生存和生活的三境界。

（一）生命：尊严与价值

幸福，当然总是与个体主观感受相关联，心理学称之为主观幸福感。然

① 池田大作、基辛格：《和平、人生与哲学：池田大作与基辛格对谈录》，北京：中国国际广播出版社，1988年，第197—198页。

而，个体是否感受到幸福，在什么情况下、是否经常感到幸福则与个体对幸福的理解，以及什么是幸福，即幸福观密切相关。池田先生幸福思想的起点是生命。“不探究深奥的生命观，就不能确立从容悠然的生活观和真正的幸福观。”[①]这里所谓真正的幸福，也就是池田先生讲的与“相对幸福”相对的“绝对幸福”，是指基于脱离物质欲望和外在需求的满足，不会因时间的流逝而褪色，也不会受到外在条件的影响，由个体内在的跃动、在任何时候都能够产生的快乐，这种真正的幸福必然需要深刻的对生命的关照。然而，是不是只要关注生命就会体会真正的幸福呢？生命的尊严与价值才是超越日常欲望满足、通向绝对幸福的基本路径。换句话说，生命本身的尊严和价值才应该是生命追求的原点。池田先生提醒人们：“社会体制与幸福，物质的丰富性与幸福感并不是直接相连的，必须意识到人的生命这一难以把握的但是不能无视的实体存在其中。不，那不单是存在其中。实际上，只有‘生命’才是包含一切的总体，必须最优先考虑生命的尊严。”[②]生命尊严是人行动的标准和准则，“任何人的行动都应该基于对生命的尊严的认识”，而且“要把生命的尊严的思想当作我们人类的生活目标”。[③]

重要的是，生命的尊严并不仅仅是指所有生命都具有尊严，或者说生命的尊严不完全是与生俱来的，“为了使生命成为真实的事实上的尊严的存在，需要每个人的努力。应该说对于自己的尊严，自身负有责任”[④]。生命的尊严不仅仅是自然获得，也不仅仅是他人赋予，而是个体通过努力提高自我能力来实现和完成的，并且，生命尊严的获得与创造相关联，“白白活着是没有意义的，人生必需要的是创造”[⑤]。那么，创造什么、一切创造都必然具有尊严吗？“能够称为价值的唯一的价值是生命”[⑥]，创造生命的价值是创造的主要含义和基本理念。“可以承认人的存在本身具有能够创造价值的可能性，但不能承认人存在的本身价值”[⑦]，创造价值是生命尊严的标志，生命的价值在于对生命价值的创造。尊严与价值是池田先生理解生命的核心概念，也是他从生命角度诠释幸福内涵的基本特征。

---

① 池田大作：《我的人间学》，载《池田大作全集》第119卷，东京：圣教新闻社，1988年。

② 池田大作：《池田大作全集》第1卷，东京：圣教新闻社，1973年。

③ 汤因比、池田大作：《展望二十一世纪——汤因比与池田大作对话录》，荀春生等译，北京：国际文化出版公司，1985年，第221页。

④ 池田大作、汤因比：《面向21世纪的对话》，载《池田大作全集》第3卷，东京：圣教新闻社，2003年。

⑤ 池田大作：《人生必须要的是创造》，1995年11月14日在澳门大学的演讲。

⑥ 牧口常三郎：《创价教育体系》第2卷，载《价值论》日文版，圣教文库，1972年，第40页。

⑦ 樋口胜：《创价教育学中的人的价值》，载曲庆彪、寺西宏友主编《与池田大作对话文明重生》，北京：中国社会科学出版社，2011年，第118页。

（二）生存：实践与德性

关于生命的本质，斯宾诺莎在《伦理学》中提出了这样的命题：“每一个自在的事物莫不努力保持其存在。”“一物竭力保持其存在的努力不是别的，即是那物的现实本质。”“一物竭力保持其存在的努力，并不包含任何确定的时间，而是包含不确定的时间。”20世纪最重要的法国哲学家伯格森用另一种方式表达了类似的观点，认为生命的本质就是“绵延”，“是入侵将来和在前进中扩展的过去的持续推进”①。可见，生命的本质是“存在”，即延续生命，这是包括人在内一切生命最根本的性质，而人的这一本质表现得更丰富自觉。幸福源于个人实践，“幸福并不是梦幻，不是随风而来，也不是由谁赐给。它存在于你自身坚定心灵的耀眼光芒中。打开你自己的心扉，幸福由你自己去创造”②。实践是人生存的前提和根本途径，“行动的主体性和自由性，可以说是人的特质。人的行动方式体系依据的是‘文化’而不是‘本能’”③。

那么，什么是文化呢？“我们都知道，英语的‘文化’（culture）一词源自拉丁文的‘耕作’（cultura），耕耘人所具有的无限可能性的大地，让才能萌芽成长的过程与文化如出一辙。文化就是耕耘自我、锻炼自我。”④ 池田先生不仅强调实践，在生存的意义上，他强调有德性的实践和在实践中获得德性，“没有信念的人将一事无成。我们都是‘幸福的铁匠’。我相信意志坚强的人，在命运的转折点上也会给自己的人生带来一定的影响”⑤。德性是后天修养和对自我的调控，之所以强调德性，是因为“既然在人性中善恶并存，那么就应重视使人性中善的一面得以自由发展，而对恶的一面，必须加以抑制”⑥。池田先生提出，为实现幸福个人应该拥有六种品质：第一是充实，第二是深刻的哲学，第三是坚定的信念，第四是豁达而有生气的生活，第五是勇气，第六是宽容，即实现幸福的六把钥匙。充实是指起劲而有意义的行动，繁忙并且充实的人跟无聊的人相比是幸福的。⑦ 关于这种“好的品质”和美德，塞利格曼在研究了整个世界横跨3000年历史的各种不同文化后，将其诠释为“智慧与知识、勇气、仁爱、正义、节制以及精神卓越”⑧。

---

① 伯格森：《创造进化论》，北京：商务印书馆，2004年，第10页。

② 池田大作：《谈幸福》，卞立强等译，北京：中国文联出版社，2009年，第3页。

③ 季羡林、池田大作、蒋忠新：《畅谈东方智慧》，北京：人民日报出版社，2011年，第155页。

④ 池田大作・高占祥『地球を結ぶ文化力』、東京：潮出版社、2012年、69—270頁。

⑤ 季羡林、池田大作、蒋忠新：《畅谈东方智慧》，北京：人民日报出版社，2011年，第22—23页。

⑥ 汤因比、池田大作：《展望二十一世纪——汤因比与池田大作对话录》，荀春生等译，北京：国际文化出版公司，1985年，第385页。

⑦ 池田SGI会長指導選集編集委員会「幸福と平和を創る智慧・第1部（上）」、37頁。

⑧ 马丁・塞利格曼：《真实的幸福》，沈阳：北方联合出版传媒股份有限公司，2013年，第138页。

（三）生活：和谐与美

关于幸福，池田先生不仅在内涵上区分了相对幸福和绝对幸福，在实践上提出了德性修养的理论思考，更重要的是，他极为关注现实的完善和改变，幸福是人生的理想，更应该是现实生活本身。“幸福并不在遥远的、不可企及的地方。它就存在于自己的生活当中，存在于自己的生活道路当中，存在于自己的心中。”[①]“对于我们来说，‘是人’是一切的出发点，同时也是一切的归结点，而且应该是各种人生态度的规范”，“那么，作为人活着是怎么一回事呢？我根本不想谈论难懂的哲学，因为板着面孔进行抽象的议论，反而只会远离生活”，“作为人活着并不是与兄弟姐妹、亲戚朋友、邻居乃至广泛的社会毫无关系。贯穿这一切的本质，就是‘人’”。[②]人的生活世界包括诸多关系，“人不单是以一个国家为基础的社会存在，而是一种与人类社会、整个地球的自然界，甚至是整个宇宙具有连锁关系的生命存在”[③]。从生活中的诸关系出发，池田先生一直关注环境问题，强调人与他人、与社会的和谐，“人不能一个人单独存在，并且，人的个性也不能独自完成。每个人都需要在家庭、学校生活中，尤其是在社会中，在他人的启发、鼓励下，通过与他人的交流获得历练，个性才能够得以完成”，“人总是在与自然、社会的和谐生活中获得价值，按照自己的独特个性在创造价值中生活，对社会文化有所贡献，因为实现生存的本意而满足”。[④]“不要将自己的幸福建立在他人的不幸上”[⑤]，真正的幸福既不是单方面为了别人，也不是只为自己不顾别人。

为此，池田先生非常重视对话。1975年5月27日，池田大作在莫斯科大学发表演讲时指出：“现在比任何时代都需要超越民族、社会制度和意识形态的障碍，在整个文化领域进行民众的交流，也就是开辟把人与人的心灵连接在一起的‘精神丝绸之路’。”[⑥]人与人之间也需要对话，“要跨越相互不信任这道阻碍人类前途的无比高大的墙壁，归根结底还是要加强人与人之间的个别交流”[⑦]。池田先生最终要实现的幸福，是生活世界的和谐与美。因此，除了自然、自我与社会，池田先生格外重视对人生意义的诠释，重视精神自律和信仰，甚至明确

---

① 池田大作：《我的人学》，铭九等译，北京：北京大学出版社，1992年，第533页 。

② 池田大作：《谈幸福》，北京：中国文联出版社，2009年，第62页。

③ 池田大作、汤因比：《眺望人类新纪元——汤因比与池田大作对谈录》，荀春生等译，香港：天地图书有限公司，2000年，第172页。

④ 池田大作・高占祥『地球を結ぶ文化力』、東京：潮出版社、2012年、247—251頁。

⑤ 池田大作：《希望——新・人间革命》，SGI通讯译，马来西亚创价学会，2005年，第26页。

⑥ 池田大作「東西文化の新しい道」、『池田大作全集』第1卷、東京：聖教新聞社、1998年、310頁。

⑦ 池田大作：《我的履历书》，长春：吉林人民出版社，1984年，第98页。

“宗教是为了人的幸福，绝不是人为了宗教”①，这既不同于传统的宗教异化，又在理性之外构建了现代人的精神家园。和谐是池田先生构筑现代人幸福生活的重要特征，然而这种和谐不是呆板僵滞的，而是鲜活的，是美的。池田先生在文学、音乐、摄影等诸多领域造诣卓著，作为“世界文化名人”获得“桂冠诗人”“法国艺术文化勋章”“中国艺术贡献奖”等成就，池田先生的摄影作品，或者新奇静穆，或者灵动自由，是来自生活又超越生活的智慧之美。追求和感受生命里各种各样的美，使精神丰裕和满足，这本身就是生活里的幸福。

三、现代人生活的几点省思与启示

（一）我与“非我”

我是谁，我在哪里，由什么决定？对于“我是谁”这一问题的回答，决定了个体如何对待自我及与自我有关的存在，也决定了个体如何生活。虽然现代化以个体的独立和自由为前提，个体的主体性和自主性被充分肯定，然而，很显然，过分强调个体的这一优越性是各种现代性问题产生的主要症结。因此，要弄清并从根本上解决现代性危机，必须从重新认识我是谁开始。毫无疑问，正如詹姆斯所说，“自我是个人宇宙的中心”，世界乃至万物的中心是自我，没有自我，世界乃至万物将很难存在。同时，我们也必须清晰地明白，自我的本质是由关系构成的相互影响、相互支撑的统一体。自我在现实性上首先表现为自我与他人社会的关系，现代人的自我则应该更丰富、更广泛。牧口常三郎先生在《人生地理学》中主张“所有的人应当同时具有三种自觉——是扎根于地区的‘乡土民’，同时属于国家的‘国家民’，并且是与世界广泛联系的‘世界民’”。池田先生进一步主张，人对自己的认识不应仅仅囿于“民族”“人种”等传统观点，而应该“站在同样是‘人’这一共同的基础上，促进大家作为‘好邻居’‘好公民’‘好地球人’共同生活下去”②。幸福既然是人生的最高理想，那么当然要处理好我与非我的问题，“在纵的一面，我们应确立起自立的形象；在横的一面，人与人之间，世界的市民与市民之间，应该互相团结起来，并且把团结广泛地推广开去，使之成为一股声势浩大的浪潮”③。

其实，池田先生提出了现代人的自我意识问题。正如鸠山由纪夫所言：“我们一个一个的人皆具有无限多样的个性，是无可取代的存在。正因为如此，所以具有自己决定自己命运的权利，也具有负起这种选择的结果的责任与义务。在重

① 季羡林、池田大作、蒋忠新：《畅谈东方智慧》，北京：人民日报出版社，2011年，第61页。
② 池田大作、杜维明：《对话的文明——池田大作与杜维明对谈集》，北京：商务印书馆，2008年，第138页。
③ 池田大作：《人才是创造历史的主角》，1984年6月9日在上海复旦大学的演讲。

视这样的‘个人的自立’的同时，在相互尊重各自的自立性与异质性之上，还应该重视追求相互的一致之处并相互协作——这样的‘与他者的共生’之原理。而像这样的自主与共生的原理，不仅是日本社会中的人与人的关系，而且还必须贯彻于日本与世界的关系、人类与自然的关系中。”[①] 不仅如此，池田先生所倡导的“共生的精神气质”，在本质上也回答了现代人的自我意识问题。无论在何种意义上，虽然现代人是在强调自我的前提下生成的，然而也许我与非我间越来越没有界限反而是现代人的生命特征。池田先生的自我甚至可以推广至所有的生命，包括自我与社会、自然界以及我们精神世界中的“大我”，是自我与自我的关系世界的和谐，非我并没有与我有明确的界限，在共生的基础上实现和完成自我。

（二）物与心

在一定意义上，现代化是人对物的最大解放，现代人最大限度地占有生产力和创造了最丰富的物质文明。然而，从物的角度，现代人也越来越依赖物质生活，越来越被物质羁绊和束缚。换句话说，现代人已经很难抵制物的“有效性”，甚至无法从物的舒适中抽离。同时，艺术和美越来越被隔离在博物馆的象牙塔里，精神的独立性与自由性相对弱化。这样一来，什么是幸福，什么才是好的生活？现代人的幸福必然与一定的物质满足和物质丰富相关联，必然与名利、金钱、地位相关联。但是，这些幸福具有适应性，也就是说，随着时间的流逝，人们会自然地遗忘由于某些物欲满足而产生的快乐。很显然，它们不能使人得到真正满足，因此只是“相对幸福”。真正的好的生活，是心对物的支撑，是心在物的基础上对物的超越。“所谓‘绝对幸福’，并不是指没有任何痛苦烦恼的真空状态，也不是永远快乐的梦幻世界。既然是活生生的人，当然就会有喜怒哀乐。不过，不是被喜怒哀乐作弄、支配，而是像享受冲浪运动那样去享受它。这样的境界我称之为‘绝对幸福’。”[②]

在对物的超越中，心灵获得自由并体验到超越有限的意义，对于意义的体验使人获得自我的尊严，“人是追求‘生存意义’的动物。只要有这种追求，什么样的痛苦都会挺住。没有这种追求，即使拥有了其他的一切，那也是空虚的。心灵会慢慢死去”[③]，因为体验到意义，人才会真正满足，才会获得生命生生不息的力量。关于物与心，希腊人反而能保持一种难得的本能的优雅与和谐，他们懂得让“物的放松”伴随着精神愉悦，对于现代人来说，不可能回到小国寡民，没必要“谈物色变”，所以不必简单极端地抵触欲望或拒绝物质，比如，在追求奢

① 鸠山由纪夫：《我的政治哲学》，http://news.goo.ne.jp/article/php/politics/php-20090831-01.html。
② 池田大作：《谈幸福》，北京：商务印书馆，2009年，第10页。
③ 池田大作：《谈幸福》，北京：中国文联出版社，2007年，第79页。

侈品的过程中，如果人们因为体验了奢侈品被赋予的美好而追求有品质的生活，那么这种追求本身就是美好的。

（三）知与行

其实，无论是对自我、自然，还是对他人、社会或是信仰，怎样做才是对的——人应该是什么以及人应该怎样做这个问题已经不是高深难懂的问题，对于现代人来说，何为好的生活很容易畅想，也并不是真的不知道自己应该如何，问题的根本是由于主观上怠慢或持有偏见和侥幸心理不想做或一时做不到。孔子强调“讷于言而敏于行”，是因为知道却做不到是人之常情，道理很简单，实际做好却不容易。

池田先生的过人之处，是他不仅有理论信仰、路径设计，而且他在时时刻刻践行他的理想。他认为，要想过更好的生活，就要改变人自身，要进行“人间革命”，人间革命是使人成为人和拥有人的生活的根本方式，“这种由人的生命中产生的、能使自他共同发展的作用，就叫作‘慈悲’”，“人是能够自觉地体现包含在宇宙生命中的慈悲和智慧，实行‘人间革命’的生命存在”。[①] 要从改变人自身开始改变自然、社会以及世界，“观察近年来频繁发生的一些严重自然灾害，其中有许多现象，我们不得不认为这是由自然界与人类力量关系逆转所导致的结果”，“地球是我们人类借以生存的宇宙绿洲，我们必须设法挽救它，以免其遭到毁灭。因此，有必要认真严肃地考虑人类的行为对自然界的运行、自然界的协调所产生的影响，严格限制任何孕育着对自然环境可能带来危害的行为”。[②]

而要想实现人间革命，就要通过教育影响人。“教育的目的是为了人的幸福”，因此“在思考21世纪的教育时，我首先想呼吁，当务之急应将‘为了社会的教育’转变为‘为了教育的社会’”。[③] 通过教育影响和改变人，促进人的自我改变，进而改变人的生活和世界。知者为善，知而行者是为上善，行者至上，行者无疆。在这个意义上，和平主义、人本主义、文化主义、教育主义无一例外都是池田先生幸福理念的具体实践。

---

① 季羡林、池田大作、蒋忠新：《畅谈东方智慧》，北京：人民日报出版社，2011年，第142页。

② 汤因比、池田大作：《选择生命》，北京：商务印书馆，2017年，第50—51页。

③ 小山内优：《关于“为了教育的社会”的研究》，载寺西宏友、萧正洪主编《开创精神丝绸之路的新纪元》，北京：社会科学文献出版社，2016年，第321—322页。

新时代的婆媳关系与家庭幸福

——池田大作思想研究

陈访柔　刘建荣[*]

女性是人类社会文明进步与家庭幸福的重要力量，世界的发展永远离不开女性的话题。池田大作就说："女性的世纪是和平的世纪，女性的世纪是文化的世纪，女性的世纪是生命的世纪。"[①] 而婆媳关系，是文明社会以来最为典型而重要的关系。谈到婆媳关系，大多数人都现身说法，觉得是"女无不爱，媳无不憎"，认为婆媳矛盾，甚至婆媳战争是不可调和的，为此感慨"家家有本难念的经"。那么，要去解决这些问题，就需要进行深入探究。

一、婆媳关系的产生

婆媳关系的产生是源于儿子的婚姻，男大当婚女大当嫁，婚礼是订立相伴终生盟约的仪式仪规。池田大作先生曾说过："大人的责任是提高'人格价值'。"[②] 实际上，孩子提高人格价值最关键的一步是送其进入婚姻殿堂，婚礼才是真正的"成人礼"，从此，孩子不再是孩子，而是需要独立担当起家庭责任、社会责任的成年人，由此也树立起"成人"意识。当然，婚姻之中还包含了其他的一些自然属性与社会属性，如生理与生命需要、男权社会的规约等。

（一）男婚女嫁的社会历史性

"男婚女嫁"历史习俗的形成，源自男女在社会生活中的历史发展与功用变迁，从女权社会到男权社会是随着生产力的发展而又发展不充分的情况下产生的。

1. 历史形成男人的社会角色

恩格斯在1884年第一版《家庭、私有制和国家的起源》的序言中指出："根据唯物主义观点，历史中的决定性因素，归根结底是直接生活的生产和再生产。""一定历史时代和一定地区内的人们生活于其下的社会制度，受着两

---

* 陈访柔，广西大学讲师；刘建荣，湖南师范大学教授。

① 池田大作：《新女性抄》，卞立强译，上海：上海财经大学出版社，2004年，第6页。

② 池田大作、里哈诺夫：《孩子的世界》，卞立强、李力译，北京：中国文联出版社，2002年，第9页。

种生产的制约：一方面受劳动的发展阶段的制约，另一方面受家庭的发展阶段的制约。”[①] 人类从野蛮时代的刀耕火种走过来，婚姻从摩尔根所探讨的“对偶制家庭”逐渐发展到“专偶制家庭”，这是文明时代的标志之一，从此确立丈夫在家庭中的统治地位，也使婚生子女的生父确凿无疑，这也是家庭财产继承的需要。因此，历史上就形成了男人的社会角色定位，保护女人和弱小、开疆扩土、对外交流、供给老弱妇孺生活资料，等等，就成了男人扮演的社会角色。

2. 文化培养男人的强势性格

从文化上来看，人们一提到男人，马上就会想到他们应该具有的形象：勇敢、坚强、责任、大度、豁达、担当、顾家，等等，这些都是表现男人的一种社会强势。实际上，人的豁达和大度源自人的能力强大。由于男人的社会角色定位，也就要求男人必须具有强势性格，否则就难以担当作为男人的社会职责。因此，男权社会的男权文化便衍生出来，如：“男尊女卑”就是要服从男人；“女子无才便是德”就是要求女人要学会糊涂、不问对错，一切以男人为中心；“男主外，女主内”就是要求女人安分守节、生儿育女、相夫教子，不要去抛头露面，只要依附男人做好家庭妇女就可以了，等等。这些文化不仅给予了男人强势性格发展的空间，也成为禁锢女人的枷锁，同时为男权社会的发展奠定了文化基础。

3. 现实奠定男人的主导地位

在社会生产与生活中，人类必须随时面对自然界的各种现象，有些对人类来说就是灾难，如飓风、地震、冰雪等，在这些自然灾难面前，男人以其勇敢、顽强与富于力量等获得社会及家庭的主导地位。如在封建社会时期，女性一般是不被征兵入伍的，战争是男人力量的较量。此外，女性的柔弱及社会依赖人格的培养等，也成就了男人在社会及家庭中的主导地位。因此，在婚姻生活中，绝大多数男性都获得了婚姻及家庭生活的主导权，男娶女嫁的习俗在大众的默认中就逐渐形成。诚然，随着社会的文明发展、科技进步对人的解放，男女在社会生活中实现平等有了现实的技术条件与物质基础，甚至有了现代女权运动的发展，但历史的婚嫁习俗虽然有了很大改变，婆媳关系问题却依然存在。

（二）婆媳关系形成后的几个矛盾难题

家庭是社会的基本细胞，家庭虽小，婆媳关系却不能小觑。婆媳在家庭中的特殊地位与形成逻辑，注定婆媳关系是家庭的难言之隐，婆媳之间也必然通过柴米油盐酱醋茶和锅碗瓢盆等家庭琐事奏响家庭交响乐——有的技高一筹，美妙无

---

① 马克思、恩格斯：《马克思恩格斯选集》第四卷，北京：人民出版社，2012年，第2页。

比；而有的手忙脚乱，杂乱无章，甚至后院起火，让人谈婆媳关系而色变。要搞清楚个中问题，就需要了解其中缘由。

总的来看，婆媳关系是伴随着儿子的婚姻而形成的一种社会关系，它并非血缘形成的亲缘关系，且随着婆媳关系的形成必然存在几个矛盾困局。

1. 婆媳关系难容瑕疵

“向往光明、和平和幸福生活，这种愿望是人们先于一切的本能。”[①] 婚姻是人们期待光明、和平与幸福的一个重要途径。每一对新人都是为了幸福生活而走入婚姻殿堂，期待组成一个由自己主导的家庭或曰团队来为幸福生活奋斗。媳妇与儿子成亲后的一个重要仪式就是媳妇改口随丈夫喊婆婆为妈，从而形成婆媳形式上的母女关系，但实际上并无亲缘因素，婆婆很难把媳妇当女儿对待，甚至始终无法接受这个外人进入儿子及家庭的生活。而且，有些婆婆处处要求媳妇是一个完人，对朋友的不足都能包容却无法容忍媳妇有半点不足，甚至还会吹毛求疵。而媳妇虽然口中喊婆婆为妈妈，却也很难把婆婆与自己的妈妈一样平等对待，不仅对婆婆有心理上的隔阂，就是在言行中也有距离感，认为与婆婆相处是“近臭远香”，与婆婆拉开距离，甚至有的媳妇还把婆婆当作对立的一面，时时处处想着与婆婆过招，从而导致婆媳之间缺乏信任感。

2. 新人成婚难立人

儿子、媳妇结成婚姻，不只是具有自然属性的意义，更重要的是具有了社会性的意义，从此，一对新人应该成长为独立的社会人，组建起一个新的家庭，需要承担起自己家庭及相应的社会责任与义务。但新人的父母仍然视他们为孩子，仍然采取大包大揽的方式代替他们处理事务，甚至干预他们的生活，阻断他们成长立人和全面社会化的发展。这就为新人的成长及社会角色扮演造成了一个矛盾问题，承担自己的社会责任还是依赖父母不断奶就始终是一个纠结与冲突。许多新人成婚后也没有自觉地转变角色，仍然还把自己当孩子一样，在父母面前依旧是饭来张口，衣来伸手，言行任性。久而久之，势必婆婆难以容忍，口角、抱怨、矛盾不断。

3. 婆媳争权历久弥新

在传统社会，人们在讲“三十年的媳妇熬成婆”的时候，实际上是五味杂陈的。一方面，媳妇生儿育女多年终于儿女长成，人生有了新的希望；另一方面，受婆婆“磨炼”的日子快要结束了，自己可以“君临天下”坐上家庭女主人的宝座。这个历练的过程就是一个矛盾。本来她结婚成家，就同时进入了家庭女

① 池田大作：《女性箴言》，仁章译，长春：吉林人民出版社，1986年，第4页。

主人的角色，她就应该担负起家庭和社会的责任，应该拥有家庭女主人的权利。但是，在传统社会，媳妇嫁入夫家，公婆在世就只能做小媳妇，公婆说左就绝不能往右，而且还要小心伺候小叔小姑，过着如仆人一样的生活，只有生儿育女、相夫教子、伺候公婆姑叔的责任与义务，没有属于自己的权利。家庭女主人却无法主事，这是一个矛盾。即使在倡导妇女解放几十年的今天，许多家庭仍然没有彻底改变这些传统观念，婆媳之间的权利之争、地位之争不断发生，对媳妇的丈夫、婆婆儿子的爱的争夺，对媳妇的儿女、婆婆的孙儿女的照顾权的争夺，对家庭事务安排权的争夺，对家务事分工承担的争夺，等等，为家庭鸡毛蒜皮的琐事长期争得“一地鸡毛”，闹得家庭“烽烟四起”，明显矛盾与影子矛盾杂成，让不少婆媳艰难痛苦地度日。

二、新时代婆媳关系的新特点

社会进入新时代，社会经济、政治、文化等都发生深刻变化。经济上，社会生产力水平不断提高，人们的物质财富日益丰富，物质生活水平相应提高，生活也无须抱团取暖了，因此，核心小家庭成为社会基本的家庭模式，尽管高寿老人越来越多，但实际生活中三世同堂、四世同堂、五世同堂的现象却越来越少，年迈长辈宁愿请保姆照顾或上敬老院也基本不愿与晚辈同住。政治上，随着人们的政治权利平等思想增强，人们的权利意识、民主意识、平等意识增强，相应的责任意识、义务观念在淡化。文化上，传统文化重视家文化，天下是一家，礼义道德都是在家庭的生产、生活中口口相传、言传身教。而现代文化重视的是国族与世界文化，家庭的社会治理功能日益式微。这些社会环境的变化，都深刻影响现实的家庭关系与婆媳关系。

（一）核心家庭难容婆婆

新时代由于生活条件的改善、城市化的发展、家庭观念的变化等，小户型的住房容纳的是核心小家庭，三代同堂的家庭不仅在城市越来越少，就是在农村也越来越少。核心小家庭在儿女幼小时可能请婆婆客居家中以照顾幼儿，一旦幼儿长成，这种客居关系基本上便会想办法解除。诚然，这种客居关系解除的原因是多方面的：一是缺乏需要照顾的幼儿，婆婆客居儿媳家中不自在；二是婆媳之间在长期的共同照顾幼儿过程中难免有摩擦与不顺意；三是多年的客居感到压抑需要独立的生活，呼吸自由的空气；四是自己有自己的生活需要与安排，原来的客居是一种不得已，等等。这些都造成婆婆难以在媳妇家中长期生活下去，这种状况的长期性与普遍性发展，使人们的家庭观念也逐渐改变，自己有住房的公公婆婆基本上选择自己独自居住，不愿去打扰儿女核心小家庭的生活，照顾孙儿孙女也看作是对儿女的一种帮助。

（二）独生子女颠覆伦常

自20世纪70年代末至2015年，国家制定的生育国策是独生子女政策，一对夫妇只生一个孩子，就是在农村也是最多只能生两个孩子。为落实此政策，各地政府是想尽了一切办法，几十年来可以说终于基本转变了人们的生育观念，加上在市场经济条件下生养孩子的不容易，年轻夫妻也多数会选择只生养一个孩子。因此，独生子女越来越多，即使在农村，也同样因为孩子在家庭中稀少，而使孩子受到全家上下的优待和呵护，从对这些孩子的叫法上就可知其父母的态度。原来的孩子是叫“狗伢子”“牛伢子”等，而现在都被视为“小皇帝”“小公主”“小少爷”……这种变化，不仅是称呼上的变化，更重要的是孩子在家庭中的地位和影响的变化，一家老小对孩子是“言听计从”“唯命是从”，有些家庭甚至是无条件地满足孩子的一切要求与愿望，结果造成孩子的唯我独尊、性格偏执、欲望膨胀、心灵脆弱，缺乏伦常与家庭道德意识，有的甚至在家庭中稍不如意就目无尊长，对长辈暴力相向或以死相挟，在学校所学的道德规范只具有背书的意义，缺乏生活实践的习惯养成。这些独生子女中的女孩子逐渐长成进入婚姻生活，她们的亲生父母包容、纵容了她们的一些不良观念与习惯，婆婆就只能接过她们父母的接力棒，不能再对其寄予其他厚望。因此，现在的婆媳关系已不同往昔，关系早已颠覆，作为婆婆唯有认识到这些变化，才能保持好心态，与媳妇建立良好的关系。

（三）政府养老弱化责任

随着社会主义事业的发展，中国特色社会主义现代化建设进入新时代，党和国家越来越重视民生问题，全面实施养老保障、医疗保险制度和精准扶贫国策，父母对儿女的依赖关系越来越淡化，退休老人真正过上了“夕阳红”的幸福老年生活，基本无须再依赖儿女养老。相应的，儿女对于年老父母的赡养责任也在弱化，成婚儿女与父母的关系维系主要是依靠亲情而非传统所赋予的责任。婆媳的良好关系依靠什么来维系，就成了新时代的新问题。或者，也可以说，在新时代，随着政府对民生责任的全面担当，家庭中婆媳关系得到了解放。社会文明的进步，促进了婆媳关系的相应改进，但也弱化了婆媳之间的联系纽带。

三、建设幸福家庭需重视婆媳关系

婆媳关系始终是一个家庭的核心关系，在一个家庭中，夫妻关系、妯娌关系、父子和母子关系等，事实上主要由婆媳关系决定。好的婆媳关系是家庭和美幸福的基石，因此，建设幸福家庭，婆媳关系很重要。诚然，基于新时代社会结构、家庭模式及婆媳交往环境的变化，现在的婆媳关系建构已不同于往昔，需要与时俱进，开拓创新新时代的婆媳关系。

（一）婆媳情真家和睦

俗语说：“家和万事兴。”其实，婆媳交往与朋友相交等人际交往具有同理，那就是心诚情真。《庄子·渔父》中说：“真者，精诚之至也，不精不诚，不能动人。”汉代王充在《论衡·感虚篇》中更加精辟地说：“精诚所至，金石为开。”这就是说，人与人的交往贵在真诚，缺少真诚的言行是无法感动人的，而只要真诚到位了，不仅可以感动人和天地，就是金石也会为之开裂。从过去到现在，人们从生活经验中得出体悟：婆媳如母女。婆媳虽然不是真正的母女，互相之间都可以认为是外人，但就因为一个男人使她们走到了一个家庭，所以不管是为了爱这个男人还是为了各自的生活和美幸福，都需要放低自己，相互之间以母女一样的真情相待，这是婆媳关系的最佳状态。而且，现实也具有建立这种关系的基础。媳妇离开亲娘来到陌生的家庭，需要婆婆的母爱，而新时代的婆婆只有独生儿子，也渴望有女儿相伴。夫妻之间都需要相敬如宾、举案齐眉，那媳妇与婆婆的相处更应该注意说话做事讲究方式方法与分寸适度。孟子在《孟子·梁惠王上》中说：“老吾老，以及人之老；幼吾幼，以及人之幼。天下可运于掌。”这是说人只要像对待自己的长辈一样对待别人的长辈，像对待自己的孩子一样对待别人的孩子，则天下就可以在掌心中随意运转。可见，婆媳从根本上是具有共同的理想和愿景的，都是想把同一个家庭建设得更加美好，都是想让同一个家庭中自己爱的人与自己一起幸福生活。所以，双方只要放下传统偏见，以母女之心相对，相互体谅、相互包容、相亲相爱、相敬如宾，为建设和美和睦和谐的幸福家庭而共同努力，一定能构建良好的婆媳关系与和睦幸福的家庭。

（二）尊老爱幼振家风

尊老爱幼是中华民族的优秀文化传统，也是中华民族的传统美德。闵损芦衣顺母、黄香九岁为父亲温席，“二十四孝”仅仅只是从上古到宋朝在民间流传的少数故事，还有无数孝敬长辈的故事被尘封于历史之中。而母亲呕心沥血照顾孩子的故事在中国传统文化中亦数不胜数。“慈母手中线，游子身上衣。临行密密缝，意恐迟迟归。”（唐·孟郊：《游子吟》）不仅体现了母亲对孩子的细微照顾，也反映了母亲对孩子的拳拳之爱。我们经常用山来形容父爱，用水来形容母爱，这些都是说父亲给予孩子如山的安全感，而母亲给予孩子是如水的细腻与柔情。实际上，婆媳之间应该是两个母亲之间的交流，媳妇来到婆家一般也很快会有自己的孩子，在照顾自己孩子的过程中是能体会和感受到做母亲的情感的。因此，婆媳之间重要的是相互给予对方如水的柔情，团结合作为家庭的幸福共同奋斗。正如池田大作先生所言："没有辛劳，就尝不出快乐的滋味。"[①] 让对方体会到深入骨髓的细腻关爱，唯有用爱滋养双方的心灵，两颗心才能相融相交，一个家庭也才能树立起尊老爱幼、相亲相爱、相依相从、相互体谅、相互理解、相互包容、相互奉献的好家风。或许会有人说，没有血缘关系的两个女人要做到这样是不可能的，可世界上绝大多数人与人之间的交往都是没有血缘关系的，夫妻之间也没有血缘关系，现实中的许多误解其实都是因为人的偏见造成的。虽然《礼记》中说儿女对父母的孝可以分为三个层次："孝有三，大孝尊亲，其次弗辱，其下能养。"一是儿女尊敬长辈，这是大孝；二是儿女不侮辱长辈；三是对父母尽赡养义务。可孔子认为："今之孝者，是谓能养。至于犬马，皆能有养。不敬，何以别乎？"（《论语·为政第二》）孔子认为如果不尊敬父母与犬马没有什么区别。因此，做晚辈的务必要尊敬长辈，才能算是坚守了中华民族传统美德的"孝道"。当然，中华民族优秀传统文化反复倡导"父慈子孝"（《弟子规》），"举八元，使布五教于四方，父义，母慈，兄友，弟恭，子孝，内平外成"（《史记·五帝本纪》），说明父母的慈义与晚辈的孝敬是相辅相成的，而且父母应该首先作出表率，才能真正地弘扬好家风。

（三）包容互助铸幸福

包容，用中国传统文化来解读，就是人与人之间交往要学会"推己及人"（《论语·里仁》），"己欲达而达人，己所不欲勿施于人"（《论语·颜渊》）。池田大作先生也认为，人需要具有"丰富广阔的'宽容精神'"[②]。他举例说，人类给宇宙中三个小行星取了很好的名字——"关怀""团结""宽容"，这反映了人类需要具备的品格。人具有各自丰富多彩的个性，各种文明也有各自的特征，是厌恶这种相互的差异而相互排斥，还是承认相互的差异而相互尊重，不同的微妙心灵作用，就会产生不同的文明。社会的发展需要人与人之间的相互包容、体谅、理解、帮助与同舟共济。无法想象一个互害的社会还有快乐、幸福、光明与希望，对一个家庭来说更是如此。因为在社会上遇到害己的人还可以采取"惹不起躲得起"的办法保全自己，可是在家庭中同一个屋檐下是"抬头不见低头见"，唯有相互帮助共同取暖才能获得美好幸福的人生。此外，只有在家庭中培育互帮互助的良好品德与习惯，才能在社会上自觉地热心助人和见义勇为，成为一个具有良好社会公德的公民。因此，帮助他人，应该从家庭做起，从小事做起，这也是最容易做到的。婆媳是家庭的核心，人们都说一个家

① 池田大作：《法华经的幸福生命观——方便品·寿量品现代诠释》，香港：商务印书馆（香港）有限公司，2000年，第243页。

② 池田大作：《新女性抄》，卞立强译，上海：上海财经大学出版社，2004年，第30页。

庭是“有娘才有家”，婆媳之间的互帮互助是一个家庭的标杆，不仅起着稳定与团结家庭的作用，而且更是家庭的风向标，对家风起着引领作用。现在的许多婆媳相互疏离，难以做到互帮互助，原因并不在于做不到，而在于心与心的距离，是不肯做。正如庄子说：“挟泰山以超北海，此不能也，非不为也；为老人折枝，是不为也，非不能也。”（《孟子·梁惠王上》）一个人要挟着泰山跨过北海不可能做到，不是不愿去做；为老人折一根树枝，是不肯去做，并不是不可能做到。故此，婆媳之间唯有转变观念，真心关心和帮助对方，包容和体谅对方的个性，才能共筑幸福家庭。

总之：你若灿烂，百花自开；赠人玫瑰，手留余香。婆媳关系需要双方相互真诚给予对方如园丁培育鲜花一样的无私和细心的呵护，才能收获如花般的芳香。正如池田大作先生所说：“心中如果有灿烂阳光辉耀，无论何时，处于何种环境，都会拥有如五月蔚蓝晴空般宽广的心。”① 在这种心境下，家庭必然幸福。

① 池田大作：《法华经的幸福生命观——方便品· 寿量品现代诠释》，香港：商务印书馆（香港）有限公司，2000年，第21页。

池田大作慈善理念与实践探析

李朋飞 *

党的十九大报告指出“我国社会主要矛盾已经转化为人民日益增长的美好生活需要和不平衡不充分的发展之间的矛盾”①，这为新时代的慈善事业指明了方向。“慈善”一词的英文为“charity”，在西方语境下译为仁爱、宽容，是基督教诸德中最伟大的德性，也是为各宗教道德家及非宗教思想家所肯定的德性。在中文语境中译为慈善或仁爱。严格来讲，中文狭义的慈善与“施舍”（almsgiving）更接近。历史地来看，慈善的内涵有一个演变过程，由最初的针对个体的救济到近代以来转向全社会的善行，即现在的“公益”。

本文论及的“慈善”是从广义上来讲，包括公益活动，主要借鉴了周秋光的定义：“慈善是一种社会行为，是指在政府的倡导或帮助与扶持下，由民间的团体和个人自愿组织与开展活动，对社会中遇到灾难或不幸的人，不求回报地实施救助的一种高尚无私的支持与奉献行为。”② 慈善理念则是指个人对慈善的态度和看法。世界著名的宗教活动家、教育家和思想家池田大作创办了创价大学和国际创价学会，持续关注国际社会和人类前景热点问题，与政治、文化、教育界的杰出人物不断开展对话，先后获得一系列和平奖项，致力于推进人权、教育、和平等诸多运动，其中不乏涉及慈善领域。

人类在20世纪经历了诸多发展与危机，其中最令人记忆深刻的莫过于两次世界大战、冷战以及后来的知识大爆炸，与此同时也出现了恐怖主义盛行、生态环境被破坏、局部冲突等社会问题。面对这些危机和问题，池田大作发扬佛教的慈爱信仰，不断思考并身体力行，走遍世界各地，推动国际文化、教育、和平事业的合作交流。下文将以池田大作对慈善的态度和看法为对象，总结其慈善观的内容、源起、实践，并对其特点和当代影响进行论述。

* 李朋飞，暨南大学国际关系专业博士研究生，中山大学南方学院助理研究员，研究方向为国际移民与华侨华人。

① 参见习近平在中国共产党第十九次全国代表大会上的报告，http://cpc.people.com.cn/n1/2017/1028/c64094-29613660.html。

② 周秋光：《中国慈善简史》，北京：人民出版社，2006年，第6页。

一、慈善理念的内容

本文阐述的池田大作慈善理念主要是依据他的数十本与世界杰出人士共同完成的对话录，其出版的《人间革命》《新人间革命》《法华经的智慧》等著作和发表的散文等文学创作，以及其自2000年以来发表的“国际创价学会日纪念和平倡言”等内容。

（一）善性与恶性

池田大作认为，每个人心中都潜藏着“善性”与“恶性”，并且是可以相互转换的。一方面，他认为外在的善恶是相对的、可以改变的。只有当人的内心被语言或抽象概念所束缚时，才会认为善恶是绝对的、固定的；另一方面，他认为当人受到束缚，成为语言或抽象概念的奴隶时，无法认清善中包含着恶，而恶之中也包含着善，是可以通过自身的行动与态度，将恶转变为善的。除了以上两个方面之外，他还认为，善恶的对立只是人借助语言等媒介表现出的一种心灵片段，是人和宇宙的一种连接形式。“尊重他人，为他人的幸福作出贡献就是‘善’；为自己的利益而牺牲他人就是‘恶’。”①

在这里，善恶主要表现为：第一，善与恶的概念是相对的；第二，善恶是人所创造出的概念，是对人心灵的描述。池田大作认为善恶无记，即在受到内外的影响下，人既会产生善的价值，也会产生恶的价值。此处的“无记”不等于“空白”，而是指充满了制造力量的生命内在作用。这种“善恶无记”的观念在日常生活中表现为一种不拘泥于差异的境界。池田大作还认为，“善”的沉默会助长“恶”，基于此需要进行精神斗争，即不论现状如何，绝不放弃对话，要将对话贯彻到底。如果能够长期坚持，进行不受外在情感影响、顾全大局、竭尽所能的对话，最终一定会在黑暗的帷幕上打开一个突破口。

（二）生命与贡献

池田大作认为，生命的价值需要通过学习与行动，以及造福他人与贡献社会等活动得以体现。人们需要以身作则，用实际行动向下一代证明：每个人都有能力变得更加聪明和坚强，也有能力使生命变得更加辉煌。他认为，人生的最高价值在于为他人作出贡献，这是一种权利，是真正的人权。这种价值观会使个人的内心世界极为丰富，远超一切物质财富。他还认为“生命是一体的”“生命相互关联”，只

① 池田大作、奥锐里欧·贝恰：《二十一世纪的警钟》，卞立强译，北京：中国国际广播出版社，1988年，第95—96页。

有从生命之间的共鸣与信赖出发，才能使人们感知到他人的痛苦，学习到如何关心他人，作出对他人感同身受的行动。只有如此，才能重建支撑全社会的价值观。

（三）小我与大我

池田大作认为，每个人都能通过日莲的修行从自己的生命中发掘无穷活力和智慧，最终战胜人生的苦恼，放弃囿于“小我”的状态，升华至“大我”的境界。他坚信日莲佛法为人类的未来点亮了明灯，能够实现“自他的幸福”，而《法华经》就是这个理想的最高典范。诵念《法华经》的题目确认自己的决心，终生贯彻初衷。其中的关键是唤醒人们心中佛性的过程，其中关系到相信自己和其他人，以及“当如敬佛”般地尊敬其他人。日莲宣导的“折伏”布教方式注重与人接触时相信对方的佛性，以慈悲相待，祈愿对方的幸福，进行有诚意、互敬互爱的对话，以构建信赖与友谊。日莲将尊敬他人作为希望的源泉和超越宗教信条的普遍真理，并要求信众尊重他人，即尊敬他人的人性，并且不计较其宗教信仰。

（四）人道与人性

池田大作认为，“人道”既有和平、宽容、温和的一面，也有易于妥协、不够热衷的一面。“人性”则不躲避和放弃与恶的正面对抗，坚持自律和理性的对话。他认为，“人道”经常会出现盲信与不宽容的一面，完全游离对话精神，无力与宗教激进主义对抗。面对21世纪经济和科学技术企图支配人类的情况，我们必须以“生命尊严”作为当代的精神支柱，彻底地关注与凸显“个人”，坚持复兴人本主义，使人性复权的运动在世界各地依靠人民自身的力量，扩展“人本主义”运动，让所有人都得到和平与幸福。“所谓幸福，极端地说，就是欲望和要求得到满足，也可以说是‘满意’或‘充实感’吧。”[①] 通过培养“自强精神”，使每个人发挥本身具备的潜能，进而推进大众积极地参与变革社区和社会。池田大作还认为，和平与环境的关系密不可分。残酷的战争不但夺走了无数人的宝贵生命，还对亿万年来孕育而成的自然界和生态系统造成破坏。自然生态环境遭到破坏之后，随之而来的灾害也在不同程度上会引起各个国家和地区之间的纷争与对峙，如全球变暖问题、水资源分配问题等。

二、慈善理念的源起

（一）家庭环境熏陶

池田大作对慈善的认知和态度与其家庭成长环境密不可分，特别是受到母

① 池田大作、A. 罗古诺夫：《第三条虹桥》，卞立强译，北京：中国国际广播出版社，1990年，第50页。

亲、妻子的影响。他出生在一个平凡的家庭，小时候家里主要经营紫菜养殖。父亲秉性固执，母亲朴实忍耐。在教育子女方面，母亲辛勤劳作，告诉子女做人的基本准则，在日常生活中像法官一样公平地对待子女。成年之后，池田大作与香峰子女士相识并结为夫妻，后来在家庭观、教育观上香峰子夫人对池田大作产生了深刻影响。两位对池田大作影响最大的女性，使池田大作对和平、教育、慈善等有了特别认识。他认为，妇女孕育、怜爱生命，珍视人与人之间的联系，养育孩子、守护家庭，是天生的和平主义者。

另外，池田大作在青春时代亲身体验过流离之苦。二战结束前后，兄长们相继被征召入伍，结果有的战死异国，有的褴褛归国。池田大作一家经济状况每况愈下，迫不得已搬家，家却又因战火接连被炸毁。这些都给他留下了深刻印象。因为有过这些经历，他能切身体会那些失去心爱的人、被迫背井离乡的人所感受的悲哀和痛苦。传承自家庭的信念和痛失亲朋好友的经历，促使他思考出现这些情况的原因。尽管这种失去安身立命之地，或丧失归属感的情况到处可见，但是没有如灾害或武力冲突发生时那样明显。最终促使其认识到真正的重建和复原，是让所有灾民找回希望，重新点燃活下去的意志。为了达到这个目的，来自社会不间断的支援是必不可少的。池田大作在其执笔的小说《人间革命》中就写道：“没有比战争更残酷！没有比战争更悲惨！”这充分表达了他杜绝战争、争取和平的决心。池田大作认为：“在人类社会中人们相互关心，是实现人与人之间相互联系、相互帮助、相互支持的纽带，是建立美好人间社会的必要条件。”①

（二）两位恩师引导

对池田大作人生有着深远影响的莫过于两位人生导师——牧口常三郎和户田城圣。

创价学会首任会长牧口常三郎是人本教育的先驱，他于1930年出版了《创价教育学体系》。谈及人的生存方式，他认为大致可以分为三类——依赖他人的生活、独立的生活以及贡献的生活。牧口会长呼吁：“作为社会的一员，必须和民众同甘共苦，否则无法获得真正的幸福。”牧口会长提倡建设共存共荣的协调竞争，呼吁实现“自他幸福”的地球社会、地球文明。牧口会长在《创价教育学体系》中发表了他对教育的一套哲学，指出教育的重点在于追求“自他幸福”，提倡要创造一个“人道竞争”的时代，如人类不应过着“依赖他人的生活”，“独立自主的生活”也不够，应该过一种“能贡献他人的生活”。要鼓舞他人，赋予他人力量、勇

① 张福如：《论池田大作思想中的人本质及人之道》，《西南石油大学学报（社会科学版）》2011年第5期，第103页。

气和希望，同时追求自己与他人的幸福。当每个人都过着有创造价值的、能贡献他人的生活时，必定能改变社会，改变世界，推动时代。牧口会长在其主要著作《人生地理学》中呼吁开创“人道竞争”的时代，即培育“世界公民意识”的涵养和树立“自他同享幸福”的目标。

1947年8月，创价学会第二任会长户田城圣与池田大作在创价学会的座谈会会场上相遇，不久池田大作加入学会。后来池田大作在户田先生经营的公司任职，与其结下师徒的情缘。池田大作从19岁至30岁的11年间，在户田先生的指导下，不仅受到佛法的熏陶，还涉略人文、自然等各门科学。户田先生教导其看问题的方法对其有着终身影响。户田会长因对抗军国主义被迫入狱两年，他经常对身边的青年说要避免战争悲剧的重现。在户田先生人格的吸引下，池田大作成为创价学会第三任会长，在世界各地推广以佛法人本主义为基础的和平、文化、教育运动。户田先生主张“地球民族主义”，并发表《禁止原子弹氢弹宣言》，嘱托青年们“构筑没有核武器与战争的世界”。后来池田先生决意建设21世纪为“生命世纪”“生命尊严的世纪”，正是出于与恩师在一起时无比宝贵的体验，认为它远远超越宗教派系次元，必定会为人类精神史带来杰出贡献，并能突破时代的闭塞状态。

（三）佛教哲学启迪

创价学会以13世纪日本僧侣日莲的人本主义哲学为思想基干，以“依法不依人”为规范，这对池田大作的慈善观产生了一定的启迪。佛教的真谛是突破“小我”的束缚，悟彻普遍真理，实现“大我”的包容。特别是《法华经》揭示出空间和时间上的统一构成了创造性生命的活力，指出在现实里才能够磨炼自己的生命，达到超越“小我”的“大我”。这种宗教哲学观认为，宗教和现实生活密不可分，日常生活的一切都是由人与人或人与环境之间的“结缘”所构成。随着当代社会信息化的发展，家庭、社区间人际交流的减少，社会中感到孤独、没有朋友的人口不断增加，对前途持悲观态度的年轻一代及中老年人越来越多。造成这一现象的主要原因之一，就是极端缺乏人际往来和语言交流，这些缺失势必导致人的语言能力衰退，甚至语言功能的丧失。

（四）外来文化借鉴

池田大作在阐述关于人类文化、教育、社会、生态和文明可持续发展的重要思想过程中，除了吸收日本本土思想文化之外，还吸收了世界其他地区的先进思想文化，既包括其他国家的相关理念，如中国的大同思想、印度和古巴的自律抗争等，还包括世界政治、经济、文化、教育界的杰出人物的思想，如汤因比、威尔逊和甘地等。在此以法国历史学家米什莱、美国哲学家杜威和努斯鲍姆的思想为例来说明池田大作对外来文化的借鉴。米什莱出生于1798年，被学术界称为“法国最早和最伟大的民族主义和浪漫主义历史学家”。他认为人在任何时候都是以同样的方式去思考、感受和爱。当时的欧洲热衷于印度、波斯等东方文明，企图摆脱基督教世界观，与今天的全球化有相似之处。而杜威是美国哲学家、教育家，以实用主义思想而著名。他认为教育每天重复着人类最大的实验——“不断去达成”的努力，是实现真正的民主社会的必由之路。20世纪的美国哲学家努斯鲍姆认为，需要重新建构一个以人的尊严为本、不排除任何人的社会，并且指出任何人都有可能因生病、衰老或遇意外而需要他人的照顾，所以人人皆应以当事人的身份来思考新的社会方针问题。

三、慈善实践

池田大作通过发表纪念和平倡言、与各界有识之士会面、发刊对话集等，一边推进和平反战思想，一边实践慈善公益文化。具体来讲，池田大作慈善理念的实践形式是多方面的，主要依托创价学会和国际创价学会两个机构开展实践活动，包括救灾援助、座谈会、公益教育等方面。

（一）救灾援助

创价学会和国际创价学会在国内外救灾援助活动中，主要表现为赈灾和灾后重建。在2004年印度洋海啸和2011年日本东北部地震中，学会一方面展开赈灾活动，开放灾区所有会馆供人避难，积极地参与筹集、搬运、分配大批救援物资，并运送到灾区，另一方面志愿提供帮助和协助清理灾区，支援受灾地区的中长期复兴事业。其中部分海内外学会会员自己虽然也是灾民，但仍积极地行动起来，奔赴灾区前线，与遭遇困境的人相处，同苦、共战、相互扶持，共同分享人生的悲哀喜乐，在无形中践行着学会所提倡的对话行动。除此之外，学会积极协助联合国难民组织长期开展救援难民活动。如针对越南、非洲西部，日本创价学会自1973年起先后举办20多次救援募捐宣传活动，并从1980年起先后十余次派遣调查团视察难民营，积极搜集最新情报，并向世界媒体公开，增进人们对难民真实生活的理解。

（二）座谈会

自1930年成立以来，创价学会坚持举办内部小型座谈会，会上成员共享喜悦，互相勉励。这种座谈会在世界各地召开，与会者不分性别、年龄，来自社会各个阶层，境遇虽各不相同，但彼此可以分享宝贵的人生历程及心中的烦恼，互相加强奋发向上的决心和意志。参加者在座谈会上可以了解、体会到其他参加者为了摆脱烦恼、克服困难而辛勤奋斗，从而坚定自己的信心并鼓舞他人。这种心灵互动的过程，能够引发人产生不畏困难的希望和力量。

（三）公益教育

学会开展的公益教育活动涉及面非常广泛，是慈善实践的主要组成部分，除了针对不同年龄层次的人群进行扫盲教育、普及基础教育的志愿者活动，还包括人权教育、核裁军教育、和平教育、环境教育等方面。

人权教育方面，学会和多个联合国机构及其他非政府组织合作，经常主办各种人权教育展览，热衷于建设人权文化，如“现代人权展”“勇气的证言——安妮·弗兰克与大虐杀展”等在世界各地巡回展出，全力通过草根活动启迪人民的意识。2012年，学会和人权教育协会、联合国人权事务高级专员办事处共同制作了一部意识启蒙影片《迈向尊严之道——人权教育之力》，向一般民众推广和普及人权教育的相关内容和理念。2013年，为协助各国实施优质的人权教育与培训，国际特赦组织、人权教育协会和学会成立了“人权教育2020”的民间社会网络并出版了《人权教育指标框架》。

核裁军教育方面，国际创价学会以户田第二任会长的《禁止原子弹氢弹宣言》为原点，与其他非政府组织（如国际废除核武器运动）紧密合作，长年推进禁止与废弃核武器运动。1982年，学会在纽约联合国总部举办了“核武器——现代世界的威胁”展，后来在苏联、中国等16个国家巡回展出，引起巨大反响。从2007年起，学会开始推行“废除核武器民众行动十年”活动，活动包括举办以号召废除核武器为目的的展览、由青年主导的研讨会，以及以五种语言发行原子弹爆炸生还者体验的视频光盘——《和平的呐喊：广岛、长崎原子弹受害妇女体验谈》。为了扩大谋求“无核武器世界”的联合阵线，学会还与国际废除核武器运动组织合作制作“你所珍惜的一切——共创无核武器的世界”展览，并于2012年在广岛展出。

和平教育方面，学会围绕“和平”这一主题积极支援联合国的相关活动和会议，如配合联合国教科文组织举办“国际识字年启蒙运动”，广泛地开展包括宣传报道方面的协助、支援活动。为了推进启蒙运动，培育和平文化意识，学会在世界各地开设“和平文化资源中心”，协助举办“世界少年少女绘画”“莱纳斯·鲍林与二十世纪”“为世界儿童建设和平文化展”等巡回展览。学会青年部出版了《为了不知道战争的世代》，妇女部出版了《衷心祈愿和平》等反战著作，将战争体验以自传及口述的形式留给后代。

环境教育方面，学会非常重视可持续发展教育，除了以青年会员为中心在各国开展植树运动，组织关西创价学园学生参加“美国国家航空航天局”的“地球知识观察”（Earth KAM）计划之外，还通过各种展览、体验计划、制作影片等方式使人深入理解人与环境之间密不可分的关系。在学术研究上，池田大作创立的波士顿21世纪中心发刊《克服贪婪》来展望公正的地球社会应有的形态。在巡回展览方面，学会在巴西、美国和日本分别举办了“环境和开发展”“环境和人类展”等展览。学会积极支持《地球宪章》，与地球理事会、联合国环境规划署、联合国开发计划署联合制作了描述解决环境问题的教育电影——《宁静革命》，与地球宪章法推行委员会先后共同举办了“变革的种子——地球宪章与人的潜能”和“希望的种子——可持续发展的展望”展览。

四、慈善理念的特点及影响

（一）特点

1. 佛教哲学色彩浓厚

创价学会以日莲佛法和生命哲学为基础，池田大作身为创价学会的一员不可避免地受到佛教哲学的影响。日莲曾指出，每个人要从正面面对现实，不可让现实脱离我们的视线。受苦恼煎熬的人在认清周围的状况后，才可忠于自己，亲手创造幸福。池田大作正是从佛教哲学的角度出发，宣扬和平、平等、慈悲的佛法理念，指出日莲的修行方式——唱念《法华经》的题目“南无妙法莲华经”——简单有效具有普适性，每个人都能够从自己的生命中发掘无穷活力和智慧，进而战胜人生的苦恼，放弃“小我”升华至“大我”。基于此，慈善是一种对个人的“善性”本性的激发，也是与“恶性”相对的一种本能。

2. 理论与实践结合紧密

池田大作在就任创价学会会长之后，依托创价学会和后来的国际创价学会，与联合国各个组织以及其他非政府组织紧密合作，积极投身于变革人心和和平教育的行动之中，呼吁核裁军、环境保护、教育改革、保护人权以及文明间的对话等。总的来说，池田大作慈善理念不仅包括总结前人及自身在慈善方面的思想、理论上的论述，还融入一系列的实践活动中。他多次强调：“脱离现实社会中的生活基础，只是掌握知识、学习理念，往往陷于为知识而知识，导致在概念的世界中游戏的结果。在与现实相结合中来领会学到的知识时，知识就不会是暂时死记硬背的知识，而成为给智慧带来营养的源泉，变为该人自身的血肉。”[①]如池田大作提出的有关“善恶”“生命观”“和平观”“地球公共财产观”“人权”“教育”“人性革命”“联合国改革”等诸多方面的理念，无不蕴含了慈善的基本理念，并且他身体力行推动这些信念、理论的落地实践。

① 池田大作、奥锐里欧·贝恰：《二十一世纪的警钟》，卞立强译，北京：中国国际广播出版社，1988年，第213页。

3. 非制度化与非系统化

池田大作慈善理念主要体现在人性教育、和平思想、裁军倡议、环境保护等思想理念之中，并没有形成制度化和系统化的思想体系。但池田大作的慈善理念并不局限于狭义上的慈善、救济与施舍，而是表现为广义上的慈善公益，特别是对人性的改革，讲求挖掘人的生命深处的“善”，致力于在日常生活中实践慈善公益的理念。笔者曾试图从池田大作及创价学会的相关文献资料中，考察池田大作是否将慈善理念写入创价学会的会规中，使其制度化和系统化，结果没有发现任何明确记载池田大作关于慈善理念的制度化和系统化表述。

（二）影响

1. 新理念的构建

池田大作明确提出要使个人唤醒自己内心深处无穷的力量，为人为己，全员参与社会的建设，通过个人心灵的变化历程，不断追求善的内在，振作精神，达到真正的人本主义。这种新理念的构建，把慈善深入每个人的心灵深处。池田大作指出每个人都要以“坚强的心”为发条，通过内心的奋斗与自律，来发掘出善的能量，从而打开停滞的僵局，并且要不断重复，养成习惯，最终让善的能量成为生命活动的基调。

2. 慈善实践的提升

池田大作慈善理念提出要汇集人类全部的智慧，努力改革并强化代表人类共同奋斗基础的机构——联合国来建设立足于人类利益、全球利益的国际化社会，与有志之士齐心协力共同开拓21世纪的和平与希望的大道。池田大作主张通过每个人内在的变革，来实现自他共享的更美好生活，要在社会中实践“为他人尽力的生活方式”“在社区中加强人际关系的生活方式”。

3. 现代慈善的转换

传统社会中的慈善更多的是陶冶个人自我品德与满足良心的需要。随着现代社会的发展，城市化、市场化和全球化的加速推进，人际交流形式化和功能性增强，慈善活动不仅满足于互助同情心理，还更加趋向于道德责任感。池田大作慈善理念指出，要打开21世纪的困境，不仅需要知识、技术和资金等许多条件的支持，还需要加强对地球命运共同体的认识，以及对未来人类社会的责任感。这种慈善观将道德责任和义务、内在要求和外在约束结合起来，推进传统慈善向现代慈善观念的转换。

池田大作慈善理念，吸收了日莲佛教哲学以及牧口常三郎和户田城圣导师的思想精华，以佛教的生命尊严思想为根本，为使人人幸福和推进世界永久和平而努力，实现理性与信仰的结合。尽管这种慈善理念缺乏制度化和系统化的建设，但这种慈善理念仍潜移默化地推动了现代慈善的人性化发展，达到了理论和实践的统一。

从池田大作保护老人权利谈中国大陆老人政策之发展

唐彦博*

创价学会是从庶民大地诞生的全球民众组织。长期以来，为现代世界“无声的人民”发声，这是创价学会的使命与骄傲。创价学会的光荣历史，总是站在最困苦者的立场，带给几十万人、几百万人勇气和希望。池田大作先生强调，创价学会“绝不容许任何人受到歧视，更不允许荣誉与尊严受到剥夺”①。

池田先生在2018年“和平倡言”——《掀起民众潮流，走向人权时代》中指出，老年人（以下简称“老人”）的权利长久以来并未引起各国的注意，直至1982年的第一次老龄问题世界大会，才引发国际舆论关注。池田先生特别强调，老人的人权问题是当代社会面临的紧迫课题。依据联合国数据显示，现今世界上60岁以上的人口已超过9亿，而到2030年，这个数字预计将增加到14亿。许多国家，特别是发达国家，正面临少子老龄化、社会结构急剧变化的挑战。② 世界不少国家尤其是亚洲区域如日本、中国之老龄化情况严重，老年人口数大幅增加，老人的权利如何加以保障亦值得探讨。本文试图从池田先生的和平倡言、演讲及对谈集等资料、书籍中，整理归纳出池田先生关于保护老人权利之精义，并据此探讨与检视中国大陆老人政策之发展。

一、联合国老人纲领与世卫健康老龄化理念

联合国大会在1991年通过了《联合国老人纲领》（United Nations Principles for Older Persons）③，提出了五个要点：独立（independence）、参与（participation）、照顾（care）、自我充实（self-fulfillment）和尊严（dignity）。虽然“独立”（尊重

* 唐彦博，台湾中国科技大学校长、台湾私立科技大学校院协进会荣誉理事长。

① 斯图亚特·里斯、池田大作：《畅谈和平的哲学与诗心》，陈鹏仁译，台北：正因文化事业有限公司，2016年，第194—196页。

② 参见池田大作：《掀起民众潮流，走向人权时代》（2018年“和平倡言”），2018年1月26日。

③ 《掀起民众潮流，走向人权时代》（2018年“和平倡言”）的大陆中文译者，将“United Nations Principles for Older Persons”翻译为“《联合国老年人原则》”，台湾大多数学者则译为“《联合国老人纲领》”。

个人意志）、“照顾”（对健康和生活的保障）和“尊严”（确保免受歧视和虐待）是老年人的核心权利，但这些原则自身并不能独自成立。此外，池田先生完全同意魏茨泽克博士的观点，即创造能让年长者依照自己的意愿继续工作的条件将有利于整个社会。同时，他也坚信，无论是通过工作还是其他方式，能够为他人的幸福和世界作出贡献，就能获得快乐和满足感。在这层意义上，另外两个要点，即“参与”和“自我充实”，在老年人的生活中也不可或缺。池田先生特别强调：“获得良好的对待对于让一个人觉得有尊严是必不可少的，但更重要的是被他人视为无可取代的精神支柱。正是这一点让我们的尊严更为璀璨。即使患病或必须依赖他人的护理，这种关系的重要性也仍然不会改变。”[①]

紧接着，1992年联合国第42届大会通过了《联合国老龄权利宣言》（Declaration of the Rights of the Elderly），其基本精神来自世界各国对全球人口老龄化问题的关注。在宣言中面对未来全世界老年人口骤增的现象，预期各国政府及各组织团体将会面临政策、方案以及资源方面的挑战。宣言强调针对老人经济、社会以及文化发展，围绕关怀老人健康、人权、就业、教育、保健、居住、家庭、残障以及性别平等九大议题，需采取行动计划以提供老龄问题的务实策略。[②] 关于《联合国老人纲领》的五项具体内容分列如下：

（一）独立

老年人的“独立”就是指其“理性自主”应受到基本的尊重，社会亦应提供其达到理性自主的条件，重要内容为：

1. 应有权获得充足的食物、水、住屋、衣服、健康照顾、家庭及小区的支持、自助。

2. 应有权不因年龄的障碍而影响其追求工作的机会。

3. 应有权因工作能力减退时，能够参与决定退休的时间与步骤。

4. 应有权获得适当的教育及训练。

5. 应有权居住在安全且适合个人的环境中。

6. 应有权尽可能地长居家中。

（二）参与

老人的“参与”主要在于说明一个核心问题，即老人不但不应“离群索居”，而且应该持续地与社会保持必要的互动关系，甚至对社会有心智上的贡献与影响，其内容为：

---

① 池田大作：《掀起民众潮流，走向人权时代》（2018年“和平倡言”），2018年1月26日。

② 参见李瑞金、林鑫柔：《从当前全球老龄核心议题探讨我国老人福利法》，《小区发展季刊》2018年第123期，第59—70页。

1. 老人有权主动持续融合在社会中，并能参与直接会影响他们福利的政策制定与执行。

2. 老人有权与年轻人共同分享其知识、技能、价值与人生经验。

3. 老人有权寻找机会来服务小区及担任适合自己兴趣及能力之志工。

4. 老人有权组织老人的社团或推动活动开展。

（三）照顾

老年人的“照顾”，主要为了说明其年岁已高，身体机能也会随之退化，社会在其身心灵的照顾上必须日益增强，以维持其尊严性的生存，其主要内容为：

1. 老人有权获得来自家庭的支持与照顾。

2. 老人有权获得健康照顾，以维持身体、心理及情绪的水平，并预防疾病的发生。

3. 老人有权获得社会与法律的服务，以增强其自治、保护与照顾。

4. 老人有权在富有人性及尊严的环境中，适当利用机构提供的服务。

5. 老人在任何居住、照顾与治疗的处所，应能享有人权和基本自由，包含了对老人尊严、信仰、需求、隐私等方面的尊重。

（四）自我实现

老人毕竟也年轻过，亦有其人生的理想与抱负，因此社会应尽可能协助其有自我实现的可能，重要内涵为：

1. 老人有权适当追求其潜能得以充分发展的机会。

2. 老人有权获得教育、文化、宗教、娱乐的社会资源。

（五）尊严

老年人对社会皆有过不同程度的贡献，故不论其身体健康状态如何，国家、社会均应尽可能维持其生命的尊严，具体内容为：

1. 老人有权在尊严和安全感中生活，免于身心的被剥削与虐待。

2. 老人有权不拘年龄、性别、种族、失能与否而能被公平地对待，而且有在经济贡献上独立的价值。

3. 老人有权在健康照顾上有自主性的决定，其中包括尊严性的死亡等事情。

归结以上的说明，老人人权至少包括下列几项相关的议题：

1. 应有权利享受基本的生活水平，包括足够的食物、居所和衣着。

2. 应有权利享受社会安全、救助和保护。

3. 免受歧视的自由，不因年龄或任何其他身份，在就业、居住、医疗保健和社会服务中被歧视。

4. 应有权利享受高质量的医疗保健。

5. 应有权利受到尊重。

6. 应有权利不受忽视或任何肢体和精神的虐待。

7. 应有权利积极参与社会上所有的政治、经济、社会和文化的活动。

8. 应有权利有效和全面参与关于本身福祉的决定。

除了联合国外，世界卫生组织为了积极应对人口老龄化，稳步提高健康预期寿命，长期以来大力提倡健康老龄化理念，并于2015年提出了健康老龄化战略。健康老龄化概念最初于1987年5月在世界卫生大会上被提出，并在1990年世界老龄大会上被世界卫生组织作为应对人口老龄化的一项发展战略。2002年，世界卫生组织又在健康老龄化的基础上，提出“积极老龄化”的政策框架。2015年10月，《关于老龄化与健康的全球报告》的全球发布，意味着“健康老龄化”再次被提上日程。作为一项围绕医疗保健和老人健康问题的战略，健康老龄化将核心目标聚焦于提高老人的生命质量，缩短带病生存期，延长健康预期寿命。[①]

二、池田大作保护老人权利之精义

池田大作具有丰富的知识涵养，他一生致力于和平、文化、教育之宣扬与推动，其目的在于谋取人类幸福、社会和谐以及维护世界和平。池田大作对老人权利并无专章或专书的完整论述，从其相关著作整理归纳有关保护老人权利之精义有：（1）老人教育建设；（2）权益法制建设；（3）福利社会建设；（4）公正经济建设；（5）宜居环境建设。兹将此五项精义阐述如下：

（一）老人教育建设

老人教育建设包括两个层面：教导一般人如何敬重老人、照顾老人及因应未来老龄化情形；教导老人如何善用政府社会资源，保障权利义务，创造自我价值等。池田先生经常告诉青年们：“因为有父母才有现在的自己。希望要怀抱对此感谢的心。”第二任会长常对青年说：“连父母都不爱的人，怎能爱别人呢？跨越无慈悲的自己，去体会慈悲的境地，这是人间革命（人性变革）。”[②]因此，教育人民，怀着感恩与慈悲的心，在报答父母恩之外，进行人间革命，跨越无慈悲的自己，爱己及人，敬重老人。池田先生又特别强调，学习尊敬他人是教育的根本，“所谓‘人权教育’‘和平文化’不正是从培养‘尊敬他人的心’开始

---

① 参见陆杰华、阮韵晨、张莉：《健康老龄化的中国方案探讨：内涵、主要障碍及其方略》，《国家行政学院学报》2017年第5期。

② 尼拉坎达·拉达克里希南、池田大作：《迈向人道世纪：谈甘地与印度的哲学》，刘焜辉译，台北：正因文化事业有限公司，2010年，第34—35页。

吗？”① 池田先生指出：“佛法也重视‘孝’。特别是日莲佛法说‘学佛法之人不能忘记父母、老师、国恩’，强调回报‘父母之恩’‘老师之恩’‘社会之恩’的重要性，因为知恩、报恩是做人的根本。”② 池田先生认为：“社会应进一步体会到，需要老人就要尊敬老人。”③

池田先生与汤因比博士对谈时，汤因比博士告诉池田先生，人的能力是多样的，各有其社会价值。每个人独特的能力都应该被发挥，并强调“生涯教育最重要”④。另外，池田先生与丹麦教育家亨宁森对谈时，池田先生十分推崇亨宁森先生的这句话：“首先要认识的是我们‘活在美好的世界’。请开启心眼，环顾周遭，发现美好的价值。”池田先生进而指出：“了解‘世界的美好’就是了解‘生存的美好’，由此产生真正的‘对人生的热情’，成人要以身示范并传承给孩子，同时将比自己生活的世界‘更美好的世界’留给孩子，是成人的职责。”⑤ 因此，老人的职责之一便是将他人生美好的经验传承给子孙及周遭的孩子。

（二）权益法制建设

池田先生主张，为了避免老人因疾病而产生的社会歧视、经济歧视，“必须建设一个能公正守护高龄者、身心障碍者、少数民族、弱势者、女性及孩童们等苦于身体疾病和心的疾病的人们之人权社会”⑥。总之，此老人人权社会必须消除因为高龄者而产生的社会歧视、经济歧视。

为了确保老人免受社会歧视与经济歧视，应当推动权益法制建设，首先，加强人权教育，池田先生认为21世纪的教育，尤其21世纪的大学应负责奠定基础，这也是教育的根本使命之一，培养人民的同理心与同苦心。池田先生指出，在思考社会问题前，最重要的是能否深刻感受到弱势者的痛苦。同样是人，为他人的痛苦感到“心痛”这种同理心，是超越文化或民族隔阂，宗教或意识形态的藩篱，建立人与人的对话基础。⑦ 人权教育的主要目的是，不仅在

① 池田大作、汉斯·亨宁森：《开创未来的教育圣业——与丹麦教育家的友情对谈》，刘焜辉译，台北：正因文化事业有限公司，2011年，第202页。

② 张镜湖、池田大作：《教育与文化的王道》，刘焜辉、陈鹏仁译，台北：正因文化事业有限公司，2010年，第26页。

③ 阿诺尔德·J. 汤因比、池田大作：《展望21世纪——汤因比与池田大作对谈集》二版，正因文化事业有限公司编译，台北：正因文化事业有限公司，2014年，第122页。

④ 池田大作、汉斯·亨宁森：《开创未来的教育圣业——与丹麦教育家的友情对谈》，刘焜辉译，台北：正因文化事业有限公司，2011年，第86页。

⑤ 同上书，第83页。

⑥ 池田大作、勒内·西马、盖·布尔若：《健康与人生》，刘焜辉译，台北：正因文化事业有限公司，2005年，第163页。

⑦ 参见斯图亚特·里斯、池田大作：《畅谈和平的哲学与诗心》，陈鹏仁译，台北：正因文化事业有限公司，2016年，第188—190页。

于学习知识和技能，也包含终身学习，借此了解自己在社会中的基本“生存意义”，以及如何改善自己的“行为举止”，与他人建立良好的互动。[①]

其次，政府应制定相关法律规章以保障老人各项权益，包括工作权。池田先生强烈地表达：“我们绝不容许有‘只是口头表示重视老年人，实际却认为他们已经无用而剥夺其工作’的情况发生。”他指出：“银发族的特质是稳定性强，工作能持之以恒，并且有责任感。虽然肉体衰老不可避免，但是相当多的老年人，头脑和精神活动并未衰退，甚至许多银发族因为有丰富的人生经验，较年轻时更增辉生色。让老年人从事能发挥其特质的职业，从而使他们感到自己的存在对社会来说是不可缺少的，这一点才是最重要的吧！”[②]

最后，第二次老龄问题世界大会通过的《马德里政治宣言》和《马德里老龄问题国际行动计划》强调，老年人的经验能成为“成熟、充分融合及富有人性的社会发展过程中的一种资产”，老年人除了可以担当家庭和小区的领导人之外，还可以为应对紧急情况和促进灾难后的复兴及重建工作作出积极贡献。池田先生呼吁在日本举行第三次“老龄问题世界大会”，及早制定一个保护老年人权利的公约，而此公约应建立在《联合国老人纲领》的基础之上。[③]

（三）福利社会建设

池田先生对于创价学会第二任会长户田城圣的箴言“绝不可为繁荣社会而牺牲个人。繁荣社会的同时，必须增进个人的幸福”总是铭记在心。他指出，“有许多人面对困境，依然努力发挥自身的价值与尊严，社会必须协助他们活得更有意义并给予愿景”[④]。

池田先生认为：“创建赡养设施也应充满活力，按照每个老年人的能力赋予适当的工作，使他们有干劲，这才是送给老年人最佳的礼物。……我们需要有这样一种机构，正确地了解实际状况，引导他们根据自己的能力参与社会生活。”此外，池田先生明确地指出：“老年人的福利绝不该仅是物质方面的，必须兼具精神、有人情味、有意义的福利。为此，我认为社会必须提供最大的机会，使银发族开拓自己的道路。”[⑤]

---

① 参见斯图亚特·里斯、池田大作：《畅谈和平的哲学与诗心》，陈鹏仁译，台北：正因文化事业有限公司，2016年，第200页。

② 阿诺尔德·J. 汤因比、池田大作：《展望21世纪——汤因比与池田大作对谈集》二版，正因文化事业有限公司编译，台北：正因文化事业有限公司，2014年，第121页。

③ 参见池田大作：《掀起民众潮流，走向人权时代》（2018年“和平倡言”），2018年1月26日。

④ 斯图亚特·里斯、池田大作：《畅谈和平的哲学与诗心》，陈鹏仁译，台北：正因文化事业有限公司，2016年，第219、225页。

⑤ 阿诺尔德·J. 汤因比、池田大作：《展望21世纪——汤因比与池田大作对谈集》二版，正因文化事业有限公司编译，台北：正因文化事业有限公司，2014年，第122、123页。

在老人福利社会建设中，池田先生主张应创造平台，让老人们分享自己如何克服苦难的经历，他们的话语满溢着独有的丰富生命经验，在后辈心中点燃了勇气和希望的火焰。这一主张，早已被池田先生落实在创价学会里。1988年，即在《联合国老人纲领》获得通过的三年前，池田先生提议将创价学会年长会员的组命名为“多宝会”，其命名源自《法华经》描述了一座由无数的宝石砌成的宏伟宝塔从大地涌现的场面。多宝如来端坐其中，证明了释尊所说属实，即人人具有无上尊严。多宝会成立后，世界各地和日本的一些地区也成立了类似的组，包括东京的宝寿会、关西的锦宝会、德国的锦秋会和澳大利亚的钻石会。此外，日本创价学会也推出“希望与和平文化展”，鉴于社会对老年人存有负面印象，在展览中介绍年长者积极为年轻一代和社会作出贡献的事迹。展览呼吁大家创造和平的文化，以及构筑珍惜年长者的丰富人生经验和宝贵智慧的社会。①

（四）公正经济建设

池田先生诠释：“英文的‘economy’，日文译为‘经济’，它的语源是‘经世济民’（治世救民之意）。”② 池田先生体认道：“当经济愈来愈差，追求效率的风潮就愈盛行。相对地，人类社会的价值观因此产生龟裂或扭曲，也是不争的事实。”池田先生指陈：“不问‘为什么’，只管追求‘利益’或‘效率’的社会，到底有多少矛盾与脆弱，端看今日面临的危机就可明白。”③ 阿马蒂亚·森博士于2001年4月在池田先生所创立的“国际对话中心”（位于波士顿近郊）以《公正的经济》为题演讲，并在其著作《经济学之重生》中强调，应从“人如何生活”与“在社会如何发挥善的价值”等观点出发，重新检视经济。池田先生认同上述论点，并主张建构维护人性尊严的“公正经济”。④

牧口会长分析，武力战争是“一时的”“临时的”“有意识的”，但经济引起的战争状态是“永久的”“平常的”“无意识的”。⑤ 因此，国家发展的首要任务之一，应当避免因致力于经济引起的战争，要推动公正的经济建设，以照顾因贫富差距扩大而出现的难以度日的老人。无论是发达国家还是发展中国家均存在贫富差距扩大的严重问题，池田先生指出这已成为21世纪的人类社会所必须面对的课题，而且要纠正如此的不公平。他说：“现在，

① 参见池田大作：《掀起民众潮流，走向人权时代》（2018年“和平倡言”），2018年1月26日。

② 斯图亚特·里斯、池田大作：《畅谈和平的哲学与诗心》，陈鹏仁译，台北：正因文化事业有限公司，2016年，第227页。

③ 同上书，第230页。

④ 同上书，第219、230—231页。

⑤ 同上书，第245页。

伴随国际化的进程，贫富的差距也越来越大。在一部分国家大量消费资源来享受富裕生活的同时，占世界总人口1/4的人们却生活在贫穷状态下，甚至连人的尊严也时常受到威胁。对于地球社会来说，21世纪的人类社会所必须面对的课题就是要纠正如此的不公平。”[①]

池田先生每年提出和平倡言或投稿报纸杂志，呼吁各界必须改善贫富差距扩大、轻视人权等社会问题。为了根本解决贫困问题，池田先生认为“普及尊重人权”的理念是非常重要的方法，因为不“改变人类的价值观”，就无法解决此项课题。因此，池田先生创立“户田纪念国际和平研究所”，以集结睿智为使命，立志消灭贫困、饥饿及让人们痛苦的各种威胁，使所有的人都活得有尊严，进而完成户田会长最大的心愿，“让悲惨二字从地球消失”。[②] 由于贫困必然伴随着人权侵害的问题，贫困的老人在社会上更是属于弱势的一群，因此公正经济的建设尤为重要。

在推动公正经济建设时，可采取奖励措施鼓励民间投资发展高龄健康产业，如与老人相关的医疗、赡养、养护、老人产品、老人服务等产业，这样一方面可以满足老人的生活照顾需求和生活辅具的供应，降低人力的负担，另一方面可以扩大产业形态，提供更多就业机会以解决失业问题。同时，高龄健康产业的发展，可以带动经济增长，增加政府税收，并将部分税收转为老人社福之用。

（五）宜居环境建设

池田先生认为：“一般来说，在已开发国家中，人的平均寿命延长的同时，出生率降低了，人口结构必然会发生变化，高龄人口占总人口的比重逐渐增大，随之而来的就是高龄化的问题。例如，迫切需要增加老人设施，完善老人年金制度。”[③] 此外，池田先生主张保护老年人权利的公约应加入能让老人“原居安老”的条款。“原居安老”是一个理念，指的是让老人在他们早已习惯的小区中继续过着有尊严和有意义的生活。[④] 因此，政府为了使老人老有所养，应积极推动老人宜居的环境建设，增加老人福利设施。

另外，池田先生特别强调：“对于银发族的社会保障，并非只是物质上备妥福利设施即可，还必须进一步考虑能否丰富他们的精神生活。虽说建立赡养设施就有了安享天年的社会保障，但对老人来说，不见得就是最好的礼物。”“高龄

① 池田大作：《和平文化，对话硕果》（第25届“SGI日”纪念倡言），2000年1月26日。

② 参见斯图亚特·里斯、池田大作：《畅谈和平的哲学与诗心》，陈鹏仁译，台北：正因文化事业有限公司，2016年，第233—234页。

③ 阿诺尔德·J.汤因比、池田大作：《展望21世纪——汤因比与池田大作对谈集》二版，正因文化事业有限公司编译，台北：正因文化事业有限公司，2014年，第119页。

④ 池田大作：《掀起民众潮流，走向人权时代》（2018年“和平倡言”），2018年1月26日。

化问题最重要的是考虑怎样做才能带来精神上的满足。”① 而精神上的满足方法之一，是让老人积极参与社会生活并亲自创造某种价值，池田先生进一步陈述：“人类由于参加社会活动，因此产生意识，理解生存的意义；我不是被排斥在社会之外，而是融入社会当中有所贡献的人。积极参与社会生活并亲自创造某种价值，这种亲身体会才是老人最大的生存意义吧！”② 由此可知，对老人之照顾应包括物质与精神两个层面，偏一不可。

三、中国大陆老人政策之发展

联合国规定，65岁以上老年人人口占社会总人口的7%，60岁以上人口占总人口的10%，即进入老龄化社会。根据数据显示，1999年中国大陆60岁以上的人口占总人口的10%，进入了老龄社会，到2017年底，这个占比已经提高至17.3%，65岁以上的人口在2000年的时候，占总人口的7%，2017年底已经占到11.4%。2017年底60岁以上的人口达到2.4亿人，65岁以上的人口达到1.58亿人，2017年新增60岁以上的人口首次超过1000万，今后将按照1000万、1000万的数字往上增长。对于老龄化的各个数据，中国全国人大内务司法委员会委员郑功成表示，中国大陆的老龄化具有自己的一些显著特点，就是速度快、规模大，同时还伴随着少子老龄化、高龄化、空巢化、家庭结构小型化和家庭保障功能快速弱化的现象。因此，中国大陆老龄化的速度之快、规模之大，世界前所未有。③ 中国大陆是世界上老年人口最多的国家，占全球老年人口总量的1/5。中国大陆的人口老龄化不仅是中国自身的问题，而且关系到全球人口老龄化的进程与众多老人权利是否能够得到充分保障，因此备受关注。出于篇幅考虑，以下仅就中国第一部专门保护老年人特殊权益的法律，以及中国2016—2030年推进“健康中国”建设的重大蓝图和行动纲领进行概述，并介绍中国老人政策发展概况。

（一）老年人权益保障法

1996年8月29日第八届全国人民代表大会常务委员会第21次会议通过的《中华人民共和国老年人权益保障法》（以下简称《老年人权益保障法》），共有50条，自1996年10月1日起施行。这是中国历史上第一部专门保护老年人特殊权

① 阿诺尔德·J.汤因比、池田大作：《展望21世纪——汤因比与池田大作对谈集》二版，正因文化事业有限公司编译，台北：正因文化事业有限公司，2014年，第120页。

② 同上书，第120页。

③ 参见《65岁以上人口达1.58亿　人大：中国老龄化速度世界从没有过》，ETtoday新闻云，https://www.ettoday.net/news/20180312/1128837.htm#ixzz5PuhXT0SP。

益的法律。之后，根据2009年8月27日第11届全国人民代表大会常务委员会第10次会议《关于修改部分法律的决定》进行了修正，2012年12月28日又经第11届全国人民代表大会常务委员会第30次会议修订，于同日公布，自2013年7月1日起施行。《老年人权益保障法》包括总则、家庭赡养与扶养、社会保障、社会服务、社会优待、宜居环境、参与社会发展、法律责任、附则，共9章85条。

新修订的《老年人权益保障法》中所称的老年人，是指60周岁以上的公民。新修订老年人权益保障法之主要内容有八项：（1）集中规定了老年人享有的基本权利，有从国家和社会获得物质帮助的权利，有享受社会服务和社会优待的权利，有参与社会发展和共享发展成果等权利，这些权利大都体现了老年人的特殊要求。（2）表明积极应对人口老龄化是国家的一项长期战略任务。这一规定从法律上明确了应对人口老龄化的战略定位，对于从国家战略层面谋划和推进老龄工作具有重要意义。（3）对老年人社会保障体系和社会养老服务体系以及倡导全社会优待老年人作出原则规定。（4）从经费保障、规划制定和老龄工作机构职责三个层面进一步明确政府发展老龄事业、做好老年人权益保障工作的职责。（5）强化了老龄宣传教育，营造敬老、养老、助老的良好氛围。（6）增加了有关老龄科研和老年人状况统计调查和发布制度的规定。（7）增加了对参与社会发展作出突出贡献的老年人给予表彰奖励的规定，以鼓励老年人继续为国家建设作贡献。（8）规定每年农历九月初九为老年节。此外，新法规定，家庭成员应当关心老年人的精神需求，不得忽视、冷落老年人。与老年人分开居住的家庭成员，应当经常看望或者问候老年人。这也被媒体解读为“常回家看看写入法律”，不常看望老人将属违法。该法同时规定，用人单位应当按照国家有关规定保障赡养人探亲休假的权利。①

2015年上半年全国人大内务司法委员会针对养老服务情况开展专题调研，为编制国家经济和社会发展十三五规划提出相关建议，并提出要把加快发展养老服务纳入十三五规划，切实为居家养老提供良好的社会服务，要建立长期照护保险制度，大力推进农村养老服务业的发展。今后努力发展的重点方向是：大力发展居家养老服务，支持社会力量参与养老服务，推进医养结合，建立长期照护保险制度，加快养老服务人才的培养。上述发展重点对于推动老年人权益保障法的全

① 参见《中华人民共和国老年人权益保障法》，互动百科，http://www.baike.com/wiki/%E3%80%8A%E4%B8%AD%E5%8D%8E%E4%BA%BA%E6%B0%91%E5%85%B1%E5%92%8C%E5%9B%BD%E8%80%81%E5%B9%B4%E4%BA%BA%E6%9D%83%E7%9B%8A%E4%BF%9D%E9%9A%9C%E6%B3%95%E3%80%8B。

面贯彻实施和一系列相关制度的完善，起到了重要的促进作用。①

（二）健康中国2030规划纲要

2014年12月，习近平总书记提出“没有全民健康，就没有全面小康”；2015年3月，李克强总理在政府工作报告中首次提出“打造健康中国”；2015年10月，十八届五中全会首次提出推进“健康中国”建设，“健康中国”上升为国家战略；2016年10月，作为2016—2030年推进“健康中国”建设的宏伟蓝图和行动纲领——《健康中国2030规划纲要》正式发布。该纲要从“普及健康生活、优化健康服务、完善健康保障、建设健康环境、发展健康产业”五大方面阐述了健康中国2030的战略任务。② 作为指导健康中国建设的行动纲领，《健康中国2030规划纲要》明确提出了推动老年卫生服务体系建设等多项举措，旨在促进健康老龄化。2017年3月，《“十三五”健康老龄化规划》的出台则象征着健康老龄化战略在中国大陆宏观战略布局中的地位得到进一步提升。

中国共产党的十九大报告提出，积极应对人口老龄化，构建养老、孝老、敬老政策体系和社会环境，推进医养结合，加快老龄事业和产业发展。2018年政府工作报告十几次提到“养老”字样，强调要“积极应对人口老龄化，发展居家、小区和互助式养老，推进医养结合，提高养老院服务质量”③。

（三）中国老人政策发展概况

2018年5月15日，中国老龄科学研究中心在北京发布了《老龄蓝皮书：中国城乡老年人生活状况调查报告（2018）》。该报告显示，2015年中国老年人生活状况有以下几个特点：第一，中国老年人城镇化水平普遍提高，城镇老年人口占52.0%。老年人口的年龄结构相对年轻，低龄（60—69岁）老年人口占56.1%。老年人口受教育程度大幅提升，文盲率下降为29.6%。第二，从健康医疗状况来看，老年人健康状况整体改善。2015年，城乡享有医疗保障的老年人比例分别达到98.9%和98.6%，比2006年分别上升24.8和53.9个百分点。第三，从经济状况观之，城乡老年人收入平稳增长，但收入差距依然较大。2014年，全国城市老年人平均收入23930元人民币，是2000年的3.24倍。农村老年人平均收入7621元，是2000年的4.62倍。第四，老年人居住面积普遍较大，大

① 参见《65岁以上人口达1.58亿，人大：中国老龄化速度世界从没有过》，ETtoday新闻云，https://www.ettoday.net/news/20180312/1128837.htm#ixzz5PuhXT0SP。

② 参见《健康中国2030规划纲要》，互动百科，http://www.baike.com/wiki/%E2%80%9C%E5%81%A5%E5%BA%B7%E4%B8%AD%E5%9B%BD2030%E2%80%9D%E8%A7%84%E5%88%92%E7%BA%B2%E8%A6%81。

③ 转引自《中国的老龄化速度快基数大 未来如何养老？》，2018年4月18日，中国新闻网，http://www.chinanews.com/gn/2018/04-18/8493662.shtml。

多数老年人拥有独立房间。老年优待工作取得长足进展，全社会尊老、养老、助老的社会风尚逐步形成。城乡老年人幸福感显著提升，老年人闲暇生活更加注重质量和时尚。①

然而，调查报告亦指出，当代中国老年人依然面临诸多问题，包括：老年人口数量持续增加，人口老龄化程度持续加深；收入水平总体不高，因老返贫、因病致贫风险较大；失能、半失能老年人口数量较大，照护服务需求持续上升；宜居建设滞后、全民对老年期生活准备不足，等等。②

另外，依据世界观察研究所的评估，“人口老化”和“性别失衡”是大陆13亿人口结构下所隐藏的两大危机。大陆的红利人口已在2016年左右达到高峰，但随即会被人口税所抵销，表明劳动人口占总人口比例下降，引发经济增长动力下降甚至衰退的风险。2030年大陆的老龄人口将达到2.4亿，政府是否能够作出妥当的政策规划，迄今仍待观察。此外，彭博社曾探讨大陆人口高龄化的问题：（1）政府能否妥善照顾65岁以上的高龄人口，提供最基本的生存需求与人性尊严；（2）老龄化的经济后果是太少的小孩养太多的老人，恐对经济发展带来负面影响；（3）老龄化、少子化与男孩化，恐严重冲击中国的社会结构，继而改变中国稳定的社会文化。③

结　语

池田大作在2018年和平倡言中针对联合国大会在1991年通过的《联合国老人纲领》中的“独立”“参与”“照顾”“自我充实”和“尊严”等五项内容陈述了其重要性。池田先生特别强调，老人的人权问题是当代社会面临的紧迫课题。综观池田大作先生之著作、对话集及演讲中有关人类与自然共生之论述，归纳其保护老人权利之精义有：（1）老人教育建设；（2）权益法制建设；（3）福利社会建设；（4）公正经济建设；（5）宜居环境建设。

中国大陆人口老龄化问题越来越严重，根据中国老龄办的统计，预计到2050年，60岁以上的老年人口将达到4.87亿人，占总人口数高达34.9%，占亚洲老年人口的比例亦高达40%。换言之，在30多年内，中国大陆老年人口数量将倍增，届时每三个人当中就有一个是60岁以上的老人，老龄化问题相当严重。学者专家警示，未来大陆的老龄人口将呈现爆发式的增长趋势，其人口老龄化问题来得迫

① 参见《老龄蓝皮书：中国人口老龄化程度持续加深》，2018年5月15日，中国新闻网，http://www.xinhuanet.com/politics/2018-05/15/c_1122835196.htm。

② 同上。

③ 参见林士清：《高龄化将冲击大陆收入改革》，《旺报》2017年11月8日。

切而严峻，有关部门必须及早因应。[①]

面对老龄化衍生问题之挑战，20余年来，中国政府试图制定相关法律制度与推动措施加以改善解决。1996年8月通过了中国历史上第一部专门保护老年人特殊权益的法律《老年人权益保障法》，之后几年又予以修正，自2013年7月1日起施行。修正案主要重点是将人口老龄化列为国家的一项长期战略任务，规定了老年人享有的基本权利，同时对老年人社会保障体系和社会养老服务体系以及优待老人方面作出原则规定，并从经费保障、规划制定和老龄工作机构职责三个层面做好老年人权益保障工作。此外，强化了老龄宣传教育，以进一步增强全社会老龄意识，营造敬老、养老、助老的良好氛围，等等。

2016年10月，《健康中国2030规划纲要》正式发布，此纲要从普及健康生活、优化健康服务、完善健康保障、建设健康环境、发展健康产业五大方面阐述健康中国2030的战略任务。2017年3月，中国政府再出台《“十三五”健康老龄化规划》，象征着健康老龄化战略在中国大陆宏观战略布局中的地位得到进一步提升。

整体而言，从《联合国老人纲领》、池田大作保护老人权利之精义、《中华人民共和国老年人权益保障法》，以及《健康中国2030规划纲要》几方面加以比较，中国政府所推动的老人政策基本上符合池田先生保护老人权利之精义（参见表1）。然而，老龄化问题错综复杂，现阶段中国仍存在部分问题待解决，池田先生有关阐述之精义可以作为参考和努力之方向。

表1　中国政府推动老人政策与池田大作保护老人权利精义比较

联合国老人纲领	池田大作保护老人权利之精义	中华人民共和国老年人权益保障法	健康中国2030规划纲要
独　立	老人教育建设	老有所为	普及健康生活
参　与	权益法制建设	老有所学	完善健康保障
照　顾	福利社会建设	老有所医	优化健康服务
自我充实	公正经济建设	老有所乐	发展健康产业
尊　严	宜居环境建设	老有所养	建设健康环境

资料来源：作者的研究总结。

① 参见梁世煌：《大陆老龄化严重　2050年占人口三成》，《旺报》2018年5月23日。

跋

胡令远 *

由复旦大学、创价大学联合主办，中华日本学会协办的“人类命运共同体的愿景与实践：纪念《中日和平友好条约》缔结40周年暨‘池田倡言’50周年——第十届‘池田大作思想国际学术研讨会’”，于2018年10月27日至28日在中国上海复旦大学成功举办。

在研讨会开幕式上，创价大学汪鸿祥教授代读了池田大作先生为大会发来的热情洋溢的贺信，创价大学校友、中国人民对外友好协会副会长许金平代读了李小林会长的贺词，东道主复旦大学陈志敏副校长、创价大学马场善久校长代表主办方致辞，中国社会科学院日本研究所党委书记刘玉宏先生代表协办方中华日本学会、上海外国语大学李岩松校长作为来宾代表分别致辞。

在开幕式上，中国全国政协原常委、外事委员会原主任、国务院新闻办原主任赵启正先生，马场善久校长分别作了特别纪念演讲；上海市政协原副主席、上海社会科学院原院长、复旦大学池田大作思想研究中心理事长王荣华先生，复旦大学池田大作思想研究中心副理事长牧野长生先生，北京大学教授贾蕙萱先生分别作了基调报告。牧野先生在基调报告中还特别发出了“中日友好永不再战”的倡言。

在开幕式上，复旦大学向池田大作先生赠送了90华诞贺礼，创价大学田代康则理事长代表池田先生接受了寓意长寿安康的中国国画礼品。

与会代表和复旦师生等400余人出席了开幕式。

在随后举行的分科会上，与会代表围绕“和平主义”“教育主义”“文化主义”“人本主义”四个专题，以及特别设立的“青年论坛”，共有80余位专家学者进行了发言。

会议期间，复旦大学校务委员会主任、校党委书记焦扬会见了田代康则理事长、马场善久校长、神立孝一副校长、创价学会长冈良幸涉外局长、牧野长生副理事长等与会日方嘉宾，就中日关系以及进一步深化复旦大学与创价大学的合作等，进行了深入交流。

---

* 胡令远，复旦大学池田大作思想研究中心主任、复旦大学日本研究中心主任。

本次国际学术研讨会，以当今世界处于“百年未有之大变局”为背景，为中日两国学者深入探讨习近平主席“人类命运共同体”理念、池田大作先生的世界和平理念提供了重要平台，为如何建构“契合新时代的中日关系”、如何实现亚太地区乃至世界人民的和平与福祉，提供了重要思想成果。

这些成果集中反映在本文集之中。本文集由主编、副主编制定框架，再由本书编委、复旦大学日本研究中心副主任贺平，助理研究员王棣进行初步整理与编辑，然后由本书特邀编委、中华日本学会编辑出版部主任、中国社会科学院日本研究所编审林昶总其成。创价大学北京办事处上野理惠女士为本书的联络发挥了积极的作用。

在本书即将付梓之际，特别感谢世界知识出版社领导的鼎力支持，感谢责编张迎辉为本书付出的辛勤劳动。

限于水平，本书舛误之处，敬请方家指正。